ソーシャル・コンストラクショニズム

SOCIAL CONSTRUCTIONISM

ディスコース
主体性
身体性

ヴィヴィアン・バー　著
田中一彦・大橋靖史　訳

川島書店

SOCIAL CONSTRUCTIONISM
THIRD EDITION
by **VIVIEN BURR**

Copyright © 2015 Vivien Burr
All Rights Reserved.
Authorised translation from the English language edition published by
Routledge, an imprint of the Taylor & Francis Group

Japanese translation rights arranged with
TAYLOR & FRANCIS GROUP
through Japan UNI Agency, Inc., Tokyo

デニスへ

は じ め に

　『社会的構築主義への招待』を 1995 年に出版して以来，読者の方々から頂いた多くの感謝のお便りにとてもうれしく，またありがたく思ってきた。本書を準備しながら，私は元の本の意図に忠実であろうと心掛けたが，その一方でソーシャル・コンストラクショニズムのますます増大する複雑さや豊かさをも反映することをめざした。前回と同様に，私は概して支持者の立場を採用したので，私の全般的な戦略は，読者にソーシャル・コンストラクショニズムの利点を得心させることであった。しかしながら，これは無批判の支持ではないのであって，私は，ソーシャル・コンストラクショニズムの弱点や欠点を検討し，展開を要すると思われる領域を指摘した。読者が，ソーシャル・コンストラクショニズムの領域にはすでになじみ深かろうと，あるいは新鮮な好奇心にあふれていようと，いずれにせよ，本書を楽しまれることを願っている。

目　　　次

はじめに

第1章　ソーシャル・コンストラクショニズムとは何か ……… 1

ソーシャル・コンストラクショニズムの定義は存在するか　2

　当たりまえの知識への批判的スタンス　3

　歴史的，文化的特異性　4

　社会過程に支えられる知識　5

　知識と社会的行為は相伴う　6

ソーシャル・コンストラクショニズムは主流派心理学と
どのように異なるか　7

　反＝本質主義　7

　実在論への疑い　10

　知識の歴史的，文化的特異性　11

　思考の必要条件である言語　12

　社会的行為の一形態である言語　13

　相互作用と社会慣行への注目　13

　過程への注目　14

ソーシャル・コンストラクショニズムはどこから生まれたのか　14

　哲学の影響　14

　社会学の影響　17

　言語への転回と社会心理学の「危機」　18

ソーシャル・コンストラクショニズムと言われるのは
どんな心理学か　20

　批判心理学／批判社会心理学　20

　ディスコース心理学　22

脱　構　築　論とフーコー派ディスコース分析　23

いくつかのコンストラクティビズム　25

主流派心理学への批判　27

ソーシャル・コンストラクショニズムにおける意見の相違と論争　28

研究の焦点　28

微視的ソーシャル・コンストラクショニズム　29

巨視的ソーシャル・コンストラクショニズム　30

実在論／相対主義論争　32

行為主体性，決定論，自己　33

研究の方法　34

本書のプラン　34

用語について　36

第2章　ソーシャル・コンストラクショニズムの主張 ………… 39

パーソナリティ　40

パーソナリティの常識的見方　40

ソーシャル・コンストラクショニズムの主張　43

要約　50

健康，病気，障害　50

健康と病気の常識的見方　50

ソーシャル・コンストラクショニズムの主張　52

要約　56

セクシュアリティ　57

セクシュアリティの常識的見方　57

ソーシャル・コンストラクショニズムの主張　58

要約　62

結論　62

目　次　vii

第3章　ソーシャル・コンストラクショニズムにおける
言語の役割 ……………………………………………… 65

言語と思考　66

　　ウィトゲンシュタインと「言語ゲーム」　68

　　デカルトと心身二元論　70

　　物のための言葉と言葉のための物　71

　　言語と構造主義　72

　　言語とポスト構造主義　75

言語，言語運用，社会的行為　80

　　遂行的で行為＝指向的な言語　83

　　解釈レパートリー　85

　　言語と社会的行為　88

要約　89

第4章　ディスコースとは何か ………………………………… 91

「ディスコース」とは何か　93

ディスコース，知，権力　98

規律的権力　100

規律的権力の不可視性　105

ディスコース，社会構造，社会慣行　107

要約　112

第5章　ディスコースの外に実在世界は存在するか ………… 115

ディスコースとイデオロギー　119

　　虚偽意識としてのイデオロギー　119

　　権力に仕える知としてのイデオロギー　121

　　生きられる経験としてのイデオロギー　122

　　ジレンマとしてのイデオロギー　123

ディスコース・真理・実在　125

　　いろいろな相対主義　125

viii

いろいろな実在論（リアリズム）　134

討論の再構成　145

要約　147

第6章　巨視的（マクロ）ソーシャル・コンストラクショニズムにおけるアイデンティティと主体性 …………………… 151

アイデンティティ　153

ディスコースの中のアイデンティティ　153

アイデンティティへの抵抗　157

ディスコース内の主体ポジションとしてのアイデンティティ 162

相互作用における主体ポジション　165

主体ポジションと権力　168

主体性・行為主体性（エージェンシー）・変化　173

要約　179

第7章　微視的（マイクロ）ソーシャル・コンストラクショニズムにおけるアイデンティティと主体性 …………………… 181

ディスコース心理学　181

心理状態か公共的パフォーマンスか　182

ディスコース心理学における人間　188

相互作用におけるポジショニング　192

道徳的アクターとしての人間　194

主体性　197

対話における自己　200

関係における自己　200

物語（ナラティブ）における自己　202

行為主体性（エージェンシー）　209

要約　211

目　次　ix

第8章　ソーシャル・コンストラクショニズムの探究 ……… 213

理論的・方法論的諸問題　213

客観性と価値自由　215

研究者と研究対象者　217

再　帰　性　220

信頼性と妥当性　222

ディスコース分析への批判　223

各種の研究アプローチ　226

会話分析　226

ディスコース心理学　230

解釈レパートリー　234

フーコー派ディスコース分析　239

批判的ディスコース分析　243

ナラティブ分析　248

要約　252

第9章　ソーシャル・コンストラクショニズムにおける
　　問題と論争 ……………………………………………… 255

行為主体性と個人／社会の関係　259

弁証法的関係：実　在の社会的構築　263

1つの生態系としての個人／社会　265

ポジショニングにおける行為主体性　266

自己　269

関係的自己　269

自己の相互作用論的概念　271

主体性・身体性・感情　275

心理的主体の再導入：心理社会的研究　275

身体化された主体性　278

巨視的ソーシャル・コンストラクショニズムにおける身体　278

微視的ソーシャル・コンストラクショニズムにおける身体　281

感情　282

研究への影響　286

神経科学：好機か脅威か　288

ソーシャル・コンストラクショニズムの心理学　289

結論　291

用語集 …………………………………………………………… 295

さらに深く知りたい読者のための推奨文献 ………………………… 301

参考文献 ………………………………………………………… 303

人名索引 ………………………………………………………… 329

訳者あとがき

第1章

ソーシャル・コンストラクショニズム
とは何か

　1980年代初期の頃から，社会的動物である人間への研究アプローチには数
多くの選択肢のあることが，社会科学研究者たちには見えてきた。それらのア
プローチは，「批判心理学」，「ディスコース心理学（discursive psychology）」，
「ディスコース分析」，「脱構築」，「ポスト構造主義」などの，さまざまなタイ
トルのもとに現れてきていた。けれども，それらのアプローチに共通している
ものは，現在ではたいてい「ソーシャル・コンストラクショニズム」と言われ
ている。ソーシャル・コンストラクショニズムは，それらの新しいアプローチ
を多かれ少なかれ支えている理論志向と考えられ，しかもそれらのアプローチ
は現在では，心理学と社会心理学ばかりでなく，社会・人文科学の他の諸分野
にもラディカルで批判的な選択肢となっている。とはいえこの本の中心は，特
に心理学と社会心理学で取り上げられてきているソーシャル・コンストラク
ショニズムであり，私の目的は，読者にその主要な特徴を紹介すると同時に，
人間についての理解の仕方や心理学という学問自体にそれがもつ影響について，
詳しく考察することにある。

　この初めの章での最初の仕事は，「ソーシャル・コンストラクショニズム」
の名の下にいったいどのような種類の著作や研究をそこに含めるか，そしてそ
れはなぜか，これを述べることであろう。その境界線の引き方は，必ずしも他
の人たちの引き方と一致しないかもしれないが，しかし読者の手ほどきには役
立ち，ソーシャル・コンストラクショニズムのアプローチをとる意味を示すこ
とになるだろう。この分野への貢献があった人びとについて，そしてなぜ彼ら

2

をソーシャル・コンストラクショニズム論者に含めたかについて，これから述べていくことにする。「ソーシャル・コンストラクショニズム論者」と言われたくない著者たちをそう分類したり，また逆にそう言われたい著者たちを含めなかったりするのは，申し訳ないが避けられないことで，あらかじめお詫びしておきたい。続いて，ソーシャル・コンストラクショニズムの運動の歴史，特に社会心理学によって引き継がれてきたその歴史について，概略を述べる。やがて見るように，ソーシャル・コンストラクショニズムは哲学や社会学，言語学など多くの学問分野から影響を受けているので，じっさいには 多分野的 で^{マルチディシプリナリー}あるのだけれども。そして最後には，本書で扱われている主な項目をあげて，それがどの章で扱われているかを示すことにしよう。

ソーシャル・コンストラクショニズム
の定義は存在するか

　クレイブ（Craib, 1997）が言うように，ソーシャル・コンストラクショニズムの多くの前提は，心理学の同系隣接分野である社会学にとっては実は基礎なのであり，だからソーシャル・コンストラクショニズムの考え方を心理学者がごく最近になって見出したということは，20世紀初頭以来の社会学と心理学の間に無益な隔たりがあったことの証しなのである。これから私が言及するさまざまな種類のソーシャル・コンストラクショニズム論者全員に当てはまるような，そんな単一の定義はソーシャル・コンストラクショニズムには存在しない。もっとも，さまざまな著者たちは何らかの特徴を分けもっているのではあろうが，ただじっさいに彼ら全員が共通してもっているものはないのである。彼らをいっしょにつなげているのは一種の「家族的類似性」であって，つまり家族の場合，同じ家族の一員でも，1人ひとりのもつその家族らしい特徴はそれぞれ異なっているわけだが，そういうつながりなのである。同様にして，ソーシャル・コンストラクショニズムの立場をそれとして特定しうるような単一の特徴は存在しない。その代わり，どんなアプローチであれ，以下に挙げる基本的な諸前提に1つでも同意するのなら，それはソーシャル・コンストラクショ

第1章 ソーシャル・コンストラクショニズムとは何か　*3*

ニズムのアプローチであると，大まかに考えることができるであろう。

当たりまえの知識への批判的スタンス

　ソーシャル・コンストラクショニズムは，世界と自分自身についての当たり
まえの理解の仕方に対して，批判的スタンスをとるように強く訴える。だから
それは，世界を観察すればその実相がすんなり得られるという考えに批判的に
なるように，世間一般の知識は世界の客観的で片寄りない観察に基づいている
という見方を疑うように，そう私たちを促すのである。したがってソーシャル・
コンストラクショニズムは，物理学や生物学などの「ハード」サイエンスに特
徴的な，実証主義や経験主義といわれる認識論の立場とは対立することになる。
観察によって世界の実相は明らかになるし，また存在するものは私たちが存在
すると知覚するものにほかならないという前提が，実証主義や経験主義には必
然的に含まれている。これに対してソーシャル・コンストラクショニズムは，
世界が存在すると見えるありさまについての諸前提に，絶えず疑いの目を向け
るよう忠告する。ということは，人間である私たちが世界を把握するカテゴリー
は，必ずしも実在の区分には妥当しないという意味である。たとえば私たちが
ある音楽を「クラシック」と考え，またある音楽を「ポップス」と考えるから
といって，音楽自体の実相にそういう特定の仕方で区分されるべき何かが存在
するとみなす必要はないのである。もっとラディカルな例は，ジェンダーとセッ
クスである。世界をよく見てみれば，人間には男たちと女たちという二つのカ
テゴリーが存在するのだと思われよう。ところがソーシャル・コンストラクショ
ニズムは，「男」と「女」というカテゴリーが，自然発生的な別個の人間の類
型をただ反映しているだけなのかどうか，私たちに本気で問うように促すので
ある。これは当初，奇妙な考えだと思われるかもしれないし，それにもちろん，
生殖器官の差異は多くの種に見られる。しかし性転換手術のような方法や，そ
れにまつわる男女の明確な判別法に関する議論に私たちが目を向けるとき，そ
のようなカテゴリーの曖昧さに気づくことになる。こうして，一見すると自然
なこれらのカテゴリーが必然的にジェンダー，つまり1つの文化内の男らしさ
や女らしさの規範的な諸規則のことだが，それと密接に関係しているのではな

4

いか，そして人間性のそれら2つのカテゴリーは結局それら諸規則の上に築かれてきたのではないか，そう私たちは考えはじめる。たぶん私たちは同様に，また実に馬鹿げたことに，人びとを背の高い人と低い人に分けたり，耳たぶのある人とない人に分けたりしたとしても不思議はなかった，そうソーシャル・コンストラクショニズムは言い出すでもあろう。ソーシャル・コンストラクショニズムの批判的スタンスはとりわけ，私が「主流派」心理学と呼ぶものに対し，また社会心理学に対し向けられていて，多くの心理的，社会的現象について根本的に異なった記述を生み出すことになる。主流派心理学は，普遍主義的であり，本質主義的であり，実在論的であり，個人主義的なのだが，以下ソーシャル・コンストラクショニズムの異議申し立てのあらましを述べる中で，それらの諸特徴について詳しく述べていきたいと思う。

歴史的，文化的特異性

　主流派心理学の任務は，心理機能の普遍的原理を見出すことである。そこでは，「態度はいかに形成されるか」，「人びとはなぜ利他的に振る舞うのか」，「遊びはどのように子どもの発達に影響を及ぼすか」などの問いが立てられる。そして，それらの問いの背後には，次のような前提がある。すなわち，あらゆる人びとに当てはまるそれらの問いへの答えを，私たちは見つけることができる——つまり「人間共通の特性」を私たちは発見しつつある——という前提である。しかし，私たちが一般に世界を理解する仕方，私たちの使うカテゴリーや概念，それらは歴史的，文化的に特異なものであるとソーシャル・コンストラクショニズムは論じる。男たちと女たち，子どもたちと大人たち，都市生活と田園生活等々の観点から世界を理解するかどうかは，その人の生きているのがどこで，いつなのかによる。たとえば，子どもらしさという観念は，数世紀にわたりはなはだしい変化をこうむってきた。子どもたちのために両親のやるべきことが変化したのはもちろん，子どもたちは何をするのが「自然」なのかも変化してきた（たとえば Aries, 1962）。子どもたちは法的権利以外の点では単に小さな大人たちであったのだが，それに終止符が打たれたのは歴史的に比較的最近のことなのである。だから，実にディケンズの著作までさかのぼってみ

るだけで，大人の保護を要する無邪気な子どもたちという観念はごく最近のものだと気づくことができる。

つまり，あらゆる理解の仕方は歴史的，文化的に相対的なのである。それら理解の仕方は，個々の文化や歴史の時代に特異であるというばかりでなく，その文化や歴史の所産であり，つまりその時代のその文化に優勢な，独自の社会的経済的なあり方次第で決まってくるのである。したがって，どのような文化であれ，そこに満ちあふれている独特の種類の知識はその文化の人工的所産であり，だから多少とも真理に近いという観点から，私たちの理解の仕方のほうが他よりも優れていると思い込むべきではないのである。

知識をこのように見ることは，科学的進歩の観念の妥当性を疑うことであり，すなわち，科学のおかげで物理的，心理的世界のますます正確な理解へ進みつつあるという考え方の妥当性を疑うことである。そういう考え方は結局，私たち自身の知識体系を他の文化や民族に押しつけることになると，ソーシャル・コンストラクショニズム論者たちは論じる。じっさい心理学は，他の文化に対する態度が帝国主義的だと非難されてきたのであって，つまりそれら他の文化を植民地化して，彼らに固有の思考法を西欧的な理解にすげ替えてきたのである。

社会過程に支えられる知識

世界についての私たちの知識，つまり私たちが世界を理解する当たりまえのやり方，それがもしも，あるがままの世界の実相からきているのでないとすれば，いったいそれはどこから来ているのか。ソーシャル・コンストラクショニズムの答えは，人びとがそれを協力して構築するというのである。つまり，知識の私たちのバージョンが作り上げられるのは，社会生活での，人びとの間の日常的な相互作用によってなのである。したがって，あらゆる社会的相互作用，とりわけ言語的なそれは，ソーシャル・コンストラクショニズム論者たちの強い関心をそそることになる。つまり日々の生活で人びとが協力して行なう行為は，その間に私たちの共有バージョンの知識が構築される営みとして見られることになる。たとえば，私たちが読字障害（dyslexia）として理解しているものは，読んだり書いたりするのに障害をもつ人たちや彼らの家族と友人，彼ら

に教えたり診断検査を試みたりする人たち，そういう人びとの間のやり取りを通じて生まれてきた現象なのである。たしかに真理とは，歴史的にも異文化間でも変化するものであり，したがって私たちが真理とみなしているものは，世界を理解する当世風のやり方なのだと考えられるであろう。それらは，世界の客観的観察の所産ではなくて，人びとがお互いにたえまなくたずさわっている社会過程と相互作用の所産なのである。

知識と社会的行為は相伴う

これらの社会的な交流は，諸事象のふさわしい社会的構築をいろいろ生み出すことができる。しかしそれぞれの異なる構築はまた同時に人間に，別種の行為をもたらす，あるいはそれを求める。たとえば，19世紀の米国や英国における禁酒運動の発展以前には，飲んだくれの人は自分の行動に全面的に責任があり，したがってとがめられるべきものと見られていた。それゆえ，よくある対応は監禁だったのである。しかしこれに対して禁酒運動は，アルコールが人びとを中毒にするのだから，アルコールこそが問題であると説明した。その結果，飲んだくれを一種の病気と考える方向への変化が起こってきたのである。これによって，アルコール中毒患者は一種の薬物中毒の犠牲者である以上，自分の行動に全面的に責任があるとは見られない。またこのような飲んだくれの理解にふさわしい社会的行為とは，医学的，心理学的治療を提供することであって，罰することではない。だから，世界の構築とは，ある社会的行為について支持を与え，他を排除することなのである。したがって私たちの世界構築はまた，権力関係に密接なかかわりをもってくる。なぜなら，さまざまな人びとにとっては，それぞれ自分の許容されている行動，また人に対するきちんとしたふるまい方などの点で，権力関係が影響をもっているからである。

ソーシャル・コンストラクショニズムは
主流派心理学とどのように異なるか

これまで概略を述べてきたソーシャル・コンストラクショニズムの4つの大まかな信条をよく見てみると，主流派心理学や社会心理学とはきわめて異なった多くの特徴がそこに含まれているのが分かるのであって，以下それらについて述べていくことにしよう。

反＝本質主義

主流派心理学に固有の人間モデルは，とりわけ個人主義的であり，ユニークで自己完結型の人間を称賛して，それに特権を与えるモデルである。この個人主義は，北米で生まれさかんになった心理学の一部と化したのだが，それというのも北米では，たぶん個人にことのほか価値が置かれているからであろう（Farr, 1996 を参照）。

この考え方は，次のようなフロイド・H・オルポート（Floyd H. Allport, 1924: 12）の，社会心理学のおなじみの定義の中核をなしている。すなわち社会心理学とは，「その行動が他の個人を刺激したり，あるいはその行動自体がこの動きへの反応だったりする限りでの，個人の行動を研究する科学である」。この場合に人びととは，個々の社会的影響をお互いに及ぼしあう，先在する自己完結的な諸個人である。主流派心理学は，その内部に多くの理論的相違を抱えているにもかかわらず，人間の本質主義的モデルについては強く固執している。たとえば特性論と精神分析は，人間には所定の「中身」があるという考えに基づいている。その中身とは，特定しうるパーソナリティ特性の場合もあるし，免れがたい心理的衝動や葛藤の動きの場合もあるのだが。さらに認知心理学や社会心理学の内部では，思考，記憶，信念，態度が心理構造として存在すると想定されており，しかもその心理構造は現在の私たちの一部をなしていて，私たちの行為に現われてくると想定されている。

一方ソーシャル・コンストラクショニズムは，人びとの今のありさまを形成

している内部の「本質」など存在しないと論じる。人びとである私たち自身をも含めて，もしも社会的世界とは社会過程の所産であるとなれば，この世界や人びとには何らかの一定不変の特質など存在しないことになる。ここで大切なのは，そこで提起されている考え方のラディカルな特徴に目を向けることである。文化的，歴史的な特異性を訴えるソーシャル・コンストラクショニズムの主張は，時に誤って，「生まれか育ちか」論争の育ちの側を支持するもう1つのやり方にすぎないと考えられることがある。しかしソーシャル・コンストラクショニズムは，文化的環境が人の心理に影響を与えるとか，いやむしろ私たちの本性とは生物学的要因の所産というより社会的なものを含む環境的要因の所産であるなどと言うだけのものではない。それどころか，それらの見方はいずれも本質主義的なのである。というのもそこでは，生物学的であろうと環境的であろうと，とにかく限定でき，また発見できる何らかの本性を人間はもっていると見られているのだから。要するに，それらの見方自体は，決してソーシャル・コンストラクショニズムとは言えないのである。

　したがってソーシャル・コンストラクショニズムは，主流派心理学の本質主義には反対する。本質主義は，窮屈で病的なパーソナリティやアイデンティティの内に人びとを閉じ込めて，心理学をよりいっそう抑圧的な営みにしているとみられる。たとえば，もしもある人が躁うつ性だと言われ，しかもこれがパーソナリティの永続的な特徴だとみられるとすると，その人は今後ほとんど変化の見込めない前途に直面するばかりか，切開を伴う侵襲性の精神医学的処置を受けやすいことになるであろう。また，人間行動については生来的な性質による説明を求め，行動の原因を社会過程よりもむしろ心理状態や心理構造に求める，そういう心理学者の性向をも本質主義は生み出すのである。

　心理学における本質主義は，たいてい還元主義の形をとる。還元主義とは，複雑な現象をより単純な，つまりより基本的な要素によって記述するやり方のことであり，とりわけそれが現象の十分な説明になっているとされる場合のことである。

　原則的に心理現象は，生物学的と社会的の，二種類の還元主義の影響を受けやすいことであろう。けれども心理学と社会心理学は，あらゆる行動は最終的に生物学的メカニズムによって説明されるだろうと決めてかかる傾向があった。

第1章　ソーシャル・コンストラクショニズムとは何か　*9*

1つにはそのせいで，心理学の内部で還元主義がとる形は多くの場合生物学的な種類であり，そこでは心理現象を特徴づけている複雑な社会的，文化的諸条件も同じように還元される。社会生物学（たとえば Wilson, 1978）は，性的行動におけるパターンなどの社会現象を，進化論的，生物学的メカニズムによって説明しようとする。ここで次のような考え方に出会うのは，驚くに当たるまい。すなわち，女たちと男たちの間の社会的な不平等や差異は心理的性差から派生するのであり，しかもそれらの心理的性差自体はホルモン量や脳構造における差異に由来し，さらにそれらの差異には進化論的起源があると考える，そういう考え方である。

　しかし現在，心理学の還元主義に最も重大な影響を与えているのは，おそらく神経科学の分野（ボックス 1.1 を参照）である。磁気共鳴画像法（MRI）の発達といったテクノロジーの進歩は，脳構造と脳活動の研究に急激な発展をもたらしたが，その結果心理現象を脳の過程のレベルへと還元する主張を生み出した。経験と行動の神経学的な説明は，日々の談話_{ディスコース}の中でもはや陳腐なものと

《ボックス 1.1》

　神経科学は，神経系の科学的研究であって，現在では化学，コンピュータ・サイエンス，言語学，哲学，心理学などの他の学問諸分野と関係をもつ学際的な分野である。神経科学が研究するのは，神経系の，その分子や細胞の構造からその進化と機能までの多くの側面である。それが近年発展してきたのはテクノロジーの進歩のせいであって，神経科学者たちは，感覚や運動の課題遂行中の脳活動を研究するのに画像化_{イメージング}を用いるだけでなく，今では単一のニューロン内の活動を詳細に調べることさえできる。

　認知神経科学は，心理学と神経科学の両分野の一部門であり，行動の神経的基礎の研究に関わる。それは，実験や電気生理学などの方法を用いて，認知過程についてのさまざまな脳の部分の機能を調べることをめざすのである。その研究にはたいてい，脳損傷による認知障害の患者の検討が含まれている。

10

なりつつあって，たとえば私たちは「自分の経験を，社会慣行や社会関係より
もむしろ脳の化学作用や構造によって理解するように，ますます仕向けられ」
(Cromby, 2012: 290-1）ており，またローズ（Rose, 2005）は，私たちが「神
経化学的自己」になりつつあると言う。

　心理学の内部で，神経科学の人気が上昇しているのは偶然ではない。心理学
という分野は，さまざまな理由からサイエンスとみなされたいと望んできたし，
したがって社会学やカルチュラル・スタディーズのような他の社会諸科学と連
携するよりも，むしろ自然諸科学と連携してきたのだった。英米の政府は，
STEM（サイエンス，テクノロジー，エンジニアリング，数 学^{マセマティクス}）教育を十
分に受けた人間が数多く必要であると見ており，そしてその必要性こそが，文
句なしに「サイエンス」を名乗れるそれらの分野向けの公的資金をみちびいて
きたのである。このような動向の帰結の一つだが，最新のイギリスの高等教育
機関研究評価（Research Excellence Framework=REF)^(＊訳注)では，心理学
者の研究成果が「心理学・精神医学・神経科学」という合同ユニット内で評価
されたのであって，そうなるとこのユニットの分野構成は，心理学者にとって
の還元主義の魅力をいかにも増しそうに思われる。
　説明の生物学的，心理学的，社会的レベルとは，それら自体が社会的構築な
のであり，その構築は歴史的にさまざまな研究共同体内部で発展してきたもの
だが，同時に個人／社会，精神／身体などの厄介な二元論を生み出して，それ
がさらには，それぞれの二元論の両要素はお互いにどのように関わるかについ
てのむずかしい問いをもたらしてくると，ガーゲン（Gergen, 2008）は論じる。

実在論^{リアリズム}への疑い

　私たちの知識とは実在^{リアリティ}の直接知覚である，このことをソーシャル・コンスト
ラクショニズムは否定する。その代わりに私たちは，１つの文化や社会として，

　＊訳注：英国における，大学など高等教育機関のたずさわる研究の評価枠組み。評価軸と
　　　　して研究成果の質，影響力，研究環境の３つの要素が設定されており，６年に一度
　　　　の間隔で行なわれる。ここでの「最新」とは，2014 年実施のそれをさしている。

自分たち自身の実在のバージョンを協力して構築するのである。あらゆる知識
形態の歴史的，文化的相対主義を私たちは受け入れざるをえないのだから，当
然「真理」の概念は疑わしいものとなる。ソーシャル・コンストラクショニズ
ムの枠内には，客観的事実など存在しない。あらゆる知識は，あれこれのパー
スペクティブから世界を見ることで生じるのであり，またほかでもないある利
権の役に立っているのである。たとえば，わが家のダイニング・テーブルは素
晴らしい木でできていると，私は言うかもしれない。別の人は，それは今風の
デザインだと言うだろうが，また別の人は，それが実用には小さすぎるとも言
うであろう。これらの言葉は，いずれもそのテーブルについての真理ではない
のであって，それぞれの描写は，質，スタイル，実用性など，異なる関心に発
している。これまで社会科学の核心をなしていたのは，人びと，人間性，社会
についての真理の探究であったわけだが，このようにしてソーシャル・コンス
トラクショニズムは，社会科学研究の意味について全く異なるモデルを告げる
のである。主流派心理学に対するソーシャル・コンストラクショニズムの批判
は，みずからの世界理解が必然的に不完全であると心理学に思い知らせること
を軸に展開する。不完全というのは，それが多くの可能的な世界の見方のうち
の１つにすぎないこと，そして現存体制の既得権益の受益者たちを反映してい
ること，この両方の意味においてである。ソーシャル・コンストラクショニズ
ムは一般に実在論の主張に疑いをもっているけれども，なかには批判的実在論
（第５章を参照）という形で実在論を受け入れようとするソーシャル・コンス
トラクショニズム論者たちもいる。

知識の歴史的，文化的特異性

　もしもあらゆる知識形態が歴史的，文化的に特異であるとすると，そこには
社会科学によって生み出された知識も含まれることになる。そこで，心理学の
理論と説明は，時間にも文化にも拘束されていることになり，人間の実相の最
終的な記述ではありえない。非欧米文化では，欧米の言語に翻訳できない多く
の感情状態が，人びとによって認識され経験されている（Stearns, 1995）。た
とえば，日本人にとって甘えは，別の人への「心地よい依存（sweet depen-

dence)」の感情をさしている。したがって心理学や社会心理学という学問分野の目的は，人びとと社会生活に関する真の実相を見出すことでは，もはやありえない。彼らはその代わりに，現在の心理的，社会的生活の諸様式の出現についての歴史的研究に，そしてそれらが生み出された社会慣行に，注意を向けねばならないのである。

思考の必要条件である言語

　ソーシャル・コンストラクショニズムは，世界に関する私たちの理解の仕方が客観的な実在（リアリティ）に由来するのではなく，過去と現在のほかの人びとに由来するのだと論じる。私たちが誕生してくる場所は，その文化内の人びとの用いる概念枠組みとカテゴリーがすでに存在する世界である。私たち各人にはそれぞれ，自分の経験の表現にふさわしい思考の既成のカテゴリーが都合よく見つかるわけではない。だからたとえば私が，時代遅れでないファッショナブルな服を着るのを好むという場合，私の経験する好みの根拠は，ファッションの概念によって与えられているのである。概念とカテゴリーは，それぞれの人間により，言語の使い方を身につけるとともに習得されて，そのようにして1つの文化と言語を共有するすべての人によって日々再生されている。このことは，次のことを意味している。すなわち，人間が考える仕方，彼らに意味の枠組みを与えているそのカテゴリーと概念，それらは彼らが用いる言語によって与えられているのだ。したがって言語とは，思考に欠くことのできない必要条件なのである。思考と言語との関係は，心理学における長年の議論の中心であった。私たちの目的にとっては，ピアジェの立場とウォーフ（Whorf, 1941）の立場の間に重要な相違が存在する。ピアジェは，言語的ラベルが与えられるより前に，ある程度子どもは諸概念を発達させねばならないと信じていたが，しかしウォーフは，母国語が人間の考え方や世界の見方を決定すると主張した。主流派心理学は暗黙のうちに，言語とは思考の必要条件ではなく，思考の多少とも直接的な表現であると仮定している。ソーシャル・コンストラクショニズムは言語を，情動や態度といった内的な心理状態へのルートと見るのでなく，私たちが社会的，心理的な諸世界を構築する，その主要な一手段と見るのである。

社会的行為の一形態である言語

　知識を生み出しているときの人びとの間の日常的な相互作用を主題に据えようというのだから，もちろん言語とは，単に自己を表現する1つの方法にすぎないわけはない。人びとがお互いに語り合うとき，世界は構築されるのである。それゆえ私たちの言語の使用は，行為の一形態と考えられるのであって，この言語の「行為遂行的」役割を主たる関心とするソーシャル・コンストラクショニズム論者たちもいる。主流派心理学は主に言語を，私たちの内的状態の従順な伝達手段とみなしてきた。ソーシャル・コンストラクショニズムはこの見方に異議を唱えるのであって，というのも言語は人びとに現実的な帰結をもたらすのであり，それは認められねばならないからである。たとえば，判事が「被告に禁固四年の刑を言いわたす」と言う場合，あるいは聖職者が「あなたがたは夫婦であることを宣言します」と言う場合，ある現実的な帰結，制約，拘束がその後に続くことになる。

相互作用と社会慣行への注目

　主流派心理学は，たとえば態度，モチベーション，認知等々の存在を仮説として立てることによって，社会現象の説明を人間の内部に求める。それらの存在は，個々の人びとが行なったり言ったりすることの原因であり，また偏見や犯罪などのより広い社会現象の原因でもあると考えられている。これに対してソーシャル・コンストラクショニズムは，人びとのたずさわる社会慣行と，彼らの間の相互作用とを，研究の妥当な注目点であると考える。たとえば学習障害をもつ子は，主流派心理学の場合，障害がその子の心理内部に位置づけられるため，病的とみなされる。これに対してソーシャル・コンストラクショニズム論者は，その学習障害が1つの構築として，その子や教師たちやその他の人たちの間の相互作用を通じて現れてくる，そのありさまに目を向けることによって異議を唱えるであろう。したがってソーシャル・コンストラクショニズムは，主流派心理学の，病理化された本質主義的圏域から離れて，諸問題を位置づけ直すのである。

過程への注目

　たいていの主流派心理学と社会学は，パーソナリティ特性，経済・社会構造，記憶モデル等々といった存在によって説明を行なってきたが，これに対しソーシャル・コンストラクショニズムは実に多くの場合，社会的相互作用の動態^{ダイナミクス}によって説明をする。こうして，構造でなく過程が重視される。社会研究の目標は，人びとや社会の実相についての探究から，相互作用の中で人びとが知識というある種の現象ないし状態をどのように達成するかの考察へと移される。したがって知識は，人間がもったりもたなかったりするものでなく，人びとが生み出し，共に演じるものと見られるのである。

ソーシャル・コンストラクショニズムは
どこから生まれたのか

　ソーシャル・コンストラクショニズムをさかのぼっても，単一の源にたどり着くことはできない。それは数十年前からの，北米，英国，それに大陸の多くの著者たちの複合的な影響から現れてきた。さらにそれらの影響の起源をたどれば，二，三百年前からの哲学の展開に行きつくことになる。以下では，その歴史と主要な影響のあらましと思われるものを記すことになるが，この歴史自体が，その事柄の多くの可能的構築のうちの１つにすぎないことを心に留めておく必要がある。

哲学の影響

　ソーシャル・コンストラクショニズムが明確な形を成してきたその文化的，知的背景は，ふつうポストモダニズムと言われており，それがある程度，独特のおもむきをそこに添えている（社会諸科学におけるポストモダニズムの考察については Hollinger, 1994 を参照）。知的運動としてのポストモダニズムは，

第1章　ソーシャル・コンストラクショニズムとは何か　15

その関心の焦点が社会諸科学にあるのではなく，芸術と建築，文学とカルチュラル・スタディーズにある。それは，先行するモダニズムという知的運動の基本的諸前提に対して疑問や拒否を表明し，多くの議論や論争を生んでいる。

モダニズムは多くの点で，私たちの知的，芸術的生活の諸前提を具体的に表しており，しかもその生活は，18世紀半ばころからの啓蒙主義の時代以来ずっと続いてきている。啓蒙主義のプロジェクトとは，理性と良識を用いることによって実在の真の姿を理解することであった。これは中世の時代とは鋭い対照をなしていて，すなわち中世では教会が真理の唯一の決定者だったのである。つまり，人生や道徳の特質について問いただしたり決定を下したりするのは，個々の人間の責任ではなかった。科学は，中世の時代のそのドグマへの解毒剤として，啓蒙主義の時代に生まれたのだった。哲学者のイマヌエル・カントは「啓蒙主義」の支持者であり，このプロジェクトの標語を「サペーレ・アウデ（Sapere aude）！」——自分自身の知性をつかう勇気をもて——とみなした。彼は，あらゆることがらが周知され議論される必要があると論じたのである。神や教会でなく個々の人間が，真理と道徳の問題の中心になった。実在とはどのようなものか，したがって人間が生きていくのにふさわしい道徳規則は何かについて，客観的，科学的証拠に基づき判断を下す責任は，今や個々人にこそある。

芸術の世界における近代の運動は，真理への独自の探求にとりかかった。このことが，たとえば異なる流儀の画法の価値（印象派の流儀は，ラファエル前派の流儀や表現主義の流儀よりもすぐれているか）について，多くの論争や議論を生み出した。この真理への探求は多くの場合，世界の見かけの諸特徴の裏には法則や構造が存在するという考えに基づいていたし，またそこには，物事を行なうには「正しい」やり方があり，しかもそれは見出すことができるという信念があるのだった。ローマやギリシャの古典的建築様式は，美しい形態の中核にあるとされていた「黄金分割」のような，特別な数値的割合の使用に基づいていたのである。

社会学では，社会現象を社会の基礎にある経済構造によって説明したマルクスが，法則や構造の探求の代表的な例であり，またフロイトやピアジェのような心理学者は，心理現象を説明するのに，基礎にある心的構造の存在をそれぞ

れ仮定した。いずれの場合も隠れた構造や法則が，世界の見かけの諸特徴の裏にある深層の実在（リアリティ）として考えられており，したがって世界に関する真理は，それら基礎にある構造を分析することによってはじめて明らかにされるのだった。社会科学と人文科学におけるそのような構造を仮定する諸理論は「構造主義」として知られ，その後の，現実世界の諸形態の裏には法則や構造が隠れているという考え方の拒否は，したがって「ポスト構造主義」として知られている。またそのため「ポストモダニズム」と「ポスト構造主義」の語は，時に互換的に用いられている。構造主義の諸理論すべてに共通している特徴とは，それらが「大きな物語」（メタナラティブ）ないし大きな理論（グランド・セオリー）としばしば呼ばれているものを構成することである。それらは全体の社会的世界を，1つの包括的な原理（マルクスにとってそれは階級関係であった）によって理解する方法を提供した。社会変動へ向けた提案は，したがってこの原理に基づいてなされた――マルクス主義の場合は，労働者階級による革命だが――のである。

　しかし啓蒙主義にはまた，批判する人たちもあって，反＝啓蒙主義運動をなしていた。哲学者のニーチェは，啓蒙主義が事実上，科学，理性，進歩を独特のドグマに仕立てあげたと主張した。彼ははるかにニヒリスティックな見方をしていて，歴史や人間生活は進歩しているわけではなく，歴史から読み取られるべき大きな目的（グランド・パーパス），大きな物語（グランド・ナラティブ），意味などは存在しないと見ていた。ここには，ポストモダニズムの兆しが見てとれる。究極の真理が存在しうるという考え，それに私たちの見る世界は隠れた構造の結果であるという構造主義の考え，この両者の考えの拒否がポストモダニズムである。建築では，よきデザインという確立した通念を無視したかのような建物のデザインが，それを例示している。美術や文学では，必然的にすぐれた美術形式や文学形式の存在することを否定する点にそれが見られ，したがってポップアートは，たとえばレオナルド・ダ・ヴィンチやミケランジェロの作品と同等の地位を要求するのだった。文芸批評でもまた，詩や小説の「真の」読解は存在しえない，つまりそれぞれの人間の解釈は同じように優れているという考え方に行きついたし，したがって原著者が言おうとしていたのであろう意味は，無関係なのであった。

　ポストモダニズムは，多種多様の状況依存的な生活様式の共存を強調する。これは，ときに多元主義（プルーラリズム）とも言われている。西洋にいる私たちは，今やポスト

第1章　ソーシャル・コンストラクショニズムとは何か　*17*

モダンの世界，つまり宗教などの一つの包括的な知識体系に頼って理解することはもはやできない世界，そこに生きているのだと主張される。テクノロジーや，メディアやマスコミの発達とは，多くのさまざまな種類の知識が利用可能であることを意味している。自然科学と社会科学の多様な分野，多くの宗教，各種の代替医療，ライフスタイルの選択肢等々が存在しており，それらはそれぞれ好きなようにかじることのできる比較的独立した知識体系として働いている。こうしてポストモダニズムは，次のような考え方を拒否する。すなわち社会変動とは，大きな理論や大きな物語の適用によって社会生活の基礎にある構造を発見し，それを変化させることだという考え方，これを拒否するのである。さらに言えば，その「発見する」という語は，観察や分析によって明らかにできる既存の安定した実在を前提しているのだが，そういう考え方はソーシャル・コンストラクショニズムと完全に対立する。

社会学の影響

カント，ニーチェ，マルクスの間にはたしかに相違があるけれども，彼らは共通して次のような見方をもっていた。すなわち知識は，外界の実在に基づくというより，少なくとも部分的にはむしろ人間の思考の所産である。多くの社会学者がこのテーマを，知識社会学という形で20世紀初頭に取り上げた。彼らの関心は，社会文化的な諸勢力が知識を構築する仕方とそれらが構築する知識の種類に向けられ，当初はイデオロギーや虚偽意識などの概念が注目されていた。

これに対し，知識社会学の流れをくむ重要な，しかももっと最近の貢献はバーガーとルックマンの1966年の著作『実在の社会的構築』（*The Social Construction of Reality*〔邦訳書名『現実の社会的構成』〕）である。この著作は，シカゴ大学のミード（1934）とブルーマー（1969）の研究に始まったシンボリック相互作用論という下位の研究領域に基づいている。シンボリック相互作用論の基本は，社会的相互作用におけるお互いの日々の出会いを通じて，人びとは自他のアイデンティティを構築するという見方である。これと歩調を合わせるかのように，1950年代と1960年代に北米で成長したエスノメソドロジーとい

う社会学の下位領域は，ふつうの人びとが社会生活を構築し，自分自身が，また お互いがそれを理解する，その過程を理解しようと試みたのだった。

　社会生活についてのバーガーとルックマンの説明は，人間が社会慣行を通じ，あらゆる社会現象を協力して作り出し，支えるのだと主張する。世界は，人びとの社会慣行によって社会的に構築されうるのだが，しかしそれと同時にまるでその世界の特質があらかじめ与えられた不変のものであるかのように経験される，そのありさまをバーガーとルックマンは明らかにする（バーガーとルックマンの理論について，より詳しくは第9章を参照）。ソーシャル・コンストラクショニズム自体もまた，じっさいに「存在する」と思われる多くの理論の1つとして，「実在する」ことになったと言えよう。じっさいこの本を書き，表向きはそれを記述することで，それの構築に私も現に寄与している。にもかかわらず，将来ソーシャル・コンストラクショニズムについてのこの本やその他の本を読む人たちは，ソーシャル・コンストラクショニズムを，社会過程の結果ではなく，見出されてきた1つの知識領域と考える傾向があるだろう。そういうわけで私は，この本を書いていて，「ソーシャル・コンストラクショニズムの社会的構築」とも言えるものに寄与しつつあるのである。

言語への転回と社会心理学の「危機」

　心理学では，ソーシャル・コンストラクショニズムの出現はふつうガーゲンの論文「歴史としての社会心理学」（1973）以来だとされるが，その論文で彼は次のように論じた。すなわち，心理学の知識を含むすべての知識は歴史的，文化的に特異であり，したがって今日の心理状態と社会生活の展開の妥当な理解のためには，私たちは個人を超えて社会的，政治的，経済的な領域に目をやり，それらをくわしく調べなければならない。人びとや社会の最終的な記述を求めてもむなしいのであって，というのも心理的，社会的生活の唯一の永続的な特徴とは，それがたえず変化していることだからであると，彼は論じる。こうして社会心理学は一種の歴史的な企てになるのであって，なぜなら私たちにできることといえば，今日では世界がどのように見えているかを理解し，説明しようとすることくらいだからである。

第1章　ソーシャル・コンストラクショニズムとは何か　*19*

　ガーゲンの論文が執筆されたのは，「社会心理学の危機」（たとえば Armistead, 1974）と言われている時期であった。学問分野としての社会心理学は，宣伝と行動操作に使える知識を第二次世界大戦中の米英の政府に提供しようとする心理学者の企てから生まれてきた。それは「軍隊の士気はどうしたら維持できるか」，「なじみのない食物を人びとが食べるように，どうしたら仕向けられるか」といった問いから生まれたのである。またそれは，その親学問である心理学が自然科学の実証主義的方法を採用することによって名声を手に入れていた，ちょうどその時期に発展した。したがって社会心理学は，政府と産業界の権力の地位にある人たちに習慣的に奉仕し，また彼らから報酬を得てもいる，経験主義の，実験室ベースの科学として出現したのである。

　1960 年代と 1970 年代初期の社会心理学は，その学問分野が暗黙のうちに支配的集団の価値を奨励した，そのやり方にますますのめりこんでいた。すなわちその研究活動は，文脈から切り離された実験室内の行動に注目し，人間の行為に意味を与えている現実世界の文脈を無視していて，そこにはふつうの人びとの「声」が欠落していると思われた。そこでいくつかの研究発表が，ふつうの人びとの説明に注目し，心理学の抑圧的でイデオロギー的な使用の妥当性を疑い，実証主義の科学に代わる方途を提案することにより，そのバランスを取り戻そうとした（たとえば Brown, 1973; Armistead, 1974）。アメリカで著述していたガーゲンに対し，イギリスではハーレとセコードが心理学の新しい科学のビジョンを主張していた（Harré and Secord, 1972）。彼らの主張の基礎には，人びとは「意識的な社会的アクターであり，自分のパフォーマンスをコントロールすることができ，それらに知的コメントを加えることができる」（序文）という見方がある。したがって彼らは，社会心理学における実証主義で実験主義の伝統に反対し，人びとを，自分自身の活動をふりかえってコメントを加えることのできる，社会慣行の熟達した実践者と見るのだった。

　これらの関心は今日，ソーシャル・コンストラクショニズムにおける社会心理学者たちの著作に明らかに見てとれる。その多くの学問領域にわたる背景は，それがいくつかの源泉からそのアイディアを引き出してきていることを意味する。人文科学や文芸批評の著作を参考にした場合，その影響は多くの場合，ミシェル・フーコーやジャック・デリダなどのフランスの知識人たちの影響であ

る。その文化的な背景はポストモダニズムだが，ただその知的ルーツは，早い時期の社会学の著作と社会心理学の危機の懸念に根差している。したがってソーシャル・コンストラクショニズムは，多様な学問分野と知的伝統から生じ，それらに影響を受けている運動なのである。

ソーシャル・コンストラクショニズムと言われるのはどんな心理学か

　多様なソーシャル・コンストラクショニズムの説明をする場合の最大の困難の1つは，執筆者たちや研究者たちがその研究を記述するのに使う用語が，さまざまに異なることである。ソーシャル・コンストラクショニズムには，まとまって特定しうるいくつかの種類が存在するかのように言うのはまちがいであろう。それどころかビリッグ（Billig, 2012）は，学問領域や下位領域の周囲の境界が強固なものになるにつれて，知的損失が生じることを指摘さえしている。にもかかわらず，本書の目的のためには，どうしても大まかな特徴描写は欠かすことができない。以下の説明の中では，紛らわしいと感じられそうな用語を取り上げてみたが，しかし用語選択の理由を説明することが適当な箇所ではそれも試みてみた。

批判心理学／批判社会心理学

　ダンジガー（Danziger, 1997）の指摘するように，ソーシャル・コンストラクショニズムと主流派心理学の間の関係のもっとも明白な特徴は，ソーシャル・コンストラクショニズムの方が批判の役割を果たしていることであり，そしてこの批判はある程度，社会心理学における「危機」論争の延長なのである。今日では，批判心理学（Fox *et al.*, 2009; Hook, 2004, 2012; Parker, 2002; Sloan, 2000; Stainton Rogers *et al.*, 1995）や批判社会心理学（Gough *et al.*, 2013; Hepburn, 2003a; Ibáñez and Iñiguez, 1997; Tuffin, 2005）と呼ばれるようになってきた文献が，かなりの数に上っている。批判心理学と批判社会心理学は，

ある個人が，差異，不平等，権力に関連して社会内で占める位置に注目し，精神疾患，知能，パーソナリティ理論，攻撃，セクシュアリティなどの，さまざまな心理現象の新しい解釈をもたらす。批判心理学者たちは，政治的な志向をもち，搾取と抑圧の問題に注目し，解放や社会正義の形で社会変動を生み出すことを重視する。たとえば「ポストコロニアル」批判心理学（Hook, 2012 を参照）には，恵まれない第三世界の国々をそのままに維持して正当化しようとするディスコースを，あえて問題として抉り出そうとする重要な進展があった。特にそれは，過去に植民地主義によって征服され支配されてきてしばしば国外離散や国外移住を経験している人たちの状況に，目を向けるのである。

　批判心理学者たちは，主流派心理学自体の前提や慣行にとりわけ批判的であり，そこでは主流派心理学が搾取的で抑圧的であると考えられている。心理学という学問が声なき人びとの人生に将来にわたる強力な影響を及ぼし，イデオロギー的に作用していると言われる，その数多くのありさまに彼らは注目する。科学という地位を通じて，それは人びとに関する，今日の社会の在り方の不平等の正当化に役立つような表現を，「真理」として提出してきた。たとえば「性差」研究を通じて心理学は，女たちと男たちは異なった種類の人びとであり，したがって社会における異なった役割にふさわしいという，一般に信じられている考え方を促進してきたのである。さらにたとえば，その測定と検査のプログラムを通じ，またその診断分類システムを通じて，心理学は中産階級の白人男性の諸規範と諸価値をもとにした知能，パーソナリティ，行動の規範を設定し，それらの指示外にある行動や経験をする人びとを病的と考えてきたのである。

　批判心理学者の中には，ソーシャル・コンストラクショニズムの諸原理に基づいてその批判を組み立てる人たちもいるが，それとは別の理論的ルートを通じて批判心理学に到達し，さらにはマルクス主義やさまざまな種類のフェミニズムなどのイデオロギーを利用する人たちもいるかもしれない。というわけで，批判心理学の多くは，気持ちの上ではソーシャル・コンストラクショニズムと言えるのだが，批判心理学者の中には，自分をソーシャル・コンストラクショニズム論者とはどうしても言いたくないという人もいるのだった。何人かの批判心理学者や批判社会心理学者の場合には，政治的なテーマはさほど明確でな

いのだが，彼らが批判的であるというのは，社会心理学の理論と活動の基礎に
ある前提への自覚を喚起するという意味においてなのである。

ディスコース心理学

　社会的行為の形態として，またソーシャル・コンストラクショニズムの特性
として，社会的相互作用と言語に注目すること，これが，特にイギリスの状況
下で，近年みずから「ディスコース心理学者」と名乗るようになった人たちに
より重要視されてきた（Edwards and Potter, 1992; Harré and Stearns, 1995;
Potter and Edwards, 2001）。ディスコース心理学は，人間についての徹底的
に反＝本質主義的な視点をソーシャル・コンストラクショニズムと共有してお
り，言語とは，態度，信念，情動，記憶などの内的状態ないし認知を表現した
ものであるとか，あるいはそれらへの接近手段であるとか，そういう見方をと
りわけ拒否する（たとえば Antaki, 2006; Edwards and Potter, 2005; Harré,
1995a; Harré and Gillett, 1994）。ディスコース心理学は，そのような内的状態
の存在を必ずしも否定しようとするわけではない。つまり，そうしたものの存
在や特質について論争をするのでなく，この問題を「カッコに入れる」のであ
る。ポッターは言う。

> どういう種類のものが存在しているかについての存在論的な問いに対し，
> 私はたしかに答えようとしてはいない。注目点は，人びとが叙述を事実で
> あるとして構築する仕方であり，他の人たちがそれらの構築を毀損（きそん）する仕
> 方なのである。そしてこのことは，事実とは何かという哲学的問いに対す
> る答えを必要としていない。

（Potter, 1996a: 6）

　ディスコース心理学に特有の関心は，次の点にある。すなわち１つは，人び
とが日々の相互作用，すなわち相互の「ディスコース」において言語を用いる
仕方である。そしてもう１つは，諸事象の具体的な説明，しかも相互作用する
彼ら自身に重大な帰結をもたらすであろう説明，そういう説明を築きあげるの

に彼らが言語的スキルを使う仕方である。したがって，主として関心は，言語の行為遂行的機能にある。

ディスコース心理学者たちは，この言語の構築的，行為遂行的使用の理解を，多くの心理現象に適用してきて，それによりそれら心理現象の主流派の理解に異議を唱えてきたのである。その例の中には，記憶（Shotter, 1990; Edwards and Potter, 1995)，情動（Edwards, 1997; Hepburn, 2004; Nikander, 2007; Wetherell, 2012)，帰属（Edwards and Potter, 1993; Sneijder and Molder, 2005)，態度と信念（Puchta and Potter, 2004)，ストレス（Hepburn and Brown, 2001)，学習障害（Mehan, 1996/2001）などがある。したがって，ディスコース心理学の行為志向により，諸現象の実相への主流派心理学の関心は変換されて，それら諸現象が人びとによってどのように遂行されるかへの関心となるのである。こうして記憶，情動，その他の心理現象とは，私たちが持つものではなく，私たちが行なうこととなる。ディスコース的アプローチをとる心理学者の中には，相互作用する人たちの説明するやり方を分析することを越えて，それらがたとえば性差別（Edley and Wetherell, 1995）やナショナリズム（Billig, 1995）など，社会における諸イデオロギーの権力と深く関係している，そのありさまの考察にまで進む人たちもいる。

脱構築論とフーコー派ディスコース分析

脱構築論は，ミシェル・フーコーやジャック・デリダなどのポスト構造主義のフランスの哲学者たちの著作に基づいており，「脱構築」の語はデリダによって導入されたのだった。脱構築論は心理学以外の分野で生まれ，したがって厳密に言えば心理学の一形態とは考えられない。しかしそれは，巨視的ソーシャル・コンストラクショニズムのアプローチ（下記を参照）をとる心理学者たちによって大いに利用されてきたし，この点で心理学の研究や理論に浸透してきたのである。

脱構築論は，個人の構築作業よりも，むしろ記号体系としての言語の構築力を強調する。その関心の所在は，言語構造を通じ，またイデオロギーを通じて，人間の主体が構築されてくるありさまにある。ここでの中心概念は，「テクスト」

である。

> テクストとは，読んだり，見たり，聞いたりすることのできる，印刷され，
> 目に見え，口述され，耳に聞こえる任意の作品（たとえば，論文，映画，
> 絵画，歌）である。読者はそれらを解釈し，それらと相互作用する時に，
> テクストを創りだす。テクストの意味は，常に未決であり，決まった答え
> はなく，相互作用的である。脱構築とは，諸テクストの，その批判的分析
> なのである。

（Denzin, 1995: 52）

　上述したソーシャル・コンストラクショニズムの諸特徴から見れば，それが
重視するのは，知識の歴史的，文化的な特異性であり，さらにそのような知識
と，それらが権力や社会的行為に及ぼす結果との間の関係である。とはいえ，
この幅広い問題を共有するさまざまなアプローチは，たしかに包括的なタイト
ルの下でソーシャル・コンストラクショニズムの文献の中に現れることはない。
分析方法としての脱構築は，ディスコース心理学の歴史的発展（Potter, 1996a
を参照）としばしば歩みをともにしているけれども，今日，その研究への適用
は「フーコー派ディスコース分析」（Willig, 2001を参照）の名の下によく行わ
れ，ディスコースのイデオロギー的で権力的な効果を特定しようとする関心と
たいてい結びついている。

　たとえばセクシュアリティや精神疾患について，人びとが話したり考えたり
する仕方，そしてそれらが広く社会の中で表現される仕方，それらの仕方が，
人びとを扱う私たちのやり方に影響をもたらすのだとフーコーは論じた。私た
ちの表現は，必然的に特定の種類の権力関係を伴うのである。たとえば1つの
社会として私たちは，人の声が聞こえるという人びとを精神的に病気だと考え，
彼らを精神科医や心理学者に差し向けるが，その結果その精神科医や心理学者
は彼らの人生の多くの面に権力をもつことになる。フーコーはそのような表現
を「ディスコース」と呼んだ。というのも，それらは言語とその他の記号系に
よって構成され，それらを通じて作用する，そう彼は見ていたからである。文
章，絵画，イメージを通じ，世界について語り表現するやり方はすべて，ディ

スコースを構成しているのであって，そのディスコースを通じてわれわれはその世界を経験する。社会的と個人的，そのどちらのレベルでも，現象を生み出すとみられるのは，社会的に共有された言語の構造なのである。ディスコースが私たちの経験を構築するその仕方は，それらのテクストを「脱構築する」ことによって考察できる。脱構築するとは，すなわちそれらテクストを分析し，それらが世界の特定のビジョンを示すように働く様子を明らかにし，そのようにしてそのビジョンを私たちが疑えるようにすることである。脱構築の批判的使用の例は，パーカーほか（Parker *et al.*, 1995），パーカーとボルトン・ディスコース・ネットワーク（Parker and the Bolton Discourse Network, 1999），それにウォダック（Wodak, 1996）に見られる。今日では，そうした研究は，批判ディスコース分析（CDA）の名の下に行なわれることが多い（第8章を参照）。

いくつかのコンストラクティビズム

ソーシャル・コンストラクショニズムと基本的な前提を共有すると思われるいくつかの理論的アプローチをさすのに，ときどき「コンストラクティビズム（constructivism）」の語が用いられるという事実は，読者を混乱させるかもしれない。コンストラクティビズムは時に，ピアジェの理論をさすのに，またブルーナー（Bruner and Goodman, 1947 を参照）とグレゴリー（Gregory, 1970）に関連する知覚の理論をさすのに用いられるが，しかし最近の状況の中で読者がその語と出会うのは，人間をあれやこれやで自分自身の現象世界の創造に活発にたずさわっているものと見る，その種のパースペクティブの場合であろう（Raskin, 2006 を参照）。そのようなアプローチと対照をなすのは通例，物事や諸事象には本質的な特質や意味があり，それが人に何らかの予測できる仕方で強く影響を与えるという見方，さらに知覚とは世界の正確な描写を内面化することにほかならないとする見方である。行動主義，精神分析理論，進化心理学など，大半の主流派心理学はこの記述に合致している。これとは対照的に，コンストラクティビズムの諸心理学は，それぞれの人が世界を異なって知覚し，諸事象から自分自身の意味を活発に作りだすと論じる。したがって「実

在する」世界は，各人にとって異なった場所である。これが，個別化された現象世界と不可知の実在世界との間のカントの区別を前提とする「ラディカル・コンストラクティビズム」（von Glasersfeld, 1981）のスタンスである。

　同じような立場は，ケリー（Kelly, 1955）がそのパーソナル・コンストラクト心理学（PCP）においてとっている。ケリーは私たち各人が，みずからの無数の社会的相互作用や社会関係の過程を通じて，意味の諸次元の体系，つまり「諸コンストラクト」を発展させると論じる。私たちは，これらのコンストラクトから世界を知覚し，また私たちの行為は決して予測可能ではないが，世界の私たちの解釈に照らしてみれば理解はできる。誰もが世界を，自分に特有の仕方で解釈している。もっとも，私たちが社会，文化，社会集団の成員であるおかげで，多くの私たちの解釈は必然的に他者と共有されているのだけれども。パーソナル・コンストラクト心理学（PCP）は，人にはあらかじめ与えられた，または確定された，中身が存在するという考え方を拒否する。したがってそれは，次のような心理学とは対照的である。すなわち，私たちの経験および／または行動を決定するような，内的認知状態，衝動，情動，モチベーション，特性，あるいは発達段階，などの存在を理論化する，そういうあらゆる他の心理学とは対照的なのである。つまりそれは「中身を欠いた」心理学なのであって，そこでは人間の機能における唯一の基本的で重要な過程が意味形成の企てにほかならない。このコンストラクティビズムの立場が有力であるのは，私たちが自らの世界の構築を変え，それによって自らの行為への新しい可能性を生み出す能力をもっているとする点である。もっとも，その過程はしばしば困難で，骨の折れるものだけれども。同様にナラティブ心理学（Andrews, 2014; Crossley, 2000; Gergen and Gergen, 1984, 1986; László, 2008; Sarbin, 1986) はまた，私たちは，自らの可能性を大いに形成するさまざまなストーリーを互いに，そして自分自身に語ると論じる。

　そのようなコンストラクティビズムと，他方のソーシャル・コンストラクショニズムとの間の本質的な相違には，2つの面がある。すなわち1つには，個人が，この構築過程を制御している行為主体_{エージェント}として見られる，その度合いの相違である。そしてもう1つには，われわれの構築が社会的な諸勢力の所産である，その度合いの相違である。ここでその社会的な諸勢力とは，構造的である場合も

相互作用的である場合もあるけれども。パーソナル・コンストラクト心理学（PCP）が，ソーシャル・コンストラクショニズムの心理学に貢献する潜在的な可能性については，第9章でもう少し触れることにしたい。

主流派心理学への批判

　ソーシャル・コンストラクショニズムは，主流派心理学の諸前提に対立する立場をとっており，それに対する厳しい批判者であったという点については，もはや読者に疑問の余地はあるまい。しかしダンジガー（Danziger, 1997）の指摘するように，この意味においてソーシャル・コンストラクショニズムは，逆説的に主流派を「必要としている」。したがってソーシャル・コンストラクショニズムの理論と研究が，周辺部からの一種のゲリラ戦を主流派心理学に対して仕掛け続けるだけではなく，どこまで自前の理論的，研究的プログラムを生み出せるか，これについてはちょっとした緊張感がある。他方，ソーシャル・コンストラクショニズムを用いて主流派心理学のもっと有害で抑圧的な側面を弱体化することこそが，最も重要なねらいである人びと（たとえば Parker, 1999, 2002; Parker *et al.*, 1995）もある。またソーシャル・コンストラクショニズムは，たとえばジェンダーやセクシュアリティ，障害や人種などにおける抑圧的で差別的な慣行について異議を唱えたいと思う人たちによって，さまざまな仕方で採用されてきている。

　そのような批判的スタンスからは，次のような結論が言い出されるかもしれない。すなわち，主流派の学問分野を近年構成している膨大な研究は人間性の誤解を招く表現として無視されるべきであるとか，あるいは主流派に特徴的な種類の経験的研究に心理学者はもはやたずさわるべきでないとか。しかしながら，ソーシャル・コンストラクショニズムの諸原理を支持するとしても，必ずしもこの結論に達するわけではないのであって，ガーゲン（Gergen, 2009b）は，主流派の研究は多様な目的に対して引き続き有用であると，それを弁護する。けれども問題は特に，どんな党派であれ心理学者が，真理と実在の問題に対してとるスタンスにある。上に略述した重要な諸前提に基づき，ソーシャル・コンストラクショニズム論者たちは，あらゆる真理の主張（私たち自身のものも

含め）に対し懐疑的なスタンスをとる必要があると論じる。したがって，研究結果を解釈する場合に，私たちは用心する必要がある。つまり，研究の文化的，歴史的文脈，それが寄与する政治的，イデオロギー的な利害，したがってある人びととやグループを不利にしたり誤り伝えたりするようにそれが働く様子，これらを慎重に考慮して，用心する必要があるのだ。

　主流派心理学の研究にはそのような思慮深さが一般に欠けているため，その研究結果は潜在的に厄介なものとなってしまう。その好例が，チェリー（Cherry, 1995）による「傍観者介入」研究の再解釈である。チェリーは，1960年代と1970年代の傍観者介入研究のもとになった1964年のニューヨークでのキティ・ジェノベーゼ殺人事件を，新しく見直した。すでに他の箇所で述べたように（Burr, 2002, 2012），チェリーはこの事件を，その文化的，人種的，ジェンダー的な文脈内に置く。傍観者研究が概してその結果を，社会行動の一般原理の例証として示すのに対し，チェリーはそれを，女性への暴力という社会問題の内に置き直すのである。

　このことは，傍観者介入（であろうと何であろうと，それ）についての主流派の研究結果が「誤り」であるという意味ではない。しかしガーゲン（Gergen, 2008）の言うように，実験室実験の世代が「汚染変数」であるとの理由で苦労して排除してきたような社会的，文化的文脈の諸特徴について，その重要性を十分に認めるならば，すべての研究者は自分の研究の社会的妥当性を高められることを，それは意味している。

ソーシャル・コンストラクショニズム
における意見の相違と論争

研究の焦点

　上に述べたように，ソーシャル・コンストラクショニズムの理論と研究には，現在2つの主要な形態が存在するのであって，すなわち第一のそれは相互作用における言語使用の微視的な構造を重点的に扱い，第二のそれはより巨視的な

言語と社会の構造が私たちの社会的，心理的生活の形成に果たす役割を重点的に扱う。ダンジガー（Danziger, 1997）はこの相違を，「明るい」ソーシャル・コンストラクショニズム　対　「暗い」ソーシャル・コンストラクショニズムとして特徴づけ，その上で前者の，人びとは相互作用の間に自分自身とお互いを構築する（「暗い」社会的諸勢力の結果ではなく）という考え方には，より「希望にみちた」メッセージが潜在している点を強調する。こうした表現は，たとえば一方がより脆弱なことをほのめかす「強い」コンストラクショニズムと「弱い」コンストラクショニズムという表現よりも好ましいと思われるであろう。とはいえ，「暗い」と「明るい」もまたネガティブな含蓄を持っていると論じられてきた（Burman, 1999）。そのため，関係文献に一層の混乱をもたらす危険があることを承知のうえで，これら2つの幅広いアプローチをさすのに，私は「微視的」および「巨視的」なソーシャル・コンストラクショニズムの語を使いたいと思う。微視的および巨視的なソーシャル・コンストラクショニズムの最も重要な代表は，それぞれディスコース心理学とフーコー派ディスコース分析であると言えよう。混乱を招く話だが，どちらの種類の研究も「ディスコース分析」と呼ばれることがある。もっとも，イギリスにおけるディスコース心理学の多くの研究は現在，研究方法として会話分析（CA）（第8章を参照）を採用する方向へ向かってきており，標題にも「ディスコース分析」ではなく，会話分析の語がたいてい用いられて発表されている。

微視的ソーシャル・コンストラクショニズム

　上に略述したように，この微視的ソーシャル・コンストラクショニズムは，社会的構築が，相互作用をする人びととの間の日常的なディスコースの中で起こるものと見る。微視的ソーシャル・コンストラクショニズムからすると，世界の多種多様なバージョンが潜在的に利用可能であるのは，この構築作業を通じてなのであって，だから1つのバージョンが他よりもいっそう実在するとか真であるとか言うのは意味がない。すなわち，私たちが入手できる事実とはこのディスコースというテクストだけである——だから，私たちの描写を越えて存在する実在世界については何も言えない。こうしてあらゆる真理主張は弱体化され，上述したソーシャル・コンストラクショニズムの定義的な諸特徴の中の

最初の特徴に沿って，強い懐疑主義が生み出される。ここで権力に言及される場合には，それはディスコースの結果，たとえば相互作用で「発言の正当化（warrant voice）」（Gergen, 1989）ができることの結果と見られる。米国では，ケネス・ガーゲン（Kenneth Gergen）とジョン・ショッター（John Shotter）の研究が微視的ソーシャル・コンストラクショニズムに含まれる。ガーゲンは，相互作用の構築力に注目し，個々の思考や行為が関係に埋め込まれている点を強調する（Gergen, 1994, 2009a, 2009b; Gergen and Gergen, 2012）。同様にしてショッターは，会話をモデルとして，構築のダイナミックな対人関係過程を強調する。彼はこの過程を，シンボリック相互作用論者のブルーマーから借りた「共同行為」の語で呼んだ（Shotter, 1993a, 1993b）。ガーゲンとショッターはいずれも，「対話（dialogue）」の概念を使って研究を展開してきたが，そこではこの概念が葛藤の理解にいかに役立つかについて特に注意が払われた。英国では，相互作用におけるディスコースを重視する点で共通する人たちの中に，多くのディスコース心理学者がおり（彼らの多くは，研究方法として会話分析を好んで使う），たとえばジョナサン・ポッター（Jonathan Potter），デレク・エドワーズ（Derek Edwards），マルコム・アシュモア（Malcolm Ashmore），チャールズ・アンタキ（Charles Antaki），アレサ・ヘプバーン（Alexa Hepburn），マイケル・ビリッグ（Michael Billig）などがいる（もっともビリッグの研究は，イデオロギーの概念を組み込んでいるのだから，微視的な過程への関心を越えているのだが）。ディスコース心理学の研究，特に分析方法として会話分析（CA）を使う研究は，人びとが自分たちの相互作用の目標を達成するために使う修辞的装置を明らかにするために，主に自然に生起した相互作用の分析に重点を置いている。

巨視的ソーシャル・コンストラクショニズム

巨視的ソーシャル・コンストラクショニズムは言語の構築的な力を認めるが，しかしそれを，物質的または社会的構造，社会関係，それに制度化された慣行などから派生したもの，あるいは少なくともそれらと密接な関係にあるものと見る。したがって，この種のソーシャル・コンストラクショニズムの核心には，権力の概念がある。巨視的ソーシャル・コンストラクショニズムは，特にフー

コーの研究（Foucault, 1972, 1976, 1979）に影響を受けていて，ローズ（Rose, 1990, 1999）はそれを，「科学」や「個人」という観念が社会的に構築されてきた様子を明らかにするために使った。その今日の主要な形態は批判ディスコース分析（CDA）であり，それは特にイギリスでのノーマン・フェアクラフの研究（Fairclough, 1995）と密接に結びついている。巨視的ソーシャル・コンストラクショニズムはまた，権力のフェミニズム的分析に関心をもつ何人かの著者たちにとっても魅力的であった。フェミニズム的ポスト構造主義的ディスコース分析（FPDA）は，ウィードンの研究（Weedon, 1997）に基づいて，ジュディス・バクスター（Baxter, 2003）によって展開された。それ（FPDA）は，異なった，しばしば競合する諸ディスコースによって，話者たちが「ポジショニング」される様子（第6章を参照）を分析する。彼らの重点は権力の諸問題にあるのだから，巨視的ソーシャル・コンストラクショニズム論者たちは特に，ジェンダー，人種，民族性，障害とメンタルヘルスなどのような，さまざまな社会的不平等を分析することに関心をもち，研究と実践を通じてそれらに異議を唱えようとしている。

　ソーシャル・コンストラクショニズムの巨視的と微視的のバージョンは，相互に排他的と見られるべきではない。また原則的に，それらが1つに統合されてはいけない理由もない。ダンジガー（Danziger, 1997）は，この点が，ソーシャル・コンストラクショニズムにおいて一層の熟考を要する最大の点であると論じる。またウェザレル（Wetherell, 1998）は，その内部で説明が構築されている制度慣行や社会構造だけでなく，その説明が置かれている状況の特質も，どちらも研究において重視する必要があると論じる。そのような統合を企てた著者たちもいる（たとえば Burkitt, 1999; Burr and Butt, 2000; Davies and Harré, 1990）し，もっと最近のいろいろな研究発表は，巨視的ソーシャル・コンストラクショニズムのかなり重要な問題に関する一部の研究を，ディスコース心理学に引き込もうと試みてきた。それらの研究発表は，ディスコース心理学と，以下のような概念ツールとの統合を重点的に扱ってきたのである。すなわち，批判実在論（Sims-Schouten *et al.*, 2007），イデオロギー（Gibson, 2009），そして主体ポジション（subject positions）（Reynolds *et al.*, 2007）などであり，このうち最後の場合は「批判ディスコース心理学」と称されている。

実在論／相対主義論争

　実在論は，外界についての私たちの表現とは無関係に，外界は存在すると主張する。この場合の表現には，知覚，思考，言語，絵などの有形画像が含まれている。私たちの表現は，この外界という実在によって支持されていると実在論は言う。もっとも表現は，必ずしも実在の正確な反映ではないけれども。さらに私たちはこの実在についての知識を，少なくとも原則的には獲得できると実在論は言う。これとは対照的に相対主義は，たとえそういう実在があるとしても，私たちには手が届かないと論じる。私たちに手の届くのは，世界のさまざまな表現だけであり，したがってそれらを「実在」と比較して，真であるとか正確であるとか判断することはできない。それゆえ相対主義では，事実との一致に基づいて，1つの説明を選択することなどできないのである。

　ソーシャル・コンストラクショニズムの信条は，そのまま自動的に相対主義の立場をみちびくと思われるけれども，これに抵抗してきた人たち（主に巨視的ソーシャル・コンストラクショニズム論者たち，それに批判実在論の視点をとる人たち）もいて，彼らは，ディスコースやテクストの外にある何らかの実在の概念を主張してきた（たとえば Cromby and Nightingale, 1999; Sims-Schouten *et al.*, 2007; Willig, 1999a）。その1つの理由は，相対主義の立場から結果する，道徳と政治的行為の厄介な特質にあるのだった。つまり，もしも世界のあらゆる説明が同等に妥当であるのなら，私たちの道徳的選択や政治的忠誠の合理的根拠が失われるように思われるのだ。ディスコース心理学は，その相対主義を理由に批判されてきた。つまりその結果，現実への適用の観点からすると，それが政治的に無能力で無益なものになるという非難である。とはいえ，多くのディスコース心理学者たちはこの批判を認めない。たとえば，キッツィンガーとフリス（Kitzinger and Frith, 1999）やウェザレル（Wetherell, 2012）は，会話分析（CA）とディスコース心理学それぞれがフェミニズムとは矛盾しないと論じた。

　それ以外の批判の理由の中には，肉体的身体と身体化された主観性について，ディスコースによる説明は無力だという点がある（たとえば Burr, 1999;

Harré, 1995b; Nightingale, 1999; Shilling, 2003; Shotter, 2012）。けれども，もっと批判的な実在論（リアリズム）の視点をとる人たちはもちろん，相対主義のスタンスをとる人たちもまた，それらの立場の道徳的，政治的影響については，いずれも正当と認められる議論をしてきているのであって，これらについてより詳しくは，第5章において検討されるであろう。

行為主体性（エージェンシー），決定論，自己

　ソーシャル・コンストラクショニズムの微視的（マイクロ）と巨視的（マクロ）のバージョンの間の区別に密接に関連があるのだが，必ずしもきちんと関連づけられていないのは，個人の行為主体性（エージェンシー）の問題である。相互作用における個々人の構築作業は微視的（マイクロ）アプローチの主眼点だが，それを強調することは，まちがいなく個人に行為主体性（エージェンシー）を与えることになる。説明は，その場にふさわしく構築されなくてはならないし，また話し手の当座のもくろみを促進するように巧みに作られてもいる。一方，巨視的（マクロ）ソーシャル・コンストラクショニズムは「主体の死」（フーコーやその他のポスト構造主義の思想家たちを連想させる言葉だが）へと向かう傾向があり，すなわちそこでは人間は，ディスコース的および社会的な構造の結果として概念化されるほかはないのである。この最後の見方の帰結として，1人であろうと集団であろうと，個々の人間には変化を生み出す能力がないことになる。他方において，どちらの形のコンストラクショニズムも，個人の行為主体性（エージェンシー）という考えが主流派心理学の中にはないと考えているのは確かである。なぜなら両者とも，主流派心理学の考え方，すなわち信念，価値，態度などの構造が精神内の構成の一部として存在し，それが私たちの行為の基礎を形成しているという考え方を否定するのだから。

　どちらの形のソーシャル・コンストラクショニズムも，主流派心理学の人間の概念を明らかに認めないのだが，しかし一般に，それに代わるものを提出するわけではなかった。つまり心理学の伝統的な主題——主体の経験や行動，それに私たちが「自己」と考えているもの——は，ソーシャル・コンストラクショニズムによって問題視されてきただけでなく，その理論構成においてほとんど顧みられることもなかったという意味である。ソーシャル・コンストラクショ

ニズムの思考における自己と主体性の欠如は，何人かのソーシャル・コンスト
ラクショニズム論者たちによって現在取り組まれはじめた問題であり，これら
の問題は第9章でもっと立ち入って検討される。

研究の方法

　上に略述したすべての種類のソーシャル・コンストラクショニズムは，言語
の構築力については意見が一致していて，したがってソーシャル・コンストラ
クショニズムの研究方法の中心をなすのは，言語とその他の記号形式の分析で
ある。ソーシャル・コンストラクショニズムには固有の独特の研究方法がある
と言えば，それは誤りであろう。すなわちソーシャル・コンストラクショニズ
ムの研究とは，その目的について，また集められたデータの性質と重要度につ
いて，単に異なった仮定を立てるだけなのである。しかしながら，説明やその
他のテクストのもつ社会的意味の重要性をソーシャル・コンストラクショニズ
ムは強調するので，たいていは最良の研究ツールとして必然的に質的方法が使
用されることになる。じっさいにはこれは多くの場合，インタビューの
^{トランスクリプト}
逐語記録や自然発生的な会話の記録の分析，またその他のさまざまな種類のテ
クストに関する分析であった。しかしそのような研究へのソーシャル・コンス
トラクショニズムのアプローチ特有の要件のせいで，ディスコース分析と言わ
れている一連の分析方法が開発されてきた。混乱を招きかねないことだが，ディ
スコース分析の語の意味する内容は，正確に言えば，その著者の個別的な理論
的，研究的な志向次第で決まるのである。これらの相違点のいくつかについて
は，第8章で詳述するであろう。

本書のプラン

　第2章ではパーソナリティ，健康と病気，セクシュアリティの諸例を使って，
ソーシャル・コンストラクショニズムのいくつかの主要な特徴に肉づけをし，
世界を理解するもう1つの選択肢としてのソーシャル・コンストラクショニズ

ムの妥当性を主張する。ソーシャル・コンストラクショニズムは，はじめは直感に反すると思われるかもしれないが，日常の経験に訴えることによって，それが説得力に富むことを明らかにする。

第3章は，私たちにとって可能な思考に枠組みを与えるのは言語であるという主張について，そしてまた言語の行為遂行的役割についてあつかう。さらに，諸事象に関する私たちの記述や説明はこの世界に影響をもたらすという見方，したがって言語とは闘争の場であるという見方，これらについて探究することにしたい。

第4章では，フーコー派のディスコースの概念について，そしてディスコースと知と権力の間の関係について注目する。私たちは，セルフ・モニタリングの過程を通じて効果的に統制されていると考えるフーコーの「規律的権力（disciplinary power）」という見方，そしてその主流派心理学への影響，これらを見ることにしよう。

「真理」と「実在（リアリティ）」の，その厄介な特質が第5章で探究される。「テクストの外には何も存在しない」という主張のせいで，ソーシャル・コンストラクショニズムは明らかに非現実的だとよく言われる。そのような問題は，ソーシャル・コンストラクショニズムにおける，実在するものの身分と物質的世界についての論争の核心に直ちに触れるものであり，この章では，実在論＝相対主義論争（リアリズム）を活発なものにしてきた問題の特質を略述し，不一致がどこまで解決可能かについてその見通しを述べてみる。実在論（リアリズム）と相対主義との間の論争における熱気は，大部分道徳と政治への関心によって生み出されてきたが，この論争の両陣営の強みと弱みを探ることにする。

続く2つの章では，心理的主体の問題をあつかう。ソーシャル・コンストラクショニズムは，人間とは何かについての心理学の主流の理解からあまりにも遠く隔たっているので，私たちは別のモデルに従ってみずからを立て直しはじめる必要があり，そしてそれを行う第一歩は，人間としての私たちに対して，さまざまな種類のソーシャル・コンストラクショニズムがもつ潜在的な意味を把握することなのである。そこで，アイデンティティ，行為主体性（エージェンシー），変化の問題をも含めつつ，巨視的（マクロ）と微視的（ミクロ）の両方の形態のソーシャル・コンストラクショニズムの中に姿を現す心理的主体を検討し，さらにまた心理的主体を改訂する

課題のためにソーシャル・コンストラクショニズム論者たちが開発してきたいくつかの概念ツールを探究することにする。

　第8章では，ソーシャル・コンストラクショニズムの研究で開発され，また用いられてきたいくつかの研究アプローチに注目する。客観性，価値＝自由，再帰性といった理論的，方法論的問題を検討してから，これまで用いられてきたいくつかの方法を説明していきたい。じっさいの調査研究のかんたんな事例を用いて，6つのアプローチの分析のねらいと方法を見ることにする。すなわち，会話分析，ディスコース心理学，解釈レパートリー，フーコー派ディスコース分析，批判ディスコース分析，ナラティブ分析の6つである。

　本書を通じて，さまざまな種類のソーシャル・コンストラクショニズムに見られる限界と困難をいくつか指摘するけれども，最終章ではそれらを掘りさげて，私自身の見解を展開したい。この考察は，主流派心理学とソーシャル・コンストラクショニズムの双方につきまとうさまざまな二元論を超える必要性だけでなく，主体性の特質，人間であることの心理学，自己の概念の必要性にも目を向けることになる。

用語について

　ソーシャル・コンストラクショニズムには，おそらく他の社会科学の分野よりもいっそうなじみのない用語や言葉づかいが多く，はじめはそれらの意味を把握するのがむずかしいかもしれない。より高度なソーシャル・コンストラクショニズムの文献を読むと，そこで出会う用語に人びとはよく混乱するし，またそこに書かれていることには不必要にむずかしく曖昧なところがあると，以下では論じるつもりである。さらに悪いことには，同じ用語が異なる意味でさまざまな著者たちによって使われており，そのため1つの用語の意味の明確な説明を見出すことが時に不可能なのである。これは部分的には，この分野の研究が蓄積され前進するにつれて，理論や調査研究の諸系統がバラバラに分岐し，個々の理論家や調査研究者の思考もまた時をへて変わってきたためである。

　この本の初版の執筆時には，「ソーシャル・コンストラクショニズム」と「ディ

スコース分析」の語は，新人にこの分野を説明する語として十分であった。しかし今日では，それらの語ばかりでなく，「ディスコース心理学」，「批判ディスコース心理学」，「批判ディスコース分析」やその他の語が用いられ，さらに混乱を助長するのは，それらの異型の間の区別や相違が必ずしも明確でなかったり，分かりやすくなかったりするからである。本書では，主流派の社会科学の素養，とりわけ心理学の素養のある読者に目新しいであろうと思われる語の意味を，できる限り説明する。上に述べてきたように，巨視的および微視的ソーシャル・コンストラクショニズムの語を，理論と研究への略述した2つの主要なアプローチを指すのには使うけれども，「ディスコース心理学」や「フーコー派ディスコース分析」といった特定の語もまた，個々の文脈においてよりふさわしい場合には使うことになろう。努力して理解しようとされる読者の一助になればと，本書の末尾にはよく使われる語の簡単な解説をつけた。

第2章

ソーシャル・コンストラクショニズム
の主張

　ソーシャル・コンストラクショニズムの主張は受け入れがたいと，多くの人びとは当初そう思うだろう。というのもその主張は，主流派心理学の説明はもちろん，私たちの経験の日常的理解にもひどく反しているように見えるからである。したがってこの章では，ソーシャル・コンストラクショニズムの考え方にはすぐれた魅力があることを読者に納得してもらおう。私の目的は，常識的人間理解に異議を唱え，それに代わるソーシャル・コンストラクショニズムの見方への道を整え，ソーシャル・コンストラクショニズムの人間観の，多くの主要な特徴に注意を向けることである。本書は，ソーシャル・コンストラクショニズムのいくつかの面についてしばしば批判的であるだろうが，ここではまだ，ソーシャル・コンストラクショニズムが役に立つであろう，その理由を理解しておくことが重要である。

　ここで私は，「主流派心理学」と「常識」とを，ある程度まで互換的に使っている。とはいえ，別に私は，心理学とは要するに複雑な専門用語で表現された常識にすぎないと，そう考えているわけではない。それでも，心理学は，多くの場合その社会の当たりまえとみなされる諸前提とそれが生まれてきた文化とをその理論の基礎にしてきたし，それが次には通俗的な心理学に翻訳されて，私たち全員の日常的思考に浸透してきた。この章で明らかにしたいのは，それらの諸前提である。そこで，主流派心理学とそれら当たりまえとみなされる諸前提の不適当と思われる点を検討し，またソーシャル・コンストラクショニズムが世界の経験や観察にどれほどふさわしく「適合」する場合があるかを示し

て，ソーシャル・コンストラクショニズムを支持する議論をしてみたいと思う。

このことが意味するのは，次のことである。すなわち，ソーシャル・コンストラクショニズムとは，私たちの現行の理解枠組みにすっぽりと収まるような，「パーソナリティ」や「態度」などの問題の新しい分析を提出するなどというものではないということである。つまり，その枠組み自体が変わらなければならず，それとともに社会生活や精神生活のあらゆる面についての私たちの理解が変わる必要があるのだ。ソーシャル・コンストラクショニズムは，しばしば反＝直感的である。すなわち，私たちが当然と思っていることが，このアプローチによってまさに疑わしいものにされる。しかし同時に，それのおかげで私たちは，常識的諸前提や主流派心理学が十分に説明できないいくつかの圏域に対して，注目し検討することができるようになるのである。1人の人間であること——それもある特定の人間であること——，それがいったいどのようなことであるかという問題には，私たちのパーソナリティや情動，ジェンダーやセクシュアリティ，健康か病気か障害をもっているかなど，広い範囲にわたる要素が関連している。そこで本章では，ソーシャル・コンストラクショニズム支持論を唱えるにあたり，それぞれが一種のケース・スタディの役割を果たす3つの節に分けることにした。それぞれは，ソーシャル・コンストラクショニズムを説明し，支持を唱え，そして第1章で略述した諸特徴の観点から主流派心理学との相違点を明らかにする。

パーソナリティ

パーソナリティの常識的見方

パーソナリティは多かれ少なかれ統一され安定していると，私たちは考えている。つまり私たちは数多くの特性をもっているのだが，それらは統一的にまとまって1つの全体が形成されており，したがってパーソナリティはかなり安定していると，そう私たちは感じている。子どもから大人になるとか，人生の大きなできごとの結果とかで，そのうち私たちはいくらか変わるかもしれないが，それでもパーソナリティはほとんど変わらないと考えている。すべてではないにしても多くの現在の主流派心理学と，それが促進してきた常識的理解に

とって，人びとはパーソナリティの諸特徴をもっており，それらのおかげで各人がそれぞれ別なふうに感じたりふるまったりすると考えるのは，当然なのである。たとえば情動とは，私たちの人間の種類と密接に結びついた私的なできごとであると，そう考える傾向がある。つまり，「抑うつ的」パーソナリティの人は，しばしば「悲哀」を感じると考えられるであろう。「思いやりのある」人は，慈愛に満ちた感情をもっていると思う。怒りは私たちの内部で感じるものであり，それが，言ったり行なったりすることに表われると考えている。これらの気持ちや情動は，個人の内的で私的な経験と考えられ，その人がどういう類型(タイプ)の人かということと密接に結びついている。そして，この考え方は，心理学的本質主義なのである。

　第1章で略述した本質主義は，世界を理解する次のような1つのやり方である。すなわち，人間を含む事物は，それら自身の特定の本質や本性をもっていると見るやり方であって，しかもその場合の本質や本性とは，それらに属すると言える何かであり，しかもそれらが反応する様子や，それらを使ってできることを説明する何かである。たとえば，テーブルとデスクは硬い（1つの属性）し，だから山積みの本を置いてもたわまない。同じように私たちは，ひどく内気な人の本性は騒々しい社交パーティの場には向かないものと考えている。

　この本質主義のパーソナリティの見方は，私たちが個人としても，また種としても，特定の本性，つまり「人間性」をもっていると考えるように指示しており，しかもこの本性が人びとのできることとできないことを決定するのである。たとえば，もしも人間という種の本性は本質的に攻撃的で利己的であると私たちが信じるなら，私たちにせいぜいできることといえば，人びとが自然にふるまうことがないよう身体的に拘束する方法を，社会が必ず準備しておくことくらいである。今日多くの人びとは，それらの生物学的な「与件」も，それぞれの子ども時代の経験のような環境的影響によってある程度変容可能であるという，そういうパーソナリティのモデルで何とか我慢している。しかしパーソナリティの変化は，それを企ててみてもむずかしいことがわかる（あなたは，もっと自信に満ちた人間になろうとする臆病な人か，もっと不安のない人間になろうとする心配症の人なのかもしれない）のであって，この事実が，次のような考え方を裏づけているのだと思われる。すなわち，たとえパーソナリティ

がすべて生物学的に決定されるのでないとしても，あれやこれやでいったんパーソナリティが形成されてしまえば，そのプログラミングは将来にわたって固定されてくる，という考え方である。

　一方，私たちの日常的な自己理解における本質主義の形態は，神経科学という学問分野にますます影響されているように見える（この点は，還元主義に関連して第1章において簡単に検討した）。「脳の10年」（1990年代にはじまった）(＊訳注) は，神経科学研究への資金提供を急激に増加させた。テクノロジーの進歩（たとえば，MRIスキャナーの発達）も相まって，これが，攻撃や利他行動などあらゆる種類の問題や行動の神経科学的説明の，かなりの増加をみちびいた。そのような説明はメディアを通じて広く伝えられ，熱心に受け入れられたように思われる。そこで欧米社会では，私たちの心理特性や行動のすべてではないとしても大半は，最終的に特定の脳の構造や活動によって説明されるであろうという見解も，あっさりと受け入れられるのだと思われる。クロンビー（Cromby, 2012b: 291）の言うには，私たちは「自分の経験を，社会慣行や社会関係でなく，脳の化学や構造から理解するようにますます促され」ており，さらに，私たち自身とその経験を理解する1つのやり方として神経科学のディスコースが，日常生活に浸透してきたことを示すかなりの研究結果が存在している（Pickersgill, Cunningham-Burley and Martin, 2011）。

　雑誌『主体性（Subjectivity）』の，神経科学と主体性についての特別号（Cromby, Newton and Williams, 2011）でその編者たちは，神経科学者たち自身が自らの研究の心理学的「射程」について行なう主張が，心理学者たちのそれと比べると，たいてい野心には乏しいと指摘する。しかし，人間や社会の知力にとって確かな情報源である社会科学や人文科学からすれば，神経科学的説明への大衆的（および政治的）熱狂は脅威であって，だから編者たちは，心理学自体が神経科学によって植民地化され，吸収されることさえあるかもしれないと言うのである。神経科学の未熟な読解のもたらす危険の1つは，複雑な精神生活や社会生活が神経系の諸尺度へ（不適切にも）還元されていく脅威である。その

　＊訳注：「脳の10年」とは，脳研究推進のために1990年に米国議会で決議された標語であり，これによりその後の脳研究への寄付や財政支援の増加が促進された。

結果そこには，いかなる生物学的還元主義の議論の場合にも見られることだが，この現象を支えているのは神経構造か，遺伝子か，それともホルモンなのかと問うて，道徳的責任を過小評価する危険が存在する（つまり，責任ある意識的で行為主体的な自己は，道徳とは無関係な脳の過程に取って代わられることになる）。

　しかしながら，クロンビー（Cromby, 2012b）などのように，人間の経験と行動の理解には神経科学の占めるべき場所があると論じながらも，因果的説明を受け入れ還元主義に陥ることのないよう忠告する人たちもある。ハーレ（Harré, 2002）やベネットとハッカー（Bennett and Hacker, 2003）に続きクロンビーは，「有機体の特徴である脳の過程とシステムに関し，それらの神経機能がアフォーダンス，志向，能力や性向をもたらすおかげで人間の活動は可能になるわけだが，しかしそれらはその活動を決定することまではしないのだから」（傍点は原著イタリック）と，それらの支持論を展開している。この問題については，さらに第9章で検討することにしよう。

ソーシャル・コンストラクショニズムの主張

　私たちのパーソナリティを生み出すのは，生物学的要因か，環境的要因か，それとも両者の組み合わせか，という問題はさておくとして，ソーシャル・コンストラクショニズム論者は，「パーソナリティ」の概念それ自体の身分を問う。そもそもあなたは，パーソナリティをもっていると，どうして確信できるのか。たとえば，あなたが茶色の目であったり，アパートの二階に住んでいたりする，その証拠をもしも私が求めるとすれば，事はすぐに決着することだろう。あなたは私に，自分の目を見せられるし，アパートも見せられる。しかしあなたは，パーソナリティを見せられない。たとえ外科医があなたの身体を切開して目を凝らしてみても，それは見つかるまい。あなたが拠り所にできるような，パーソナリティの存在を示す客観的証拠はないのである。ということは，この「パーソナリティ」なるものがどんなものであれ，その存在は推測にほかならないということである。つまり，自他が行なっていると気づく諸点，そのふるまい方，これを説明するために，この行動の原因となるパーソナリティなるものを人びとはもっている，という考え方を利用してきたのである。

要するに，これは一種の循環論法にほかならない。たとえば，誰かが他の人を襲うのを目撃する場合，たぶん私たちはその襲撃者が攻撃的な人だと推論するのであって，特に別なふうに考えるもっともな理由がある（おそらく彼らは自己防衛のためにそう演じているとか，あるいはそれは事故だとか）というのでもなければ，そうすることだろう。これは，彼らのパーソナリティの記述である。しかしながら，もしも誰かが，その襲撃者がそう行動した理由をどう考えるか問うとすると，私たちは「攻撃的な人なら，やりそうなことですよ」などと言いかねない。これが循環論法である。というのも，私たちはその行動（その襲撃）を観察し，そこから，その襲撃者は攻撃的パーソナリティをもっていると推論した。しかし，何が彼らをそう行動させているかと問われると，もともとこの行動自体がそれを推論するのに使われていたその「攻撃性」によって，その行動を説明するのである。私たちは，ある人をその行動ゆえに攻撃的と呼び，それから彼らをそう行動させているのはその攻撃性だと言うわけだが，しかし私たちの作り出したそのパーソナリティ＝行動の循環論の外に出てみれば，この「攻撃的パーソナリティ」の実在は証明のしようがないのである。

　神経科学的な人間の見方に対してなされてきた議論の中には，次のようなものがある。ガーゲン（Gergen, 2010）は，人びとやその行動についての私たちの理解の仕方に，神経科学的説明が及ぼす影響を強く懸念して，それを表明する。そのような説明の人気の高まりは，「新しい宿命論の一形態」（p.798）を生み出しながら，より社会＝文化的な見方をしだいに周辺的な地位に追いやって整合されてきた，と彼は言う。それが宿命論と言われるのは，もしも自分の行動が自分には統制のきかない神経系の構造や事象によって引き起こされるとすれば，自分の決定や選択によって自分自身や自分の住む世界を変化させるという希望はもてなくなるからである。そのような行為主体性は，錯覚にすぎないことになろう。ガーゲンは多くの理由で神経科学的説明を批判するのだが，しかしそのうちで最も重要な理由の１つは，「脳の状態を心理過程と関連づけるすべての企てが，文化的に構築された心の概念に依拠している」（p.798）ことである。たとえば，ある脳の状態と「攻撃」との関連は，私たちが確実に「攻撃」と呼べる何かを特定し，測定できることに依拠している。ところが，あらゆる行動と同様に攻撃は文化的な 構 築 であって，たえまのない解釈を受け

ている。つまり，私たちが「攻撃」と呼ぶものは，現行の社会規範と慣習に照らして，誰が，何の目的で，どんな文脈で行為しているのか，それに依拠しているのである。

　パーソナリティの常識的見方の基本的前提の１つは，パーソナリティがどんな状況でも，また時を経ても，安定していることである。けれどもこの前提は，私たち自身の日々の経験を調べてみれば，厳しい吟味によりたちまち破綻する。あなたは親友に対し，銀行の支店長に話すのと同じように話すだろうか。知り合いの好きな人びとと一緒にいると，あなたは自信に満ちて社交的に思えるのではないか。就職の面接試験に行ったときはどうだろうか。これらの例は，ささいなことに見えるかもしれないが，しかしその全体としての意味は重要である。私たちが誰といるか，何をしているか，それはなぜなのか，これらしだいで私たちは異なってふるまい，異なって考え，異なって感じるのである。人間の内部ではなく社会状況の中に存在する人間，そういう人間を説明する心理学的および社会心理学的な理論というなら，すでに数多く存在する。ただしそれらは，本書でいう意味でソーシャル・コンストラクショニズムの理論とは言えないけれども。たとえば，社会的学習理論家たちは，行動の「状況特異性」について語る。彼らは，私たちの行動が，パーソナリティの特徴によって決まるのではなく，その時いる状況の特質によって決まるという。したがって行動とは，個々の状況に「特異」なものであり，さらに社会的学習理論家なら，それらの状況に存在する強化子の特定のセットによって習得されるものだと言うであろう。この見方に従えば，異なった状況では人間は異なると考えるべきだが，一方の主流派のパーソナリティの見方からすると，それらの差異は疑わしい。さらに，パーソナリティが安定しているという考え方を当然と思うのとちょうど同じように，各人は統一的で一貫したパーソナリティ，つまり互いに調和的な諸要素からなる自己をもっているという考えを怪しまない傾向もまた，私たちにはある。この点で，心理学者たち自身は，仮説的な構造や過程を持ち出す必要があると考えたのである。なぜかといえば，自分自身とお互いに関する私たちの経験は，一貫性とはまさに逆であるのだから。つまり私たちは，自分が「矛盾して」いるのを語る。すなわち，理性的思考と感情の板ばさみになると言い，また感情のままに行動するとか，柄にもないことをしたとか言うのであ

る。

　次に私たちは，パーソナリティは私たちの内部にあるという考えを疑うことができる。パーソナリティを描写するのに使われるいくつかの性格類型用語，たとえば，友好的な，思いやりのある，内気な，自意識の強い，愛嬌のある，気むずかしい，軽率な，などを考えてみよう。多くの「パーソナリティ」用語は，もしも描写される人間が無人島に１人きりで生きているのだとすると，まったくその意味を失うことであろう。他の人びとの存在，すなわち社会的環境がないとなると，人間は友好的とか，内気とか，思いやりのあるなどと言われるはずもない。問題は次の点である。すなわち，私たちはそれらの言葉を，まるで描写対象である人間の内部に存在する実体を指すかのように使うけれども，しかしひとたびその人間が他者との関係から引き離されれば，その語は無意味になる。つまりそれらは，他の人びとに対する私たちの行動を指しているのである。友好性，内気，思いやりは，人びとの内部にあるのではなくて，人びとの間の関係にある。もちろん，たとえ無人島にいても，人間は友好的，内気，等々の性質をもちつづけられる，と答えることは可能だろう。私たちは，パーソナリティ特性の存在を証明も反証もできないのであり，そしてまた同様に，ソーシャル・コンストラクショニズムの見方が真であることも，単に証拠（エビデンス）に訴えて示すことはできないのである。結局，私たちの課題とは，自他を理解する上で，したがって私たちの研究と行為をみちびく上で，どちらの見方がもっとも優れているかを決定することなのであろう。

　第三に，パーソナリティが本当に人間すべての本質的特徴であるのなら，私たちの知るパーソナリティというものが，世界中のどこに住む人たちであろうとも，あらゆる人間に見られると思うのが当然である。とはいえ，すべての人びとが私たち西洋の見方に同意するわけでないことは明らかである。ある文化では，人びとはその行為を，目に見えない霊魂や悪霊を引き合いに出して説明し，行動がパーソナリティから生じるという私たちの考え方をきわめて不思議なものと思うであろう。過去はもちろん今日でも，多くの人びとがその行為を神の導きの結果と見るし，またある場合には，目に見えない霊魂に導かれていると主張する人びとに「狂気」のレッテルが貼られる。人びとが情動をカテゴリーに分けて理解する仕方にもまた，異文化間でかなりの差異が存在するし，

たとえば，情動のようなものの個人的な独自性と私的な特質は，あらゆる文化で前提とされているわけではない（ボックス 2.1 を参照）のであって，つまりそこでは，それらの明らかに「固有で変わりにくい（hard-wired）」経験でさえ，社会的に構築されている可能性のあることが示唆されている。

　もちろん，それらの文化的差異は，教育と理解力の差異によるものである。非西洋文化や先立つ時代の文化は，私たちのもつ知識の恩恵を受けていないと言えるだろう。そこで，私たちが行なうであろうことは，彼らの見方の誤りに対比して，私たち自身の見方が真であるのを主張することである。「じっさい

《ボックス 2.1》

　イファルク（サモア諸島人およびピントゥピ族のアボリジニ）にとって，情動語は人の内的状態についての発言ではなく，諸事象や他の人びととの関係についての発言なのである。イファルクは，ソングについて語るが，ソングとは，翻訳すると「当然の怒り」のようなものであることが分かる。この当然の怒りは，私的に所有されている感情ではなく，一般に容認された社会慣行や社会的価値の何らかの違反に対する道徳的および公的な評価なのである（Lutz, 1982, 1990）。

　ラッセル（Russell, 1991）は，英語の「情動」語のいくつかは他の言語に相当する語がないし，ドイツ語の「シャーデンフロイデ（schadenfreude）」（他人の不幸を喜ぶ気持ち）やポルトガル語の「サウダージ（saudade）」（存在すべきなのに欠けている何かや誰かへの，深く悲しい切望の気持ち）などの場合のように，その逆もまた同じであると論じた。私たちが「基本的」情動と考えるものの間に，区別をもうけない言語もある。たとえば怒りと悲しみの両者，あるいは恥と恐怖の両者などに，同一の語を使うアフリカの言語がある。また「情動」と訳される特定の語をもっていない文化さえある。ラッセルは，もしも英語の情動のカテゴリーが普遍的なものでないとすると，情動，怒り，恐怖，等々が，普遍的な，生物学的に不変のカテゴリーのラベルであるとは考えられないと結論する。

人びとがパーソナリティをもつこと、そしてそのパーソナリティがその人のふるまい方に大きな影響を与えること、これはわかっている。他の文化の人びとはまだこれに気づいていないのであって、したがって彼らは現実[リアリティ]について誤った見方をしているのだ」と、私たちは言うことだろう。これは、かなり強めにその立場を述べているのだが、ただそれが主張しているのは、次のことである。すなわち、私たち自身の見方が「真であること」に全幅の信頼を寄せるのでなければ、パーソナリティというものは、ある時点のある社会に特有な1つの理論にすぎないかもしれないと、そう認めざるをえないのである。

　精神分析学者のフロム（彼はソーシャル・コンストラクショニズム論者ではないけれども）のように、「人間性」とは私たちの生まれ落ちたそれぞれの社会・経済構造の所産である（たとえば Fromm, 1942, 1955）といった著者たちもいた。たとえば資本主義社会では、競争を欠かすことはできない。つまり、仕事、マーケット等々を求めてお互いに競争する個人や組織を中心にして、社会は構造化されている。そこでの前提は、最も熟練した、最も聡明な、最も才能ある、最も魅力ある、等々の人間は、他の人が失敗するところで成功するということである。その結果、競争が社会・経済生活の基本的特徴である場合に現出するものは、「競争的」な人びとと、個人差の視点から考案された人間のモデルであろう。言葉を換えれば、私たちが自分たち自身のことを、数多くのパーソナリティの次元に沿って、お互いに異なる諸個人と考えるのは、競争に基づく社会に住んでいるせいなのである。したがって競争心と強欲とは、本質的な人間性の特徴ではなくて、私たちの住んでいる文化・経済構造の所産なのだと考えられる。

　人びとの考え方や経験の描写の仕方における文化的差異に加えて、私たちの言語は絶えず変化するし、また私たちは言葉の意味が時とともに変化するのを受け入れる。しかし、ある意味が変化してきた、おまけに多くはごく最近に変化してきた、その様子はなかなか興味深い。「愛する」という動詞は、その好例である。入り組んだ文法を学んでいる子どもには、動詞は「する」言葉だといわれる――それらは「働く」とか「泣く」のように、人びとがしていることを伝える言葉である、と。しかし、今日私たちが「愛する」という動詞を用いる仕方は、異なった含意をもっている。私たちが誰かを愛するというとき、た

いてい私たちが指示しているのは彼らへの感情であって，行為ではない。とは
いえ，今までは必ずしもそうではなかったのである。私の子ども時代，祖母は
ときどき「こっちへ来て，愛してちょうだい」とか「ちょっと，愛させてよ」
とか，言っていたものだった。ここで誰かを「愛する」とは，身体的にその人
を抱きしめることを意味し，それにもしかするとその人を慰めることを意味す
るのである。この意味は，今でも時には使われているかもしれないが，しかし
私たちが誰かを愛することについて語る大多数の場合は，私的な事柄，私たち
の感情，つまり私たちの内部に存在するとみなされており，しかも私たちが人
びとを扱う仕方に影響するもの，それについて語っているのである。したがっ
て，愛は私たちの行動を描写する言葉ではなく，私たちの行動を動機づけると
見られる何かあるものになってきた。ソーシャル・コンストラクショニズムの
議論からすると，愛する気持ちで言語がもたらされ，それからその言語がその
気持ちを描写するというのではなくて，むしろそうした言語自体の使用が，自
分の気持ちを愛と確認し，そう経験するように私たちを仕向けるのである。皮
肉にも，愛がそうした内的領域に追いやられる場合，ひどくおぞましい行動の
弁解のためにもそれが使われることがあるほど，それは行為と無関係になりう
る（「怒れば彼女をぶつよ——でも本当に彼女を愛しているんだ」）。

　行為よりも，感情のような内的な事柄を描写するのに言葉を使うこの傾向は，
「心理学化（psychologisation）」と呼ぶことができる。言い換えれば，私たち
は人間生活を描写する場合に，私たちが他の人びととともに，あるいは他の人
びとに対して，行なっていることの視点からでなく，感情やパーソナリティな
どの心理的性質の視点から描写するように，ますますなりつつある（Burr
and Butt, 2000）。「思いやりのある」というのは，もう1つの好例である。今
日の言葉で，誰かを思いやることとは，その人の世話をし，その要求に気を配
るだけでなく，その人を思いやる気持ちをもつことを意味する。今日，思いや
りのある人であることとは，あなたが従事しているタイプの活動の描写ではな
く，あなたという人間の種類の描写と考えられている。私たち自身を内的な本
質から説明しようとするこの動向はもちろん，上述の，次のような考え方とも
完全に整合している。すなわち，人びとの，自分自身についての考え方や，自
他への経験の表明の仕方というものは，何らかの既存の本質的な人間性によっ

て決まるのではなく，その時その文化に支配的な特定の社会・経済構造によって決まってくるという考え方，これとも完全に整合しているのである。

要約

ソーシャル・コンストラクショニズムのパーソナリティの見方とは，パーソナリティが，自他のすることを理解しようとするために私たちが日常生活で用いる，1つの概念にほかならないというのである。すなわちパーソナリティとは，人間行動を説明するための，そして社会で広く行なわれる他者との社会的相互作用で自分の役回りを予期するための，1つの理論と見られる。日々の生活では，まるでパーソナリティのようなものがあるかのように演じ，そしてそのようにすることで多くの時間，おおむねうまく暮らしていると，私たちは言えるだろう。しかしここから，パーソナリティは，その特性が私たちの精神構造に内在していたり遺伝形質に書き込まれていたりするという意味で，じっさいに存在しているものだというのは，大きな飛躍である。ソーシャル・コンストラクショニズムの立場は，パーソナリティの概念自体を疑うのに加えて，私たちの示す個性がどんなものであれ，それらは私たちの置かれた特定の文化的，歴史的，対人関係的な環境の関数にほかならないというのである。

私がここで扱っている問題点は重要であり，また後の章でも，とりわけ人間であることや自己をもつことが何を意味するかという文脈において，再々とりあげることになるだろう。主流派のパーソナリティ理論を批判するのには，何もソーシャル・コンストラクショニズム論者である必要はない。つまり，行動主義者たちや社会的学習理論家たちは，ずいぶん昔にこの批判を行なった。ただし，彼らの理論は別の意味で本質主義的なままであったのだが。とはいえそれは，ソーシャル・コンストラクショニズムのいくつかの主要な特徴を検討するのに，役に立つ出発点にはちがいない。

健康，病気，障害

健康と病気の常識的見方

健康と病気は，近年人びとの主要な関心分野になってきた。欧米社会では，

心臓病と糖尿病の発症率上昇やHIVとエイズの蔓延などのような，病気のパターンの変化について関心が高まってきた。さらに私たちは，病気とは不運な場合に自分の身に降りかかるものだと見るけれども，一方では，ダイエット，運動，仕事のやり方のような，自分のライフスタイルの選択も，重病の発症可能性に影響しかねないという考え方を受け入れている。他方，時に私たちは，かかりつけの医者から受ける効果のない治療について不平をいったり，持続する症状の原因が臨床検査で分からないと不満をもったりするが，たいていそのようなことを，医学知識はまだ不完全だからと考えることで説明する。つまり私たちは，複雑な身体の内臓器官について，また何がそれらを機能不全にして，症状の背後にある病気を生み出すのかについて，まだよくわかっていないだけだと言うのである。

　現代医学を支えているその健康と病気の理解には欠点があるにもかかわらず，それは広く受け入れられており，さらにそれは「生物医学（biomedicine）」と呼ばれている。それはすなわち，病気の原因と治療は，生理学，解剖学，生化学の諸概念の適用を通じて理解されるべきであるという観点のことである（Radley, 1994）。生物医学は自然科学の方法を採用しており，病気の発症とその後の治療は因果関係によって概念化される。したがって，たとえばバクテリアは，喉の組織に侵入して，扁桃腺炎と呼ばれる症状を引き起こすことがある。その治療とは，バクテリアを殺す抗生物質を使うことによって，その原因を除去することにほかならない。

　しかし今日，私たちはまた心理的，社会的要因が病気の罹患性に影響することがあるのを認めている。たとえば，フリードマンとローゼンマン（Friedman and Rosenman, 1974）によると，心臓病の罹患性は，人びとのパーソナリティが「タイプA」か「タイプB」かによって影響を受ける。タイプAの人びとは，野心的で，競争的で，生活の中の日々のフラストレーションによってすぐに怒りだすという特徴がある。これらの頻繁に起こる怒りに伴う生理学的，生化学的な諸過程が原因になって，最終的には血管中に脂肪酸が堆積して心臓発作の危険が増大するという，その一連の入り組んだプロセスが引き起こされるものと考えられている（Williams, 1989）。したがって，健康と病気の理解において心理学と社会学は，多くの場合，身体の正常な働きにマイナスに作用しうる私

たちの社会的および心理的機能を突きとめる上で，主要な役割を演じるものと
みなされている。

ソーシャル・コンストラクショニズムの主張

私たちの具合を悪くする病気の原因が何であれ，私たちの身体状態——つま
り，病気がなく正常に機能して，私たちは健康であるか，それとも何か病気や
機能不全があり，私たちは病んでいるか——については，曖昧なところはほと
んどありえないと思われる。それにもかかわらず，身体疾患（たとえば Wade
and Halligan, 2004）および精神疾患（たとえば Deacon, 2013）両者の生物医
学モデルは，批判を招きつづけている。その不備を明らかにする例のいくつか
は，次のようである。う蝕（虫歯）は，歯の症状といわれる——しかし，歯医
者に定期的に診てもらう必要のある人たちのうち，いったい何人が自分自身を
病んでいる，病気を患っていると考えているだろうか。長い年月にわたって内
科疾患を抱えているのに，まだ何の症状にも悩まされていない人もある。その
人は，この場合じっさい病んでいたのであり，それに気づかなかったと言うべ
きか。妊娠できない女性は，病んでいるのか。あるいは，晩年に視力が落ちて
いく人はどうか。また，奇形の手足で生まれた人はどうか。基礎にある器質的
病変がまったく見いだせない身体症状を経験する人は，どうだろうか。

これら諸例の重要な点は，さしあたり「病気」の存在はまぎれもなく証明さ
れることを認めるとしても，それによって，その人が病んでいるか否かの判断
が容易になるわけでは決してないという点である。なぜかといえば，病気とは，
生理学的な事柄ではないからである——それは，社会的な事柄なのだ。私たち
自身または誰かある人が病気であるという場合，私たちは判断をしているのだ
が，その判断が体調のことに関わっているのはごく一部にすぎない。すなわち，
私たちの判断の大部分は，平生の活動を行なう私たちの能力をめぐる文化的な
規則，規範，価値に基づいている。ラドリー（Radley, 1994）は，風邪やイン
フルエンザのようなごくありふれた病気の例を挙げる。誰であれ，頭痛，のど
の痛み，手足の痛み，発熱といった多様な症状に苦しむことがある。しかし，
罹患しているのは，悪性の風邪か，それともインフルエンザか。その診断は，
身体の問題ではなく，むしろ倫理の問題である。私たちの文化では，風邪をひ

くのは，ある程度各人に責任があるとみている。つまり，コートを着ないで外出し，とても寒かったり濡れたりしたのかもしれないから。これとは対照的に，インフルエンザについては，単に運が悪くてそれに罹るのだと考えている。この倫理的要素は，同情を求めることができる程度，また平素の責任を免除されうる程度，それらの程度に影響をもたらす。ブラクスターとパターソン（Blaxter and Paterson, 1982）（Hardey, 1998 における引用）がスコットランドの労働者階級の女性についての研究で見出したのは，仕事に行けて，ふだんの日常活動ができるのなら，彼女たちは自分を「健康」と称することであった。彼女たちは，ありふれた病気や「生理」は正常な生活の一部と見ていて，「病気」という言葉はもっと重態のときのためにとっておくのである。もしも前向きに生きていて，自分の症状をくよくよ考えているのでなければ，その人は病んでいない。つまり，「病気とは，症状の経験というより，むしろ症状への反応なのである」（Hardey, 1998: 33）。今では，病気の社会的構築は，医療社会学における主要なパースペクティブになってきている（Conrad and Barker, 2010）。

　したがって身体の状態が，病気かそれとも健康かというのは，生物学的基準というより，むしろ社会的基準によって決まってくる。病気というものは，固定した存在と考えることができず，それは研究対象である特定の社会集団の規範や価値に応じて必然的に変わるものと考えられる。ところが，身体が正常に機能しているか否かという身体状態もまた，文脈依存的であるのが分かる。たとえば，脊椎の損傷によって両脚が使えなくなったとすると，車いすを使わなければならない。概していえば，彼らには，入っていくのがむずかしい建物があるし，階段を昇るのはむずかしいし，使うのがむずかしい公共施設があるだろう。自分の家では，浴室を使うのに手助けがいるし，キッチンは使えないのが分かるだろう。彼らは「障害者（disabled）」なのだ。

　初めのうちは，彼らの身体的な機能欠損（impairment）と彼らの障害（disability）とは，明らかに同じものであると思われる。しかし，ひとたび建物にスロープがつけられ，階段にリフトがつけられ，浴室やキッチン用品への調節装置がつけられれば，障害は事実上減少する。もしも私たちが，特に車いす利用者の能力に合わせて，全体の人工的な環境を作るとすれば，そこでは彼らを「障害者」と呼ぶ意味そのものがなくなると言えるだろう。じっさい，それで

も私たちは彼らの身体状態を機能欠損とみなすだろうか。ことによると彼ら以外の私たちは，車いすがないせいで障害があると見られるだろうか。それとも，不必要な一対の足が邪魔なので，機能欠損と見られるのだろうか。したがって，「障害」とは，人びとがそこで生きざるをえないその環境の関数なのであって，人間としての彼らがもつ性質ではない。これが「障害の社会モデル」（Hughs and Paterson, 1997; Makin, 1995）と呼ばれるものであり，それが対比されるのは，暗黙のうちに問題の源泉を身体障害者の内部に位置づける医療モデルである。それゆえに，障害の社会モデルは，政治問題に決着をつけ（Oliver, 1990），また障害のより「肯定的」概念へと向かう最近の動向に寄与してきた（たとえば Swain and French, 2000 を参照）。もっと最近の研究には，ソーシャル・コンストラクショニズムの機能欠損と障害との間の区別に異議を唱えたものもある（たとえば Anastasiou and Kauffman, 2013）。もっともそこには，障害のある人びとにとって最も都合がよいように援助しようとする，明確な意図があったのだけれども。

　さらに，物質的環境は必ず，他ならぬある人びとの価値や活動を基準として作られている。もしも私たちが環境に目をやり，そこにはある点で誰かにとって問題があるという場合，それがいったい誰にとっての問題なのか問うとすると，すぐに分かることだが，たいていそれは社会の中でより無力な人びとの諸集団にとってのことなのである。ささいな例が，このことをはっきり見せてくれる。食物の包装に記載された小さな活字が読めないとか，真空パックされた広口瓶のふたが取れないというのは，特定の障害がある人たちにとってばかりでなく，高齢の多くの人びとにとっての問題でもある。頑丈な作業用手袋（日曜大工の材料などを扱うための）は小さいサイズが手に入らないので，多くの女性や小柄な男性は困ることになる。この現状については，いろいろ筋の通った説明をすることができるけれども，しかし結局のところそれは支配的諸集団の価値の問題になる。もしも世界が子どもによって動かされているとしたら，私たちはいったいどんな物質的環境に住むことになり，大人にはどんな困難が生じるだろうか。というわけで，健康，病気，障害は，社会的に生み出されるばかりでなく，社会の支配的諸集団の利益にかなうことの多い社会慣行によって維持されてもいるという，説得力のある主張がなされる。

生物医学の文化的，歴史的特異性も，また明らかである。すでに述べたパーソナリティの例の場合と同様に，生物医学モデルは普遍的とはいえないモデルであって，疾病を理解しようとする欧米社会の努力の歴史からすると，かなり最近の成果なのである。人類学者たちは，生物医学とは根本的に異なる，他の文化に見られる医療信念体系を報告している。ヤング（Young, 1976）のエチオピアのアムハラ族の人びとの研究は，身体の内的な作用に注目する生物医学の病気の理解を，社会的な文脈に病気を見出す理解と対比している。アムハラ族は，たとえば毒をもられた食物を食べるとか，敵の霊魂によって攻撃を受けるとか，そういう多くの外的出来事によって病気が引き起こされる場合があると信じている。病気の治療法は，多くは薬草治療だが，内的な器官や系への効果から理解されるものではなく，社会の道徳秩序内で個人にバランスを回復させるように働くと見られている。私たち自身の社会では，ホメオパシー，鍼療法，リフレクソロジーなどの，たいてい生物医学とは全く異なる信念体系に基づく「代替医療」がますます使われつつある。このことはおそらく，病気に関する，私たち自身の卓越した生物医学的見方こそ正しいのであり，すべて他の見方は誤りであるという意見への，警告であるにちがいない。もし各種のそれら治療に効果があるのなら，そのような意見を維持するためには，それらの治療に見られる効果とは何らかのプラセボ効果なのだと論じて，それを生物医学の条件の範囲内で説明しなければならないことだろう。

　そういうわけで，医療の信念体系はすべて，人びとが病気を理解するための規範や価値や期待を備えた１つの文化内で働き，またその地域では何が病気と考えられるかの諸基準を定めている。諸文化の間に見られる，また今日の社会のあらゆる代替医療の間に見られる，病気の理解の仕方のその多様性は，さらにそれを歴史的に捉えることもできる。18世紀の終わりまで医者は，患者の情動的，霊的生活が直接その健康状態と密接に関連していると見ていたし，また患者の罹っている病気を，病んでいるその人自身と無関係に概念化することなどできないと考えていたのであって，その様子をラドリー（Radley, 1994）は記述している。解剖学研究の発展とともに，相関的諸器官の１つのシステムである身体を冒すものとして病気を考えることが可能になり，その結果，全体としてその人間の経験は診断とは関係がなくなった。しかし，生物医学の隆盛

は，単に医学知識の進歩の物語として捉えられるようなものではない。それは，より広範な社会的発展と密接に結びついた，身体の1つの見方なのだと言えよう。たとえば解剖学実験室における身体内部の仕組みの研究は，この世界を整理分類することによってそれを理解しようとする，より一般的な運動の文脈の中で行なわれた。そしてそのような整理分類は，人間に関する限り，大衆をコントロールするのに重要な役割を演じてきたし，また演じ続けていると，フーコー（Foucault, 1973, 1976, 1979）は説得力をもって論じた。人びとを正常ないし異常，正気ないし狂気，健康ないし病気に分類することによって，職務行動や家庭内行動や政治行動の規制による社会統制が可能になった。たとえば，法的に精神異常が認定された患者は投票してはいけないし，強制的に監禁されるかもしれない。また，医師から病欠証明書がもらえない人たちは勤務せざるをえないだろうし，その子育てが不適切とみなされた人たちは子どもたちから隔離されるかもしれない。

　さらにその上，病理学的な疾患単位自体が疑わしいものとみなされる場合がある。上述の風邪とインフルエンザとの間の区別の例は，その一例である。バリー（Bury, 1986）は，「抗夫眼振」という病気の，社会階級および資本主義との関係を研究したフィグリオ（Figlio, 1982）の研究を引用する。1つの疾病単位としてのその病気の存在は，単に医学的な事柄ではない。それは，労働者の詐病と補償金をめぐる紛争の中心であった。バーとブット（Burr and Butt, 2000）が言ったように，近年では，たとえば月経前症候群や筋痛性脳脊髄炎（慢性疲労症候群）など，昔は知られていなかった多くの病気が現れてきており，しかもそれらの医学的状況は同様に問題をはらみ，しかも文化的前提や倫理規則に満ちみちている。1973年以前，同性愛は病気であったし，『精神障害の診断と統計の手引き』（DSM-Ⅲ）ではそれとして分類されていた。社会的態度の変化と同性愛活動家たちの運動の結果として，米国精神医学会はそれを削除することを投票で決めた。つまり，病気は，単に客観的に規定される医学的存在ではなく，社会的存在なのである。

要約

　身体の不調や病気を定義することは，単に病変の存在を特定することではな

い。それは，私たちの社会の経済構造だけでなく，独自の文化的な諸前提，諸規範，諸価値という文脈の内で，私たちの経験の解釈を必要とするきわめて社会的な問題なのである。それはまた，権力関係の問題でもある。身体の「欠損」は，人間が，他の人たちの要求や活動に適合するよう計画された環境に住まざるをえない場合に限り，そういうものとして姿を現す。健康と病気の生物医学的概念化は，多くの見方の中の1つにすぎず，欧米社会におけるその優勢は，単なる科学的知識の進歩の結果として理解することはできない。生物医学の隆盛は，少なくとも部分的には，過去200年の間に起こった社会統制の行使の変化と関連があると見られるのである。

セクシュアリティ

セクシュアリティの常識的見方

　パーソナリティや健康状態のように，セクシュアリティは私たち人間存在の一側面なのだが，それは一見したところでは，社会的に構築されたものとはとても思われない。私たちは，それ以外の悦楽の起源なら，たいていたどることができる。たとえば，英国人はお茶をよく飲む国民だとしばしば言われ，近年はコーヒー消費量が増えてきたとはいえ，依然として私を含む多くの英国人には，一杯のお茶がちょうど頃合いの折があるのは事実である。しかし，生まれつきこの飲み物が好みという人はいない。その好みは，誰かの家への歓迎の印として，または病気への慰めとして，あるいはまた一日のスタートを告げる温かいリラックスする方法として，「一杯のすてきな紅茶」が供されること，そのこととの長い間のつき合いを通じて発達するのである。ところが，私たちの性的指向，性的好み，性行為の起源となると，同じようにはたどれないことが多い。それらは学習を超えて，私たちに「生まれつき」のものと思われる。つまり人間生活の特徴としてのセックスは，食物や水や安全への要求などの他の基本的要求と，ほとんどちがいがないように思われるのだ。私たちは「性欲」について語り，そしてその言葉は，強烈で紛れもない力にとらえられた人間をいきいきと描き出す。

　セクシュアリティは「生まれつき」の人間性であるという主観的な感情は，

通俗的な生物学的，進化論的理論によって支持されている。性的な欲求や行動，すなわち私たちの「性欲」を，人類を再生産し存続させる本能から直接に発するものと考えるのは，今やほとんど常識である。男たちのセクシュアリティと女たちのそれとは，必然的に異なるものと理解されていて，なぜならこの再生産の過程において，彼らが果たすべき役割は異なるからである。進化論は，相手かまわず交わる男たちの性行動を，遺伝子伝達の論理を通じて説明するように思われる。同様にそれは，女たちが配偶者の選択において，より一層えり好みをするという私たちの見方にも適合する。というのも，女たちは子どもの繁殖に時間や体力を注がなくてはならず，またそれにより，子孫の「家柄がよい」ことを確かにしなければならないから。それが，若い女たちへの男たちの欲求（若い女たちはより繁殖力がありそうだ）の，そしてまた女たちが「家族に不自由をさせない人」を好むことの，理論的根拠を与える。

　そのような理論は，女たちと男たちは何を欲するのが自然かについて，私たちの考え方を支えている。ところが，多くの他の生活領域におけるように，自然に見えるものはまた「正常」にも見える。社会科学では，あることが正常であると言うことは，単に特定の人びとの集団の最もありふれた典型的特色ないし行動であるという意味にすぎない。しかし，「自然」の語と同様に，「正常」の語の日常的な使用は，道徳的な含意を持つようになってきた。私たちは，自然で正常な仕方でふるまうべきだと感じる。そしてセクシュアリティについて言えば，これは性器を挿入する異性間のセックスを意味するのである。

ソーシャル・コンストラクショニズムの主張

　もしもセックスとは，まさに生殖のことであったなら，人間の性行為に多くのバリエーションがあるはずもないことだろう。セクシュアリティの生物学的，進化論的説明の支持者たちは，すべての重要な点で人間を他の動物に類似したものとみなすが，しかしこれは人間の性行為の限りない多様性を無視している。犬や猫や他の動物たちがセックスするとき，彼らはいかにもその種らしい仕方でそれを行ない，しかもそれは本当にあまりにも変わらない。それは，きわめて規範的なのだ。しかし人間は，その性行為においてきわめて創意に富み，想像力豊かであったし，また現にあり続けている。セクシュアリティの諸形態は，

現代の欧米社会において近年急増し，また細分されてきた。つまり，セックスの「メニュー」は，ストレートとゲイの二者択一から今ではもうほど遠い。頭字語であるLGBT（レズビアン，ゲイ，バイセクシュアル，トランスジェンダー）は，多くの組織の機会均等政策の中にますます見られるようになり，学界の外でもよく知られたものになっているが，セックスの多様性に関するこの省略語には「インターセックス」の「I」と「クィア」の「Q」が追加される可能性がある。

　人類は言うまでもなく，個々の人間でさえ，特定の性行為の型が特徴とは言えない。たいていの人びとが，ある程度は変化をつけていろいろ行なっている。さらに人びとの性欲をかきたてる，エロチックと感じるものとなると，多くの場合，生物学的，進化論的説明を裏づける根拠をそこに見出すのはじっさいむずかしい。レースやレザー，靴やストッキングに魅了されるのを，いったいどう説明できようか。さらにまた，他の人びとの性欲や性的空想はしばしば不可解，というか嫌悪感さえをも覚える。セックスとなると，まさに人の好みはさまざまなのだ。レザーやストッキングをエロチックにしているものは，その人間にとってのそれらの意味である。つまり，セクシュアリティにおける意味の働きは，否定すべくもない。しかも，意味形成（meaning-making）こそが，いかにも人間らしいところなのである。諸行為に意味を付与する私たちの能力，それこそ他の動物から私たちを区別するものにほかならない。

　それらの意味は社会的に生み出され，社会的に共有されている（Plummer, 1995を参照）。食物への要求のように，セックスへの要求は人間性に「固有で不変の」何かであり，無視できない生物学的本能であるという見方に同意するためには，私たちは，セクシュアリティに関して，多くの人びとが明らかに行なっている選択を否定せざるをえないことになるだろうし，少なくとも病的としなければならないであろう。すなわち，純潔や禁欲を守る決心をする人は，それが宗教上の理由であれ健康上の理由であれ，あるいは他のどんな理由であっても，理解しがたい人物となる。私たちには謎が残り，その謎は，何の証拠もないけれども，そのような人びとは性欲を何か別の方法で発散しているにちがいないとか，それを抑圧しているにちがいない――潜在的には将来，爆発性の結果を伴うけれども――とか，そう想像することによって解決する以外な

い。もしも私たちがセクシュアリティを，生物学的衝動ではなく，意味によって動かされる何かと見るならば，この問題は生じないし，しかも意味そのものはきわめて社会的なのである。宗教への献身の一環として禁欲生活を送る人は，1つにはそのコミュニティや文化におけるセックスの意味のせいでそうしているのである。夫と子どもたちがいるものの，今は異性愛を政治的に抑圧的なものと見ているので，後年レズビアンになると決心する女性に関しては，彼女にとっての異性愛の意味が分かって，はじめて理解することができる。しかもその意味を，彼女の出入りする社交界で優勢なフェミニズムの世界展望の内に位置づけるとき，私たちはさらに深くそれを理解することになるのである。

　パーソナリティや病気と同じように，人間のセクシュアリティは安定した現象ではない。二，三百年前，豊満で青白い肌の女性は，女の性的魅力の極致であったとよく言われる。現在はやせ形で日焼け色の身体が好まれているが，その変化は，セクシュアリティを固有で不変の固定したものと捉える見方の内では理解できない。しかし，社会構造や社会階級と密接に関連している社会的に共有された意味体系の中に，セクシュアリティをいったん位置づけると，その意味がかなりよく分かってくる。すなわち，生活を維持するための物質資源の入手権が，おそらく今日よりいっそう階級によって割り当てられていた時代には，畑仕事をする必要のまったくなかったことを示す肌の，十分に肉づきのよい身体は，富と快適を物語っていた。今日，日焼けした身体は，太陽の下で休日を過ごせるだけの可処分所得をたぶん示すのであろう。しかしこれもまた，そのような活動があらゆる階級の人びとによってさらに広く楽しまれ，またそれと同時に太陽に身をさらすことと皮膚ガンとを関連づける意味がますます広まるにつれて，変化しつつあるかもしれない。この歴史的な不安定性に加えて，上述のように，私たちは現代欧米社会の人びとが行なうセクシュアリティの諸形態が爆発的に増えるのを目の当たりにしている。もっともバーカーとランドリッジ（Barker and Langdridge, 2008）の言うように，心理学はゆっくりとその研究の中心を，たとえばバイセクシュアルを自認する人たちの経験などの考察へと，転じてきているけれども。

　ステイントン＝ロジャーズとステイントン＝ロジャーズ（Stainton-Rogers and Stainton-Rogers, 2001）が言ったように，生物学的，進化論的理論はきわ

めて思弁的であるので，一般に経験される性差とはまさに正反対のような事態でさえ，それを説明するもっともらしいストーリーを語ることができるだろう。仮に男たちが，すでに何人か子どもを抱えた成熟した女たちを好むとすると，その理由は，より経験豊かで，そのため自分の将来の子孫にとって潜在的により優れた母親を選んでいることだと，論じられるかもしれない。そのような理論の魅力とは，何が自然で正常なのかをそれらが語るとされている限りにおいて，それらが（この場合はジェンダーの）不平等の言い訳をするのに役立ち，また許容可能なセクシュアリティの種類についての倫理的な議論を補強するのに使えることなのである。つまりそのような理論は，人びとが，セックスまたはジェンダーの不平等をそれらは不可避だからといって擁護したいとき，あるいは非規範的な性行為をけなしつけたいとき，しばしば持ちだされる。しかしそれらは，他の時には，まさに同じ理由によって都合よく忘れられる。たとえば，異性愛は自然で固有のもの（したがって不変）と見られているのに，それでもなおホモセクシュアルの教師は，潜在的に担任の子どもたちに不健全な影響を及ぼすと見られる。子どもたちはホモセクシュアリティを，彼から「学ぶ」かもしれないのだ。

　したがって，セクシュアリティは人間にとって，主として倫理的問題であって，生物学的問題ではないのである。食べ物や飲み物の異なる好みについてなら，人びとはそれほどいきり立つとは思われない。なぜか。なぜなら，私たちにとってセクシュアリティのもつ意味は，私たちの住む社会の社会・経済構造と密接に結びついているからである。たとえば，マスターベーションは，資本主義が労働者の供給増を必要とし，そのため資本主義にとって出生率と生殖作用が非常に重要だった時代には，病気と見られていた。私たちの性行為は，誰が子どもを生むのか，何人の子どもで誰が世話するのか，といった基本的な問題と直接関係があり，またどのように家族は構成されているのか，彼らにはどういう住宅供給やその他の供給が必要か，さらに働くことのできるのは誰か，その働き手の世話をするのは誰か，などの基本的な問題とも直接関係がある。セクシュアリティにおける多様性と変化は，私たちが現在住んでいる社会形態の終焉を告げているのであろうから，現体制に傾注している人たちは，その分だけそのような多様性や変化にたぶん脅威を感じるのであろう。

要約

　パーソナリティや病気の場合と同様に，人びとにより，時代によって，性欲や性行為にはかなりの多様性が存在する。このことを考えると，私たちはセクシュアリティの本質主義的説明に対し疑念をもたざるをえない。私たちの性生活における意味の役割は，何にもまして重要であって，しかも意味とは人間の協力によって作られるもの，つまり社会的なものである。生物学的物質とは異なって，意味は流動的であり，不安定で，この社会的相互作用という手段を通じて常に変わりやすい。さらにセクシュアリティという生活領域では，私たちの生み出した意味が，たいてい価値に染められ，行為規則を伴っている。つまり，それらは倫理的な意味なのであり，それらは私たちがどのように感じ，どのようにふるまうべきかを教えている。そして最後に，それらの倫理的な意味は，決して偶然のものではない。それらは，私たちの住む社会の，社会・経済構造の中では筋が通っている。この社会が数多くの権力不平等によって分裂している限りにおいて，広く支持されている意味とは，それらの権力関係の維持に一役買っているのである。

結　　論

　ソーシャル・コンストラクショニズムの主要な特徴のいくつかを明らかにするのに，パーソナリティ，健康と病気，セクシュアリティという３つの例を使ってきた。一般論としては，ソーシャル・コンストラクショニズムの理論的原則は反＝直感的と思われるかもしれない。つまり一見すると，それらは私たちの自己理解の常識と思えるものと，矛盾しているように見える。しかし少なくとも，ソーシャル・コンストラクショニズムの考え方がいっそう実りの多い，あるいは促進的な人間のビジョンをもたらすのかどうか分かるまでの間は，その考え方を真剣に受け止めるべきであって，これまで私は，まさにその理由を，常識的理解では疑問の残る日々の経験に訴えることによって明らかにしてきた

つもりである。本章から導こうとする主たる結論とは，次のことである。すなわち私たちが，所与の，確固として不動の，当然と思っている多くの物事，その物事が私たち自身の中にあろうと，私たちの経験する現象の中にあろうと，とにかくその多くの物事は，調べてみると社会的に派生し，社会的に維持されているのが分かるということである。それらは，同一の社会や文化のメンバーであるおかげで意味を共有している人間によって，生み出され，永続させられるのだ。一言でいえば，ソーシャル・コンストラクショニズムの核心は，ここにある。次章では（第1章で略述した）その考え方，すなわち意味の形成や維持や争いにとってもっとも重要なのは，言語，それも形式と使用の両面における言語なのであり，また私たちに可能な種類の思考に枠組みをもたらすのも言語であるという，この考え方をもっと詳しく説明することにしよう。

第3章

ソーシャル・コンストラクショニズム
における言語の役割

第2章では，私たちを世人として構成している多くの経験が社会的に構築されているという見方を支持する議論を展開した。この章では，その構築過程の核心には言語があるという見方を提起しよう。言語とその使用は，世界を描写するに過ぎないどころか，両者はいずれも私たちの知覚する世界を構築し，じっさいの影響をもたらすという議論を展開したい。

言語は，人間に特有である。言うまでもなく，他の動物も互いに意思の疎通はする。匂い，音声，マーキング，ジェスチャー，ポーズは，動物によって，脅威，テリトリーの占有，セックスの誘い等々の信号を送るために用いられる。しかし，それらは言語の名に値するだろうか。確かに，それらの行動は明らかに意味をもっており，それに対して他の動物は，たとえば闘う，逃げる，交尾するなどの反応をする。しかしその違いは，それらの意味が固定的で，変わらないと思われる点である。犬が転がって腹を見せる場合，これは服従のサインである。それはあらゆる犬にとって同じ意味なのであり，そしてこの意味は犬の数えきれないほどの世代にわたって変わらぬままであった。本章で後から見るように，その意味が絶えず変化し多様であるという言語の特質の強調，これがソーシャル・コンストラクショニズムの主旨である。また言語は人間生活において，主流派心理学がそれに与えてきたよりもはるかに多くの重要な役割をもっていると見られる。

言語と人間の関係についての常識的見方は，前者を，後者を表現する手段とみなす。「自分自身」について，自分のパーソナリティについて，あるいは健

康やセクシュアリティのような自分の経験のある側面について語る場合には，この自己，パーソナリティ，あるいは経験は，それを描写するのに用いられる語に先立っており，それとは無関係に存在すると仮定されている。私たちが思考や感情などの内的状態を描写しようとする場合，言語とは，選択可能なラベルの入った袋と考えられているのだ。私たちには，人間の特質とその内的状態がまず頭に浮かぶように思われ，言語の仕事とは，それらの物事を他の人びとに表現する方法を見つけることなのである。したがってこの考え方では，人びととと彼らの使う言語とは，確かにお互いに密接な関係にはある。つまり，それ自体ですでに存在しているもの，あるいはこの世の中にすでに存在しているもの，これを表現するために人びとは言語を用いるわけだが，でもそれは，それら両者が本質的にはそれぞれ独立したものだからなのである。本章の残りの部分で，言語に関する，主流派心理学とソーシャル・コンストラクショニズムの2つの主要な相違点を概観しよう。1つは言語と思考との関係であり，もう1つは言語と行為との関係である。それらは，第1章で略述した2つの形態のソーシャル・コンストラクショニズムにおいて異なる重点が置かれているので，それぞれのソーシャル・コンストラクショニズムにとって持ち上がる特定の諸問題をも検討することにしよう。しかしながら，言語と思考に関する考え方はきわめて入り組んでいるので，それらを明確に説明するためにはかなりの紙幅を要することになるであろう。

言語と思考

　言語と思考の関係の常識的理解に対して，もっともラディカルに異議を唱えてきたのは，構造主義とポスト構造主義の考え方をふんだんに利用してきた脱構築論的社会心理学者たちであった。その見方からすると，人間が言語に先立って存在することはありえないのであって，なぜならそもそも人間を生み出すものが言語だからである。これは当初，かなり奇妙に思われることであろう。それはまるで，人間はもしも言語を持っていなかったとすれば存在しなかったろう，と言っているかに思われる。洞穴に住んでいた人びとやその先祖たちは，

存在しなかったのか。しかし同じ人間といっても，私たちが今日なじみのある人びとは，穴居人たちには思いも及ばないような経験の世界に住んでいる。たとえば私たちの日々の経験には，将来への希望と恐れ，欲望と心配，当惑と失望がいっぱい詰まっている。私たちは，自分のモチベーションや欲動や無意識の願望を念入りに吟味してみる。原始時代の人間もまた，自分自身を理解するのにそれらの概念を使っていたとは，とても思えない。けれども，お互いにそれらを説明し合うための言語的ツールをまだ発達させていなかったというのなら，確かに考えられることだ。そこで，その代わりの見方は，次のようである。すなわち言語自体が，世界と自分自身に関する経験を構造化する仕方を与えてくれるのであって，私たちの使う概念は，言語に先立って存在するのでなく，言語によってこそ可能となるのである。このことが，この領域の著者たちによってしばしば使われる「言語は透明ではない」という表現の意味である。したがって言語とは，まるで上等な電話線や，視界を歪める凸凹などないガラス窓のように，明瞭で純粋な媒体にすぎず，それを通じてこそ私たちの思考や感情は他者が近づけるものになるのだと，常識的に決めてかからないよう用心しなくてはならないのである。

　ここからは，2つの結論が導かれる。第一に，「人間であること」が意味していると思われる事柄，たとえば，パーソナリティをもつ，衝動や願望などによって動機づけられる，愛や憎しみや嫉妬などをもつ等々の事柄は，私たちが言語をもつか否かにかかわらず存在するはずの何らかの本質的な人間性の一部というわけではないのである。つまりそれらの事柄は，経験を構造化する仕方としての言語を通じて，はじめて私たちの手に入るようになる。第二に，それだから，「人間であること」が意味すると思われている事柄は，いつであれ異なって構築されてきた可能性がある，——じっさい私たちの住んでいる世界には，言語の，また人間性のとらえ方の，膨大な多様性が今でも存在する。自分の世界の中の自己やその他の事象の，言語による別の構築の可能性，これは，このソーシャル・コンストラクショニズムの見方にとって欠かすことができないのである。

　私たちの自分自身についての経験，それに私たちの自他を理解する仕方，これは私たちの内部であらかじめでき上がって生まれてくるわけではないと，私

はすでに述べた。たとえば精神分析学者たちは、あらゆる人間に生得的な怒りや嫉妬や憎しみなどの、別々の、それと分かる情動が存在すると考えている。その場合、それらは人間の存在様式の一部であり、それらに私たちが付与した語は、それらの情動を指すために選んだ単なるラベルである。これとは対照的に、ソーシャル・コンストラクショニズムの考えからすると、英語圏の文化では、「怒り」、「憎しみ」、「嫉妬」の語、そしてそれらが指す諸概念は、この世の中への誰の誕生にも先立って存在しているのであり、だから私たちは、話すことを学ぶ中で、それらの諸概念によって自分自身を理解していく以外に手はないのである。私たちの世界の経験、それにもしかすると特に自分の内的状態に関する経験、これは、それに構造と意味とを与える言語の枠組みがなければ未分化で雲をつかむようだと、この見方なら言うことであろう。したがって言語が構造化されている仕方は、経験や意識が構造化される仕方を決定するのである。

ウィトゲンシュタインと「言語ゲーム」

ソーシャル・コンストラクショニズムの言語の見方は、哲学者ウィトゲンシュタインの著作に大きく影響されてきた。言葉は実在する世界の「物」をまちがいなく指しているという考え方に対して、言葉の意味は、社会慣行と、すなわち人びとが日々の相互の交わりにおいて言語を使う仕方と密接に結びついていると彼は論じて、根本的な異議を唱えたのである。私たちは特定の種類の言語を、ある状況では使うが、他では使わない。たとえば法廷で言語を使う仕方、あるいは法律文書を作成するのに言語を使う仕方は、友人に休暇の話をしたり、医者に自分の症状を話したりする場合とはちがっている。いくつか同じ語を使うかもしれないが、しかしその特定の社会状況に巻き込まれている人びとにとってのその意味は、その状況の特質によって決まってくることだろう。したがって語は、相互に了解されている状況の文脈内で意味をもつのであって、ある状況で使用された語の意味が、他の状況でも同じと当てにすることはできないのである。ウィトゲンシュタインは「言語ゲーム」（ボックス 3.1 を参照）という言葉を、それらの異なる社会的文脈を指すのに用いた。だから、たとえば

第3章　ソーシャル・コンストラクショニズムにおける言語の役割　*69*

《ボックス 3.1》

　ウィトゲンシュタインの「言語ゲーム」の概念（Wittgenstein, 1953）は，当時の哲学問題の解決を意図したものであった。哲学者たちは，哲学的議論において用いられる言葉や概念の意味をいかに正確に定義するかという問題に夢中になっていたのである。それはまるで，そのような厳密で正確な定義がなければ，意味のある議論をすることができないかのようであった。

　しかしウィトゲンシュタインは，概念が有意味であるためには，必ずしも明快に定義される必要はないと論じた。言語内のあらゆる語が特定の正確な意味をもつと仮定するのではなく，1つの言語は多くの小さくて単純な「言語ゲーム」から成っており，その言語ゲーム内の社会的相互作用が語に特定の文脈的な意味を付与するのだと，ウィトゲンシュタインは論じた。じっさい，言語と行為は分離できない。言語ゲームとは，「言語と，それが織り込まれている諸行為とから成る」(1953: 7) ものと，ウィトゲンシュタインは言っていた。ウィトゲンシュタインとしては，言語ゲームの概念によって，「言語を話すことは，1つの活動または1つの生活形式の一部であるという事実をひときわ目立たせる」(23頁) つもりであった。言語のこの見方からすると，「行為遂行的」という言語の考え方が不可欠である今日の微視的な社会心理学者たちの研究に，言語ゲームの考え方がいかに生気を与えてきたか，そのありさまをはっきりと見ることができる。

　「言語ゲーム」はまた，ポスト構造主義者たちの「ディスコース」という言葉の使用とも，いくつかの特徴が共通していると見ることができる。ウィトゲンシュタインが「言語ゲーム」の語を造り出したとき，それは言語を軽視することでは決してなかった。いやむしろ，言語使用の規則とは，私たちが遊ぶさまざまなゲームの規則のようなものであると言うためであった。フットボールの規則は，クリケットのそれとは異なっている。そして，遊んでいるゲームについての合意が存在する限りは，みんながそのゲームを楽しめる。もしも人びとが，加わっている「ゲーム」に関し異なる理解をしていれば，混乱が生じるであろう。これはまた，言語について

も言える。もしも社会的相互作用をしている人びとが，異なる言語ゲーム
の規則に従って語を使用するとなると，彼らはお互いに誤解をする可能性
が高いのである。

心理学という「言語ゲーム」（普通の人びとがその日常的なディスコースにお
いて心理学的諸概念を利用する場合はもちろん，アカデミックなその学問内部
の相互作用を含めて）の内部では，「無意識」や「外向性」などの言葉は，相
互作用の流れを促進する共通の意味をもっている。「無意識」の語は，「医学の」
言語ゲーム内では異なった，それにもかかわらず社会的に共通の意味をもつ。
「悪（wicked）」という言葉は，宗教指導者たちの相互作用の文脈で共通の意
味をもっているが，その意味は，若者のサブカルチャー内の浮かれた夜遊びに
ついての議論の場合と比べるとたいへん異なっている。後者の「悪」の使用は，
比較的最近になって生み出されたものである。このことは，言語ゲームの重要
な特徴を物語っている。つまり，語に意味を与えるのは会話共同体による語の
使用なのであって，「悪」のような1つの語が新しい仕方で用いられ始めるとき，
それは新しい共通の意味をしだいに獲得するのである。

デカルトと心身二元論

　デカルト派を意味する「カルテシアン（Cartesian）」という言葉は，デカル
トの名のラテン語形に由来するのだが，そのデカルトは，人間の経験は基本的
な二分法――身体的なもの　対　精神的なもの――によって分けられると言って，
それにより，人びとが自分自身について考える，その考え方を根本的に変化さ
せた。彼はそれらを，独自の現象を伴う2つの別個の経験領域と見ていた。た
とえば，痛みがある，夕食をとる，寒さが身にしみるというのは，身体的領域
に属すると言えるであろう。夢を見る，霊的体験をする，いい考えを思いつく
というのは，精神的領域に属するのである。これは当時，斬新な考えだったが，
すぐに私たちの言語や思考に根をおろし，私たちの経験のとらえ方に深い影響
を及ぼしてきた。学問の世界や私たちの常識的理解に生じたもう1つの二分法

は，「心理的／社会的」というものであると，ガーゲン（2008）は論じる。思考や動機（心理的）と集団や社会制度（社会的）などの「精神的」および「社会的」諸現象は，幾世代にもわたり研究と議論の主題であり続けたが，じっさいには社会的構築である（つまり，それらは異なる「言語ゲーム」内に存在している）にもかかわらず，私たちの思考においては実在する別個の実体という性格を帯びてきたのである。

　精神的＝身体的という次元は，私たちが物事を理解しようとする場合に，不可避のものである。私の頭痛は，器質性の原因があるのだから身体的なものか，それとも想像上のものあるいは心理的苦痛から生じたものだから精神的なものか。抑うつは，身体的な病気か，それとも精神的な病気か。ガンのような身体的病気は，ポジティブな思考をもつことで治る場合があるのか。これらの問いに答えるのはたいてい難しいという事実は，何よりも次のような可能性に対して，私たちの注意を喚起する。すなわち，私たちの経験の少なくともある側面を分類しようとする場合に，精神的＝身体的という二分法は，あまりすぐれた仕方ではないかもしれないのである。しかしそれ以上に，ひとたび私たちがこの仕方で世界を分類したとすると，精神的なものと身体的なものとを，別々だが関係のあるものとして概念化せざるをえないことが分かる。そこで私たちは，「身体的な病気は精神状態に影響するか」とか，「ポジティブな思考は身体的な病気を治せるか」といった問いを問うように仕向けられる。私たちの言語と概念にその精神的＝身体的の二分法が存在する事実は，人間とその経験，それにその潜在能力に関する，特定の種類の理解を生み出すのである。

物のための言葉と言葉のための物

　近年における変化の事例を調べてみれば，たいていは言語と思考の間の密接な相互関係を目の当たりにすることができる。ホモセクシュアル（「ホモ」は「同一」を意味する）の行為は，いつの時代にも知られてきたし，ある文化では他のどんな愛の形にもましてホモセクシュアルの愛が尊ばれてきた。しかしながら「ホモセクシュアル」の語が，形容詞としてだけではなく名詞として私たちの言語に現われてきたのは，比較的最近のことにすぎない。このことは，人間

が行なう「ホモセクシュアルの行為」ではなく，今では1人の人間としての「ホモセクシュアル」について語ることができるのを意味する。まるで魔法のように，形容詞を名詞に変える言語的トリックは，ある種の人間を生み出してきたのである。興味深いことに，これは第1章で述べた動向，すなわち人びとを，彼らが何をするかでなく彼らはどういう人かという視点から見るようになっていく一般的動向だが，その一部と見られる。私たちは「1人のホモセクシュアル」と言えるのだから，「1人のホモセクシュアル」の視点から考えることができる。つまり私たちは，ホモセクシュアルと呼べるある種の人びとの存在を想像できるのである。それにそのような言語と思考は，私たちの日常的なお互いの交わりの中で，必然的に実行されている。私たちの思考に変化をもたらす言語のパワーは，社会変動を求める人びとによって，時にあからさまに利用されている。たとえば，隔離に反対する身体障害者連盟（UPIAS = the Union of the Physically Impaired Against Segregation）は，1970年代のイギリスで設立された障害者権利擁護機関である。そこでは，障害者の社会モデル（第2章を参照）と一致して，機能欠損（身体一部の欠如または欠陥）と障害（その機能欠損のためにこうむっている不利な条件）との間の区別がなされる。したがって「障害者」という言葉は，人間の障害が，その社会の価値と慣行を通じて社会的に構築されていることを示しているわけである。それは，改革の責任を障害者に負わせるのをやめて，社会慣行，組織，法律の領域に負わせる。

言語と構造主義

　私たちは自分の経験を線に沿って分類するが，その線を決めるのは言語の構造であるという考え方は，いわゆる「構造主義」の核心に存在する。じっさい構造主義は，異なる学問領域ではかなり異なるものを意味しているのだが，しかし私たちの目的のためには，それは，ソシュールの構造言語学的研究に始まる考え方を指すととらえておいてよいであろう（Saussure, 1974）。
　ソシュール言語学の基本概念は，記号の概念である。記号とは，私たちの精神生活に登場する物事，すなわち私たちが指示し，他者に話し，じっと考え，記述を試みなどする，その物事のことだと考えられる。たとえば「知能」，「犬」，

第3章　ソーシャル・コンストラクショニズムにおける言語の役割　73

「結婚」,「ティースプーン」,「芸術」というのはすべて記号であり,それらは
どれも,それぞれ2つの要素をもつ。つまりそこには,指示される物事(犬,
知能)があり,そしてそれを指示するのに用いられる語,発せられる音声があ
る。ソシュールは,それら2つの要素に異なる名称を与える——すなわち,発
せられる音声は「能記(signifier)」,それが指示する物事は「所記(signified)」
である。私は,今述べた記号のリストに,いくつかのかなり抽象的なものをわ
ざと入れておいた。「知能」,「芸術」,「結婚」が,「犬」や「ティースプーン」
と異なるのは,犬やティースプーンなら明らかに物質的存在あるいは「客観的
実在性」をもっているが,知能,芸術,結婚の場合,同じようなものをもって
いるとは思われないからである。しかしながら,それらはすべて記号と言える
のであって,なぜなら,いずれの場合も所記は,具体的な対象ではなくて,概
念だからである。だから,私たちが「犬」や「ティースプーン」の語を用いる
場合,私たちの指示しているのは犬やティースプーンの概念であって,それら
の言葉が表わしている意味なのである。言語を習得している最中の子どもを見
れば,このことが分かるだろう。はじめ,子どもたちは家族のペットを指さし,
そして両親は「そう,『犬』よ！」と言うのでもあろう。「イヌ」と,子どもは
くり返す。後には,子どもは猫や豚を見て,誇らしげに「イヌ！」と言うが,
それに対して大人は「いや,あれは犬じゃない,あれは猫(豚)だよ」と答え
ることであろう。それら動物間の外見上のどんな差異にも子どもはまったく気
づかないと考えるのなら別だが,そうでもない限り,ここで彼らのしているこ
とは,「犬」,「猫」,「豚」の概念にはどんな特徴や特質が含まれているかを,
きちんと理解することなのだと考えざるをえない。

　ソシュールの主要な貢献は,能記(発せられる音声)と所記(概念)との間
のつながりは,恣意的なものであるという彼の主張にあるのだった。一見した
ところ,これはかなり明白な主張に思われる。もちろん,「犬」という語の音
声には,その動物に特にふさわしいラベルと言えるだけのものは本来何もない
と私たちは誰も知っているし,また概念を指示するのに使う語とは単なる慣習
にほかならない——みんなが同じ語を使うのなら,どんな語でもかまわない
——ということを納得するには,別の言語なら「犬」や「豚」に異なる語を使
うという事実を観察するだけですむ。しかし,ソシュールはこれ以上のことを

言っている。彼はまた，概念自体は，私たちの経験の恣意的な区分であり，カテゴリー化であると言っているのだ。私たちは，私たちの世界を，「犬」，「豚」，「結婚」，「知能」等々と呼ぶものに分類してきたが，それらの区分は恣意的なものなのである。文化によっては，「犬」と「猫」に別々の概念の存在しないことが十分にありうる。英語圏の文化には，「シープ」と「マトン」の語があり，それらは異なる概念を指示しているが，フランス語圏には，「ムートン」というたった一語しかない。英語を話す人間として私たちが「シープ」と「マトン」の概念の間にどんな差異を見ていようとも，その差異は単にフランス語を話す人びとには存在しないのである。だから，能記と所記との恣意的なつながりをソシュールが語るとき，彼が言っているのは，私たちは言語の助けを借りて世界を恣意的なカテゴリーに分類してきたということである。

　ここで重要なのは，「恣意的」とは，偶然とかランダムという意味を含んでいないと気づくことである。私たちの心的世界の対象は，私たちから恣意的なラベルが付与されるのを待って「外のあそこに」存在しているわけではないし，それに，私たちの概念世界は原理的にはまったく異なって分類されたかもしれないけれども——また，私たちの区分が恣意的だというのはこの意味においてだが——，私たちの使う概念は，私たちの住む社会の種類と結びついており，したがってランダムなものではないのである（第2章を参照）。記号それ自体は，固有の意味を何ももちえない。私たちが「犬」という概念に付与する意味は，その概念自体に備わることはないのである。さもなければ，これは，社会的世界の中の物事は「外のあそこに」すでに存在し，それらは人間に「発見」され，その言語内でラベルを貼られるのをただじっと待っているという，あの考え方への逆戻りになることだろう。物事の間を区分する考え方は，それら相互の差異を語るのに用いられる諸規則に見出される。というのも，どんなカテゴリーや概念も，それとは異なる別のカテゴリーや概念を指示することによって，結局は説明されざるをえないのだから。「犬」の概念は，「猫」や「テーブル」といった他の概念との差異への指示によって，はじめて意味をもつ。つまり，1つの記号の意味は，その記号自体に本質的に備わっているのではなく，他の記号へのその関係にあるのである。別の例を挙げれば，「プロフェッショナル」という能記にその意味を与えているものは，その能記に固有の何かではなくて，

第3章　ソーシャル・コンストラクショニズムにおける言語の役割　75

「単純労働者」や「商人^{トレーダー}」のような他の階級の能記との差異および対比なのである。したがって，ソシュールの構造主義が言っているのは次のことである。すなわち言語とは，既存の社会的現実^{リアリティ}を反映するものではなく，私たちに対して，その現実^{リアリティ}への枠組みを構成してもたらすものである。私たちにとっての概念空間を切り分けるものは，言語の構造であり，能記と所記の体系であり，それらの間の差異で構成されるそれらの意味なのである。しかしながらソシュールはまた，能記がひとたび所記に付与されると，この関係は恣意的ではあるが固定的になると考えていた。これは次のような意味である。つまり，私たちの使う語は恣意的な意味をもつのかもしれないが，しかしひとたび語に特定の意味が付与されるようになると，その関係が固定化して，その結果，同一の語はいつも同一の意味をもつ。これが，特定の言語のあらゆる使用者がお互いに語り合い，同一の語（能記）を使うことによって同一に通用する概念（所記）を扱う，それがどうして可能なのかを説明する。

　しかし，ここにある問題は，それが次の2つのことを説明しない点である。すなわち，語の意味は時とともに変わる場合があるが，その様子をそれは説明しない。さらに語は，誰が，誰に対して，何の目的で語っているかによって決まる数多くの意味をもちうるのだが，その様子をそれは説明しない。このことを明らかにするいくつかの例がある。「今日はとても良い天気でした」という言葉は，テレビのお天気レポーターによって語られる場合，ある1つの意味をもっている。けれども，街で会えばていねいに挨拶しないで通り過ぎることなどできないと感じる知人たちが語るのなら，まったく別の意味をもつ。むかし「ゲイ」の語は「幸せで楽しい」という意味で使われたし，今でも使える。しかし今ではまたホモセクシュアルの意味ももっていて，私たちがその語から受け取る意味は，それが使われる文脈により，誰が，なぜ使っているのかにより，決まってくるのである。

言語とポスト構造主義

　これが，ソシュール以後の著者たちの注目した点であり，またそのために，彼らはポスト構造主義者と言われている。言語のもつ意味とは，決して固定さ

れず，絶えず疑いの余地があり，いつもいろいろ議論があって，つねに一時的であるというこの主張は，ポスト構造主義にとって基本的であり，また人間とそのアイデンティティの理解や，個人的変化や社会変動の可能性の理解にとって重大な影響をもっている。そのような一見すると退屈でささいな1つの理論にしては，これはかなり大仰な主張のように思われようが，しかしそれが多くのラディカルな結論をみちびくのであって，それについて以下詳しく説明しよう。

　構造主義とポスト構造主義がともに一致していると思われる，2つの論点から始めるのが役に立つだろう。第一に，構造主義とポスト構造主義は，明らかに両者とも言語を，人間を構築する主要な場と見ている。あなたという人間，あなたの経験，あなたのアイデンティティ，あなたのパーソナリティ，これらはすべて言語の結果なのである。これは，言語に組み込まれている諸概念を使うことによってはじめて私たちは自分の経験を自他に表現することができるという意味であって，したがって私たちの思考や感情，それに私たちの行動を表現する仕方，これらはすべて言語によってあらかじめパッケージされているのである。私たちには，思考，感情，行動という3つの異なる心理事象のカテゴリーがあるというこの考えすら，それ自体が言語の結果なのであって，それらのカテゴリーを欠いた文化や言語が存在する可能性は十分あるし，じっさいにあるだろうと思う。たとえばルッツ（Lutz, 1982）によれば，〔ミクロネシアの〕イファルク（Ifaluk）には，「情動」に相当する語がない。

　しかしこの構築の過程が，個々の人間によって独力で成し遂げられることはありえない。ウィトゲンシュタインが言ったように，言語とは基本的に社会現象であるという事実を忘れてはならないのである。すなわち言語とは，人びとが話し合っていようが，ケータイで友人にメールしていようが，Ｅメールや著書を執筆していようが，納税申告書に記入していようが，いずれにせよ，人びとの間に存在する何かあるものである。ある人についての構築は，人びとの間のそのようなやり取りにおいて生じるのである。友人に電話する，銀行の支店長を訪ねる，セミナーに参加する，雑誌を読む，誰かに愛していると言う，そんなときいつも私たちは，またそのやり取りに顕在的にせよ潜在的にせよ関係している他の人びとは，私たち自身を構築し，再構築している最中なのである。

ある人が現出してくるのは，人びとの間の無数の形態のあらゆる言語のやり取りからにほかならない。

このことが，構造主義とポスト構造主義が共有する第二の論点，すなわちその反＝ヒューマニズムへとみちびく。ヒューマニズムとは，多くの西洋哲学に中心的な，人間についての一群の前提を指している。特に，人間とは統合的で明晰で合理的な行為主体であり，しかも自身の経験とその意味の作者にほかならないという考え方を指すのである。ヒューマニズムは，本質主義的である。つまりそこでは，個人の中核には，ユニークで明晰で不変の本質が存在することが前提とされている。しかしそれはまた，個人の経験とそれがもつ意味は，人の内部の，その本質的特質から生まれてくるとも言う。ここで「本質的特質」とは，パーソナリティ特性，態度，男らしさなど，いくつかの事柄を指す場合がある。この見方からすれば，その人間の経験，その思考，感情，行動，社会的な物事の理解，これらすべてが，たとえば彼らが外向的か内向的か，偏見ある態度をもっているかどうか，どれぐらい男らしいか，などから生じてくるのである。経験の意味の源泉としての言語を特に強調することによって，構造主義者たちとポスト構造主義者たちは，心理学の重心を個々の人間から社会的領域へと移してきた。このことは，次のことを意味する。すなわち，もしも私たちが，個々の人びとが行ない感じることの視点からであろうと，あるいは集団，階級，社会の視点からであろうと，ともかく社会的世界の説明を求めているのなら，私たちは個人の内部に目を向けるべきでなく，外部の，彼らが他の人びとと交わる言語空間に目をやるべきなのである。

この反＝ヒューマニズムはまた，明晰で統合された自己という考え方をも拒絶する。そしてこれは，その前の議論からの論理的帰結である。もしも自己が，言語と社会的相互作用の所産であるとすると，自己とは，誰と一緒に，どんな状況で，何の目的でいるか次第で，たえず流動的であり，たえまなく変化していることであろう——そのことは，少なくともある程度，私たちのふだんの経験によって裏づけられる。社会的相互作用における言語の構築力は，誰にとっても確実に，アイデンティティを断片化して変わりやすく一時的なものにする。私たちが抱く主観的な連続性と明晰さの気持ちは，それ自体が，他の人びととの言語に基づく社会的相互作用の結果と見ることができるし，それは実在する

というより錯覚に基づく結果なのである。

　ポスト構造主義の言語観がきわめて重要になるのは，この点である。前述の
ように，その構造主義からの離脱は，意味が決して固定していないという見方
に基づいている。語，文，詩，本，冗談などは，時を経て，文脈により，人に
より，その意味を変える。語の，本の一節の，また私たちへの質問の，その意
味はいつも「楽に手に入る」のに，それにもかかわらず，意味にはいつも議論
の余地がある。このことは，次のことを意味している。すなわち，言語とは，
ソシュールが論じたように誰もが一致する固定した意味の記号系であるよりも，
むしろそれは変わりやすい，意見の衝突の場，潜在的葛藤の場にほかならない
のである。そのため，私たちが葛藤について語るとき，権力関係を扱わないわ
けにはいかない。そこで，ポスト構造主義の言語観によって私たちは，会話や
執筆や他人との交わりとは，権力関係が行動化されて争われる抗争や葛藤の場
であると見る，そういう見方へと引き込まれるわけである。

　さて，これらの考え方を，いくつかの例を使って，少しゆっくりと時間をか
けて見てみることにしよう。「彼には砂糖を入れますか？」という問いを取り
上げるが，それが好例であるのは，障害者への型通りの扱いの典型として，多
くの人びとにおなじみだからである。幼い子どもの親にその問いが向けられて
いるのなら，その問いは大して関心を引くことはあるまい。その場合，その問
いには多くの暗黙の前提がある。ことによるとその子にはまだ自分の好みがわ
からないとか，たぶんその子は他人にきちんと答を伝えられないとか，あるい
は分別ある決定ができるとは思われないとか，それらが前提されているのであ
る。その質問を子どもの親にするのは，それらの点のどれか，あるいはすべて
において，その親の方が当てになりそうだと前提しているからである。それは
また，子どもに比較して権力のある親の立場をも明らかにしている。つまり親
は，子ども自身の希望にはかまわず，子どもの飲み物に砂糖を入れるかどうか，
たぶん決めることができる。そういうわけで，この実にささやかな質問には，
幼い子どもの特質について，大人の特質について，子どもたちと親たちとの間
の権力関係の表出について，たくさんの前提が潜在している。

　したがって，この問いが子どもの親に向けられた場合，少なくとも私たちの
文化では，その意味が無礼とか，屈辱的とか，さもなければ不愉快と思われる

ことは，ふつうはないだろう。しかし，盲人のパートナーに向けられたとなると，その可能性は確かにある。その質問の意味は，その状況と人びとが異なるせいで変わったのである。屈辱的なのは，パートナーに対するその盲人の立場が，親に対する子どものそれと同様であるという含意にほかならない。それはその盲人を，合理的思考やコミュニケーションのできない，比較的無力な姿に描いている。この姿には，異議が唱えられるかもしれない——つまり，その盲人は「いつも自分でやります——コーヒーには２つ，紅茶には１つ入れています，よろしく」と言うかもしれない。あるいはパートナーの方が，「たぶん，彼／彼女に訊いた方がいいと思う」と答えるかもしれない。どちらの答も，その質問のもつ前提に異議を唱え，その示す意味を拒絶する役を果たす。その質問をこのように分析することは，親＝子関係の再評価をもたらしさえするだろう。たとえば，その質問の示す子どものイメージと，それが子どもに与える比較的無力な立場とに不快を感じ，これからは子どもを，ある状況ではもっと大人のように扱おうと決意する人びともあるだろう。これは，一種の意識高揚にほかならない。

　もしも言語がじっさいに，そこでアイデンティティが確立され，維持され，問題にされる場であるならば，これはまた言語が，個人的変化や社会変動のるつぼであることを意味している。人は，たとえば「母親」や「ホモセクシュアル」や「精神病者」のアイデンティティによって，閉じ込められたとか，制限されたとか，抑圧されたとか，感じるかもしれない。ポスト構造主義の理論は，これらのアイデンティティが問題にされたり変えられたりしうる重要な場として，言語を見ようとする。もしも自分自身の経験やその生活経験が，言語によって初めて構造と意味を与えられるのだとすると，そしてもしもそれらの意味が固定せず，絶えず変化し，求められ，争われるものであるとすると，私たちの経験は潜在的に，無数の可能的な意味や構築に開かれていることになる。女であること，子どもであること，あるいは黒人であること，これらが何を意味するかは，すっかり変えられ再構築されうるのであって，ポスト構造主義者たちにとって言語とは，そうした変化への鍵なのである。

　もちろんだからといって，変化は容易であるとか，不利なアイデンティティや抑圧的な社会関係は何とかうまいことを言って切り抜けられるとか，言うわ

けでは決してない。人びとが言い，書くことは，彼らが個人であれ集団であれ，その行なうこと（社会慣行）と切り離せないし，社会が組織化され運営される仕方（社会構造）とも切り離せない。さらに，言語と社会構造と社会慣行の間の関係がどんなものなのかについては，後でもっと触れることであろう。しかし，それが意味しているのは，私たちの言うこと，私たちがお互いに物事を言明する仕方，これが決定的に重要であることである。もしも言語が，私たちの思考の構造と内容を与えるものならば，基本的に，私たちの言うことは私たちの考えることなのである。委員会の長は「チェアパーソン」という男女を問わない肩書が与えられるべきか否か，あるいは人種差別の含意のせいで「ブラックレッグ〔＝裏切り者〕」や「ブラックリスト」といった語を禁止すべきか否か，これらをめぐる議論は，この観点からすれば，決してささいなものではなくなってくる。

言語，言語運用，社会的行為

　ディスコース心理学者たちもまた，人びとや物事に関する多様な構築が生み出される仕方に，強い関心を寄せてきた。しかし彼らは，言語が私たちの思考を組み立てる仕方よりも，むしろ人びとが口頭の相互作用で言語を用いる仕方に注目してきた。エドワーズ（Edwards, 1997）はその著書『ディスコースと認知』の冒頭で，自分のアプローチにおいて「言語に関する最も重要で決定的な事柄は，それが一種の活動として，ディスコースとして，いかに機能するかである」と言う（1997: 1）。ポッター（Potter, 1996a）は，記述がいかにして「事実に基づく」と見られるように作り出されるか，そしてそれら記述が次に，いかにして特定の活動の実行を可能にするか，と問う。したがって，ディスコース心理学者たちは主として言語の状況的な使用，つまり，正当化できるアイデンティティの確立を試みるために，あるいは相互作用で他者に是認または支持されるような諸事象のバージョンを持つために，人びとが説明をさかんに構築する仕方，これに関心があるのである。ボックス 3.2 は，正当とみなされるアイデンティティを確立しようとする苦闘の，フィクションだが分かりやすい，

第3章　ソーシャル・コンストラクショニズムにおける言語の役割　*81*

《ボックス 3.2》

フィクションの，この車の中の2人の男女間のやり取りでは，その女性
の方が運転している。

　　男：青いバンの後ろからは何も来ないよ……追い越し車線に出られる。
　　　　あーっ，もう間に合わない。君はよそを見ててかまわないから，行
　　　　けるときに教えてあげるよ。
　　女：ありがとう──でもね，あなたが頭を引っ込めていてくれれば，私
　　　　にもとってもよく見えるのよ。
　　男：そんな必要ないさ──手伝ってただけなんだから。
　　女：本当にあなたの助けは要らないのよ──次々と指示されなくたって，
　　　　スーパーマーケットまで必ず行けるわ。私が男なら，あなたもきっ
　　　　とそんなことしないはずよ。
　　男：それはどういう意味？　君はいつも僕がちゃんと手伝わないって，
　　　　文句を言うじゃないか。それなのに，手伝おうとすると，邪魔をし
　　　　て責めるだけなんだから。
　　女：私の言うことはよく分かっているはずよ。私が男なら，助けなしに
　　　　私が運転できないなんて，ほのめかすことさえ考えられないはずだ
　　　　わ。
　　男：まったくバカバカしい，分かってるくせに。君は僕にただ突っかか
　　　　りたいだけじゃないか。それに点数稼ぎに，フェミニズムみたいな
　　　　ものまで持ち出すんだから。それじゃあ，君を手伝おうとして無
　　　　理するのも，これっきりってわけだ──助けが要らないんなら，結
　　　　構なことさ。

言語使用の例である。
　ここには，明らかに意味をめぐる争いがある。両者は，相手のしていたこと
を明らかにして，できごとの「真実」の刻印ある自分のバージョンをもとうと

努力する。そのカップルの間のそれらのやり取りの意味が，激しく議論されているのである。自分の言葉は寛大であったと彼は主張しており，一方彼女はその言葉が，彼女に「女らしさを強要し」，彼の男らしさを強化する企てだったと言う。彼は，思慮深く助けになる男——ことによると「新しい男」——のアイデンティティを自分のために生み出そうと努力しており，暗黙の男性優越主義のアイデンティティを何とか避けようとしている。彼女は，有能な思慮ある女としてのアイデンティティを達成して，男のアドバイスや指図を必要とする自分の姿には抵抗しようとしている。両者とも，この状況で使える諸アイデンティティを，確立したり，維持したり，拒否したりするための，言語的な争いに携わっているのである。

批判心理学者たちは，抑圧的で悪しき慣行を探究するのに，ディスコース心理学を使ってきており，この点では人種差別が多くの注目を浴びてきた。第1章で述べたように，フック（Hook, 2012）やその他の著者たちはとりわけ，南アフリカ，オーストラリア，ニュージーランドなどの，昔の植民地が母国である人びとの経験と状況を扱うポストコロニアル批評に注目する。批判心理学者たちは，人種差別と偏見についての主流派の個人内的説明に対して，熱心に異議を唱えてきたのだが，その主流派の説明では，人種差別と偏見は，誤った情報処理または権威主義などの特定のパーソナリティ類型（Adorno *et al.*, 1950）によってか，あるいは社会的アイデンティティ理論などの集団成員性^{グループ・メンバーシップ}の理論（たとえば Tajfel and Turner, 1986）によってか，いずれかによって説明されるものとみなされている。人種差別のそのような概念化により，個人は自らの人種差別に対する責任を免れる傾向があって，というのもその原因は，個人のコントロールを超えたところにあると見られるからである。

これとは対照的にディスコース心理学は，人種差別を言語的慣行とみなし，社会的相互作用において構築され議論されるものとみなすのである。特にディスコース的アプローチは，日々の会話や制度的なディスコースにおいて，人種差別が正当で合理的と見えるようにされている様子を明らかにしようとめざす。そのような人種差別のディスコースは，既存の，不平等な権力関係を維持し強化している。しかしながらディスコース心理学者たちは，必ずしも人種差別をディスコースの影響のみに還元するわけではない。人種差別を理解する上で，

構造と格差，制度的慣行，それに認知過程さえもその重要性をどれほど認めるかという点で，異なった著者たちの間にはいくつかの立場の違いがあることに，フック（Hook, 2012）は注目する。確かにディスコースは，差別的な慣行のまさに一類型と考えられるかもしれない。

それにもかかわらず人種と人種差別に関しては，批判的研究者たちによって用いられたディスコース心理学の場合，日々の相互作用における人種差別のディスコースの産出が主に注目される。タフィン（Tuffin, 2005）によると，「批判的研究者からすれば，人種差別は，人種差別を可能にし許容し助長する基本的なディスコース的資源の展開を通じて生まれるのである」（p.125）。たとえばティリーガ（Tileagă, 2005）は，ルーマニアにおける主要な少数民族──ハンガリー人とジプシー──のメンバーへの偏見についての考えをめぐる，中産階級のルーマニア人たちとのインタビューを分析した。1人の特定の被験者「カーラ」のディスコース分析を通じてティリーガは，ジプシーが，根本的に「別の人間」として，また彼らに向けられるどんな差別も責任は彼ら自身にあるものとして，構築される様子を明らかにする。カーラは，ジプシーについての事実を言い立てて彼らを病的とみなすのだが，ティリーガは，そうするのにカーラが使った修辞的装置を特定する。そこで生み出されるものは，「彼ら［ジプシー］を国民の身分以外の，差異や比較を越えたところに位置づけるイデオロギー的な描写」であると述べる。このイデオロギー的な描写は，ルーマニア社会から彼らを排除する運動を潜在的に正当化するのだから，深刻な政治的および社会的影響をもっていると言うのである。

遂行的で行為＝指向的な言語

したがって私たちの会話は，お互いの相互作用において具体的な機能をもっており，私たちの目的を達成するのである。ディスコース心理学は，「発話行為」論とエスノメソドロジーの初期の伝統を基礎にして展開している。通例は哲学者のジョン・オースティンおよびジョン・サールと結びつけて考えられる発話行為論とは，言語の主要機能が，何らかの事態，何らかの現実の側面を記述することだという考え方からの，脱出の試みであった。オースティン（Austin,

84

1962) は，ある文や発話が重要である理由は，それらが物事を記述するからではなくて，それらが行なうことのせいだと指摘した。いくつかの例を，ポッターとウェザレル（Potter and Wetherell, 1987）は挙げる。

たとえば，

　私はフィリピンに宣戦を布告する

という文は，その真偽を問われるような世界の記述ではなく，じっさいの影響を伴う行為なのである。つまり，条件が揃ったところで発せられれば，それは戦争状態を生み出す。オースティンはこの種の文を行為遂行的と呼んだ。他の例を挙げれば，

　私はこの船をレディ・ペネロペ号と命名する
　雄牛に注意せよ
　私はあなたに6ヶ月の重労働の刑を言い渡す

いずれの場合にも，その文の主要な役割は，記述自体ではなく，何かあることを引き起こすことである。すなわち，それらの文は，行為を遂行する文なのである。

(Potter and Wetherell, 1987: 13)

　したがって発話行為論は，人間の社会慣行としての言語に注意を向けさせる。記述的というより機能的なこの言語観はまた，社会学のエスノメソドロジーの伝統にも共通している。「エスノメソドロジー」の語は，単に，人びと（エスノ）によって用いられる諸方法の研究（メソドロジー）という意味である。それは，ふつうの人びとが日常生活を生み出し，それを理解するのに用いる，諸方法の研究である。くり返せば，人びとが単なる現実の記述として述べる物事に目をやるのではなく，エスノメソドロジストたちは，その人間のおしゃべりが相互作用の中でもっている機能と，それが彼らに成し遂げる結果に目を向ける。つ

まり，研究の対象となるのは，人びとが言うこと自体なのであって，それは，想定された根底的現実（リアリティ）の何らかの側面，たとえば1人の人間の態度や特定の事象の原因のような，そういう側面を発見するためのルートだとは考えられない。発話行為論とエスノメソドロジーとのつながりについての簡潔な説明が必要なら，ポッターとウェザレル（Potter and Wetherell, 1987）の第1章を参照するとよい。

おしゃべりに対するこのアプローチは，主流派心理学の問いとはまったく異なるいくつかの問いを生む。すなわちそれは，次のような問いを私たちが問うように仕向けるのである。人間のおしゃべりが，彼らに対してもっている機能とは何か。相互作用において，彼らの争点となっていることは何か。彼らの成し遂げようとしている目的は何か。望みどおりの効果を生み出すために，彼らが使うディスコース的装置は何か。その結果，このアプローチは「行為＝指向的」なのである。さらにそれは私たちを，次のように促している。すなわち，特定の目的のために利用されるさまざまなディスコース的装置や修辞的スキルをリストアップするように，そしてそれらがもたらす効果を達成するために人びとはどのようにして自分のおしゃべりを構築するかと問うように。ディスコース心理学者たちは，正当化，否認，帰属，非難などの，さまざまなディスコース的慣行を研究してきた。

解釈レパートリー

人びとが諸事象の説明を構築するのに利用する言語的資源，これを理解する1つのやり方として，ポッターとウェザレル（Potter and Wetherell, 1987）は解釈レパートリーという概念を提唱する。解釈レパートリーとは，次のようなものと考えられる。

> 行為や認知過程やその他の現象の諸バージョンを構築するために話し手が使う，建築用のブロック。どんな特定のレパートリーも，一定の文体的および文法的様式で用いられる限られた範囲の語によって構成されている。一般にこれらの語は，1つあるいはそれ以上の主要なメタファーから派生

しているのであって，1つのレパートリーの存在は，たいていある種の比喩的表現あるいは言葉のあやによって示されるであろう。

(Wetherell and Potter, 1988: 172)

そして，

解釈レパートリーの語によって私たちが言おうとしているのは，たいていはメタファーや生き生きとしたイメージの周りに集められた，語，記述，言葉のあやの，大ざっぱに識別可能なグループのことである……。それらは，評価したり，事実のバージョンを構築したり，特定の行為を遂行したりするのに，利用可能な資源なのである。

(Potter and Wetherell, 1995: 89)

　このようにして，解釈レパートリーは，人びとが自分自身の目的のために使う，一種の文化的に共有された資源の道具一式（ツールキット）とみなすことができる。解釈レパートリーを特定する作業は，まるで考古学者が，広く用いられた特定の型のノミやヤリが過去に存在したことを，それが用いられていると思われる多くの異なった例を観察することによって推論するかのようだ。それらのレパートリーが人びとの役に立っている機能は，一般に，諸事象の特定のバージョンを正当化するとか，自分の行動の言い訳をしたり妥当性を確認したりするとか，批判から身を守るなどを可能にすると見られており，さもなければ相互作用における説得力ある立場の維持を可能にするのである。異なったレパートリーは，諸事象の異なったバージョンを構築できる。これについて，ウィリグ（Willig, 2008）は次のような例を挙げる。

　新聞記事は青少年犯罪者たちを「向こう見ずな若者たち」と呼ぶであろうが，一方弁護する弁護士はその依頼人たちを「将来に見込みのない若者たち」と表現するであろう。前者の構築は，青少年犯罪者たちの制御不能性を強調し，もっと厳格な子育てと警備の必要をほのめかしているのだが，それに対して後者は，青少年犯罪者たちの満たされていない心理的及び教

育的な諸要求と，社会的及び経済的な窮乏の重要性に関心を向けさせるのだ。

(Willig, 2008: 100)

　しかしながら，1人の人間はその会話の中で，その時々の説明の必要に基づいて，さまざまな，しかも明らかに矛盾するレパートリーを使うかもしれない（たとえば Potter and Wetherell, 1995; Billig, 1997a）。また，同一のレパートリーが，さまざまな人びとによってさまざまな目的を達成するために使われるかもしれない（第9章を参照）。したがって，レパートリーは，個々の人びとに属するものではない，つまり彼らの頭の内部に位置づけられるものではないのである。それらは，1つの言語と1つの文化を共有するすべての人が利用可能なのだから，社会資源なのであり，それによって人びとが自分自身の目的のために説明を組み立てる道具一式（ツールキット）と見られる。

　人びとの言うこと，彼らが利用するレパートリー，それらは彼らがたずさわっている目の前の社会状況を越えて影響をもつかもしれないが，そのような影響や結果は話し手自身によって意図されたものではないであろう。つまり，特定のディスコース形式を使用するその人の理由と，その社会心理的な結果との間には，ちがいがある。人びとが話すとき，彼らは自分の語の選択がもたらす連想や含意に気づいていないかもしれない。そのうえ，解釈レパートリーの人びとの使用と，物事を特定の仕方で構築しようとする彼らの努力は，無意識の，非意図的なレベルで行なわれているのかもしれない。人びとがレパートリーを使用するとき，彼らは必ずしもずる賢く行為しているわけではなくて，ただ単にその状況で適当と思われることやごく自然なことをしているだけなのである。

　ディスコース心理学者たちは，彼らの好みの方法である会話分析（CA）の方へ移行してきたのだが，それとともに，解釈レパートリーは概念としていくぶん使われなくなった。しかしながら，多くの人がいまだにそれを有用な分析ツールと見ており，またそれは，必ずしも自らをディスコース心理学者と名乗ることはしないが，自分の研究にディスコース心理学の考え方を利用したいと考えている心理学内外の研究者たちによって，使われ続けている。解釈レパートリーの使用例には，組織研究（たとえば Ostendorp and Steyaert, 2009），ソー

シャルワーク研究（たとえば Juhila, 2009），犯罪学研究（たとえば Rypi, 2012）などがある。その概念は注目に値すると私も思っていて，第8章で解釈レパートリーについてはもっと述べることにしたい。

言語と社会的行為

言語の行為＝指向性に多くの注意を払ってきたのは確かにディスコース心理学者たちだけれども，このことは，他方の脱構築論者たちがいつも言語を，まるで行為の世界とは切り離されているかのように扱ってきたという意味ではもちろんない。第1章で述べたように，ソーシャル・コンストラクショニズムの1つの主要な特徴は，世界のさまざまな構築はさまざまな種類の社会的行為を支持するという，事実の認識なのである。私たちの世界構築が言語に基づいている限りは，本章で論じてきたように，言語は私たちのとりうる種類の行為を下支えしているのである。これは，脱構築およびディスコース心理学の両者と矛盾しない1つの結論であると思われる。脱構築は概して，社会や文化のレベルに存在する記号とシンボルの体系としての言語に注目する。この見方の内部では，私たちの文化的に共有された世界像は，私たちが人びとを扱う仕方に対して，たいてい広範な影響をもっている。たとえば，第1章と第2章で述べたように，1つの社会として私たちは，声が聞こえるという人びとをたいてい精神病者だと言い，その後彼らの人生の多くの面に権力をもつ精神科医や心理学者に彼らを差し向ける。もしも私たちが彼らを占い師や予言者として構築するならば，私たちは代わりに，将来へのアドバイスを求めて彼らを訪れるかもしれない。ディスコース心理学者たちの状況的な言語使用への注目は，前述のフィクションの自動車の道程のように，さまざまな種類の用例を表面化させる。このシナリオにおける男が，自分は助けになるという説明を組み立てるのに成功する限りにおいて，女の方は，彼の行動に異議を唱えたり，あるいは車の中で一緒にいる時のふるまい方を変えるよう筋を通して頼んだりするのは，よりむずかしく感じることであろう。

要　約

　本章の主なねらいは，言語と思考をお互いに影響を与えうる2つの別々の現象として見るのでなく，それらは分離できないのであり，言語は私たちのあらゆる思考の基礎をなしていると提唱することであった。それは私たちに，自分の経験を区分してそれに意味を付与するカテゴリーの体系をもたらし，その結果私たちの自己でさえもが言語の所産になるのである。言語は，お互いと自分自身についての私たちの経験を，生み出して構築する。構造主義の著作家たちは，人間の経験が言語によって分割される仕方の恣意性，つまりそれは必ず別様でもありえたろうことを明らかにしてきた。どのような言語にも存在する概念カテゴリーに必然的にみちびかれるような世界や人間の特質というものは，何も存在しないのだ。しかし，言語の意味の，したがって私たちの経験とアイデンティティの，変わりやすい，一時的な，しかも議論の余地あるその特質について主張する中で，ポスト構造主義は言語を，争いの，葛藤の，そして潜在的な個人的変化や社会変動の，場とみなしてきた。ディスコース心理学者たちは，言語の行為遂行的で行為＝指向的な特質を強調してきた。彼らは，特定の目的――諸アイデンティティを形成する，自分の諸行為を正当化する，他者たちを非難する等々――に合うように，相互作用の中で説明が組み立てられる，その仕方を研究してきて，人びとはそれらの目的のために共有された文化的言語資源を利用すると論じる。したがって脱構築論者たちとディスコース心理学者たちは両者とも，言語は世界を表現するというよりむしろ構築するという見方を支持しており，さらに別々の仕方ではあるけれども，自他および諸事象を描写するやり方は，諸個人としてであれ1つの社会としてであれ，いずれにしても私たちの行為に影響を与えるという意見を支持している。

　脱構築論者たちとディスコース心理学者たちは両者とも，彼らの研究と理論的関心の注目点である言語的主題を指すのに，「ディスコース」の語を使っている。彼らはまた，書かれたり語られたりしたテクストの経験的研究への自らのアプローチを指すのに「ディスコース分析」の語を使っている。しかしなが

ら，彼らの異なる注目点のために，「ディスコース」と「ディスコース分析」の語は，それぞれの場合に異なる意味をもっている。すでに見たように，ディスコース心理学者たちにとって，「ディスコース」の語は，社会的相互作用における言語の状況的な使用を指している。しかし，より脱構築論的なアプローチをとる人たちにとっては，その意味はもっと複雑なのであって，第4章において，このディスコースの意味が含むものを略述することにしよう。さまざまなディスコース分析の形態については，第8章で扱うつもりである。

第4章

ディスコースとは何か

　前章でおおまかに説明したように，「ディスコース」の語は，ディスコース心理学者たちによって用いられるときには，状況的な言語使用の事例を指している。これは多くの場合，会話やその他の口頭の相互作用だけれども，いろいろな書かれたテクストの場合もありうるだろう。話し手や書き手にとってねらい通りの説明を築くのに言語が用いられる，その様子を考察するために，ディスコース心理学者たちは，そのような話されたり書かれたりしたテクストを分析する。そのような分析の根底にある問いは，通例は過程に関する問いであり，その目的とは，諸事象や人びとに関する一定の表現がどのようにして生み出されるのか，その様子を明らかにすることである。

　私が巨視的ソーシャル・コンストラクショニズムと呼ぶ，もっと脱構築論的なスタンスをとる人たちによって「ディスコース」の語が使用される場合は，それがいくぶん異なった意味をもち，しかもその意味は，話し手や書き手によって言語が用いられている目の前の文脈を越えて，注目点を拡大させる。ディスコース心理学は，話し手が自らの目的のために文化資源としての言語を利用する，その能力を強調するのだが，これに対して巨視的ソーシャル・コンストラクショニズムは，私たちの考えられることや言えることばかりでなく，私たちの行なえることや受ける仕打ちをも，利用可能な言語諸形式が制限するか，少なくとも強く方向づける，そのありさまを強調するのである。したがって「ディスコース」の語のそこでの使用は，言語だけではなく社会慣行をも含んでいる。第1章でおおまかに説明したように，このアプローチは，フランスの歴史学者・哲学者のミシェル・フーコーの著作によって強い影響を受けてきた

92

《ボックス 4.1》

　ミシェル・フーコー（1926-84）は，フランスの哲学者，思想史家であったが，心理学の素養もあるのだった。彼が特に関心をもっていたのは，権力と知が，社会制度を通じた一種の社会統制として用いられる様子だった。しばしばフーコーは，ポスト構造主義者あるいはポスト・モダニストと言われるが，彼自身は後に自分の著作を「モダニティの批判史」と述べるのを好んだ。彼のもっともよく知られた著作の中には『狂気の歴史』，『臨床医学の誕生』，それに『言葉と物』があるが，それらは，彼が発展させ，「知の考古学」と呼んだ，思想史分析法の用例なのである。続けて彼は，『知の考古学』，『監獄の誕生』，『性の歴史』と出版していったが，その中で，分析方法を発展させ，社会的ディスコースの展開における権力の役割を強調したのだった。フーコーは政治的にきわめて活発で，ホモセクシュアルやその他の社会的主流から排斥された集団の大義を擁護していた。彼はエイズのために 1984 年に死去した。

（ボックス 4.1 を参照）。この理由により，この分析アプローチはたいてい「フーコー派」と言われている。そのアプローチをよく採用してきた人たちは，多くはアイデンティティ，主体性，個人内および社会的な変動，権力関係といった諸問題に関心のある人たちであったし（たとえば Henriques *et al.*, 1984/ 1998; Willig, 1999a; Parker and the Bolton Discourse Network, 1999），またそのアプローチが適用されてきた分野には，母乳育児と母性（たとえば Wall, 2001），セクシュアリティと性教育（たとえば Farrelly *et al.*, 2007; Willig, 1999b），それに男性性（たとえば Norman, 2011）などがあった。本章では，このアプローチで「ディスコース」が何を意味するのかをおおまかに説明し，それが社会構造や社会慣行と深くつながっている様子を明らかにしてみたい。したがってこの観点からすれば，「ディスコース」とは，単なる「おしゃべり」やまた「言語」よりも，確かにもっとたくさんのことを意味しているのである。

「ディスコース」とは何か

　ディスコースとは，「それが語る諸対象を形成する諸慣行」（Foucault, 1972: 49）である。この明らかに循環論的な陳述は，ディスコースと私たちの住む「事物」の世界との間の関係を要約している。1つのディスコースとは，何らかの仕方でまとまって諸事象の特定のバージョンを生み出す一群の意味，メタファー，表現，イメージ，ストーリー，陳述，等々を指している。それが指しているのは，1つの事象や1人の人間，またはある種の人たちについて描かれた特定の像であり，ある観点からそれを表現する特定の仕方なのである。もしも私たちが，諸事象の多くの代替可能なバージョンが言語を通じて潜在的には利用できるという，前章でおおまかに説明した見解を受け入れるなら，このことが意味するのは次のことである。すなわち，何らかの1つの対象，事象，人間等々にまつわり，さまざまな異なるディスコースが存在し，それぞれが，当の対象について語る異なるストーリーを，その対象を世界に表現する異なった仕方を，伴っているのである。

　ディスコースの意味するところを明らかにするために，1つの例を取り上げてみよう。1つの「対象」としてのキツネ狩りは，少なくとも2つの根本的に異なるディスコースで表現されていると言えるだろう。「害獣防除としてのキツネ狩り」は，キツネの数を統制可能な範囲に抑える自然な方法として，キツネ狩りを表現していると言える。このディスコース内では，キツネ狩りは道徳に反するものではなく，結局は人間とキツネの両者にとって最もよいことであり，その長い伝統は，「十分に試験済みの」有効性を物語っていると言えよう。会話においてこのディスコースを利用する人びとは，「もしも狩りがなかったら，キツネの数は収拾がつかなくなっていただろう」とか，「キツネは農場主にとって有害で，家畜がやられて毎年数千ポンドの損失を出す」などと，語るのであろう。また，全国紙へのキツネ狩りの美点を絶賛する投書とか，年に一度のキツネ狩り狩猟会主催の舞踏会宣伝ポスターとかは，それらの発言と矛盾なく調和することであろう。

キツネ狩りのそれとはちがうディスコースには，「基本的道徳違反としてのキツネ狩り」がある。このディスコースに有利な観点からは，「動物には，人間と同じように基本的な生存権がある」とか，「動物の狩りをして殺すのは野蛮で，人間として恥ずべきことだ」などと述べることが予想されよう。また新聞や雑誌にも，犬の群れに襲われているキツネたちや，スローガンの書かれたプラカードをもつ動物権利擁護のデモ参加者たちの写真が載っているかもしれない。それらの写真もまた，たとえ話されたり書かれたりした言語ではなくとも，そのディスコースの現われであって，なぜなら，それらは同じように意味が「読解」されうるし，同じように「キツネ狩り」を表現するものと考えられるからである（語に注意喚起の引用符を付けているのは，その対象の特質には異論がある事実に注意を促すためである）。

「健康的なアウトドア・スポーツとしてのキツネ狩り」や「有閑階級の人びとの気晴らしとしてのキツネ狩り」など，使えそうな「キツネ狩り」のディスコースをさらに持ち出したい向きもあることだろう。要するに，どんな対象にもたくさんのディスコースがまつわっており，それぞれが異なった仕方でそれを表現し，あるいは「構築」しようと懸命に努力しているのである。それぞれのディスコースは，異なる側面を明るみに出し，異なる問題を検討に付し，私たちの為すべきことに異なる影響をもっている。だからディスコースは，言われたり書かれたり，またその他の方法で表現されたものを通じ，世界の現象を私たちに構築する結果をもたらすのであり，しかもそれぞれのディスコースは特定の対象をそれぞれまるで異なった特質をもつものとして描写するのだから，さまざまなディスコースはそれらの物事をさまざまな風に構築することになる。その上それぞれのディスコースは，その対象の本当の姿を述べていると主張する，つまり真実であると主張する。やがて見るように，真実と知の権利主張は重要な問題であり，アイデンティティ，権力，変化の議論の中心には，その問題が存在している。

この説明には，「意見」や「態度」といった概念への言及がまったくないことに注意していただきたい。キツネ狩りについて人びとが言いそうなことを挙げてきたが，その際，そうした発言はその人間の意見や態度から発していると言うのは，ソーシャル・コンストラクショニズムの見方とは根本的に対立する

ことであろう。「態度」は，心理学という学問内で用いられた時には，もともときわめて社会的な概念であった（ボックス4.2を参照）とはいえ，態度と意見とは，「パーソナリティ」と同類の本質主義的な概念なのである。それらは，人間の内部にある構造，すなわちその人間の構成の一部であり，その人が行なったり，考えたり，言ったりすることを決定する，あるいは少なくともそれらに大きな影響を与える，そういう構造を考えるように私たちを促す。肯定的ないし否定的な態度の存在は，人間の発言から推論されるのだが，しかしその態度自体は，直接に観察できない仮説的構造である。けれども，そのような本質は，ソーシャル・コンストラクショニズムの人間理解では受け入れられないのであって，また人びとの発言に関する説明根拠としては資格がない。人びとが発言し記述する物事の身分について，フーコー派のパースペクティブから明らかにしてみよう。すなわち，それらの物事は，人間の私的世界へのアクセス経路ではないし，それらは「信念」や「意見」と呼ばれるものの妥当な記述というわけでもなく，また気質やパーソナリティや態度などの何らかの内的で本質的な状態の現われととらえることもできない。それらは，ディスコースの現われなのであり，諸事象の表現の社会生活の領域への現出なのである。それらは，その起源を，人間の私的経験にもつのではなく，それらの人びとの住むディスコース的文化にもっている。

　したがって，人びとが言ったり書いたりする物事は，ディスコースの諸事例として，特定のディスコースが他ならぬこの仕方で事象を構築する機会の与えられた場合として，考えることができる。スピーチや文書の抜粋は，それらが当該の対象の同じ一般的な姿を描いている限り，同一のディスコースに属するといえる。もちろん，同一の語，フレーズ，絵，言い回し等々は，多くの異なるディスコースの中に現われるかもしれないが，そのたびごとにかなり異なるディスコースに寄与しているわけである。キツネ狩りの例に戻れば，「害獣への感傷は見当ちがいである」という言葉は，「十分に試験済みの害獣防除としての狩猟」ディスコースの一部として，あるいは「有閑階級の人びとの気晴らしとしての狩猟」ディスコースの一部として，現われることであろう。語や文は，それ自体では，いかなる特定のディスコースに属することもない。じっさい，私たちの言うことの意味は，ディスコース的文脈によって，つまり私たち

96

《ボックス 4.2》

　「態度」の語の常識的理解は，主流派心理学のモデルと同様に，傾向性モデルである。つまり，態度とは心理的諸特性であり，内的な精神状態であって，それが私たちの中に，それらと調和的な仕方でふるまう傾向性を生み出すのである。だから，たとえば，もしも私たちが健康的な食事に肯定的な態度をもっているのなら，たぶん私たちは健康的な食事の慣行を採用するであろう。

　しかしながら，歴史的に見れば「態度」の語は，いくぶん今日の「ポーズ」の語にも似て，物体や身体の空間的定位を記述するのに用いられた。ところが社会科学においては，20世紀の初めから「社会的態度」の形で，社会学で広く用いられたのである。この言葉は，社会学者であるトマスとズナニエツキの研究『欧米におけるポーランド農民』（Thomas,W.I. and Znaniecki, F. *The Polish Peasant in Europe and America*. 1918-20）と特に結びつけて考えられている。これは，外国からの移住に関する重大な国民的論争の背景の中での，ポーランド移民に関する研究であった。

　トマスにとって，態度は，人びとによって内面化されてきた，つまり1つの社会集団の成員たちによって共有されているという意味だが，そういう社会的諸価値のことを表していた。『ポーランド農民』は，ポーランドの農村からの移民たちの価値と都市のアメリカ人たちの価値が矛盾していることを明らかにした。つまり，社会的態度は人びとの集団全体の特徴であったので，それらをその他の集団から区別するのに役だつのである。フレーザー（Fraser,1994）やファー（Farr,1994）によれば，個人差を扱うようになった心理学の大部分は，社会心理学者のフロイド・H・オルポートとゴードン・W・オルポートの研究の結果とみなされるであろう。ゴードン・オルポート（Gordon Allport, 1935）は，態度の概念を，その社会的，集団的な特徴を除去することによって心理学化したのだが，その結果態度は，社会集団間の区別をするのでなく，個人間の区別をする観点と考えられるようになった。

　しかしながら，ソーシャル・コンストラクショニズムの中には，個人別

の特徴よりもその社会的および関係的な特徴に注目して「態度」の概念を使う著者たちもいることには注意が必要である（たとえば Billig, 1987; Pyysiäinen, 2010)。この章で考察した言語とその世界への関係についてのコンストラクショニズムの議論に沿って，「態度」のようなアカデミックな概念は，しばしば論争を招き，異議が唱えられるのである。

の語が埋め込まれている一般的な概念枠組みによって，かなりの程度は決まるのである。この意味で，1つのディスコースは，一種の準拠枠，私たちの発話が解釈される概念的背景と考えることができる。そこで，ディスコースと人びとがじっさいに言ったり書いたりする物事との間には，相互的な関係があるのであって，つまりディスコースは，人びとが発言し記述する物事に姿を現わすのだが，その人びとが発言し記述する物事もまた，それらが現出するディスコース的文脈によってその意味が決まるのである。

　ある対象についてのディスコースとは，テクストの中に姿を現わすと言われる——たとえば会話やインタビューなどの発話の中，小説や新聞記事や手紙といった筆記情報の中，雑誌広告や映画のような視覚映像の中，誰かある人が身に着けている衣服や髪形に符号化されている意味の中にすら，それは姿を現わすと言われる。じっさい，意味を「読解」しうるものなら何であれ，1つまたはそれ以上のディスコースの現われであると考えられるし，だから「テクスト」と言われうるのである。建物は，市庁舎や産業革命の工場のように，市民の誇りを「語る」のかもしれず，あるいは地域特有の建造物を求める近年の傾向のように，過去への憧憬を「語る」のかもしれない。衣服やユニフォームは，階級の位置や地位やジェンダーや年齢やサブカルチャーを示しているのかもしれず，したがってテクストと言うことができる。意味を免れている人間生活の側面など実質的にないことを考え合わせると，私たちの周りのあらゆるものはテクスト的であると考えられるし，「テクストとしての生活」は，ここでは根底的なメタファーであると言えよう。この節の導入に使った引用文に戻れば，ディスコースとは，次のことである。すなわち，

「それらが語る対象を形成する諸慣行」。だから諸対象および諸事象は，ディスコースにおけるそれらの表現を通じ，意味に満ちた存在として生まれてくること，これはもはや明らかであるにちがいない。これが，「テクストの外には何も存在しない」という主張の意味なのである。

(Derrida, 1976: 158)

　この主張をする場合，ソーシャル・コンストラクショニズム論者たちは，物質世界の存在を否定しているのではなく，私たちの周囲の事物の世界との関わりは，ディスコースがそれら事物に付与する意味によって決まってくることを指摘しているのである。

　ディスコースはトピックを構築すると，フーコーは言う。それは，私たちの知の諸対象を規定し，生み出すのである。それは，1つのトピックが有意味に語られ，論じられる場合の，その仕方を決定する。それはまた，どのようにして諸観念が，実行に移され，他者の行為を統制するのに用いられるか，そのありさまに影響を及ぼす。

(Hall, 2001: 72)

ディスコース，知，権力

　もしもディスコースが，世界に関する私たちの知，すなわち諸事物や諸事象に関する私たちの共通理解を統制しているのだとすると，そしてもしもそれらの共通理解が私たちの社会慣行に影響を与えているのだとすると，ディスコースと知と権力の間には密接な関係のあることが明らかになる。この関係に，フーコーは主として関心があった。彼の主要な考え方は，社会心理学にポスト構造主義の考え方を取り入れたいと望む多くの著者たちによって，たいへん熱狂的に取り上げられてきたので，以下それを具体的に敷衍して見てみるだけの価値はあるのである。知と権力との間の関係についての常識的理解とは，知が人間の権力を増大させるという理解である。たとえば，高等教育により与えられた

知を獲得することによって，人間は，よい仕事，よい収入，高い地位への機会が増大する。しかし，知と権力との間の関係についてのフーコーの理解は，次に見るように，これとはまったく異なっている。

諸事象，人びと，社会現象等々は，種々の可能的な構築や表現の影響を受けやすいという見方を，世界に関するディスコース分析は提出するわけだが，そのありさまについてはすでに詳しく述べてきた。さまざまな構築の中には，常識と見られたり，他よりも真実であると見られたりしがちな，その傾向の強いものがあるが，しかしこれは，特定の文化により，歴史上いつの時点かにより，またその社会の構造により，大きく変わるものと考えられる。たとえば，今日の欧米社会では，科学や医学によってもたらされる自然事象のバージョンが，宗教や魔術や迷信のもたらすそれよりも大きな信頼を得て，真理の刻印を得ることは，ごく普通のことである。しかしながらこれは，確かにいつの時代でもそうであったわけではないし，また世界中のあらゆる文化に当てはまるわけでもない。数百年前には悪霊に取りつかれた証拠とみなされていた行動は，今日では精神疾患と考えられている。念力作用や読心術のような現象の十分な説明を科学者たちが提出できなかった場合でも，それらの物事には，時間さえあれば科学が見出すであろう隠れた合理的説明があるのだと，たいていは考えられる。したがって，私たちが知と呼ぶもののじっさい示しているのは，私たちの社会で真理の刻印を受けてきた，1つの現象の特定の構築ないしバージョンなのである。科学のディスコースの範囲内ですら，たとえば健康に良い食事や十分な子育てや病気の予防に関して，私たちの真理とみなすものは短時間の間に著しく変化してきたし，そのような変化を，単純に医学の進歩の結果として見ることはできないのだ。

フーコーにとっては，知，すなわちいつであれ1つの文化に広く行きわたっている特定の常識的な世界観は，権力と深く結びついている。1つの事象のどんなバージョンであれ，それは社会慣行への発展可能性を，すなわち他ならぬ1つの仕方で行為し，別の行為の仕方を周辺的な地位に追いやる可能性だが，それをもたらすのだ。前述の例では，「悪霊」は「追い払う」ことができるが，しかし「精神疾患」は精神科病院での「治療」を要することであろう。1人の人間がもう1人の人に対して，どんな権利と義務の下に，何を行なうことがで

きるかは，諸事象の，現在の知と考えられているバージョンによってもたらされる。したがって，特定の仕方で作用し，資源を要求し，統制したりされたりする権力とは，1つの社会に現在流布している知によって決まってくるのである。私たちは，自分の行為を許容的に見て表現してくれるディスコースを利用することによって，権力を行使できる。だからフーコーは権力を，ある人びとは持っているが他の人びとは持っていないという，何らかの所有の形態としてではなく，ディスコースの影響として見るのである。あなたが望むように物事をさせてくれる仕方で世界や人間を定義すること，これが権力を行使するということである。あるものを特定の仕方で定義ないし表現する場合，私たちは，権力をもたらす特定の種類の知を生み出している。だから，狂気の人びとと正気の人びとという観点から世界を解釈し，それによってある特定の知を生み出すことは，それらのグループ間に権力の不均衡をもたらす。

　1つの物事をめぐっていくつかのディスコースが常に存在し，それぞれが代替する見方を提出して，それぞれ異なる行為の可能性をもたらすのだとすると，支配的または一般的なディスコース，あるいは常識は，絶えず論争や抵抗に遭いやすいことになる。フーコーにとって，権力と抵抗とは，同じコインの裏表である。1つのディスコースに潜在する権力は，他のディスコースに潜在する抵抗によって，初めて明らかになる。もしも権力とは，ディスコースを利用して行使するものであるのならば，このフーコーの権力の見方は，次のような考え方とは確かに何の共通点もない。すなわち，権力がはっきりと見えるのは，1人の人間が別の人間にしてほしいと思うことを無理やりさせることができる場合，つまり抵抗が克服される場合である，という考え方とは。サヴィツキ（Sawicki, 1991）はフーコーの見方を詳しく述べながら，抑圧と，力に訴える必要とは，むしろ権力の欠如の証拠と考えられるべきであって，抑圧とは，権力が限界に達したときに用いられるものだと指摘する。

規律的権力

　したがってフーコーは，権力を本質的に抑圧的な力ととらえる見方を拒否し，

その代わりにそれを，それが生産的であるとき，それが知を生み出すとき，最大の効果を発揮するものと見る。特に，過去数百年ほどにわたって，私たちは多くの制度的，文化的慣行の発生を目の当たりにしてきたが，それら諸慣行の結果として，今日知られている個人が生まれてきたと，彼は考える。たとえば人口の増加，農業経済から工業経済への変化などのような，社会の特質の変化は，人間についてのある種のディスコースないし知をひときわ優越させる社会慣行をもたらした。それらのディスコースが，現在の欧米の産業社会の個人，すなわち欲動やモチベーションが内在していて，性格上の特性や特徴に取りつかれ，しかも自分で自由に選んだ行為も良心に監視されている，そういう人間を生み出したのである。それにこれらの知は，彼の言う「規律的権力」を通じて，社会とそのメンバーを能率的に，力に頼ることなくコントロールするという点で，きわめて強力である。

　フーコー（Foucault, 1976）は，これがどのように生じたのかを明らかにする。18 世紀には，人びとの数の増加と，その結果の公衆衛生，住宅状況等々の問題のために，「人口」の概念が現われはじめたとフーコーは論じる。そのときまで，君主の支配下に暮らす人たちは，「人びと」あるいは「忠臣たち」と考えられたのであろうが，しかし人口を有する国家というイメージは，異なる影響をもっていた。「人口」は，その国家の労働力，その組織，そしてそれが生み出しうる富の，その評価をもたらす。それは，人口増加と，その増加に応じて必要とされる資源に関する諸問題を提起するのである。要するに，人口の概念は，国家の住民たちを概念化する比較的洗練された方法であったのだが，それとともに管理と統制の問題をもたらしたのである。フーコーは，身体，特にセクシュアリティを，権力関係の重要な場であると見て，このことが生まれてきた様子を次のように記述する。

　　この経済的および政治的な人口の問題の核心には，性があった。つまり，次のようなことを分析する必要があったのである。出生率，結婚年齢，嫡出と非嫡出，性的関係の早熟と頻度，それを多産化または不妊化する方法，独身生活あるいはその禁止令の影響……。事は，金持ち，独身者，それに道楽者の，不毛な放蕩についての決まりきった慨嘆から，全住民の性的行

為が分析対象であると同時に，介入の標的でもあると考えるディスコース
にまで至ったのである。

(Foucault, 1976: 25-6)

　言葉を換えれば，性は，国家にとって強い関心のある分野となった。国家ない
いし教会の，権限ある立場にいる人たちは，取調官の役割を負って，監督下の
男女に性行為についての告白を強要する権力をもった。フーコーの分析につい
て，ここで興味深い点の1つは，「性的倒錯」，「変態行為」，「性的不道徳」と
いう考え方が，この時点で初めて可能になったことである。どんな行為が許容
され，何が許容されないかを言う権力によって，必然的に正常という考え方が
生まれてきた。全住民の性的行動を精査し，彼らの性的「罪」を告白するよう
人びとを促すそのやり方は，人びとがこの過程を内面化しはじめたとき，強力
な社会統制の形式に発展したのである。このようにして人びとは，自分自身の
行動を精査し，自分自身の正常さについて問いかけ，その結果に応じてしかる
べく自分自身の行動を調整するよう促されているのだった。取調官の権力，つ
まり反省と告白を促す権力は，特に医療専門家や精神科医のような，今日の権
威の担い手たちに今では引き継がれている。精神分析などの方法は，セクシュ
アリティを，自己認識への鍵と見る。それらは，パーソナリティや関係の問題
を私たちが解決するために，自分のセクシュアリティの本質を見出す必要があ
ると，信じるように促す。このようにして私生活は心理学的に分析され，した
がって専門家の介入の標的になるのである。

　フーコーは，19世紀のセクシュアリティに関する，私たちの通例の理解を
完全に逆転させる。今日の性の解放への志向は，昔の性の抑圧への反動，すな
わち社会生活で性が語られたり，その他の方法であからさまに表現されたりす
ることがなかった時代への反動だと，一般に考えられている。その時代は，性
について沈黙がゆきわたっていた時代と，ふつう考えられているのだ。フーコー
は，この「抑圧の仮説」を神話とみなす。それどころか，19世紀にはセクシュ
アリティのディスコースが，爆発的に増加したと言うのだ。それまでには，性
がそれほどまでに精査され，分類され，理論化され，統制されることは決して
なかった。上流社会で性が口にされなかった事実は，この時代セクシュアリティ

が急速に，さまざまな面でディスコース的に構築されていった事実を変えるものではない。たとえば，家具の脚にカバーをする習わしは，セクシュアリティが強烈で，しかも恥ずべき力であることを雄弁に物語っていた。

この観点からすると，19世紀の性科学の文献の急増とは，セクシュアリティについての知の増大というより，むしろ全住民がカテゴライズされ統制される，その分類や区分の激増と見られるのである。それにまた，監視と標準化へ向かうそのような運動が起こったのは，セクシュアリティの領域だけではなかった。精神医学は正気／狂気のカテゴリーを展開し，後にはこれをおびただしく多様な異常性（精神病，神経症，躁鬱病，統合失調症，等々）へと拡張した。犯罪学の発展は，犯罪行為を「犯罪者たち」の研究へ，つまり犯罪行動への先有傾向を持つある種の人びとの研究へと大きく変えた。社会統制の方法としての監視の権力は，フーコー（Foucault, 1979）によると，ベンサムのパノプティコン〔＝一望監視施設〕によって典型的に表されている。これは19世紀の発明であったが，そこでは刑務所の房が中央の監視塔を取り巻いて配置されているのだった。この監視塔の部屋からは，監督者は，警戒を怠ることなく収容者を監視し続けられる。房の中では，見られていないと確信できる囚人などいないのであって，そこで彼らはだんだんと，自分自身の行動を監視しはじめるのだった。ここでのフーコーの論点は，次のとおりである。すなわち，ちょうど懺悔をするときのように，監視の行為は，監視されている人たち，しかも原則的にこれは社会のあらゆる成員のことなのだが，その監視されている人たちによって内面化されるようになったのである。人びとは，流布している正常性の基準に従って，自分自身の行動をモニターし，コントロールするようになった。これは本質的に，私たちが今日「自己＝規律」と呼ぶものにほかならない。サループ（Sarup, 1993）は，フーコーの考え方についてのきわめて明快で読みやすい簡潔な説明の中で，パノプティコンを，キリスト教の神の全知だけではなく，高度資本主義における諸個人のコンピュータ・モニタリングとも比較して，それらの類似している諸点を明らかにしている。したがってフーコーは，欧米の社会が管理され統制される，その仕方に，根本的な変化があったと考える。これは，君主が一般民衆を罰し，強制し，殺す権力によって彼らを統制する「君主の権力」から離れて，自分自身を他者の，とりわけ専門家の精査に，そして

自分自身の自己精査に自発的に付することによって，人びとがしつけられ統制される「規律的権力」へと向かう変化であった。そのような規律的権力の方が，はるかに事実上効率的な統制形式であると，彼は考える。監視カメラの広範囲にわたる利用や，携帯電話やソーシャル・メディア・サイトを通じた人びとについての情報やイメージの流布を含めて，20世紀および21世紀におけるテクノロジーの進歩は，今や「監視社会」に住んでいるのではないかという懸念を私たちに抱かせてきた（たとえば Kingsley, 2008）。

　この背景の中で見てみれば，心理学自体の地位もきわめて疑わしいものとなる。この観点からすると，心理学の営みは，人間について発見された知がその生活改善のために使われる解放プロジェクトの1つとは見なされずに，社会統制機構の中のもう1つの歯車と見られるのである。じっさい「サイ複合体（psy-complex）」（たとえば Ingleby, 1985; Parker, 2011; Rose,1985）という言葉が，現代社会での人びとの監視と規制で中心的役割を演じている心理学，心理療法，精神医学などの，「サイ」の接頭辞をもつすべての活動や専門家を示すのに造語されてきた。監視の行為は，人びとに関する情報を必要としている。その場合にこの情報は，健全な，もしくは倫理的に許容しうる行動の規範を確立するために用いることができるのであって，それと比較して誰もが評価され，あるいは自分自身で評価するのである。心理学の歴史は，そのような所産であふれている。すなわち，知能検査，パーソナリティ検査，男性性・女性性・両性具有性検査，児童発達検査，態度および信念の測定，等々。フーコー派の観点からすると，私たち自身に関するこの情報とはすべて，人びとの統制に使える知の成果ということになるのだが，一方ではあたかもそれが自分のためであるかのように見せかけられ，しかもそこには，そのような知に権威を与える「科学」の刻印が付されているのである。ローズ（Rose, 1990）は，社会科学としての心理学の出現についてフーコー流の分析を企て，近代の規律的権力の形態の中には心理学が潜在していた様子を明らかにしたし，パーカー（Parker, 1998b; Parker *et al.*, 1995）は，心理療法と精神病理学に関する批判的な脱構築を展開したのだった。

規律的権力の不可視性

　前節で提起された重要な論点の1つは，次のような考え方である。それはすなわち，人びとの自分自身とその生活の日々の経験，つまりその主体性の日々の経験に，枠組みをもたらすディスコースは，社会統制の役に立つという考え方である。しかしながら，この過程それ自体は，私たちには認識できない。つまり，合理的に考えて，もしも自分自身が統制されていることを本当に分かっているなら，人びとはそれに我慢できないはずだという議論である。この点をフーコーは，権力の働きの本質的な側面と見ていた。すなわち「権力は，それが自らの本質的な部分を隠すという条件で，はじめて耐えることができる。その成功は，自らのメカニズムを覆い隠す，その能力に比例するのである」(Foucault, 1976: 86)。だから，ディスコースは，人びとが自他の経験や行動を理解するときの背景の枠組みを提供し，それと同時にまたそれは，世間にはたらく権力関係を覆いかくすように，社会構造や社会慣行と結びついていると見ることができる。これがいったいどんなことであるのかを見るのに，1つの例を取り上げてみよう。

　「ロマンティック・ラブ」のディスコースには，私たち誰もが影響を受けている。真実の愛の，清新な愛の，不倫の愛の，一目ぼれの，そして片思いの，映画とテレビのイメージに私たちは取り囲まれている。歌手はそれをうたい，雑誌はそれについての手紙を載せ，そして私たち各人は時に，今恋を「して」いるのか，これまでもそうだったのか，これからもずっとそうなのか，と自問してきた。私たちの思考や情動や行動をフォーマットする1つのやり方として，ロマンティック・ラブのディスコースは，確かに現代社会にもっとも広く行きわたったそれであるには違いない。このディスコースのイメージと前提は何か，それは何を語るのか。第一にそれは，それが人間の自然な特徴であると言い，しかもそれが（ほとんどもっぱら異性愛の）絆の作用をもつものであると言う。愛とは，男と女の性的関係を強める情動的な接着剤なのだと思われる。もしも私たちが本当に誰かを愛しているなら，それはその人とその幸福を気にかけ，ある程度その幸福に責任をもつことを意味している。それはまた，性的サービスがその関係の一部をなすと考えられるであろうし，しかもそれは惜し

みなく与えられることを意味している。第二に，愛は結婚と家庭生活の基礎であり，また結婚は，ロマンティックな親和関係の，自然でふさわしい最高到達点と見られている。興味深いことに，欧米社会で愛のみが結婚の不可欠の要素とみられるようになったのは，つい最近，20世紀はじめのことであった（Coontz, 2005）。したがって恋に落ちることは，男女がお互いとその家族の幸福に責任をもつ思いやりある性的関係，すなわち結婚の，その前触れと考えられている（愛に関するソーシャル・コンストラクショニズムの分析については，以下を参照。Averill, 1985; Beall and Sternberg, 1995）。

　しかしながら，ディスコースとしての「ロマンティック・ラブ」，「結婚」，それに「家族というもの」とは，暮らしについての話し方であり，その暮らしを構築し，それをじっさいに生き，それを想像する仕方なのだが，それらは不当な社会制度を覆い隠していると見られるかもしれない。言葉を換えれば，必ずしも自分のためにはならないが，社会で相対的に権力ある集団のためにはなる，そういう生活の形態に私たちは溶け込んでいるのかもしれないのであって，というのも，経験を組み立てるのに利用可能なディスコースとは，私たちの同意を得ているものだからである。もちろん，ロマンティック・ラブなどの観念への批判を真っ先に展開した人たちの中には，フェミニストたちがいたのだが，彼らは必ずしもソーシャル・コンストラクショニズム論者を自称してはいない。マルクス主義の観点からすると，結婚や，家族というものは，資本主義経済の維持に決定的な役割を演じている。労働者である男たちは，その労働力を売るつもりで，マーケットに毎日姿を見せられることがきわめて重要である。彼らは食物をとり衣服を身にまとう必要があるし，健康に留意をして，子どもたちを学校や歯医者に連れて行ったり買い物をしたりなどの他の家族的責務から解放されている必要がある。したがって女たちは，この日々の労働力の再生産において，また子どもたちが次には労働者になるであろうという形での，世代から世代へのその再生において，中心的役割を演じる。しかし，女たちがこれらのサービスを無料で提供することもまた，重要な点である。もしも女たちが結婚せず，子どもをもたず，その思いやりのある性的サービスを無料で提供しなかったら，料理，洗濯，育児，等々の諸活動は，給料袋で雇用主から賃金が支払われねばならないことだろう。1人の男には，自分自身だけでなく扶養すべ

き妻や子どもたちをも養うのに十分なだけの賃金が支払われるべきであるという，家族賃金の考え方は，夫や家族への無料サービスの提供者という女たちの立場を正当化するのにさらに効果がある。しかし，もしも一群の男女に，人びとはなぜ結婚すると思うか，結婚とはどんなものだと思うか，尋ねるとすると，これらの考え方が彼らの説明の中心をなすことはありそうにない。ロマンティック・ラブのディスコースは，この経済的な制度を，個人的で情動的な理由から自由に結びついた相互に有益で思いやりある関係という物語（ナラティブ）に作り直すのに役立つのである。男たちと女たちが結婚するのは，彼らが愛し合っているからであり，女たちがその夫と家族の世話をするのは，彼らを愛しているからである，と。

　事実上，ここで私たちの手には，結婚と家族というものについて語る，相対立するストーリー——「ロマンティック・ラブ／結婚／家族」グループのディスコースと「マルクス主義のディスコース」——をもつ2つの説明，2つの異なる構築があり，そして常識とされているのは，事柄の前者のバージョンにほかならない。フーコーの観点から言えば，女たちには快く無料サービスを提供するように説き伏せ，また男たちには受け取る賃金が自分のなした仕事への正当な対価だと説得する上で，それらのディスコースを通じて行使された権力がそれほどに成功しているのは，愛や結婚や家庭生活のディスコースが権力の働きを広く隠しおおせてきたからなのである。

ディスコース，社会構造，社会慣行

　ディスコースは，私たちのできることや，すべきことに影響をもたらす。広くゆきわたっている女らしさのディスコースはたいてい女たちを，たとえば慈愛に満ち，自然に近く，情動的で，ホルモンが有害に作用し，感情移入的で，傷つきやすいと構築する。ここから，次のようなアドバイスまでは，ほんの一歩でしかあるまい。すなわち，女たちは幼い子どもたちの世話をする能力が格別にあるのだからそれをすべきであるとか，彼女たちにはトップ・マネジメントなどの責任ある地位の仕事は不向きだし，また夜1人で歩いて家に帰ったり

ヒッチハイクをしたりする潜在的に危険な活動は避けるべきだ，など。個人というものについての広くゆきわたっているディスコースは，モチベーション，才能，知性，決断力，等々の点でそれぞれ生まれつき異なる，分離したバラバラの単体という人間像を描き出し，したがって，市場経済の中では，各人の生来の才能に応じて競争と野心が適者生存を生み出すのである。しかし，女らしさや個人というもののそれら特定のバージョンは，なぜそのようにも広い範囲にわたる人気と支持を得ているのか。人びとや諸現象を表現するあるバージョンやある仕方が真実と思われ，他のそれがフィクションと思われるのはなぜか。

　ディスコースとは，単に抽象的な観念，いわば現実世界のはるか上空に風船のように浮かぶものについて語り，表現するやり方ではない。ディスコースは，制度的な社会慣行と密接に結びついているのであって，しかもそれら慣行は多大な影響を，私たちがじっさいに生活をするありさまに及ぼし，私たちの行なえることや受ける仕打ちに及ぼすのである。たとえば，生物医学のディスコース内の「患者」として私たちの身体は，医師と看護師により，医療の活動や制度の一環として正当に露出され，侵襲されうると，そうウィリグ（Willig, 2001）は指摘する。私たちの社会は資本主義経済であり，そこには法，教育，結婚，家族というもの，それに教会などのような諸制度がある。それらの物事は，私たち各人の日々の生活を整えて実質を与えている。それらが私たちに，身分や地位をもたらす。つまり，資本主義経済が私たちを「労働者」，「雇用主」，あるいは「失業者」にするのである。結婚といわゆる家族の諸制度では，人びとは既婚か，独身か，離婚しているのであり，また彼らは母親か，父親か，あるいは子どもがいないことになる。教育制度は，「学歴のある人びと」と「学歴のない人びと」などをもたらす。社会を構造化するそれらの仕方はいずれも，人びとの行なうことによって，すなわち社会慣行によって，日々実行に移されている。資本主義は，労働者が「タイムレコーダーで出勤時刻」を打刻したり，給料や失業給付を受け取ったりするたびに，実行されている。教育は，子どもたちが教室で着席したりサボったりするとき，実行されている。家族というものは，母親たちが，夫と子どもたちのために夕食を調理するときや，病気の子どもの面倒を見るために仕事を休むとき，実行に移されている。それらの社会構造や社会慣行はすべて，社会保障体系や教会の諸規則などの，法律およびそ

の他の国家管理によって，さまざまに保証され奨励されている。労働者と雇用主との間の適法契約は，タイムレコーダーでの出勤時刻の打刻や給料の受取りという慣行を保証している。もしも子どもたちが学校に通わなければ，法律は両親を罰することができる。保育についての公的給付の不足や託児設備の不足は，子どもを抱えながらも外で働くことを希望する多くの女たちが，外で働けないことを意味し，また他方，子どもを抱えて家にいるのを好む女たちの中には，外で働くより仕方がない人も出てくることを意味する。

　ディスコースは，日々社会の中でじっさいに生きられている構造や慣行と密接に結びついており，あるディスコースは真理の刻印を受け，他は受けないのは，相対的に権力ある集団の利益にかなうことなのである。もしも，女たちに比べて男たちが，まだ社会の中でより権力ある位置にいることを私たちが認めるなら，広くゆきわたっている女らしさのディスコースは，この権力不平等を維持する効果があると言えよう。「実力主義としての教育」や「適者生存」としての出世などのディスコースは，教育と資本主義を公平で平等主義的な諸制度と表現することによって，相対的に権力ある中流階級の，より大きな富と機会を正当化する効果がある。これに対して，教育と資本主義を社会統制と搾取のシステムとして表現するディスコースは，常識的真理として広く受け入れられる可能性が低いのであろう。

　しかしながらこの点で，2つの警告が発せられる。第一に，広くゆきわたっているディスコースはその支配的な地位が永遠に保証されているとか，他の競合するディスコースが「支配権取得^{テイク・オーバー・ビッド}」をうまく成し遂げられないとかの結論に至ることは，用心しなくてはならない。たとえば，20世紀には，女らしさの新しいディスコースが徐々に現われてきたし，もっと最近には，男らしさのそれが現われてきて，それらはますます支持を得つつある。女たちや男たちについて何が言えるか，あるいはストーリー，イメージなどの中で彼らをどのように描けるか，これは変化しつつあり，しかもそれらの変化は，社会が組織されているありさまの変化と密接に関わっている。たとえば，有給の仕事，したがってある程度の経済的自立，これは1世紀前よりも女たちにとって入手しやすくなっているし，伝統的な核家族は，もはや支配的な家族形態ではないのだ。第二に，ディスコースは，特定の政治的な構造と単純に対応しているわけでは

ない。慈愛に満ち，自然に近く，共感的という女のバージョンは，女らしい存在の仕方の優越を求めているフェミニストたちによってもまた使われているし，狂気の観念への批判は，財政上の理由から精神病院を閉鎖して心もとない「コミュニティ・ケア」で代用したらいいと考える人たちばかりでなく，反＝精神医学の運動によってもまた同時に用いられているのである。

　そのうえ，権力は一方通行路ではない。1つのディスコースは，それを使おうとする人たちに，複雑な権力の影響をもたらす。たとえばホルウェイ（Hollway, 1981, 1998）は，彼女が「男の性的欲動ディスコース」と呼ぶものを特定する。これは，男のセクシュアリティについての表現の1つの体系，つまりそれについて語ったり考えたりする仕方であり，それが広くゆきわたった常識的な見方を構成しているのである。それは男のセクシュアリティを，強烈な生物的欲動の現われとして構築する。したがって男たちは，とても無視できない，しかも満たされねばならない，セックスへの基本的欲求をもつものと考えられる。レイプする男たちは，その想定された打ち消しがたい性的要求が認められて，裁判所によって同情的に扱われるのがごく普通のことであった。したがって，何ら罰せられることなく女を暴行するかもしれない男たち，あるいはレイプの広くゆきわたった脅威が一般に女たちに及ぼす抑圧的影響により恩恵を受けるかもしれない男たち，そういう男たちにとって，男の性的欲動ディスコースは潜在的な権力の源泉と考えられるのである。男の性的欲動ディスコースは，生物的衝動に駆られた男のセクシュアリティを構築するだけでなく，それを発動させる可能性を秘めた引き金<ruby>引き金<rt>トリガー</rt></ruby>として，女たちを描き出す。その結果，挑発的に装っていたと考えられるレイプ被害者は，暴行を引き起こすものと見られてきた。しかしこのディスコース自体は，それによって女たちにある程度の権力を与えてもいる。つまり，女たちは，男たちの欲望を引き出す権力をもち，したがって男たちにとって潜在的な危険の源泉なのである。性的欲動が喚起された男というものは，暴走する列車に乗っている心地がするのかもしれない。切迫した欲望の引き金<rt>トリガー</rt>を引く権力をもち，彼を満足させたりさせなかったりする権力をももつ魅力的な女を目の前にして，彼の平生の自制心は驚くほど消えてなくなるのかもしれない。この特定のディスコースが，女たちよりも男たちに比較的多くの権力を与えていることは依然として事実かもしれないが，

しかしその例は，権力が決して絶対的なものでないことを示す役には立つのである。

フーコーは確かに，特定のディスコースや知が出現し目立つようになるのは，権力ある集団の意図的な策謀の結果であるとは考えていないのであって，この点に注意することは大切である。言ってみれば，権力ある人びとは，自分たちの目的に役立つディスコースを考え出し，それからそれを広めるわけではない。むしろ，現実の社会的な生活状況が，他ならぬある種の表現の形成と維持に適した文化をもたらしていると考えられるのであって，しかもそれらの表現の影響は，一見して明らかな影響とか意図された影響ではないかもしれないのである。それにもかかわらず，ひとたび1つのディスコースが文化的に利用できるようになると，そこでは相対的に権力あるもののためにそれを用いることが可能となる。その場合わたしたちは歴史的に，1つのディスコースが文化へ出現してきたその跡をたどり，それの温床をもたらした社会的，自然的，経済的変化を明らかにしようと試みることはできるのだが，しかしそれらを因果関係で結びつけないように注意する必要がある。フーコーは，一定の社会条件が必然的に特定のディスコースを生み出すと捉えることに対して，警告を与えていた。いつであれ，特定のディスコースが現れてきた様子を振り返って調べることはできるが，しかし未来をのぞいて，未来のある種の社会が人間生活に関する何らかの特定のディスコースを伴うであろうと主張することはできないのである。したがって彼は，よりよい社会を生み出す可能性が高いという前提の上で，他ならぬあるディスコースを熱心に勧めることには反対した。ディスコースの流用の可能性はまったく予測できないもので，その可能的な将来の影響には際限がないと，彼は見ていた。政治的ないし倫理的な，いかなる全称判断を下すことも彼は拒んだが，それはある程度，歴史的見地から，より良い変化と思えたものが時に望ましくない結果をもたらしたことを彼が見ていたからであった。したがって彼の最大の目標は，彼が「知の考古学」(Foucault, 1972)と呼ぶものであって，それはあるディスコースや知が現れることを可能にした諸条件を，歴史をさかのぼって明らかにする作業を必ず含むのであった。もしも私たちが自分を理解する現在のやり方の起源を理解できるなら，私たちはその正当性を疑いはじめ，それに抵抗をはじめられるだろう，というのが彼の主張であった。

そうする中で，彼はまた，以前には社会的に無視されていたディスコースを前面に押し出し，広くゆきわたった知の中でその人生の話には耳も傾けられなかった人たち——つまり，精神病者，犯罪者，異常者，無力者——に発言権を与えることを目指している。私たちは自分自身や自分の人生を，広くゆきわたった知によって理解しているわけだが，その広くゆきわたった知の正当性に異議を唱えるためには，それらの社会的に無視されていた発言とディスコースが，私たち全員にとっての抵抗の重要な源泉と見られるのである。

要　約

　私たちが世界を一定の仕方で見ることができるのは，諸ディスコースのおかげである。それらディスコースは，世界についての知を生み出す。もしも私たちが知を，真理の刻印を受けてきた，物事の1つの可能的な説明であると考えるならば，このバージョンが世の中で特定の行為をする機会をもたらすという点で，それは権力的な意味をもつ。したがってフーコーにとって，知と権力とは，1つのペアとして，いつも相伴うものである。知があるところに，権力はあるのだ。その二者は，しばしば「権力／知」と記されたり，「権力／知のカップル」と言われたりするほどにも，不可分なのである。比較的最近になって，「君主の権力」から「規律的権力」への移行があったのだが，後者においては，全住民が自分のセルフ・モニタリングの過程を通じて事実上コントロールされていると，フーコーは論じる。この種の権力は，人びとがその過程を自発的に始めるために，たいへん効率がいいのである。したがってそれは，自分のセルフ・モニタリングや監視は自分の選択であり自分自身のためと信じているので，人びとは自分がコントロールされていることに気づかない，という前提に基づいている。心理学自体はここに関係しているのであって，というのも心理学は人びとを査定しカテゴライズするさまざまな方法を提供してきたが，それは後には，常識ある健全な人間という規範を生み出すのに使えるからである。
　このように概念化すれば，権力とは，どんな人間や集団の所有物でもないのであって，理論的には誰でもディスコースを通じて行使できる何かなのである。

つまり，権力は至るところに存するのだから，中流階級や男たちや国家というものなど，特定の人びとの集団や制度の中に権力が存すると見ないように，私たちは用心すべきである。したがってフーコーは，権力が資本主義の雇用主の手にあると見るマルクス主義とは，まったく対立していた。その種の広範囲に及ぶ一般化をする場合，人びととその諸状況との間にあるきわめて多様な差異と，彼らが巻き込まれている多くのさまざまな種類の権力関係とを，私たちは覆い隠してしまいがちであるというのが彼の主張であった。つまり私たちは，彼が「総体化（totalising）ディスコース」と呼ぶものに没頭して，人びとの間の種々のローカルな権力争いを気づかぬままに放置する恐れがある。ここに含まれている1つの意味は，私たちの誰もが行使できる権力が少なくとも存在することであって，私たちはこの権力を，自分自身とその生活を変える苦闘のために使えるのである。もっとはっきり言えば，フーコーにとって，権力と抵抗とは必ず相伴うものである。広くゆきわたっているディスコースは必ず，真理の地位から自分を追い落とす可能性のある，代わりのディスコースの暗黙の脅威にさらされている。じっさい，この抵抗がなければ，それが真理であることを絶えず再確認する必要もないことであろう。たとえば，「女の居場所は家の中」という観念が，広くゆきわたった真理としてその地位の本当に安定したものなら，それを主張し続ける必要もないはずであろう。このことが，抵抗を通じた変化の，少なくとも可能性を人びとに開くのである。知と権力の不安定な特質を利用するために，知の考古学の過程を通じて私たちは，いかにして自分自身を現在のように見るに至ったかに気づかなければいけないと，フーコーは促す。

　前の2章では，私たちの世界経験における言語の重要性について，ソーシャル・コンストラクショニズムの主張を述べてきた。けれどもここで，そのソーシャル・コンストラクショニズムの主張のラディカルな特質について明らかにしておきたい。ソーシャル・コンストラクショニズムは，言語やディスコースが，現実についての私たちの知覚にただ強い影響を及ぼすと主張しているわけではない。私たちが現実とみなしているものは，それ自体が1つの社会的構築なのである。この点から，ソーシャル・コンストラクショニズムの立場を疑いはじめる人が出てくる。ディスコース心理学および知と権力に関するフーコー

流の分析，これらは両者とも，「真理」の概念をきわめて問題のあるものとしている。真理とは，最終的には科学的方法の適用によって発見可能な何らかの反駁できない事態というのではなく，ディスコースを通じて生み出される，世界の流動的で不安定な記述にほかならないことが明らかとなる。同様に現実とは，不安定で多様であり，知覚者の歴史的文化的な観点に依存するものとなる。「テクストの外には何も存在しない」という主張は，明らかにソーシャル・コンストラクショニズムが非現実的であるという反応をたいてい引き起こす。もしもつま先を石にぶつけてつまずけば傷がつくのであって，このことは，「石」という語があろうがなかろうが，変わりはない。きっとソーシャル・コンストラクショニズム論者も，物質世界を構成する石の存在や何かは，否定できないのではないか。では，他のもの，弾圧や戦争やホロコーストなどの，物質的でない物事はどうか。それらも，ディスコースの結果に過ぎないと考えられるのか。それらは，本当に起きたことではないのか。

　そうした問いは直ちに，実在するもの及び物質世界の地位についての，ソーシャル・コンストラクショニズムの議論の核心に触れる。次章では，したがって，この議論に火をつけてきた問題の特質のあらましを述べ，その論争がどこまで解決可能と考えられるか，示すことにしよう。

第5章

ディスコースの外に実在世界は存在するか

　根本的真理は存在しないということを基礎にして，ソーシャル・コンストラクショニズムの理論的枠組みは築かれているように思われる。この枠内では，世界についてのある理解や考え方が正しいかあるいは真実であり，他のそれは間違っている，と言うことはきわめてむずかしい。それぞれの歴史的・文化的文脈の中で構築されるさまざまな現実の可能性を私たちが認めるならば，これらのうちの１つが正しいとは断言しようがないのだ。部分的な変動について，自信をもって判定できるだけの，絶対的な，歴史・文化を超越した基準など存在しない。これが，相対主義の立場である。すなわち，世界のさまざまな構築は，互いの関係の中でのみ判断されうるのであり，ある根本的な基準や真理との比較によって判定することはできないのである。結果としてこの相対主義により，私たちの行為や選択や政治活動を道徳的に基礎づけようとする努力は，徐々に骨抜きにされていくように思われる。ある人びとの集団が他の集団に本当に抑圧されていることや，さもなければ，人びとが特定の「諸集団」に少なくとも所属していると当然に主張できることさえ，断言のしようがないとなると，いったいどのようにして私たちは自分の政治選択を正当化できるだろうか。その諸集団やそれらの抑圧とは，世界を構築する数多くの可能な方法のうちの，ほんの１つのやり方にすぎないことになるのだ。

　ディスコースと実在との関係を概念化することも，またむずかしい。「存在するものはディスコースだけである」という主張は，言語が，言語から独立に存在する実在世界のバラバラの物にラベルを貼るわけではないという議論の，論理的帰結である。したがって，言語にできることといえば，自己言及をする

ことだけになる。つまり，言語とは「自己言及」システムなのだ。これは，あらゆる記号（第3章を参照）は，同じ言語体系内にある他の記号によって定義されるしかないことを意味している。たとえば，もしも私が「木」を定義するよう求められたとすると，そのカテゴリーを明らかにするために，「木」という概念を他の概念と対照することによって定義する以外ないであろう。つまり，私は次のように言えるであろう。「木は無生命ではなく生きており，ただ動物のように感覚があるわけでなく，また木には幹がある点で灌木と異なる」と。しかし，私がここで行なっていることは，他の記号（生命，感覚，灌木）に言及することだけであり，それら他の記号自体も，同一の言語体系のさらに多くの記号によって定義される以外ないのである。そこから逃れて，言語の彼方に存在するかもしれない「実在」世界へと入っていく道は，存在しない。「実在」世界の特質がいかなるものであろうとも，私たちの言語におけるさまざまな語が，それを指示したり記述したりすると考えることはできないのである。

　ソーシャル・コンストラクショニズムは，次のような主張へみちびくように思われる。すなわち，存在するものはディスコースの中に存在するものだけである，言い換えれば，事物がもつ唯一の実在は言語という記号の範囲内に与えられた実在であって，つまり「テクストの外には何も存在しない」（Derrida, 1976: 158）のだ，と。これは，私たちの生活に何らかの物質的基底が存在することを否定しているように思われるし，また，資金や生活環境や戦争や自然災害や健康などの私たちにとてつもなく大きな影響を及ぼす物事は，単なる言語の結果へと還元されることになる。この立場は，「ラディカルな」もしくは「強い」ソーシャル・コンストラクショニズムと呼ばれてきた（Elder-Vass, 2012; Smith, 2010）。無理もないことだが，多くの人びとはそのような主張に不信を抱き，憤慨する。確かに，苦悩や死は現実であり，私たちの周囲の物理的対象は決して想像の産物ではないことだろう。まちがいなくこれらの物事は，それを言語でどのように表現するかにはかかわりなく，同じように存在することだろうに。

　真理と実在に関するこれらの問いは，ソーシャル・コンストラクショニズム論者たちにとって厄介な問いであり，さまざまな論者たちの間には，そのような問題に関する見方の点できわめて多くの意見の相違がある。じっさい，2001

年発行の学術誌「セオリー・アンド・サイコロジー（*Theory and Psychology*）」第 11 巻第 3 号では，特集としてそれが取り上げられたほどにも，議論は熱を帯びてきた。加えて，相対主義と実在論の立場は，これまでのいくつかの章で概観したいろいろな種類のソーシャル・コンストラクショニズムと，簡単には関連づけて考えることができない。本章で私は，ソーシャル・コンストラクショニズム論者たちによってなされた主張と彼らの間の意見の相違について，その特質を理解するのに役立つであろう理論的問題をいくつか取り出してみたい。

ソーシャル・コンストラクショニズムは，実在と真理という未解決問題を理解する唯一の理論体系というわけではない。権力関係を覆い隠すことによって人びとが被抑圧状態に喜んでとどまるようにディスコースが用いられる，そのありさまについてソーシャル・コンストラクショニズム論者たちが語る場合，彼らは時に，イデオロギーという社会学的概念を利用してきた。イデオロギーとは，人びとが生きるべき生き方についての信念であり，すなわち私たちの信じる生活形式や規範は「自然で」正しいものであるから，それらをやりとげるべきであると私たちは感じているわけだが，そういう私たちの信念のことを指している。それは，「人の目標や期待や行為を構成する意識的・無意識的な一連の考え方」，もしくは「1 つの社会の支配階級によりその社会の全成員に向けて提唱された一連の考え方，すなわち『標準的意識』ないし社会化の帰結」のことである（www.google.co.uk/?gws_rd=ssl#q=ideology+definition）。イデオロギーの一例としての家族というものについては，ボックス 5.1 を参照していただきたい。

イデオロギーもまた，真理と実在に関する問題を提起してきており，さらに第 4 章で扱ったディスコースと権力の関係の問題解明の一助にもなるだろうから，それについての検討はここでも当然と言えよう。特にソーシャル・コンストラクショニズム内部での真理と実在の問題を検討する前に，イデオロギーに関する 4 つの考え方について，それぞれがソーシャル・コンストラクショニズムに対し提起する問題にも触れながら，述べることにしよう。

《ボックス 5.1》

　家族というものについてのイデオロギーは，「理想的な」家族生活はどのように送られるべきか（実際にどのように送られているかではなく），そしてどのようであれば「自然な」ふうに，あるいは単に「常識」と，見えるかについて語っている。

　家族というものについての現代の私たちのイデオロギーの中には，母性とは女たちの母性本能の自然な発露であるとか，女たちは家事や人の世話をする仕事に責任を負うべきであるとか，また子どもたちをうまく育てるには男女間の友愛結婚に基礎を置く安定した核家族が必要である，などの信念が含まれている。このイデオロギーは比較的最近になって発展したもので，国家により 18 世紀末にもたらされたものだが，その国家は，中産階級のライフスタイルに価値を置き（上流階級は退廃的であり，労働者階級は不道徳と見られていた），すべての人びとがめざすべきライフスタイルとしてこれを持ち出すのであった。

　両親と子どもたちからなる核家族世帯は，イギリス全世帯の半数よりずっと少ないという事実にもかかわらず，その「典型的な」家族という理想は絶えず存在しており，メディア広告の中に容易に見てとれる。しかし，そのイデオロギーは，有給の仕事への女たちの進出，離婚の増加，DV や児童虐待の横行，高齢者介護の必要性の増大などの社会変動により，無理が生じてきている。とはいえ，家族イデオロギーは資本主義経済の維持に役立つものだから，これらの社会変動のせいで，そのイデオロギーは「正しい」しかも「自然な」生き方を表しているという国家からのお墨付きが，ますます増えているのである。

ディスコースとイデオロギー

虚偽意識としてのイデオロギー

　この古典的なマルクス主義の見方の背後にある前提とは，雇用主が被雇用者を搾取するという現実の具体的事態が存在するのだけれども，しかし人びとはこの現実を認識せず異議を申し立てることもしないのであって，というのもその事態は広く受け入れられている考え方や信念によって覆い隠されているというのである。したがって，人びとは，自分の立場に関する理解が歪められていることから，「虚偽意識」の中に暮らしていると言われる。そのイデオロギーは，一方での搾取的な経済関係と，他方での最低限のある種の同意を恵まれぬ人びとからも取り付けねばならない必要性という，この両者の間に存在する社会の矛盾を覆い隠す効果をもたらすのである。

　ソーシャル・コンストラクショニズム論者たちにしてみれば，このイデオロギーのバージョンのおかげで，私たちは，社会で優勢なディスコースや物語に対し批判的スタンスをとる権限が与えられるわけだし，さらにそれらがどんな影響をもたらすかを問うこともできるようになるのだが，しかしそれはまた，いくつかのむずかしい問題をももたらしてくる。つまり前出の例で言えば，女の，夫や家族への愛と彼らの世話をしたいという欲求は，実在するのであり，錯覚や誤解には決して還元されえないのである。マルクス主義のイデオロギーにとっての1つの大きな問題は，それが必然的に持ち込むその人間像である。すなわち，そこでは人間は，自分のためにならない生き方をする潜在的に不合理な生き物となる。人びとはどうしたらこんなふうに自己欺瞞に陥ることができるのか，そしてまた，この自己欺瞞を理解するためには，私たちはどんな心理学を採用しなければならないのか。マルクス主義者たちの間で精神分析理論の人気が高いのは，この問題のせいである。精神分析には，虚偽意識のための余地があるのであって，なぜなら精神分析によれば，人びとの行為や選択の本当の理由はしばしば無意識の中にあり，かんたんに合理的な検討にはかからないからである。ソーシャル・コンストラクショニズムもまた同じ問題を抱えている。すなわち根底にある現実を，もしもディスコースが覆い隠し，人びとが

それに気づかないままでいるのなら，自分の気持ちやモチベーションや欲望についての個々人の説明には，いったいどんな資格があるのだろうか。日々私たちみんなの意識の中で，ディスコースはいかにして，またなぜ「じっさいに生きられる」ようになるのかという問いは，実は十分に答えられてこなかったのである。

「虚偽意識」という考え方はまた，本質主義をもたらす。クレッグ（Clegg, 1989）は，ラクラウ（Laclau, 1983）を援用して，虚偽意識というカテゴリーは，人間が自分で認識できる確固とした真のアイデンティティをもっている場合にのみ，支持できるものだと言う。続けてクレッグは，このことがイデオロギー概念に対してもつ影響を明らかにする。つまり，イデオロギーは，人間の真の利益や真のアイデンティティの誤認であるというよりも，むしろそれは，人間が脱中心化され断片的で変わりやすい存在であることの，否定になるのである。この結果は，人間が独特の必然的な特質をもつと主張する，あらゆる種類のおしゃべりや表現や社会慣行は，イデオロギー的であるということになる。

　第二に，「虚偽意識」というイデオロギー観は，実在や真理や相対主義の諸問題を提起する。もしも私たちが，人びとは虚偽意識の中に暮らしていると言うのなら，その場合私たちは，人びとの抑圧されている現実は彼らの世界理解を越えたところにあるのだと，言い換えれば，それがより妥当ないし真実な事態のバージョンであると，決めてかかっているのである。このことは少なくとも，本当に人間のためになるものについての，価値に基づいた評価判断を必要とするし，またそうした判断を下す権利は誰にあるかについて問題を提起することになる。しかし，諸事象には真なる１つのバージョンが存在し，他はすべて偽であるとする考え方もまた，ソーシャル・コンストラクショニズムの中心思想とは真っ向から対立する。イデオロギーの語は１つの真理が存在することを前提としており，私たちはそれに代わって「真理の諸体制」について語るべきだと，フーコーは主張した。そこでは，１つの体制は，もう１つの体制と同様正しいわけではないのだが，ただより権力はあるかもしれない。もしもソーシャル・コンストラクショニズム論者の明確な１つの目的が，不平等な権力関係を支えているディスコースを脱構築し，そうしたディスコースがこれらの権力関係を覆い隠している様子を明らかにすることだとすると，これを実行可能

とするためには，そのディスコースが覆い隠しているとみなされる現実や真理<ruby>（リアリティ）</ruby>についての何らかの理解がどうしても必要となる。そのような相対主義が提起するさらなる問題は，ソーシャル・コンストラクショニズムの説明それ自体の身分に関係する。科学理論やその他の理論を含む，あらゆる説明が等しく妥当だとすると，ソーシャル・コンストラクショニズムの説明が，真理に対し，どのようにして特別な権利を正当にもてるというのか。ソーシャル・コンストラクショニズムに内在する相対主義は，まさに自らの前提それ自体を疑わしいものにするのである。

権力に仕える知としてのイデオロギー

　ソーシャル・コンストラクショニズム論者からすれば，イデオロギーのもっと役に立つ捉え方は，それを，権力に役立つように利用される知として見ることである。この見方は，真偽の問題からイデオロギーを切り離す。つまり，諸事象に関する1つのバージョンは，社会の中で相対的に権力ある集団が自分の地位を維持するためにそれを使う限りにおいて，イデオロギー的である（Thompson, 1990）。だから，知識は，その利用ということを別にすれば，それ自体をイデオロギー的であると言うことはできない。

　したがって，ディスコースは，イデオロギー的に使われるかもしれない。つまりディスコースは，それ自体としては，抑圧的でも解放的でもないと言えるのであって，これは，フーコーが明確にしようと苦労した点である。フーコーは，たとえどんなディスコースでも，理論的には良い目的にも悪い目的にも使えるのであり，それが利用される争いの最終結果は，絶対に予測できないと考えた。どのディスコースも，潜在的には危険である。バリー（Bury, 1986）が，1つの好例を挙げている。イギリスでは，1980年代から1990年代のニューライト（新右翼）が，公共医療サービスを消費財と見る観点から，個人主義や選択の自由を支持するもっと一般的な論点の一部として，医療の自律を攻撃した。ところが皮肉なことに，代替医療を推奨する急進論者たちは，知らず知らずのうちに自分たちが，今日の資本主義社会を支えているそのまったく同じ価値——消費者による選択と自由市場競争——を支持していることに気づくのである。

生きられる経験としてのイデオロギー

　ソーシャル・コンストラクショニズムとしては，イデオロギーの第三の見方にもまた何かしら取り柄があって，この見方は，前の2つの説明に潜在していた，イデオロギーは人びとの思考にのみ関わるという前提，これを越えていくのに役立つのである。フランスの哲学者アルチュセールは，イデオロギーとは「生きられる経験」であると特に強調して，その概念に現象学的側面をもたらした。したがって，イデオロギーは，私たちが思考することの中だけでなく，私たちが思い浮かべること，私たちが感じること，私たちのふるまい方や私たちのあらゆる社会関係の型の中にもある。アルチュセールは，人びとがイデオロギーによって操作されコントロールされるメカニズムを指すのに，「イデオロギー的国家装置」の語を使う。学校，教会，メディア，家族等々はすべて，イデオロギー的国家装置とみなされ，こうした装置がもたらす思考様式は，それらの慣行から切り離すことができない。たとえば，罪や謙虚や高い権威への従順などのキリスト教の観念は，懺悔に行くことや祈りや教会の聖餐台の前でひざまずくなどの慣行から分離することはできない。天国を「指し示す」尖塔をもつ教会建築自体の構造さえ，このイデオロギーの一部である。だからアルチュセールにとって，イデオロギーは物質的な特質をもっている。イデオロギーは，物質的なものと慣行と観念が互いに編み込まれている，1つのパッケージからなっている。

　この見方は，イデオロギーを遍在するものと見る傾向があって，それがある程度そこから分析の鋭さを奪ってしまう。つまり，あらゆるものがイデオロギー的であるとすると，その概念は大した分析力をもたないことになる。それにもかかわらず，アルチュセールがこの概念の範囲を，イデオロギーが日常生活の隅々に浸透している様子にまで広げたのはまちがいなく正しい。もしも，たとえば，英国国籍がイデオロギー的な問題だとしたら，前面にコンスタブルの「干し草車」が描かれたチョコレート・ボックス，戴冠記念のマグ・カップ，夏のプロムナード・コンサート最終日の夜 ^(＊訳注)，それにワールド・カップのよう

＊訳注：プロムナード・コンサートは，BBC主催で毎年7月中旬から8週間，ロンドンのロイヤル・アルバート・ホールで開かれるクラシック・コンサートだが，最終日の夜は愛国歌を歌い，国旗を振り，聴衆も参加する。

に，共通点がみられない諸現象の中に英国らしさの表現様式を見ることは，道理にかなったことにちがいない。したがって私たちは，ディスコースのイデオロギー的作用を，言語の中だけでなく，私たちが1つの社会としてたずさわっている社会慣行の中にもあるものとして考えることができる。その結果このイデオロギーの見方は，言語表現ばかりでなく，社会慣行や社会的・制度的組織をも組み込んだディスコースの概念と重なるのである。

ジレンマとしてのイデオロギー

　ビリッグら（Billig *et al.*, 1988）は，私たちの思考，その内容と過程とは，広く社会的に共通の概念や問題によって与えられるものと考えている。私たちが生まれた社会の概念や価値や信念は，私たちが考えることを形成するのだが，しかしそれらはまた私たちが，1つの議論や問題の両面と見るものをも形成する。たとえば，私たちの社会では，伝統的教育と進歩主義的教育のいずれが子どもたちにとってよいのか，あるいは，貧困の責任を貧しい人たちに負わせるべきかそれとも国家に負わせるべきか，私たちは迷うかもしれない。ビリッグらによれば，思考それ自体は，こうした「ジレンマ的」特質によって特徴づけられる。すなわち，容易に答えの出ない両面的な問いの，ジレンマの形をとるのである。私たちが何を思考していようとも，それは，はっきりとあるいは暗黙のうちに，必ず私たちの思考の中で起こる対立的もしくは多面的な討論の一部である。したがって，思考自体が本来ジレンマ的なのであって，ビリッグらが「イデオロギー的ジレンマ」と呼ぶものは，私たちの社会の中に広く浸透している諸イデオロギーによって形成される思考のことを指している。たとえば，「個人というもの」のイデオロギーは私たちの精神生活に浸透しており，私たちの思考においては，個人の自由を優先すべきかそれとも社会全体の利益を優先すべきかなどのジレンマの形で現れる。ビリッグらはイデオロギーを，あらゆる他の思想と同じように，それ自体そもそもジレンマ的なものと見ている。したがって，イデオロギーは，筋が通って統一された思想の体系としては考えられず，必ずジレンマ的な対立から成り立っているのだ。だから，個人というものについてのイデオロギーは，それと正反対の，たとえば集団主義をすでに含んでいるのである。

この考え方は，ソーシャル・コンストラクショニズムに重要な影響をもつ。つまり，私たちの思考内容は広く社会的な概念や価値によって与えられているけれども，しかし私たちはそれらを単純にただ取り入れたり，じっさいにそれらを人生でただ生きたりしているわけではないということを，これは示している。第一に，イデオロギーはどのみち筋が通って統一された体系ではなく，少なくとも二面性を必ずもっていて，だからそれ自体はじっさいに生きられるようなストーリーをもたらさないのである。第二に，人間の特質とは，まさにその思考過程が，討論，口論，プラス・マイナスの比較検討などに私たちを巻き込むようなものなのである。この説明では，人間とは，社会環境から思想を吸収するスポンジのようなものではなくて，雄弁家であり，論客であり，諸思想の相反する結果を絶えず検討する人なのである。ここでの人間は，活発にものを考える人，価値や思想の長短について選択し決定することができる人にほかならない。

　そこで，以上のすべてのイデオロギーの見方の有用な面を考慮すると，私たちはディスコースを，次のようなものと考えることができる。すなわち，ディスコースとは，私たちが考え話すことばかりでなく，感じて欲することや行なうことをも構成している意味の体系であり，自分自身や社会的世界を表現する仕方であると，考えられる。ディスコースは，権力に役立つように，また社会の中で相対的に権力ある集団の利益のために，イデオロギー的に利用される可能性をもつものと見ることができる。心理学を含む科学それ自体が，さまざまな修辞的装置や言語的操作を通じて構築された1つのイデオロギーとして分析されてきており（Billig, 1990; Kitzinger, 1990; Potter, 1996a），それは社会の中で相対的に権力ある集団の役に立つように用いられるのである。人種や知能といった科学的概念が，その好例である。しかし同時に，人間が取り上げ使用するディスコースには，ある程度の選択を行なう余地があるかもしれないのであって，後の章で，私は行為主体性と選択の問題に戻るつもりでいる。しかし，イデオロギーに関するこの短い検討によってもたらされた実在と真理についての問いは，ソーシャル・コンストラクショニズムにとって厄介なものであり，そのため私は本章の残りの部分でそれらの問題点の概略を述べ，それらが及ぼす影響について検討していきたいと思う。

ディスコース・真理・実在[リアリティ]

　実在[リアリティ]と真理の状況に関するソーシャル・コンストラクショニズム論者間の議論は，「実在論＝相対主義論争[リアリズム]」という包括的なタイトルの下にまとめられることがある。この言葉は，それぞれ単一の一貫した主張によって特徴づけられる２つのはっきり分離した陣営があるという印象を与えるかもしれない。実際には，それらの主張には多くの差異と部分的一致があり，したがって，さまざまな「相対主義」や「実在論[リアリズム]」について語るという方が正確なのである。加えてやがて見るように，その状況がさらに分かりにくいのは，たいていの実在論者たち[リアリスト]はいくつかの点で世界を構築する言語の力を認めているし，またたいていの相対主義者たちは世界に関する私たちのおしゃべりとは独立して実在世界[リアル]が存在する可能性を必ずしも否定しない，という事実のおかげである。その論争によって生み出された熱気は，自らの行為を形成しうる１つの道徳的・政治的立場を人はいかにして採用できるのかという問題についての，両陣営の強い思い入れから生じている。以下私は，相対主義的および実在論的とみなされる多くの立場を検討していき，それから，その論争を乗り越えあるいは再構成することでこの行きづまりの突破口を見つけようとしてきた著者たちの，さらに詳しい分析を考察することにしよう。

いろいろな相対主義

　「テクストの外には何も存在しない」（Derrida, 1976: 158）というのはデリダの主張だけれども，その主張を行なったとみなされがちなのは，その当否の問題は別にして，ある種の相対主義を支持する人たちである。もしも，「ディスコースは，それの語る対象を形成する」（Foucault, 1972: 49）のならば，その場合，私たちの意識のあらゆる対象を，たとえそれが建物，樹木，コンピュータのような物質的・物理的なものであろうと，あるいは知能，友情，幸福のようなもっと抽象的なものであろうと，それを言語は創り出すのである。ミルズ（Mills, 2004）は，次のように述べる。「フーコーがディスコースの形成力を強調するとき，彼はじっさいに実在する存在[リアル]を否定しているのか否かについて，かなり

不毛な多くの議論がなされてきた」(p.45) し，またフーコーは，歴史上の事件の実在(リアリティ)を否定していると見えるために，とりわけ歴史家たちから批判された，と。しかし，これはフーコーの意図の誤解であって，つまり彼の意図は，ディスコースが世界のある側面を対象として見えるようにし，他の側面を隠す，そのやり方に注意を向けることであったと，ミルズは指摘する。彼女はここで，フーコーの立場を，次のようなラクラウとムフ（Laclau and Mouffe, 1985）の立場に類似したものとみなしている。

> あらゆる対象はディスコースの対象として構成されるという事実は，思考の外に１つの世界が存在するかどうかとは関係ないし，つまり実在論(リアリズム)／観念論の対立とは関係ない。地震やレンガの落下は，私の意志とは無関係に今この場で起こるという意味で，まちがいなく存在する事象である。しかし，それらの対象としての特性が，「自然現象」の語で構築されるか，それとも「神の怒りの現われ」の語で構築されるかは，ディスコースの場の構造化次第で決まってくるのである。ここで否定されているものは，そのような対象が思考の外に存在することではなくて，そのような対象は，出現のためのディスコース環境が何もなくとも，ひとりでに対象になることができるという，かなり特異な主張なのである。
>
> (Laclau and Mouffe, 1985: 108, Mills, 2004: 45-6 から引用)

　したがって，フーコーは，ディスコースを超えた実在(リアリティ)の存在を否定していないが，しかしディスコースは「視野の狭窄を引き起こすので，じっさいの，または注目に値する，いやむしろ現にあると思われる，そういう存在から，広範囲にわたる現象を排除してしまう」とミルズは論じる（Mills, 2004:46）。彼女は，諸事象のカテゴリーや物の種類において世界が出来合いのものになるのでなく，その秩序が言語的な世界描写を通じて押しつけられる，その様子の分かりやすい好例を挙げている。それは長々とした例なのだが，以下にそっくりそのまま引用するだけの価値はある。

　　ディスコースによる対象の構成例の１つは，動物と植物の間の境界線が

さまざまな時代に異なって引かれてきた，その様子の変化である。19世紀には，バクテリアは「動物」のカテゴリー内に入れられていたが，一方現在では，それ専用の独立した分類がされて，そこに位置している。有機体の中には，あるカテゴリーから別のカテゴリーへと変更されたものもあって，たとえば，藻類，珪藻類，その他の微生物がそうである。じっさいに，「植物」と「動物」というカテゴリーは，絶えず定義し直されており，それによって生き物はそれぞれの分類に入れられる——つまりこれは，植物や動物の「実在する」特質によって決定されるシステムというより，むしろディスコースによる，事後的なカテゴリー化システムなのである。実のところ，植物と動物は，多くの要素を共有しているのだが，私たちがこれらを2つのグループに分けているという事実は，それら2つのカテゴリー間の共通の特徴よりも，むしろそれらの間の差異に私たちが注目していることを意味している。その境界線が移動したという事実は，動物と植物の間に自然な出来合いの境界など存在しないこと，この境界線を引く必要があると考えたのは人間であることを明らかに示している。動物と植物の間の差異については，勾配もしくは連続体として考えた方がもっと有用なのかもしれないが，しかしこの主題について考える現行制度内では，植物と動物を別々に分類することが必要と考えられている。このことは，私たちが19世紀ふうの博学博識の才能とは決別して，多分野総合的な研究に着手してきた事実と関係があるのかもしれない。つまり，現在ではその代わりに，植物学と動物学が，大学で別々の学科をもつ2つの別個の科学として，また異なった方法論と関心領域をもつ別の学問分野として，見られているのである。

（Mills, 2004: 47. 原著はイタリック）

　この点で，私はミルズと同意見である。フーコーは，諸事象の物質性を否定していないが，ただ，私たちが実在をとらえる唯一の方法はディスコースを通じてなのであって，そのディスコースが私たちの実在の知覚を決定する，と言う。ある意味では，フーコーは実在の問いをカッコに入れて保留する。私たちは，ディスコースの彼方の実在に直接アクセスすることは決してできない以上，

そのありのままの姿には関わりをもてないのである。

　ディスコース心理学者たちもまた，似たような理由から実在[リアリティ]をカッコに入れてきた。もしも言語が第3章で検討したように記号の自己言及システムであるとすると，私たちが世界について考え，また語るとき，このシステムから脱出して，ディスコースの外にある「実在[リアル]」世界へと入り込むことは決してできないのである。フーコーのように，ディスコース心理学者たちは，テクストの彼方の実在[リアリティ]の存在を否定するように思われるために時に批判されてきたし，またフーコーと同様に彼らは，そのような主張が不合理であると気づいた人びとから攻撃を受けてきた。私たちが何を言おうが，また何をしようが，たしかに死は避けられないであろう。テーブルや椅子のような，私たちの世界にある物質的なものは，それらに関する私たちの思考やおしゃべりとは独立に存在するはずであろう。この点を証明するために，私たちの前のまさにそのテーブルをドンと叩く。そのような議論は，今では定評のある「死と家具：相対主義に対する実利的主張の修辞法[レトリック]・政治・神学」と題された論文へと至ることになる（Edwards *et al.*, 1995）。そのような議論には，たいていテーブルをドンと叩くのがつきものだが，まさにその議論自体，世界の特定の説明を組み立てるために使われる修辞的な構築にほかならないと，その著者たちは主張する。

　　　実在論者[リアリスト]はテーブルをドンと叩く。なんて大きな音！　話すよりずっとやかましい！　ずっと生々しい。ずっとリアルだ。それにもかかわらず，私たちは，この瞬間に，この場所で，この議論の最中に作られたこの物音は，1つの議論であり話し方であると主張する。議論として，それは証明という形をとっている。つまり「これ（ドン！）はリアルだ。これ（ドン！）は単なる社会的構築ではない。話すことは，存在することやそれが何であるかを，変えることはできない。その実在物[リアリティ]が，私の手の自由をいかに制限し（ドン！），その動きを無理やり中断しているか，見てごらん。2つの固い物理的対象が衝突した，その当然の結果（ドン！）を，聞いてごらん。これ以上言う必要があるだろうか？」

　　　　　　　　　　　　（Edwards *et al.*, 1995: 28-9. 原著はイタリック）

そのような証明の修辞的特質についてのこの主張は，実在の問題を回避しようとする面白いほど巧みな試みとみなされるべきではない。フーコーと同じように，ディスコース心理学者たちは，物質界の存在を否定していないし，またこうした物質性が人びとに避けがたい結果をもたらす場合のあることも否定していない。しかし彼らの指摘では，ひとたび私たちが物質界について話したり，また他の方法でそれを示したり表現したりしはじめれば，そのとき私たちはディスコースの領域にすでに入っているのであって，つまりそのとき，社会的構築にたずさわっているのである。あるものを１つのテーブルにしているもの，または１つの岩にしているもの，または物質性があるはずのものなら何であれ，とにかくそれにしているものは，自然の本質ではなく，社会・文化的世界なのである。

> しかしその場合，岩石もまた次のような点で文化的である。すなわち，自然界の典型の一部であり，堆積岩と火成岩に分類され，砂粒，砂利，小石，石，岩，巨岩，山へと分けられ，公園や観賞用庭園になじまされ，自然保護区域に保護され，「宝石」としてカットされ購入され用いられ展示される，などという具合にカテゴリー化され，また下位カテゴリーとしては　「女の子の親友，ダイヤモンド」を含んでいる，という点で。もちろん，ウォッカ代わりの冷却液が文化的なのは言うまでもない！
>
> (Edwards *et al.*, 1995: 30)

以前にミルズ（Mills, 2004）の挙げていた例も，同じような調子である。要するに，「岩」や「テーブル」などが何を意味しているのか，そしてどんな特徴のおかげでそうしたカテゴリーの一員とみなせるのか，これはその場所と文脈に拘束される人間の目的次第なのである。物質界は，確かに存在するが，しかし私たちのおしゃべりやその他の種類の意味作用の中に単純に反映されているわけではない。

エドリー（Edley, 2001）は，エドワーズ（Edwards, 1997）を引用しながら，ソーシャル・コンストラクショニズムの語が存在論的と認識論的という２つの意味で使われていると明示することによって，この論争を明確にしようと試みた。

存在論とは，世界内に在ることや世界内の存在についての研究である。それは，世界内に存在するものの基礎カテゴリーを発見しようとする試みである。認識論とは，知の特質や私たちがいかに事物の世界を知るようになるかについての研究である。ソーシャル・コンストラクショニズムの認識論的理解は，次のような考え方に基づいている。「私たちは世界について考えたり，話したりし始めるやいなや，また必然的に表現をし始める……。おしゃべりは，世界がどのようなものかについての特定の説明の，創出もしくは構築を伴っている」（p.437）。これは本質的には，エドワーズら（Edwards *et al.*, 1995）によって提出された議論である。しかし，この立場をとるソーシャル・コンストラクショニズム論者たちが「テクストの外には何も存在しない」と言うとき，彼らは存在論的な主張，つまりディスコースの彼方の世界の特質や存在についての主張をしているのではないと，エドリーは言う。ソーシャル・コンストラクショニズムという用語が存在論的に使われるとき，それは，共有する言語のおかげで実在する諸現象が，つまり私たちの知覚や経験が生み出されて，現にある特定の形態をとっている，その次第のことを指している。だからといって，それらの現象や事物が，非現実的で，フィクションあるいは錯覚に基づくものになるわけではない。それらは，社会的構築の所産であるのだから，もちろん実在する。エドリーは，次のように結論する。

> 何人かの批判的実在論者たちの見方とは反対に，たいていのソーシャル・コンストラクショニズム論者たちは，言語を唯一の現実とは見ていない。たとえば会議や休暇で旅行するとき，彼らは，他のみんなと同じように地図の載った本を調べる。彼らは，たとえばノッティンガムが，本のページにはそう記されているからといって，高速道路 M1 の真ん中に見えてくるとは思わない。また彼らは，それが言及された瞬間に，どういうわけか突如出現すると思い込むこともない。コンストラクショニズムが私たちの常識的理解をかき乱す，そのやり方はこれよりもずっと巧妙なものである。むしろコンストラクショニズム論者は，テクストのせいで（言い換えれば，国王令によって）ノッティンガムは都市なのであると指摘するかもしれないし，それに，その境界──その始点と終点──もまた交渉と合意の問題

であると指摘するかもしれない。したがってこの議論は，ノッティンガム
がじっさいには存在しないということではなく，それは社会的に構築され
た現実（リアリティ）として存在するということなのである。

(Edley, 2001: 439)

　多くの場合ケネス・ガーゲンは，ソーシャル・コンストラクショニズムの著
述家ではあるものの，事物や心的事象に関する言語的記述と，物質的実在（リアリティ）の世
界，この両者は切り離されているという彼の主張のせいで，相対主義の立場と
ふつう考えられている（たとえば，Gergen, 1989）。もしも世界に関する記述
の正確さや妥当性を，実在（リアリティ）に訴えることで判断することができないならば，そ
の場合私たちは，それによってもたらされる入手可能なパースペクティブの無
限の多様性を嘆くより，むしろそれを祝福すべきであると彼は言う。「どこか
よそにあり」人間の思考や言語とは独立した実在（リアリティ）の存在についての議論「は，
主観的な世界が頭の『中に』ありどこか外部に客観的世界があるという，欧米
の人間観をすでに前提としている」（Gergen, 2009b: 161）と彼は述べる。しか
しながら彼は，自分の相対主義がこれまでずっと誤解され続けてきたとも主張
している（Gergen, 2001a; 2009b）。ディスコースの彼方にある実在（リアリティ）の存在を否
定しているという批判に対して，彼はディスコース心理学者たちと同じように
その誤りを指摘する。彼はまた，言語が，実用的な目的で実在（リアリティ）を指すのに用い
られる場合のあることも認めている。このことは，次のような点でプラグマティ
ズムの哲学的伝統を思わせる。すなわち，理論や説明の真理性は，諸事象の世
界を扱う場合の有用性と比べれば，さして重要ではないのであって，つまり，
世界についての私たちの描写は，それがさしあたりこの世の中で自分の関心事
にうまく取り組ませてくれるという意味においてのみ，真なのである。フルー
ビー（Hruby, 2001）は，はっきりとこの見解をとり，私たちの理論やモデル
の価値は，それらがどれほど実在（リアリティ）を間違いなく反映しているかに基づくのでは
なく，現象について私たちが予測するのにそれらがどれほど役立つかに基づい
ていると論じる。ガーゲン（Gergen, 2009b）は，この相対主義的立場を重要
視するのだが，というのも，それが絶えざる問いや研究や対話や議論のために
必要な条件をもたらすと考えるからである。つまり，それがなければ，「真理」

を発見したと感じるとき，単に私たちは自らの探究を終了してしまうであろう。「実在（リアル）するものについての言明は，会話の停止装置（ストッパー）として作用するのであり，つまり他の人たちが何を言えるか，耳を傾け聞いてもらえるのは誰かに，それは制限を設けるのである。」(p.162)

　世界についての私たちのおしゃべりは，その世界の物質的特性には少しも制約されないと，ガーゲンは強調する。実在論（リアリズム）とコンストラクショニズムを，私たちの誰もが適切な状況で使える2つの異なった種類のディスコースとみなすこと，これを彼は提案する（Gergen, 1998, 2001b）。したがって，私たちはそれらを互いに競わせるべきではなく，それよりもまさにその立論のプロセスを重視すべきなのである。ガーゲンにとっては，とどまることのない討論の可能性こそが，相対主義の立場の最大の価値である。この点は，道徳や政治的行為の問題において重要になるのであって，それはまたエドワーズら（Edwards *et al.*, 1995）によって採用された1つの立場でもある。

　　相対主義者であることと，誰かある人，すなわち特定の文化の一員でコミットメントや信念をもち，現実（リアリティ）についての常識的理解をもっている，そういう誰かであることと，この両者の間に矛盾はない。それらのことは，確かに実在する真実だという安心感もないのに，考える前からすでに支持され，異議を唱えられ，擁護され，結論を下される，まさにそういう事柄なのである。実在論（リアリズム）を手放すことはこれらあらゆるコミットメントがきっと減衰することになるはずだという考え方，これは神のいない生活には意味も価値も欠けているという考え方と同じように，説得力のあるものではない……神の死は，その残りの世界を消滅させたわけではなく，私たちがそれを作るために残したのだ。私たちに残されたものは，意味や価値の欠けた世界ではなく，……正確にはその逆なのである。それは，議論され，変更され，擁護され，創り出される，そういう意味と価値の前景化なのである。

　　　　　　　　　　　　　　　　　　　　　　　（Edwards *et al.*, 1995: 35-6）

　だから，もしも私たちが，知や実在や真理を人間の構築（リアリティ）として理解するならば，自分の見解について考え，議論し，結論を下すのも，そしてそれを擁護す

第5章 ディスコースの外に実在世界は存在するか　*133*

るのも，より一層責任が重いことになる。ポッター（Potter, 1998）は，相対
主義が「何でもオーケー」の立場をみちびくという批判は，まったく根拠がな
いことを強調する。相対主義者であろうとなかろうと，人びとはたいてい，自
分にとって「オーケーなもの」について強く主張するのである。ガーゲン
（Gergen, 1999b）は，次のように言う。「コンストラクショニズムの議論は道
徳的・政治的な熟慮を求めるけれども，一方の理想を他方の理想よりも擁護す
るわけではない……コンストラクショニズムは，絶えまない内省の態度を求め
るだろうが，しかしそれぞれの内省の瞬間が価値に浸されているのは避けられ
ない」（p.231）し，それに「そのときの大きな課題は，価値が存在する事実で
はなく，世界的に広がる価値衝突の世界においていかに私たちが対処すべきか
である……唯一の意見の存在とは，同時に，会話，対話，交渉の終わりという
ことにほかならない」（p.233）。ガーゲンが述べるには，多元的現実へのコンス
トラクショニズムの注目が，相互交流と相互理解を求める慣行をみちびくので
ある。

　セラピーやカウンセリングの文脈では，1人の人間が支配されている多様な
ディスコースの影響を単に探るという場合に，それに伴う解放可能性について
もまた注目されてきている。脱構築には，エンパワーメントや行為へと至る道
がないという主張に対して，ディヴィス（Davies, 1998）は異議を唱える。諸ディ
スコースが自分を位置づける仕方は，程度の差はあれ「自分で選べる」しかも
抵抗可能なものだと示されることによって，1人の女が自分の子どもの福祉に
ついて重要な決断ができるようになった一例を，彼女は自分の仕事から引用し
ている。また，バーとバット（Burr and Butt, 2000）が言うには，私たちの「自
己の表現法」は，マイナーなディスコースを探ってそれらを彫琢することによ
り，異議を唱えて変えられるのである。

　多くのフェミニストたちを含め，社会問題研究に関して政治的な立場をとり
たいと望む人たちは，実在論の立場に傾きがちであった（下記を参照）。しか
しながら，その他の人たちは，相対主義の立場をとり，それを擁護してきた。ヘ
プバーン（Hepburn, 2003b）は，相対主義的フェミニストたちが次に挙げる
ような多くの理由によって，過去に攻撃の的となってきたと指摘する。すなわ
ちその理由には，諸事象の互いに異なる構築の間やさまざまな道徳的・政治的

選択肢の間での見かけ上の選択不可能性，レイプや近親相姦などの「現実の」行動があったことを否定されるかもしれないという問題，さらに学問的世界かもっと広い社会かいずれかにおけるフェミニストのフェミニズムへの献身についての疑問や，相対主義的研究が影響力をもてるのかという疑い，などがある。上に述べた議論のいくつかを利用しながら，彼女はフェミニズム心理学における相対主義の擁護に取りかかる。バトラー（Butler, 1990）もまた，反＝基礎づけ主義的フェミニズムを擁護する。「女たち」のために運動や研究を行なうには，女たちが１つの基本的アイデンティティを共にしていると主張する必要があるという見方を多くのフェミニストたちはとるけれども，バトラーはこれがじっさいには有害であると論じる。つまり，フェミニズムが望む解放は，女たちをある特定の性カテゴリーや性的指向や性的アイデンティティの内部に固定することでは，決して達成されない。ヘプバーンの研究は，ディスコース心理学の領域（微視的ソーシャル・コンストラクショニズム）内にあるけれども，バトラーの研究は，脱構築（巨視的ソーシャル・コンストラクショニズム）の内にあって，確固たる「外部の」実在の否定はいずれの形のコンストラクショニズムの特徴ともなりうる，その様子を例証している。ヘプバーンとバトラー両者の立場は，何人かの批判的実在論者によって拒否される「強い」もしくは「ラディカルな」コンストラクショニズムの例なのである（以下を参照）。

いろいろな実在論

　まず，おそらくまちがいなく言えるのは，自分自身を多少ともソーシャル・コンストラクショニズム論者とみなす人は誰でも，いわゆる素朴実在論の立場は支持しないだろうということである。素朴実在論とは，「私たちが知覚するものの実在に関する疑うことのない信念」のことである（Wetherell and Still, 1998: 99）。自分を実在論者と呼ぶソーシャル・コンストラクショニズム論者たちは，私たちの知覚は多かれ少なかれ実在に近づくことができるだけだという見方をとっている。相対主義の立場の少なくともいくつかの前提に反対するソーシャル・コンストラクショニズム論者たちは，自分自身のことを「批判的実在論者」と呼ぶ傾向が強い。

第5章　ディスコースの外に実在世界は存在するか　*135*

　批判的実在論者たちは，私たちの知覚や感覚は実在を反映しているわけではないし，それらはたいてい一時的で変わりやすいものではあるが，それにもかかわらず，それらはある点では実在世界を本当に指示していると信じている。つまり，それらは言語などの記号系を通じてもっぱら作り出され，実在世界から独立しているわけではないのである（Hruby, 2001）。エルダー＝バス（Elder-Vass, 2012）はそのことを，次のように簡潔に述べる。

> 実在論者たちは，世界を，私たちがそれについて（個人的または集団的に）考える仕方に依存している世界と，依存していない世界とに分ける。実在論者たち——それに穏健なソーシャル・コンストラクショニズム論者たち——にとっては，前者だけが社会的に構築されうるのであって，後者にはその可能性がない。
>
> 　　　　　　　　　　　　　　　　　　　　　　　　　　（Elder-Vass, 2012: 6）

　批判的実在論は，哲学者ロイ・バスカー（Roy Bhaskar）の思想に基づいている。それによれば，自然界も社会的世界も，原因となる力をもつ実在の物体と構造から成り立っていると論じられる。すなわち，それらは，実在する影響をもっており，喜びや痛みや憂うつなど私たちが経験する物事の原因なのである。これらの実在する構造は，必ずしも容易にまたは直接的に観察可能ではないし，時にはそれらがもたらす影響を通じてしかそれらは「見え」ないのだが，しかし社会科学は，それらの特性や原因となる力を発見し記述することができる。批判的実在論が「批判的」であるという理由は，さまざまな社会政策や思考法の，暗黙の，しかも潜在的に人を惑わせたり悪影響を及ぼしたりする諸前提を，明らかにしようと試みるからである。つまり批判的実在論は，人びとのために役立ちうる知を生み出すことに関心があるのだ。

　それにもかかわらず，批判的実在論者たちは，社会的世界が人びとから独立して分離しているわけではないことを認めている。つまり社会的現実は，バーガーとルックマン（Berger and Luckmann, 1966）などの以前の社会学者たちが意図していた意味において，社会的に構築されるものとみなされており，この点で批判的実在論とソーシャル・コンストラクショニズムは一致しているの

である。「実在論的ソーシャル・コンストラクショニズム」とは，ソーシャル・コンストラクショニズムといってもラディカルなものや強いものでなく穏健なものであり，いろいろな物事の（物質的だけでなく社会的な）実在を，人間の思考や言語から独立に存在し因果的影響をもつものとして考慮に入れるコンストラクショニズムなのだが，これに，エルダー＝バス（Elder- Vass, 2012）は賛成の議論をする。したがって，彼は，物質界と「実在する」社会構造に因果的役割を確保する一方で，たとえば私たちの自己概念がディスコースの力によって形成されることを事実として認めるのである。これらのディスコースの力は，原因となるパワーをもち，規範的な圧力を通じて作用すると，彼は論じる。つまり支配的なディスコースは特定の人びとの話せることやふるまい方についての期待をもたらし，それらの期待は社会的相互作用の間に実行され，確かに裏書きされる。したがって，そのような諸規範は，原因となるパワーをもつ「実在する」社会構造の実例であるのだが，しかし同時にそれら諸規範は，人間の慣行の変化を通じてすっかり変えられうる──言い換えれば私たちは，行為主体性を，すなわち区別をして選択する能力を，もっているのである。けれども，エルダー＝バスが引き合いに出す「原因となるパワー」とは，ソーシャル・コンストラクショニズムからすると，たぶん大嫌いなものではあろう。というのも，ソーシャル・コンストラクショニズムは，心理・社会現象の因果的で決定論的なモデルから距離を置き，それら諸現象の相互関係性や不可分性を強調する理論モデルを好むのだから（第9章を参照）。

　リーブルックス（Liebrucks, 2001）は，実在のさまざまな見方を考慮に入れながら，超越的な実在を主張する立場をとっている。彼が述べるには，1つの対象や現象に関する，異なった文化的・歴史的立場のさまざまな人びとの記述に相違点が存在するためには，それらの人びとが実際に同一の物事を見ていることを前提としなければならない。つまり，「結局のところ，彼らの記述が同一の事柄の記述であると前提するのでなければ，それらの記述が食いちがっていると見ることはできない」。したがって，リーブルックスは，時間と場所に応じて世界は別の立場から社会的に構成されるというのではなく，私たち各人には同じ世界の異なった側面が見えているのだと主張する。つまり，私たち各人は，異なるパースペクティブからそれを見ているのである。それゆえ，リー

ブルックスは，パースペクティブの多元性を受け入れながら，実在論的立場の維持を望んでいるわけである。それでも彼は，私たちのおしゃべりとは無関係に自然科学的法則に支配される物質界の「物事」と，心理学の主題を形成する「物事」と，これらの間に区別をつける。彼は，物質界を，人間の思考や言語から独立した特質をもつものと見るけれども，一方心理的実在は，実のところ社会的に構築されており，時間と場所に相対的なのである。そしてもちろん，ほとんどのソーシャル・コンストラクショニズム論者たちが脱構築しようと苦労してきたのは，精神疾患や性差などの心理的実在である。

　人間の思考や言語から独立した実在物が存在することは，リーブルックスによって仮定されたことだが，またスミス（Smith, 2010）とエルダー＝バス（Elder-Vass, 2012）両者の批判的実在論の重要な特徴でもある。スミスは，それを次のように述べる。「人びとが実在すると信じるものは，客観的な実在によってだけでなく，その社会文化的文脈によってもかなり形成されている」（p.122）。エルダー＝バスもまた，言語は，その構築的な効果に加えて，（構築物でない）非言語的な現象——すなわち，その特性が言語には依存しない「実在する」物事——を指示したり，それ「についての話をしたり」もすると主張する。彼は，「自然種」——物事のカテゴリーだが，人間のディスコースの産物ではなく，したがってそれの影響はディスコースとは無関係であるような物事のカテゴリー——が存在することを主張するのである。一例として，男性もしくは女性という人間の性的地位を用いて，これらは「自然種」であると彼は述べる。私たちは，生物学的メカニズムによってもたらされる一群の特徴を身体がもっているおかげで，「男性」もしくは「女性」というカテゴリーに属しているのだ。

　この例をエルダー＝バスが選んだのは，1つには，ジェンダー・カテゴリーばかりでなくセックス・カテゴリーもまた社会的構築であると主張するフェミニスト，ジュディス・バトラー（Judith Butler）のラディカル・コンストラクショニズムへの反対を，特に強調するためなのである。その上バトラーは，それらのカテゴリーは対立を生み，排他的であり，しかも「ふさわしく」ない人たちを社会的に周縁に追いやるとまで言うのだ（Butler, 1990）。フェミニストたちは，何十年もの間，女らしさと男らしさ（ジェンダー）の社会的構築を強

調し，それらを男女差の生物学的原因に関する知識から概念的に区別するために，セックスとジェンダーの区別をつけてきた。だから，ジェンダーとは「セックスの社会的意義」であると言われている。しかしながらバトラーにとって，もしもジェンダーが「セックスの社会的意義」ならば，すなわち私たちに割り当てられているセックス・カテゴリーによって私たちの経験や行動が生み出されるそのあらゆる細目のことならば，そこには「セックス」の概念が説明すべきものは何も残されておらず——ジェンダーとセックスはお互いに崩壊して，「セックス」はさらなる説明的価値をもたない。この種のジェンダーとセックスのカテゴリーに対する抗議は，一見固定されている性的カテゴリーの弱体化をめざす「クィア理論」の発展を下支えしてきた（Sedgwick, 1990 を参照）。バトラーのようなフェミニストたちは，セックスの実在論的説明によって引き起こされる潜在的な政治的危険を痛切に感じている——そしてもちろん，そのような危険はジェンダー問題に限定されない。精神疾患や性的指向や知能や人格の実在論的生物学的な説明は，不平等を正当化するのにたやすく動員される自然概念（カテゴリー）をもたらすのである。

　「自然種」の主張や，また非＝ディスコース的な特徴を確認することのできる物質的実在（リアリティ）の擁護論は，最初は説得力があるように思われる。しかしながら，そこには，いくつかの反論の余地がある。第一に，何人かの著者たちが指摘してきたことだが，「強い」あるいは「ラディカルな」コンストラクショニズム論者たちの場合は，エルダー＝バス（Elder-Vass, 2012）が主張したように，「私たちが行為したり語ったりする様子には左右されない現実（リアリティ）の側面があることを，否定したり消し去ろうとしたりする」（p.261）ことはない。むしろ，私たちの概念的・言語的伝統のおかげで，人間の世界経験やその経験の記述は，厳重に前もってパッケージされて現われるのだ。身体経験を含む多くの直接経験は，周知のように曖昧（あいまい）なものであり，それに形や意味を与えているのはまずまちがいなく私たちの概念的・言語的活動である。喜びの経験と痛みの経験とのちがい，保護されていることと拘束されていることとのちがい，自己治療と薬物乱用と自傷行為とのちがい，これらのちがいを生むものは，その文化的・言語的文脈なのである。1つだけの意味をもつ人間の経験など，表向きは存在しないのであって，ある種の経験の意味に見られる規則性とは，その「実在（リアル）」世界に

ある規則性や特性のせいではなくて，その文化的・言語的領域における規則性に由来することなのだ。

第二に，自然種の支持論には，2つの側面で異論の余地がある。社会的に構築された世界に属する物事とそうではない物事との間の区別については，人びとの意見が一致できる確固たる根拠がないように思われる。ということは，そのような判断においては，コンストラクショニズム論者たちが脱構築の必要を感じるすべての「物事」（性，精神疾患など）が自然種であると判断されてしまい，したがって不変の確固たるものと判断されてしまう，そういう主観的な判断がなされがちだということになる。さらに，自然種という考え方自体が，徹底的な精査には耐えられない。当然ながら，自然種は，人間の有無にかかわらず存在することではあろうけれども。サール（Searle, 1995）に続いて，スミス（Smith, 2010）は「生の事実」と「制度的事実」とを区別する。つまり「前者は，それが存在するために人間の制度は必要ないのだが，後者は，必ずそれが必要である」（p.150）。彼の金の結婚指輪が，結婚指輪であるのは，1つの制度的事実である。それが金でできているということ，これが生の事実であると，彼は主張する。金とは，その指輪の客観的性質であり，人間がそれについて知ったり言語でそれを記述したりする前から金は存在していたし，金に関する人間的構築は，少なくとも部分的には，稀少性，柔軟性，輝きなどの，金の客観的諸性質によって決定づけられている。しかしながら，金に関連した人間の計画や意図がなければ，こうした「特性」も疑わしいものとなるのだ。何かあるものが「稀少」であるのは，誰か探す人がいるからこそである。また，ある金属が他の金属よりもいっそう「柔軟」と言われるのは，それを道具や宝石と組み合わせようとする企てがあるからこそである。そして，何かあるものが「輝いて」いると言われるのは，特定の方法で光を処理する知覚システムがあるからこそである。稀少性，柔軟性，輝かしさは，物質界の特性というより，むしろ人間の企てから生まれる人間的構築へと容易に転化される。「金」と「その他の金属」というカテゴリーが，そのような人間的構築を超えて存在するはずだという理由など原理的にはないと思われ，したがって，性などの人間の「自然種」まで人間的構築の範囲内に含めるべきでないとする理由も，またないのだと思われる。このことは，世界の物質性を否定してはいないけれども，しかし

それは別なふうに区分されうる（もしくは区分した方がいい）場合があるということにはちがいない。

　ウィリグ（Willig, 1999a）はおそらく，他の批判的実在論者たちより，いくぶん弱い実在的立場をとる。彼女はソーシャル・コンストラクショニズムの成果を認めるのだが，しかしこれらの成果は十分ではないと考えている。彼女は，知能や精神疾患など心理学の研究対象の見かけの実在性や必然性に対する，ソーシャル・コンストラクショニズムの疑義提出を歓迎する。実証主義的科学は，そのような諸対象のことを，人間の価値や慣行から独立に存在すると表現するせいで，それらは，ある人びとを抑圧し，周縁的な地位に追いやるために利用されてきた。ウィリグは，ソーシャル・コンストラクショニズムの価値とは，そのような諸対象を脱構築することができ，それらがいつでも異なって構築される可能性があった，その様子を明らかにできることだと賛意を示す。しかしながら，彼女は次のように続ける。「必要なのは，物事が別様でもありうることを示すだけでなく，物事が今あるように存在する理由や，それらがよりよくなる方法を説明できる，そういう記述であると私は言いたい」（p.38）。彼女はソーシャル・コンストラクショニズムが，世界についての私たちの前提を疑うことに加えて，社会批評としても役割を果たしうる点で，その支持を論じている。彼女が言うには，批判的実在論の主張していることは，私たちが観察し経験する物事が，「生化学的構造や経済構造や社会構造などの，根底にあって比較的永続性のある構造によって生みだされて」（p.45）いるということである。これらの構造の存在とそれらが生み出す諸事象の意味していることは，それらを理解するやり方，つまり構築の中には，それ以外のものよりも現われやすいものがあるということであると，彼女はパーカー（Parker, 1992）を引用しつつ主張する。それらは，私たちの構築を決定するわけではないけれども，一部の構築を他より容易に「もたらす」のである。

　パーカー（Parker, 1992, 1998a）は，認識論的相対主義を支持する議論をしている。これは，私たちの世界についての知識，つまり世界についての私たちの考え方は，ディスコースを通じて社会的に構築されている，という見方である。しかし，彼はこの見方を存在論的実在論と結びつけ，私たちの社会的構築物はそれにもかかわらず，じっさいに構造化されている通りの実在に基礎を置

第 5 章　ディスコースの外に実在世界は存在するか　*141*

いていると主張する。パーカーは私たちが,「存在論的状態」に関するカテゴリー
を,自分の行為を組み立てる物理的・社会的環境のあらゆる側面を含むところ
まで拡張すべきであると言う。私たちは,家,オフィス,学校,工場などのあ
る種の物理空間の中で人生を過ごす社会,行なえることや言えることに制約を
加える仕方で物理的・社会的に組織化されている社会,そういう社会に生まれ
るのである。つまり,

> 資本主義経済においては,たとえば,産業労働者たちは多くの時間を他者
> と一緒に過ごすように物理的に配置されており,特定の種類の集団活動に
> 意味がある。欧米諸国の家父長制社会においては,女たちは多くの時間,
> 家の中に物理的に配置されており,ある種の集団活動は意味がない。帝国
> 主義の構造によって組織化された世界では,産業拠点の内外の被害者たち
> は,我慢するにせよ抵抗するにせよ,特定のやり方で活動する以外ないの
> である。

(Parker, 1992: 36)

　これが意味するのは,次のことである。すなわち,もしも男たちにとって日々
の生活の特色とは,多くの時間を物理的にきわめて接近して過ごし,「管理者
たち」のさまざまな都合で他の「労働者たち」と並んで職場に配置されるよう
なものだとしたら,「友愛」や「連帯」に注目する表現や記述がおそらく現わ
れてくることであろう。これらの記述は,労働組合に加入しストライキをする
などの,そのような組織がまた可能にする行為と密接な関連をもっている。日々
の生活が通例はお互いを孤立させ,もしくは少なくとも大勢で一緒に集まる機
会が多くない,そういう女たちにとっては,そのような記述や行為は起こりそ
うもないのであって,何人かのフェミニストたちは,(労働組合と同じ意味で)
組織化するための中心の欠如が,世界内での自分たちの立場を改善するための
集団行動を女たちに起こしにくくさせていると言ってきた。

　したがってパーカーにとっては,ディスコースの外に存在する実在(リアリティ)があり,
私たちがディスコースを通じて世界に関する理解を組み立てるその原材料を,
この実在(リアリティ)が提供してくれるのである。この実在(リアリティ)は,私たちの身体の物理的特性

やその身体的生活の可能性や制約だけでなく，私たちが住んでいる物理的・社会的環境の特性や構造からも構成されている。実在は，知を決定しないけれども，私たちが世界を構築するのに使えるさまざまなやり方に重要な制約を加える。

　コリア（Collier, 1998）は，批判的実在論の立場の中でも，おそらくもっとも急進的なスタンスを取っている。真理と実在とは，現在私たちに「都合がいい」世界のモデルは何かという観点から定義されるとする比較的穏やかなプラグマティズムの見方さえ，彼は拒否するのであって，私たちの主観的経験も言語使用も，実在世界の独立的に現存する諸特性に基づいていることを強調するのである。コリアは「実践」，すなわち私たちの周囲の世界との実際的でしばしば身体的な関係に注目する。私たちは言語使用のおかげで，実在世界やその特質から距離をとることが可能なのかもしれないし，その結果言語は世界を誤って伝える場合があるのかもしれないが，一方私たちの実践には，そんなことはありえない。私たちの世界との実際的な関係は，世界の特質を必ず，時には残酷に，気づかせてくれるだろう。観念論，すなわち心とその観念のみが存在すると主張する哲学的立場だが，彼は，これに対し批判的なだけではない。彼はプラグマティズムの見解支持に傾く人たちに対しても批判的であって，プラグマティズムとは，自分自身の前提を疑うのでなく，むしろ世界が自分に見えるがままに自分の快適な信念を維持する方法に過ぎないと主張する。それは，それが自分にとって好都合だからという理由で，自分自身の独特な世界観に傾注させておくのであって，そのような見方が他の人びとに対してもたらすであろう諸問題，つまり自分の見方によって抑圧されたり周縁的地位に追いやられたりするかもしれない他の人びとがいる，そういう諸問題には見向きもしないのである。コリアは，非＝実在論（相対主義ないしプラグマティズム）は，独断主義のライセンスであると主張する。もしも真理がないならば，誤ることなどありえない——私たちはみんな自分の信念に，うぬぼれて自信をもてるのである。

　　一方では，現実に自分の顔をひっぱたかせて，それを考慮して変身する開かれた活動が存在し，他方では，現実についての自分自身の理解を投影し，

第5章　ディスコースの外に実在世界は存在するか　*143*

それを疑ってみることのない閉じられた活動が存在する。プラグマティズムとは，閉じられた活動の哲学的標準化であり，一方実在論とは，開かれた活動の哲学的標準化なのである。

(Collier, 1998: 51-2)

だからコリアは，政治的信念とその結果として起こる行為の，そもそもの発端は，物質的・社会的世界の特質についての私たちの確信であるにちがいないと論じる。私たちの実践のおかげで，社会現象の根底にある構造の認識へと私たちはきっとみちびかれるのであろうが，コリアにとって，その重要な構造とは資本主義なのである。私たちは，この構造の実在を見るようになることだろう。なぜなら，あたかも資本主義が人びとの生活形態を決定する重要な要因ではないかのように行動するあらゆる試みは，容赦なく反証されるだけのことだから。

それとは対照的にガーゲン（Gergen, 2009b）は，道徳的相対主義という批判は誤解に基づいているのであって，ソーシャル・コンストラクショニズム論者たちはあらゆる道徳的価値が等しいという見方をとらざるをえないわけではないと主張する。「『他のどの立場よりも優れた立場など存在しない』という立場も含め，競合する諸立場のあらゆる評価や討議や比較は必然的に，実在することや良いことについての想定を伴っていることであろう」(p.169)。他のみんなと同じように，コンストラクショニズム論者たちは1つのパースペクティブをもっており，自分の考えることが「良い」という擁護論を行ない，他者が物事を同じように見るようになるのを望むのだが，しかし，「実在」に基づいているから自分たちの価値は基本的に優れているなどと主張することは決してない。

ということで，多様な立場がいろいろな弱点に苦しみつつあるのだけれども，相対主義的および実在論的な諸立場の支持者たちの間の道徳と政治をめぐる議論には，ちょっとした行きづまりがあるのだと思われる。バーキット（Burkitt, 1999）は，コンストラクショニズムの微視的と巨視的の種類があまりにも分極化してしまい，「『どこかに』あるかもしれないし，ないかもしれない物質界に対立して，会話とディスコース的対話の世界が措定される」(p.76) ほどになる

ことを批判する。彼の特に関心があるのは，権力の理解である。すなわち権力を，社会的相互作用の最中のディスコースの影響にすぎないと見るのか，あるいはそれをディスコースから独立した社会的・制度的慣行となって現れると見るのか，もっとも両者は互いに密接に関連しているのだけれども。微視的と巨視的のコンストラクショニズム両者は，独力では，権力について十分な理解を提供できないと，彼は述べる。バーキット（Burkitt, 1999）は，巨視的コンストラクショニズムを，自分史を作り出すその人間の役割を認めないという点で，したがってディスコースの決定的な影響から人びとの逃れる方法がじっさいには分からないという点で，不十分と見る。他方で，微視的コンストラクショニズムは，まったく権力を考慮しないか，あるいは，相互作用の中で自分を有利に表現するために人びとが使う戦略にのみ，権力は存在するものと見る。後者は，そのような表現が，もっと広い社会における不平等や支配形態からその影響力を必ず引き出している，その現状を認めようとしないのである。たとえば，ある人が「正常」で別の人が「異常」であるという主張が効果的か否かは，どんな相互作用においても，いろいろな性的指向の人びとの間のより全般的な不平等によって決まってくる。

　ウィリグ（Willig, 2008）は，この行きづまりを次のように簡潔にまとめている。

> 批判的実在論者たちは，相対主義者たちを，何事につけても道徳的ないし政治的な立場をとることがまったくできないと非難してきた。もしもあらゆる物事がディスコースで構築されているならば，いろいろな見方の間の争いの裁定を下すための根拠を私たちはもてないことになる，と論じられる。結果として，すべての見方は等しく妥当であり，「何でもオーケー」になる。それに対して逆に相対主義者たちは，実在論者たちの「実利的な」議論へのコミットメントとは，一定の真理要求が土俵の外で認定されていて，しかも異議申し立てできないことを意味すると指摘してきた。したがって，実在論の枠内では，あらゆる真理要求について筋の通った探究ができる訳ではない。しかしながら，相対主義者たちが論じるには，真の探究心を促進するのに必要とされるのは，まさにそのことなのである。

(Willig, 2008: 130)

討論の再構成

少なくとも，これまで列挙されてきた限りでの討論の観点からすると，この行きづまりから逃れる明らかな方法はないように見える。しかしながら，ある種の実在論的提言や相対主義的提言の統合としてか，もしくは「実在 対 構築」という対置自体が誤解に基づいていると提案することによってか，ともかく別の観点からこの討論を概念化しようとする企てがいくつか行なわれてきた。

ウィリグ（Willig, 1999a）は，ディスコース発生の可能条件をもたらしているもののディスコースを決定してはいない，社会的・物理的構造について述べている。

> ディスコースを通じて個人によって経験される生活状態は，その個人の諸行為の理由を与える。非＝相対主義的ソーシャル・コンストラクショニズムの観点からすると，意味は，ディスコースによって生まれ，社会構造によって調整され，そして，人間のアクターたちによって変えられるのである。

> (Willig, 1999a: 44)

したがって，ウィリグは，社会構造とディスコースと個人の行為は，等しく重要であることを主張しようとする。それにもかかわらず，彼女は「社会的・物理的構造」から始めるのであって，そのことが物質界に特権を与え，ディスコースやその影響をこれらの二次的現象とみなしているように思われるかもしれない。

似たような調子で，ナイチンゲールとクロンビー（Nightingale and Cromby, 2002）は，世界に関する私たちの表現から独立して存在する世界を批判的実在論が信じるからといって，ソーシャル・コンストラクショニズムが脅かされる必要は決してないと主張する。リーブルックス（Liebrucks, 2001）と同様に，彼らの論じるところでは，諸対象は，言語が何らかの点で指示すべ

き弁別的特性をもっているはずなのだが，とはいえ言語は，実在世界の特質を部分的で不完全に捉えることしかできないかもしれない。彼らは，物質的実在と言語的構築力の両者による個人的経験の「共同構成（co-constitution）」の支持論を展開する。これは，コリアの見方のような構造条件にも，ガーゲンの見方のような言語にも，どちらにも特権を与えないと思われる立場である。弁証法的なやり方で，物質的条件は社会的構築を生み出すが決定はせず，その社会的構築が今度は行為や決意を基礎づけ，それから，それらが現実の結果をもたらす。その結果，物質的条件は，ディスコースが根を下ろせる土壌を提供するけれども，一旦構築されるとそれらのディスコースは行為をみちびいて，それから，行為自体がその実在世界の特質を変貌させる。

　バーキット（Burkitt, 1999）もまた，自分自身を批判的実在論者とは言わないけれども，ディスコースの彼方に存在する物質的実在について多少の理解を訴え，しかも彼は，ソーシャル・コンストラクショニズムを言語的実践だけでなく，物質的実践とみなすことによって，実在論／相対主義論争を一変させる。彼は，言語の「表現秩序」や社会慣習や道徳規則を，物質界の「実践秩序」から切り離すことができるという議論に対して強く反対する(Harré, 1993)。バーキットは，物質的なものとディスコース的なものの両方を認め，行為主体性と社会的制約の両方を認める，そういうソーシャル・コンストラクショニズムを支持する議論を行なう。彼が言うには，世界を構築しているのはディスコースだけではない。人びとは，望遠鏡から補装具まで，現実を一変させる人工物を創り出す。したがって，「現実」とは，不変のものでなく，ディスコース上ばかりか実際にも人びとによって構築され，絶えず変化し続ける領域なのである。さらに，物質的・社会的諸条件は，諸事象について仕立てられる構築や記述に制約を課する。その結果バーキットは，社会的構築行為は物質的手段を通じて行なわれるかもしれない（人工的物品の生産）のだから，社会的構築と物質性とを対置する傾向を何とかして阻止しようとする。彼はまた，人が人工的物品を作り出しそれによって「実在するものを変貌させる」とき，さらにその後この変貌した現実に基づく新しい構築を創り出す機会を活かすとき，そこで果たす役割を通じて，人間が変化に進んで参加する余地をも認めるのである。

　すでに私は他のところで，「実在」の語がいろいろな意味で用いられていて，

かなりの混乱と誤解があると論じたことがある（Burr, 1998）。たとえば，ガーゲン（Gergen, 1998）は，「実在論^{リアリズム}」と「コンストラクショニズム」の語を反対語として用いているように思われる。しかし，「実在^{リアリティ}」の語は，次のようなさまざまな対極を意味する場合があり，それらはまったく異なる結果を伴うのである。すなわち，(1) 実在（真実としての）対 虚偽，(2) 実在^{リアリティ}（物質性としての）対 錯覚，そして (3) 実在^{リアリティ}（本質としての）対 構築。その実在＝構築の次元は，ときどきそれ以外の2つと関連づけられる。そのため，

> コンストラクショニズムはまた，錯覚と虚偽，あるいはそのどちらかを意味するものと捉えられている。したがってそこには，実在^{リアル}するか，もしくは「単に構築されて」いるか，どちらかの物事について話す傾向が存在する。そのように解釈される構築された世界とは，とにかくさほど明確でなく，あまり信用もできない……コンストラクショニズムを批判する人たちは，世界は私たちの想像の産物であり物質性（次元2）をもっていないという考えに異議を申し立てているのだと思われるが，それはコンストラクショニズムの主張では決してなかった。

(Burr, 1998: 23)

要　　約

　微視的^{マイクロ}および巨視的^{マクロ}ソーシャル・コンストラクショニズムに関して言えば，前者は，通例では相対主義のスタンスをとっており，一方後者は，その理論的基礎の点で相対主義的ではあるものの，批判的実在論^{リアリズム}に傾く人たちにとって一応満足できるソーシャル・コンストラクショニズムの出発点を提供してきた。脱構築論者たちは，その分析の中でイデオロギー概念を利用する可能性がより高く，一方，ディスコース心理学者たちは，権力や不平等の問題に注目する可能性がより低く，もっと関心があるのは，相互作用における説明の作成に関する微視的^{マイクロ}なプロセスなのである。

　相対主義の立場をとる人たちは，物質的実在^{リアリティ}の存在を否定しないが，しかし

私たちがそれについて直に報告できる可能性については疑っており，実在が私たちのおしゃべりやその他の記号系の中にともかくも反映されているという考え方には問題が多いと考える。これに対して批判的実在論者たちは，その考え方をもっと信じてはいるのだが，しかし彼らが実在と知と言語の間の関係を概念化する，その具体的なやり方はさまざまである。批判的実在論者たちにとって，世界には，権力関係の観点からたいてい描写される構造的実在が存在しており，それが，世界についての私たちの理解の仕方や話の仕方を何らかの点で下支えし，生み出し，または「もたらし」ている。さしあたりそれらの立場を過度に単純化すれば，相対主義的見方は，私たちが知っている現実を言語が生みだすと見る「ボトム・アップ」アプローチの傾向がある。実在論的立場は，世界に関する私たちの知と記述を実在が生み出すと見る「トップ・ダウン」の見方の傾向がある。実在論と相対主義の間の論争の熱気は，主に道徳と政治に対する関心によって生みだされてきた。しかしながら，相対主義も実在論も，両方とも，1つの道徳的・政治的観点をとりその支持論を展開するための，正当と認められる論拠を提供することは可能なのである。

　実在と知と言語の間の関係の特質，それにその道徳と政治に及ぼす影響，これらに関するさらなる歩みは，これまで一般的に組み立てられてきたような議論の観点の範囲内では，起こりそうもないと思われる。このような理由から，私は，その議論の諸観点を乗り越えようと試みる分析を大いに歓迎する。マイケル（Michael, 1999）は，ローズ（Rose, 1993）を引用しながら，議論を，2つの相容れない対極の間の論争――「二者択一」の対立――として組み立てることは，いかにも家父長制社会らしいけれども，たいてい役に立たない分析形式であると述べた。しかし，この二元論的思考は，実在論／相対主義論争には限られない。私たちは，たとえば精神／身体や個人／社会など，さまざまな装いのそれと出会うのである。それぞれの場合において，2つの観点のいずれに特権が与えられるべきか決めるよう，私たちをいざなう議論が生みだされる。実在論／相対主義論争を解決することのむずかしさの一端は，その試みが個人／社会の二元論をもたらす傾向があるという事実にある。すなわち，個々人は，自分たちのディスコースを通じて世界を構築する行為主体性をもっているのか，それとも私たちはみんな，自らの統制力を超えた社会構造の所産なのか？

第5章　ディスコースの外に実在世界は存在するか　*149*

　心理学者にとって，これらの論争は，いくつかの重要な問いを生み出すこと
になる。私たちは今や，1人の人間であることの意味をどのように理解すべき
なのか。私たちの個人的経験やアイデンティティは自分の意のままになるのか，
それとも私たちはすっかりディスコースの所産なのか。私たちがディスコース
を使うのか，それともディスコースが私たちを使うのか。もしも私たちがディ
スコースの使い手であるのなら，それが何を意味するのか理解するのに，私た
ちはどんな種類の心理学を必要とするのか。もしも私たちが，社会構造から生
じるディスコースの所産にすぎないとしたら，心理学はもはや必要ないのか。
私たちの身体的存在とは，自分の経験の報告を「基礎づける」物質的実在の一
部なのか，それともそれもまた社会的構築なのか。

　続く2つの章では，この心理的主体の問題を扱うことにする。ソーシャル・
コンストラクショニズムは，人間を構成するものについての心理学の伝統的理
解からたいへん遠いところまで私たちを連れていくので，私たちは，別のモデ
ルに従って自分自身を再建し始めなければならず，そして，これを行なう最初
のステップは，さまざまな種類のソーシャル・コンストラクショニズムが，人
間としての私たちに対してもつ影響を理解することなのである[注1]。

〈注〉

　1　本章で用いられた資料については，ダラス・クリフ（Dallas Cliff）にお世話になっ
　　た。

第6章

巨視的ソーシャル・コンストラクショニズム
におけるアイデンティティと主体性

ソーシャル・コンストラクショニズムは私たちに，主流派心理学の基礎をなしている諸前提を根底から疑わせる。すなわちそれが主張するには，心理学者たちがこれまで人びとについて生み出してきた知は，歴史的および文化的な条件に左右されるものと見なされねばならないのであって，時間と空間を超越する人間性は存在しないのである。たとえ私たちが今どんな状態になっているとしても，それは社会的に構築されているのであり，何らかの本質的な性質の一部というわけではない。そして，言語とは，単に私たちが自分自身や世界について話をして記述する方法ではなくて，むしろ，その構築過程の最も重要な場の一つなのである。さて，ソーシャル・コンストラクショニズムの主題として，どのような種類の人間を想定しなければならないかという問いに，そろそろ取りかかるべきだろう。主流派心理学の中心にある人間のモデルがそれでないことは，明らかである。しかし，ソーシャル・コンストラクショニズムの内部では，人間であることは何を意味しているのか。そこには，どんな種類の特性や過程や内容が前提とされているのか。

私が述べてきたさまざまな種類のソーシャル・コンストラクショニズムは，人間についてのいくつかの基本的前提の点で一致しているように思われる。それらは，本質主義を捨てて，構築を支持する。主流派心理学の強調する一貫性や統一性を，断片化や多様性に置き換える。また，精神生活の場を，個人の頭の中から，社会的・対人的な領域へと移す。したがってソーシャル・コンストラクショニズムは，自己充足的で先＝社会的で統一された個人を，断片化され

て変わりゆき，社会的に生み出される一現象に，しかも頭蓋骨内部ではなく社会生活の中に出現し存続する一現象に，置き換えるのである。しかしながら，これらの前提を1つの人間性（personhood）のモデルに具体化する仕方は，さまざまな種類のソーシャル・コンストラクショニズムの間で異なっている。

巨視的ソーシャル・コンストラクショニズム内の人間モデルを，微視的なそれにおける場合とつい対比したくなるのだが，二股をかけているかのように見える立場がいくつかあるので，例によってその全体像が少しあいまいなものとなってしまう。とはいえ，それにもかかわらず本章では，主に，巨視的ソーシャル・コンストラクショニズムにおけるアイデンティティと主体性に注目することにしよう。

最も急進的な種類のソーシャル・コンストラクショニズムの立場は，私たちの意識のすべての対象，すなわち，アイデンティティや自分自身を含む，私たちが考えたり話をしたりするあらゆる「物事」は，言語を通じて構築され，ディスコースによって作られていると主張する。言語の外には，きわめて重要な独立した存在など何もない。1つのディスコースは，枠組みを，すなわち世界を解釈しそれに意味を付与する1つの方法をもたらすのだが，そのおかげではじめて明確になる対象も存在する。「雑草」と「花」とは，言語を適用することによって，つまり特定のメガネを通じて植物を見ることによって，はじめて異なった対象として存在する。そのメガネを，私たちは「ガーデニング」ディスコースもしくは「農業」ディスコースと呼ぶことができよう。たとえば動物などと見分けがつくものとしての植物さえ，言語指示の枠内ではじめて存在するのである。

ところで，このことは，人間性と個人の行為主体性についての根本的に異なった見方を，私たちに与えてくれる。第一に，私たちは自分自身を，ある種のパーソナリティがあるもの，信念や意見をもっていろいろ選択を行なうものとみなし，しかもそれらは私たち自身の心の中で生まれた——つまり，私たちはそれらの「作者」である——と，考えるのに慣れている。しかし，ソーシャル・コンストラクショニズムは私たちから，パーソナリティや態度や意見，動因やモチベーションなどの心理特性を奪い去ってしまう。それらは，ディスコースの中にのみ存在しており，言語の結果なのである。私たちは，それらが世界の中

の有形の存在であるかのように経験するが，それらは，すべて言語を通じて生み出されるのだ。それらは，ディスコースを通じて形成された対象の例なのである。

　パーソナリティ，態度，スキル，気質，等々の語は，特定の人間像を示している。これらの語の使用を通じて私たちは，生まれつきであれ，人生経験を通じて獲得されたのであれ，学習されたのであれ，いずれにせよ人間にはさまざまな量のいろいろな特性が備わっていると考えるように促される。それらは一緒になって，個人主義のディスコース，すなわち心的素材の独特な組み合わせとして人びとを表現するやり方のことであり，しかもその組み合わせは1人の人間がたぶん送るだろう生活の種類を決定するのだが，それを助長している。たとえば，たぶん愛情豊かな世話のできる人は，結局は子どもたちの面倒を見たり，保育士の仕事に就いたりするであろう。しかし，ソーシャル・コンストラクショニズム論者に従えば，これらの性質は，私たちがパーソナティや態度の観点から考えることを可能にする個人主義のディスコース内部にしか存在しないのであって，つまり，そのディスコースがそれらの現象を私たちに見えるようにするわけだが，しかしその言葉はもともと，実在するものや心理特性を指示してはいないのである。

アイデンティティ

ディスコースの中のアイデンティティ

　もしも私たち自身を理解する有意義な方法としては，パーソナリティについて語るべきでないとしたら，その代わりにどんな概念が使えるのだろうか。ソーシャル・コンストラクショニズムの著者たちによって頻繁に用いられるのは，アイデンティティの概念である。「アイデンティティ」は，パーソナリティのもつ本質主義的な含意を免れており，また潜在的に社会的な概念である。あなたが何か，たとえば植物や動物を特定するとき，あなたはそれにアイデンティティを与えている。「あれは雑草だ」あるいは「あそこに野生動物がいる」と

言うことは，あなたが見ている物事の何らかの本質的な特徴や性質に気づくことではない。「花」対「雑草」は，あなたが庭いじりをする人である場合にのみ意味のある次元である。「食用の」対「食用に不適の」は，たとえ明確に区切られないとしても，羊や乳牛たちによって利用される次元なのかもしれない。そして，「野生の」対「飼い馴らされた」は，「飼い馴らされた」ということばが人間との出会いや関係を含意していることから，人間にとってのみ確かに意味をもつ区別である。要は，特定しているのはあなたであるということであり，あなたが与えるアイデンティティは，その物事自体の特質よりも，あなたの目的とより関係があるのである。同じことは，男らしさ／女らしさ，異性愛／同性愛，正気／狂気，黒人／白人，労働者階級／中産階級等々の，人間のアイデンティティを構成する事柄についても当てはまる——これらは，その人間の本質というより，むしろ社会的に与えられたアイデンティティと見ることができるのであって，だからこそアイデンティティの語が，ソーシャル・コンストラクショニズムの著作にしばしば登場するのである。

　私たちのアイデンティティは，文化的に利用可能なディスコースから構築されており，しかもそのディスコースを私たちは，他者とのコミュニケーションで利用している。人間のアイデンティティは，多くのさまざまな糸を巧妙に織りなすことによってもたらされている。そこには年齢の糸があり，たとえばその人は子ども，若者，あるいは超高齢者かもしれない。階級の糸は，職業や収入や教育水準によって決まってくる。それに，エスニシティ，ジェンダー，性的指向，等々。これらすべて，さらにもっと多くの糸を一緒にして，1人の人間のアイデンティティという布を生み出すために織り上げられるのである。これら各々の構成要素は，私たちの文化の中に存在するディスコース——すなわち年齢，ジェンダー，教育，セクシュアリティ，等々のディスコース——を通じて構築される。私たちとは，これらの事柄に関する，利用可能な特定のバージョンの最終結果であり，それらの組み合わせなのである。若い黒人の失業中の男は，年齢やエスニシティや仕事や男らしさをめぐるさまざまなディスコースを原材料にして構築される自分のアイデンティティをもつことであろう。さらに，種々の構成要素は，お互いに影響をもっている。たとえば，年齢のディスコースは，さまざまな仕方で種々の人生段階にある人びとを表現する。老齢

第6章 巨視的ソーシャル・コンストラクショニズム　155

はたいてい，記憶や運動技能などの個人的 能 力 の喪失や地位・権力の喪失と，
つまり衰えや発達の欠如とかかわっている。しかし，老齢の別のディスコース
は，英知や尊敬や従容のイメージを描くことができる。同様に，青年期は，進
歩や発達や変化の時，アイデンティティ・クライシスの時期，あるいは危うい
反抗的な時期として，さまざまに表現される。人間が過ごすことのできる青年
期のバージョンは，それらがまた前提としているエスニシティ，ジェンダー，
階級等々のディスコースによっても影響を受けている。黒人で失業中の男性の
青年期は，白人で中産階級で有職女性の青年期とくらべて，かなり異なった青
年期のディスコースから構築されることであろう。

　私たちのアイデンティティのそれぞれの糸に関して，自分自身を形成するの
に使えるディスコースの数は限られている。たとえば，私たちの現在の社会に
おいて使えるセクシュアリティのディスコースは，性的アイデンティティの形
成のために限られた選択肢しか与えない。いくつかのより新しい，もっと最近
のセクシュアリティのディスコースが支持を得つつあって，たとえば，さまざ
まなレズビアンとゲイのセクシュアリティが出現しつつあり，それらの多くは
意図的に構築されてきた。しかしながら，とりわけ2つの確立したディスコー
スが，それらに関連して自分自身を特定するよう私たちに求めている。すなわ
ち，「正常な」セクシュアリティは自然らしさや道徳的正しさの観念をふつう
は具現しており，そして「倒錯した」セクシュアリティはそれ以外のものを実
際のところ含んでいる。異性愛と同性愛の二分法がこれに重ねられて，異性愛
は正常で自然で正しいものとして，一方同性愛は倒錯した不自然で誤ったもの
として，ふつう表現される。これら2種類の二分法は，異性愛の営みでも倒錯
とみなされているものがあるので，同義ではない。文化的に利用可能なこれら
のセクシュアリティの表現が与えられたとすると，私たちは自分のアイデン
ティティをこれから形成せざるをえない。私たちの性的活動（もしくはその
欠如）は，これらのディスコースの形でしか，自他に表現できない。したがっ
て，私たちは必然的に，正常か倒錯か，異性愛か同性愛か，いずれかのアイデ
ンティティを採らざるをえないのだ。私たちの言語内で利用可能なセクシュア
リティのディスコースは，私たちにほとんど選択の余地を残さない。正常と倒
錯の場合と同じように，異性愛と同性愛の語のまさにその使用が，次のような

錯覚を生み出しているのを指摘することにも，また意味がある。その錯覚とは，ありとあらゆる種類のゲイやレズビアン，それにあらゆる種類の異性愛，それらは帰納的に等価であるという錯覚，そして同性愛は紛れもなく単に異性愛の鏡映像であるという錯覚，これである。

　したがって，人間生活のどんな面についても，それをめぐるさまざまな別のディスコースがあって，そのそれぞれが，たとえば若いこと，学歴があること，有職であること，あるいは障害があること等々の，その意味の異なる光景をもたらすのである。時に，これらのディスコースによって与えられる諸アイデンティティを組み合わせることに，何の問題もない場合がある。たとえば，高等教育機関に入ったばかりの若い人は，学生のアイデンティティを苦もなく手に入れることだろう。というのも，広くゆきわたっている若者のディスコースと教育のそれとの間には，多くの共通点があるのだから。発達・探索の時期，また心身共に敏捷な時期としての若者は，自己陶冶と成人への準備の過程として教育を表現する教育のディスコースとよく適合するのである。しかし，長い間の就労や子育ての後に教育の場へ戻ってきた中年の人は，学生のアイデンティティをもてあますと思われるのであって，というのも中年期について話したり表現したりする私たちのふつうのやり方は，発達の概念や心身の能力の概念を含んでいないからである。

　科学のディスコースとジェンダーのそれもまた，この点の好例である。科学と男らしさは，お互いにほとんど問題を引き起こすことはない。科学は，論理的で，客観的で，そして価値にとらわれないと考えられている。男らしさは，合理性や，情動を自分の論理的思考に交えないようにする能力を，具体的に示している。科学者になる男には，アイデンティティの問題はほとんど起こりえない。しかし，女たちにとって，そこは潜在的な葛藤ないし混乱の場にほかならない。広くゆきわたった女らしさのディスコースは，情動性や非論理性や直感——つまり，科学の要素でないもの——について語る。科学をやりたいと望む女たちは，女らしくないとか，無能な科学者だとか，思われることなしに，どうしたら自分のアイデンティティを達成できるかという問題に直面するのである。

　したがって，私たち各人について言えば，多数のディスコースが私たちのア

第6章 巨視的ソーシャル・コンストラクショニズム　*157*

イデンティティを構築し生み出すのに絶えず作用しているのである。だからアイデンティティは，その人間の内部から生じるのではなく，社会的領域，そこでは人びとが言語やその他の記号の海を泳いでいるのだが，そういう領域から生じる。しかも，その海は私たちには見えないのであって，というのもそれは社会的存在である私たち実存の生活条件そのものだからである。それに加えて，アイデンティティとは，決して統一的でも安定的でもない。もっと正確に言えば，流動的で変化し，ディスコース的地勢のあちこちで構成され再構成される多重的なアイデンティティを，人間はもっているということである。

　しかしながら，アイデンティティがディスコースを通じて社会的に構築されているということは，それらのアイデンティティが偶然的なものであるという意味ではない。ソーシャル・コンストラクショニズムが，個人的アイデンティティ構築の政治的分析に力を発揮できるのは，まさにこの点である。アイデンティティの多元的で流動的な特質はまた，変化が潜在的に絶えず可能であること，そして原則的に，より助力的なアイデンティティの方を選んで，有害なアイデンティティから逃れられることを意味している。

アイデンティティへの抵抗

　ディスコースとそれがもたらすアイデンティティは，世俗的な権力関係とかかわっている（第4章を参照）が，同時に，抵抗の機会をももたらすのであって，セクシュアリティはそのありさまを示す1つの実例でもある。ゲイやレズビアンを構築する諸ディスコースの中に，不自然さや倒錯や病気のディスコースが見つかるのは今でもごくふつうのことである。最も寛容な場合，それらのディスコースはゲイを不幸な病気に冒されているものと特徴づける。最も不寛容な場合には，それらはゲイやレズビアンを，道徳的に非難さるべきもの，あるいは悪とすら表現する。それらのディスコースは，ゲイやレズビアンの関係を，正常で自然とみなされるものの範囲外に追いやり，さらにそれらを辺縁的な種類の非合法の社会生活としてのみ認めるのには，役に立つのである。もっとも今ではもう，正常で自然という語自体に問題があることは明らかにちがいないのだが。ゲイを表現するのに使えるイメージは，なぜそれほどまでに軽蔑

的でなければならないのか。異性愛の核家族が私たちの現在の資本主義経済の根本原理である限りにおいて，ゲイやレズビアンはこの現体制に脅威をもたらすのである。現在の構造化されている社会で最も得をしそうな人びとにとっては，異性愛の夫婦の家庭生活の自然さや道徳的正当性に疑問を抱かせるような，そういう家族形態を周縁的な地位に追いやることに既得権益があるのである。

しかしキッツィンガー（Kitzinger, 1987, 1989）は，彼女が面談したレズビアンたちが，「ロマンチック・ラブ」のディスコースや「自己実現」のディスコースを利用することによって，この周縁的地位に追いやろうとする傾向に抵抗することができた，その様子を明らかにしている。キッツィンガーは，これらのディスコースが，もっと幅広いリベラル・ヒューマニズムのディスコースの一部であるとする。このディスコースは，あらゆる人間が幸福と願望成就の等しい権利をもっているという人間像を提示する。それは，人間の個性や独自性を強調し，自分の人生の生き方に関しては自分で決めたいというその人たちの要求を強調する。リベラル・ヒューマニズムは，私たちの社会でしっかりお墨付きを与えられたディスコースであると言うことができる。レズビアンの欠くことのできない人間性を強調し，また彼女の性的嗜好は相対的に重要でないことを強調するリベラル・ヒューマニズムの枠内で，これらの女たちは，自分が他のふつうの女たちとちがうというよりむしろ同類なのだと，みごとに説明できたのである。リベラル・ヒューマニズムのディスコース内では，レズビアンは，種々さまざまな人間らしさの一部として受け入れられるべきなのだ。

しかしながら，キッツィンガーは続けて，このディスコースを使うことが政治的には逆効果になりうると言うのであって，というのも私たちは結局それの正当性を支持することになるからである。もしも愛のディスコースや家庭生活のディスコースには，社会内の，労働者と雇用主の間や女たちと男たちの間，また異性愛と同性愛の間にある，抑圧関係を覆い隠す効果のあることが本当なら，これらの女たちは，一般的事態にも自分自身の抑圧にも最終的に役立つことは何もしていないことになる。彼女は，かなり悲観的見方で，次のように結論する。「抑圧された人たちは，この支配的な道徳秩序の基本的妥当性を再確認するような，そういう諸アイデンティティを構築するようさかんに仕向けられているのだ」（Kitzinger, 1989: 95）。

第6章 巨視的ソーシャル・コンストラクショニズム　*159*

　ここから引き出すに値する論点が，いくつかある。第一に，人びとがアイデンティティを求めて奮闘する様子を，それは明示している。私たちはみんな，広くゆきわたったさまざまなディスコース内で使えるアイデンティティに関して，それを求めたりそれに抵抗したりしている最中である。そして，私たちがこの苦闘をはっきりと見るのは，社会の本流の辺縁部にいると思われる人びとに目を向けるときである。しかしながら，キッツィンガーの結論のことばは，次のことを言っているとも考えられる。すなわち，世界の中で相対的に無力な立場を継続させるディスコースからどれほど懸命に脱出を試みても，ディスコースのシステム全体に包囲されており，結局それに遅かれ早かれ再び巻き込まれるのである，と。これが彼女の言っていることだと私は思わないけれども，あからさまに既存の社会制度に異議を唱える政治的レズビアンのディスコースやラディカル・フェミニズムのディスコースなどの，現体制にとって脅威となる，したがってそこで利益を得る人びととにとって脅威となるディスコースは，強く抵抗を受け，周縁的な地位へ追いやられることだろう。ディスコースを通じて手に入るアイデンティティを求めたり抵抗したりしようと私たちは努力するわけだが，自分自身のアイデンティティを構築し交渉するそのプロセスは，それゆえたいてい葛藤だらけであることだろう。

　諸ディスコースは，あらゆる潜在的なひび割れや弱点をきれいにふさぎながら，お互いにきちんとかみ合っているわけではない。そこには弱点，つまり攻撃されるかもしれないところや，他のディスコースが現実の脅威をもたらす点もいくつかある。ディスコースはいつも，暗に他のディスコースによって反論されている。これは，権力と抵抗とが必ず一緒に作用することに関するフーコーの主張である（第4章を参照）。権力があるところ，抵抗もまた存在するのである。さらにまた，当然のことながら，ポスト構造主義の考え方が不平等や抑圧の分析を望む人たちによって取り上げられ適用されてきたし，また特にフェミニストたちと，ジェンダーやセクシュアリティや性的指向に関する規範的前提に異議を唱えたい人たちによって，多くの貢献がなされてきた。フェミニストたちの間には，そもそも「女」というカテゴリーが，このカテゴリーに属する人たちのための政治的行為を可能にする（おそらく自然な）カテゴリーなのかどうか，あるいはそれは対立を生む排他的な構築なのかどうか，このことに

関する長年続いている議論がある。後者の問題設定をする最も有名なフェミニストの1人は，ジュディス・バトラー（Judith Butler）である。バトラーは，ジェンダーや性的指向を，広くゆきわたったディスコースの強力な指示から構築されていると考える。今や定評ある著書『ジェンダー・トラブル』（1990）の中で，彼女はジェンダーの遂行的特質の支持論を述べる。ある人のジェンダー，つまり私たちの女らしさや男らしさとは，その人がそれである何か（1つの本質主義的見方）ではなく，むしろ行為遂行的なものであり，私たちの社会的相互作用の最中に男らしさや女らしさを繰り返し思い起こすことから現われる1つの構築である，とバトラーはみなしている。したがって，男らしくまたは女らしく「存在する」というより，むしろ私たちは男らしさや女らしさを「行なう」のである。もしも私たちがディスコースを，言語と社会慣行の両者を包含しているものとみなすなら，ジェンダーのこの遂行とは，私たちがじっさいに口で言うであろうどんなことにも負けず劣らず，女らしさと男らしさを「語る」社会慣行なのである。だから私たちには，遂行されるものに先立つジェンダーはないのだ。

> ジェンダーとは，1つの行為であって，それが名づけるもの，この文脈では「男らしい」男や「女らしい」女だが，それを生み出す行為なのである。ジェンダー・アイデンティティは言語によって構築されるのだが，それは言語に先立つジェンダー・アイデンティティが存在しないことを意味している……文化的に意味の明瞭な主体とは，ディスコースの原因ではなく結果なのである。

（Salih, 2007: 56）

　ジェンダーに堅固さや自然さの感触を与えているのは，ジェンダーの繰り返し行われる遂行である。「ジェンダーは，私たちが生まれた時に一度だけ起こることではなく，繰り返し行なわれる一連の行為であり，それが固まってまるで最初からずっとそこにあったかのような様相を呈する」（同書，p.58）。

　繰り返し行なわれるジェンダーの遂行のこの「堆積」から結果的に生まれるのは，その場所の優勢なジェンダー規範に従って整えられ，しかも男性／女性，

男らしさ／女らしさ，異性愛／同性愛などの二分法または二項対立のような誤
解を招きやすい体裁を呈する，身体なのである。つまり，「これは，一連の肉
体的なスタイルを長い年月かけて作り出してきた堆積であって，そのスタイル
は具体化されて，お互いに二元的関係で存在する両性の自然な身体形態として
現われるのである」(Butler, 1990: 191)。

　バトラーはまた重要なことには，セックス・カテゴリーからジェンダーを完
全に分離している。もしも，自分のジェンダーが生物学的セックスに依存しな
い1つの構築であるならば，このことは3つ以上のジェンダーカテゴリーが可
能なことを意味している。ラディカルな動きとして，彼女はさらに，「男性」
と「女性」のセックス・カテゴリーと，性的指向に関連するセックス・カテゴ
リーとを脱構築する。彼女の目的は，既存の限定的なカテゴリーによって現在
のところ周縁的地位へ追いやられているあらゆる種類のジェンダーやセクシュ
アリティの表現と正当化のために，その余地を作り出すことにある。そのよう
なカテゴリーは実にしばしば二項対立をなしている——それらは，（男性／女
性などのように）1つの語をその対照的なものと対立させておいて，その上で，
どちらか一方だけが存在できる余地しか残さない。

> 　一般にフェミニズムの理論は，女たちというカテゴリーを，さらなる政治
> 的主張のための基礎であると捉えてきたけれども，フェミニズム的ディス
> コースの一部として明示しうる種類の経験に，そのカテゴリーが政治的結
> 末をもたらすことには気づいていなかった。
>
> (Butler, 1990: 325)

　バトラーは，ジェンダー化された主体の行為主体性について，とりわけジェ
ンダー化された（しかもセクシュアルな）支配的ディスコースに抵抗する可能
性について，アンビバレントであるように思われる。ときどき，彼女はこれが
可能であると言っているように思えるのだが，その他の時には，選択を行い支
配的ディスコースに抵抗することができるはずの行為主体的な主体を，彼女は
想定したがらない。ベンハビブ（Benhabib *et al.*, 1995を参照）は，この理由
からバトラーを批判してきた。主体性は確かに言語により構造化されているも

のの，それでも選択を行ない，より害の少ないディスコース内に自分自身をポ
ジショニングできる，そういう行為主体のための余地を確保したいと，ベンハ
ビブは切望しているのである。この行為主体性の問題については，第9章にお
いてさらに検討するつもりである。

ディスコース内の主体ポジションとしてのアイデンティティ

主体ポジション（subject positions）の概念は，ソーシャル・コンストラクショ
ニズムの何人かの著者たちによって，私たちのアイデンティティが作り出され
る過程を指すのに用いられている。哲学者のアルチュセールは，私たちがどの
ようにしてイデオロギーを受け入れるようになるかについて語ったとき，それ
とよく似た考え方をしていた。彼の中心論旨は，イデオロギーが主体としての
個人に「問いかける」もしくは「呼びかける」ことであった。イデオロギーは，
私たちに「やあ，君たち！」と大声で呼びかけ，あるタイプの人間としての私
たちに耳を傾けさせる。私たちは，自分がそのイデオロギーの中で呼びかけら
れた人間と認めるとき，既にその人間になっているのである。ディスコース内
のポジションという考え方は，これとかなり似ている。つまりディスコースは
その内部に，人間がとる暗黙のポジションを必然的に伴っているのである。ディ
スコースは，私たちをある特定の種類の人びと，すなわち高齢者，介護者，労
働者，犯罪者等々として，私たちに呼びかける。たとえば，パーカー（Parker,
2002）は，「治療」ディスコースと，さらにその中に潜在する主体ポジション
を検討しているのだが，それは練り歯磨きの箱のテクストから読解されるもの
かもしれないのである。

さらに私たちは，ディスコースがもたらす主体ポジション，すなわち自他に
ついての表現だが，それを避けようとすることはできない。私たちの選択は，
ただそれらを受け入れるか，あるいはそれらに抵抗しようとするか，どちらか
しかない。そしてもしも私たちが，ある特定の主体ポジションを受け入れるか，
もしくは抵抗できないのなら，私たちはそのときそのポジションがもたらす権
利構造，話をする権利や義務から抜け出せなくなる。ウィリグ（Willig,
1999b）によれば，「個人は利用可能なディスコースにより規制されるのであっ

て，なぜならディスコース内のポジションはその個人に先在しており，その個人の『自己』（主体性）の感覚や経験範囲が，利用可能なディスコースによって制限されているからである」(p.114)。ギリース（Gillies, 1999）は，中毒ディスコースの例を使って，喫煙する人びとの行動や経験を表現する。このディスコースは，そのような人びとを中毒者の主体ポジションへと招き入れ，その結果彼らはそれらの観点から自分たちの行動を理解し，自分自身を経験するようになる。ディスコース内のポジションを通じて私たちの手に入る主体性は抑圧的なものかもしれず，状況を変化させる可能性を私たちにほとんど残さないかもしれない。ギリースが論じるには，中毒者としての喫煙者ディスコースは，自分の人生を変えたり制御したりする可能性がほとんどないように思われるので，彼らを無力化しているのである。

　これらの主体ポジションはまた，行為と発言権に関する可能性と限界を必然的に伴っているのだが，その様子について，パーカー（Parker, 1992）は分かりやすく解説するための例を挙げている。「下痢について話し合おう」ということばが表示されたバッジは，多くの第三世界の国々が抱える健康問題に注目させており，また意識を高めて資金を募るキャンペーンの一部として売られている。それは，欧米の工業化社会に向けられているのだから，さまざまなディスコースの1つを通じて，私たちに語りかけているのかもしれない。しかもそれらのディスコースはそれぞれ，さまざまな主体ポジションとさまざまな権利・義務を必然的に伴っている。医療ディスコースの場合は一般に，医学知識を通じて治療を提供する人びと（医師と看護師）のポジションと，彼らのケアを受ける側で医学知識に欠ける患者のポジションを含んでいる。このディスコースを通じて私たちは，ケアする側の人間の候補として呼びかけられることになるが，しかしそれは，たとえば実際的な援助を進んで引き受けたり，医学的訓練を受けたりすることで，「医療有資格者」の仕事を支援することに過ぎない。医療ディスコースの場合，医学的訓練を受けていない人たちは，患者あるいは非医療従事者として，つまり決定して診断し医学用語を使う等々の権利をほとんどもたないポジションとして，呼びかけられることであろう。

　ディスコース内の主体ポジションという考え方は，ジェンダーやセクシュアリティの領域において利用されてきた。ホルウェイ（Hollway, 1989, 1998）は，

女たちと男たちのいろいろなポジションを含む異性愛ディスコースをいくつか特定している。自分のインタビュー資料を使いながら，彼女は「男性の性的欲動」ディスコース，「寛容」ディスコース，そして「所有／保持」ディスコースという3つのディスコースを特定した。男性の性的欲動ディスコースの中心は，男のセクシュアリティが，直接に生物学的欲動によって，つまり種を繁殖させるための欲動によって生み出されるという考え方である。このセクシュアリティの表現において，女たちに暗黙のうちに与えられるポジションは，その対象としてのポジションである。すなわち1人の女は，男たちの自然な性的衝動を突如引き起こす対象であり，その性的魅力の力によって男を「罠にかける」ものとみなされるかもしれない。男性の性的欲動ディスコースは，私たちの文化の中で頻繁に出くわすものであり，不倫やレイプなどの男たちの行動を正当化するためによく使われている（Ehrlich, 1998）。このディスコース内で男たちと女たちに与えられるポジションは，きわめて異なっていると考えられるのであって，というのもそれらはきわめて異なった権利・義務や行為可能性を伴っているからである。

　これとは対照的に，所有／保持ディスコースは，まったく異なった一連の行動を正当化する。それの中心は，一夫一婦制やパートナーシップや家庭生活というキリスト教的理想なのだが，ただし男性の性的欲動ディスコースに見られるセクシュアリティと生殖の間の結合はここでも維持されている。それは女たちを，夫や子どもたちとの関係を通じた長期にわたる感情的絆を何よりも求めるものと位置づけるのであって，というのも彼女のセクシュアリティは何よりも母性や家庭生活への欲求と密接に結びついているからである。このディスコース内における男たちについての表現は，長期にわたる関係に深くかかわって，それがもたらす義務に従うことへの覚悟の有無に注目する。したがって，このディスコース内ではジェンダー役割はある意味で逆転されている。つまり，女たちは追求者であり，男たちが「罠」である。ホルウェイが言うには，男たちにとって，男性の性的欲動ディスコースと所有／保持ディスコースとの間の葛藤の解決とは，結婚する「良い」女の子と売春宿に行って遊ぶ「悪い」女の子との間をきちんと区別することにほかならない。

相互作用における主体ポジション

　主体ポジションという考え方はまた，人間が社会的相互作用の最中に特定の
ディスコース内に自分を位置づけようと努力するその能動的モードを認めると
いう形で，「ポジショニング」の概念において採用されてきた（Davies and
Harré, 1990; Harré and van Langenhove, 1999; Harré and Moghaddam, 2003;
Harré *et al.*, 2009; van Langenhove and Harré, 1994）。その結果，この考え方
はいくつかの点で微視的ソーシャル・コンストラクショニズムといっそう一致
しているので，ポジショニングの概念が微視的な文脈の中でどのように発展し
てきたかについて，第7章でもっと述べることにしたいと思う。にもかかわら
ず，私はここでもそれに触れておきたいと思うのであって，というのも，その
概念はもともと，広い社会のディスコースの中での主体ポジションと，社会的
相互作用内で主張されたり抵抗されたりするポジションと，その双方からアイ
デンティティがどのように派生するかを説明するために用いられたからである。
　前述のように，セクシュアリティのディスコースは，私たちのジェンダーや
性的アイデンティティの構築に対して，狭い選択の幅しかもたらさない。つま
り私たちは，男らしいか女らしいか，異性愛か同性愛かという，そのディスコー
ス的地勢の上に位置づけられることになる。そして，私たちが最終的にどこに
位置することになるかに影響するディスコースの力の少なくとも一部は，私た
ちが生まれる以前からその影響を行使してきているであろう。したがって，私
たちの多くは，自分のジェンダー・アイデンティティやセクシュアリティを「生
まれつき」として経験することだろう。これらは，私たちに何らかの「決定権」
があったとはまったく感じられない事柄である。しかしながら，これらの主体
ポジションを受け継ぎながらも，それらは，社会的相互作用で自分に有利な結
果を交渉して実現する機会をもたらすかもしれないと，私たちには分かる。た
とえば，レイプで訴えられた男は法廷弁護において，自分を制御不能な生物学
的衝動の犠牲者として定位する男性的セクシュアリティのディスコースの内に，
自分を位置づけるかもしれない。日々の相互作用の中で，私たちは他の人びと
と相対してポジションを採用したり与えたりするが，そのポジションは時に問

題をはらんでいることが分かる。親密な関係を支配している広く行きわたったディスコースの内部では，ある人間は相互作用の中で「恋人」のポジションを採用するかもしれず，そしてそれは，暗黙のうちにもう1人の人間を，相補的なポジションとそれが必然的に伴うあらゆる物事へと招き入れる。しかしながら，そのもう1人の人間は，そのポジションを受けいれるかもしれないが，ことによると「友人」として自分を位置づけようと努力することで，そのポジションを拒否するかもしれない。

　ポジショニングの概念は，私たちの経験を組み立てて行動を制約する文化的に利用可能なディスコースの力を認めると同時に，その一方で人間がそれらのディスコースに積極的に関与して，それらを社会状況の中で利用する余地をも認めている。ディヴィスとハーレ（Davies & Harré, 1990, 1999）は，ポジショニングのこれら2つの面は，同時に作用していると言う。すなわち彼らは，人間主体を，ディスコースによって生み出されると同時に，それの操作者でもあると考えている。ディスコース内で利用可能な諸ポジションは，「権利構造」をもたらす。つまりそれらは，ある特定のディスコース内で，私たちが行なってもいいことや行なってはいけないことについての可能性と限界を与え，またそこでの当然の権利も主張する。

　私たちはある特定のディスコースを利用することによって，あるポジションを自分で採用するかもしれないし，あるいは私たちが他の話し手に，話の中で与える役割を通じてポジションを割り当てるかもしれない。たとえば，ある人間は誰かの発言を「同情を示す」ものとみなして，自分で「被害者」のポジションを採用してそれに反応するかもしれない。しかしながら，本来の発言はこんな風に意図されていなかったかもしれず，その話し手は「そのような場合に同情を示すはずの人」と位置づけられることを望んでいないかもしれない。そのため，話し手の最初の発言が捉え直されて，それによって両方の話し手に新しいポジションを与える試みがなされるに至るかもしれない。したがって，多くの種類の主体ポジションが刻一刻と活用されて，それらは関係者たちによって与えられ，受け入れられ，要求され，あるいは抵抗されるかもしれないのだ。そして，私たちを人間として定義するものは，これらの，与えられたり要求されたり受け入れられたりする主体ポジションなのである。

第6章　巨視的ソーシャル・コンストラクショニズム　*167*

　1人の個人は社会的相互作用の過程を通じて現われるが，それは比較的安定した完成品としてではなく，彼らが関与するさまざまなディスコース的営みを通じて構成され，また再構成される人として現われるのである。したがって，その人が誰なのか，つまりその人はどんな種類の人間かというのは，必ず未決の問題なのであって，その答えは，自他のディスコース的営みの範囲内で利用可能となる諸ポジションと，それら営みの範囲内にある諸ストーリー，私たちはその諸ストーリーの中で自他の人生を理解するわけだが，これらに従って変化するのである。

(Davies and Harré, 1999: 35)

　ディヴィスとハーレはまた，その人間の個性にも余地を残している。つまり，人の経歴と独特の人生経験は，相互作用の中で私たちが特定のポジションを，どれほど占めたいか，またどれほど占められると思うか，その度合いに影響を及ぼすことだろう。
　当然，人びとの間のあらゆる交流において，それぞれの関係者が達成しようと努力している「状況の定義」の絶え間ないモニタリングが行われることになる。「これはどんな相互作用なのか」についての関係者の理解は，彼らにとってどんな主体ポジションが利用可能なのか，そしてそれらのポジションを彼らは要求したいのか抵抗したいのか，これらに関する彼らの知覚に根底から影響を及ぼすだろう。以下に挙げるのは，役割の交渉の一例として報告されたものだが，医療ディスコース内の取得可能なポジションの争いと見ることもできる。

　ディビス（Davis, 1961）は理学療法士が，一時的な身体的ハンディキャップを抱える人間を，1人の患者に変えようと試みる，その様子を観察した。ふつうは総合的に見て患者自身の利益になるように演じられる「通常の」役割を，その人間が放棄するように説得しようとして，理学療法士はその障害の深刻さを強調したのである。これに対してその人間は，そのハンディキャップの一時的性格と，まもなく回復できる見通しとを強調して応答した。さらにその人間は，自分自身の個人的なことを詳しく伝え，理学療法士の個人的なことを尋ね，懇親のために招待状を出し，他の点では「ただ

の」患者になることを避けようと試みることによって，友好的な関係を築こうとしたのである。けれども，その理学療法士は，その人間が完全な患者になるのでない限り，完全に専門的な役割を果たすことができなかったので，それで友情や親密さの申し出を拒絶したのだった。しかしその理学療法士はそれでも，患者や同僚から冷たくよそよそしいと見られるわけにはいかなかった。そこで「よそよそしい真心」が，その交渉から生まれた役割関係として維持されたのである。

(Jackson, 1998: 124-5. 原文はイタリック)

1つの相互作用の異なった構築は，まったく異なる主体ポジションをもたらすことができ，またその主体ポジションは関係者に対しそれぞれ一連の権利・義務を必然的に伴っている。さらに，そのようなポジショニングは，時に意図的ではあるものの，必ずしもそうではない。したがって，人びとは，特定のやり方でお互いを位置づける意図など必ずしもなかったのに，話の中に潜在する主体ポジションに巻き込まれるようになるかもしれない。しかし，私たちは，他者との付き合いで採用するディスコースの潜在的な含意について，それを認識して自覚的になることはできるのである。そうなれば，私たちは，そのつもりもないのに他者を位置づけてしまう可能性が少なくなるだけでなく，また自分自身の個人的なアイデンティティや変化との戦いの中では，自分に有益な方策を手に入れられるかもしれないのだ。

主体ポジションと権力

対人的な文脈におけるポジショニングの細部へのこの関心は，日常的なおしゃべりの中で与えられたり受け入れられたり抵抗されたりするポジションが，いかにディスコース上の慣行であるかについての関心であり，そのディスコース上の慣行のおかげで，ディスコースとそれに結びついた権力の影響は生き生きとしてくるのだ。私たちが会話の最中に自他を位置づけるとき，私たちはその当面の社会事象を超える影響をもつ何事かを行なっている。お天気のことや子どもたちが学校でどうしているかについての，一見取るに足らないやり取り

第6章　巨視的ソーシャル・コンストラクショニズム　*169*

に至るまで，日々の会話はしたがって，ささいなこととは決して言えず，アイデンティティが形成され権力関係が展開する重要な舞台をなしているのである。じっさい，そのようなおしゃべりはささいなことだと言う主張は，1つの強力な装置として使われる場合がある。女たちの抑圧の中心には言語があると信じるフェミニストたちは，しばしばこの点を主張してきた。たとえば，職場の男性の同僚のいやらしい発言がセクシュアル・ハラスメントだと訴え出る女は，その発言は「ちょっとふざけただけ」あるいは「単なるジョーク」であり，したがって問題は彼らの発言ではなく，彼女にユーモアのセンスが欠けていることなのだという反応によって，その訴えが骨抜きにされてしまうかもしれないのだ。そのような戦略の成功は，これらの発言がささいで，したがって無害のものと表現されるかどうかで決まる。そこでは本物の抑圧は，もしもそれが存在するのならば，どこか別のところ，ことによると雇用や給料に関する法律に，つまり日々の平凡な会話から一見離れた場にあるものだと言われる。もしも私たちが，言語とはアイデンティティ交渉や権力関係のきわめて重要な場であるという見方を本気でとるつもりなら，「ブラックレッグ（blackleg〔＝スト破り〕）」や「マンカインド（mankind〔＝人類〕）」などのことばが禁止されるべきかどうかに関する議論を，ささいなこととして看過することはもはやできないのである。

したがって，ポジショニングの概念は，人びとがいかにディスコースに左右されるか，またその主体性が対人的な生活の中でいかに交渉して取り決められるか，この両面に注目する見方を与えてくれる。ウォーカーダイン（Walkerdine, 1981）は，このポジショニングの二面性の1つの好例を挙げている。保育園での子ども＝先生間の相互作用についての自分の記録を使って，子どもたちと先生たちがさまざまなディスコースの中で自分自身やお互いを位置づけようと努力する様子を彼女は明らかにし，また，このポジショニングによってもたらされる権力効果を明らかにしている。彼女は，保育園の先生ミス・バクスターと，4歳のシーンとテリーという2人の男の子の間のやり取りを引用する（ボックス 6.1 を参照）。

ウォーカーダインは，この例を，私たちが個人としてさまざまなディスコースの相互作用に絶えず左右される，その様子を明らかにするために使っている。

《ボックス 6.1》

　その一連の出来事は，アニーが自分の作っている建物にレゴ・ブロックを 1 つ付け足そうと手に取ったところから始まる。テリーはそのブロックを自分が使おうとして，彼女からそれを取り上げようとするが，彼女は抵抗する。そこで，彼は言う。

　　テリー：アニー，お前は，バカなオンナだね

［先生が彼に止めるように言うが，するとシーンが別の子の建物をめちゃくちゃにしようとする。先生は彼に止めるように言う。そこで，シーンが言う。］

　　シーン：冗談言うな，ミス・バクスター，仲裁屋^バクスター
　　テリー：冗談言うな，バカな，ミス・バクスター
　　シーン：冗談言うな，ミス・バクスター，仲裁屋^バクスター
　　テリー：冗談言うな，ミス・バクスター，バカな仲裁屋^バクスター，バカなケツ
　　シーン：バカな，クソッ，ケツ
　　ミスB：シーン，もう十分よ，ふざけ過ぎだわ
　　シーン：ミス・バクスター，バカな，お前のパンツ見せてみろ
　　テリー：ミス・バクスター，お前のケツ見せてみろ
［彼らはゲラゲラ笑う］
　　ミスB：あなたたち，ふざけ過ぎてると思うわ
　　テリー：クソッ，ミス・バクスター，クソッ，ミス・バクスター
　　シーン：ミス・バクスター，パンツ脱いでケツ見せろ
　　シーン：服ぜんぶ脱いで，ブラ取ってみろ
　　テリー：そうそう，ケツ出して，シーシーしてみろ
　　　　　　服脱いで，口も取っちゃえ
　　シーン：歯も取って，頭もとって，髪もとって，ケツも取っちゃえ
　　　　　　ミス・バクスター，仲裁屋^バクスター，パンツ，徴税人^タクスター

第6章 巨視的ソーシャル・コンストラクショニズム　*171*

　先　生：シーン，あっちに行って，何か他にすることを見つけなさい

（Walkerdine, 1981）

※訳注：ここで子どもたちは，韻を踏みながらさまざまなからかいのことばをバクスター
　　　　先生に言っているが，その中には，knickers（ニッカーズ：女性用下着，軽蔑を
　　　　表わす）やbum（バム：お尻，同じく軽蔑を表わす）といった女性を揶揄する
　　　　ようなことばが使われている。その点において，子どもたちは女性であるバクス
　　　　ター先生を侮蔑するディスコースを用いている。一方，バクスター先生は，子ど
　　　　もたちに対しふざけないようにと注意しているが，その際，silly（おばかさんと
　　　　言った意味で主に子どもに対して用いられる）ということばを用い，彼ら（シー
　　　　ンとテリー）を子どもとして，一方自分自身を彼らに接する大人としてポジショ
　　　　ニングするディスコースを用いている。

　そこでは，それぞれのディスコースが独特の権利・義務・行為可能性の構造を
伴っており，またそれぞれはアイデンティティや権力への影響をもっている。
教育に関する伝統的マルクス主義的分析は，相対的にほとんど権利も自由もな
い子どもたちに対し先生は権力をふるうポジションにいると単純に考えるわけ
だが，それに対して，彼女は主として反対する議論を行っているのだ。そのよ
うな分析の中では，子どもたちは教育により，そしてここではその代表者であ
る先生により，明らかに抑圧されている。しかしこの例では，子どもたちは一
時的にせよ権力を握って，セクシュアリティのディスコースを利用して自他を
その内に位置づける彼らの能力により，先生を相対的に無力化しているように
見える。2人の少年たちは，自分たちの性的な発言により，一時的にせよセク
シュアリティのディスコース内で自分たちを男性と，先生を女性と位置づけて，
それが彼らに多少の優位性を与えるのである。ミス・バクスターは，まず1人
の先生であること，つまり先生＝子どもという教育的ペアで相対的に権力ある
ポジションにいること，これを表明することを止め，しばらくの間，セクシュ
アリティのディスコースにおける「女」として位置づけられて，その結果彼女
は幼い少年たちにとっての「性的対象」にされる。

　彼らのおしゃべりに対する先生の反応は弱く，無力なように思われ（「あな

たたち，ふざけ過ぎてると思うわ」），彼女に与えられている主体ポジションに
抵抗する役には立たない。広くゆきわたった保育教育ディスコース，その内部
で彼女は自分自身を1人の先生として経験しているのだが，そのディスコース
の観点からウォーカーダインは先生の反応について説明している。保育教育と
は，先生の養育と指導を通じて子どもの自然な潜在力を伸展させていく過程と
見られている。仕事と遊びの間の区別を否定するので，自由な表現は，それに
よって子どもが自然に発達することのできる過程と見られているのだ。この枠
内では，先生はそこにいて，子どもの伸展する発達を見守り，それを適切な方
向へと優しく導いていくのである。ここでは，厳格な，厳しく管理する，ある
いは支配的な先生は場ちがいであり，子どもたちのおしゃべりについて後でミ
ス・バクスターの語った発言が，彼女の反応を説明している。すなわち，「こ
の種の表現は，この年齢ではまったく正常です……彼らがあまりにもふざけ過
ぎたり誰かを悩ませたりしない限り，それはまさに自然なことで，そのままに
しておくべきです……その種の表現を口にすることはきわめて自然なのです」
（p.169)。

　この保育教育のディスコース内では，少年たちのおしゃべりは自然な発達段
階の一部として描写されており，したがって先生によって抵抗されると言うよ
り，むしろ単に見守られるべきものなのであった。広くゆきわたったセクシュ
アリティと保育教育のディスコースは，このエピソードにおいて一体になって
おり，学校という場ではたらく通常の権力関係を幼い少年たちが逆転させる，
その機会を与えていたと言えよう。この例は，諸ポジションが与えられたり受
け入れられたり抵抗されたりする様子は，人びとが社会的相互作用にうまく対
処する様子を理解するのに重要だというばかりでなく，あらゆる社会的相互作
用のいわば「舞台裏で」絶えず働いているディスコースから諸ポジションが引
き出される様子を理解するのにもまた重要であることを，みごとに示している。
アイデンティティ交渉と権力把握のための機会は，社会的相互作用の変化する
流れの中で，私たちが自他をさまざまなディスコースの内に位置づけるときに
訪れるのである。

　したがって，社会的相互作用の間に私たちが利用できるディスコース的ポジ
ションは，自分自身に満足のいくアイデンティティを交渉して獲得できるその

第6章　巨視的ソーシャル・コンストラクショニズム　*173*

範囲の点で，また，（身体的・道徳的に）好むようにふるまい行動を起こせる能力の点で，重要な役割を果たすことであろう。物質的条件と社会慣行はディスコースの中で密接に結びついているのだから，したがってたとえば生計を立てる，夜に外出する，やるべきことを人びとに語る，あるいは他者が言う通りに行なうことを拒否する，などの私たちの能力は，私たちが採用したり抵抗したりできるディスコース内のポジション次第で決まるのである。それゆえ，ポジショニングの理解とそれを巧みに用いる能力とは，自分自身や周囲の環境を変化させる人間の営みにおいて，重要なツールになりうるのである。

主体性・行為主体性・変化

　本質主義的な心理学に対するソーシャル・コンストラクショニズムの攻撃が私たちに残したものは，空っぽの人間，つまり本質的な心理など存在しない人間であった。しかしながら，私たちの主体の経験や個人差は，たとえ新しいやり方であれ，依然として説明される必要がある。たとえば，ある人たちが他の人たちよりも容易に情動を表わすのはなぜか，またある人たちはなぜ精神障害になるのか，これらについて，私たちはどのように説明することができるだろうか？　ある人たちはキツネ狩りを行ない，他の人たちはそれを止めようとするのはなぜか？　私たちが「恋をする」とき，いったい何が起こっているのか？

　1つの答えは，私たちの主体の経験とは，私たちの埋め込まれているディスコースによって与えられているということである。それは，「個人というもの」のディスコースの場合と同様に，あたかもディスコースの中にある人間生活の表現法を私たちは内面化するかのようであり，私たちの主体の経験はそこから生じるのである。私たちの常識的な理解によれば，最初に主体の経験が来て，次にそれを記述して言語でラベルを付するはずだが，この常識的理解の，それは完全な逆転になる。しかしながらこの主張は，私がこれまで提起してきたような問いに対してじっさいには詳しく答えていないのであって，私たちの個性や主体性の経験が説明されずに残されている点は，巨視的なタイプのソーシャル・コンストラクショニズムに対する妥当な批判だと，私は思う。

ポジショニングに関するディヴィスとハーレの説明は，この点で多少助けになる。ディスコース内のポジションは，私たちに主体性の内容を与えてくれているように思われる。ひとたび私たちが，1つのディスコース内のあるポジション（しかも，これらのポジションの中には，ジェンダーや父親であることのように，人間が長期にわたって占めることになるものもある）を採用すれば，そこで私たちは必然的にその観点から世界や自分自身を経験するようになる。ひとたび私たちがディスコースにおける1つの主体ポジションを採用すれば，私たちには，利用可能で，特定の限られた一連の概念，イメージ，メタファー，話し方，物語^{ナラティブ}等々が与えられて，それらを自分自身のものとして採用するのである。このことは，男性や祖父や労働者など，私たちに割り当てられ，自分が所属するものと考える，その人間のカテゴリーへの私たちの側での情動的コミットメントと，そしてふさわしい道徳体系（善悪の規則）の発達，これら両者を必然的に伴っている。自分は誰なのか，そしてその結果私たちは何をすることが可能であり何をすることが不可能なのか，また私たちは何をすることが正しく適当であるのか，そして何をすることが誤っていて不適当であるのか，これらについての私たちの観念はこのように，すべてディスコース内の主体ポジションの占有に由来しているのである。

　ある主体ポジションは，より一時的，あるいはほんのつかの間のものであって，したがって私たちが誰であるかは絶えず変動し，社会的相互作用内で交渉して獲得するポジションの変わりつつある流れによって決まってくる。だから，この記述において，自分自身についての主体の経験，つまり自分とはこれだと思うその人間である主体の経験は，さまざまな主体ポジションによって，その中には永続的なものも，一時的なものも，つかの間のものもあり，それらを私たちはディスコースの中で採用するのだが，そういうさまざまな主体ポジションによって与えられているのだ。

　しかし，主体性についてのこの見方は，行為主体性^{エージェンシー}と自由意志に関して難題をもたらす。もしも人びとがディスコースの所産であり，彼らの言うことはこれらのディスコースの現われという地位しかもたないならば，いったいどのような意味で私たちは行為主体性^{エージェンシー}をもっていると言えるのだろうか？　人間の行為やことばや思考は，私たちがほとんど気づいていないのかもしれないもっと

大きな言語的存在の，副産物のレベルに還元されるように思われる。私たちの
希望や欲望や意図は，人間の行為主体の所産ではなく，文化的・ディスコース
的な構造の所産になる。そして私たちは，こうした事態に気づいていないだけ
でなく，人間は，自分たち自身とその住む世界とを，自らの（一見）独自に発
展させ自由に選んだ信念や行為の力を通じて変えることができると，信じ続け
ている。私たちは周囲を見渡し，変化する世界を見て，その根底には人間の意
図や行為があると想像しているが，それは錯覚にほかならない。個々の人びと
が自分自身やその世界を変えることは，じっさいにはまったくできないという
この見方によって，私たちは立ちすくんでしまう可能性があるのだが，それは
危険なことである。ソーシャル・コンストラクショニズムの枠内で，人間の
行為主体性がどのように扱われるかという問題は，無視されてきたわけではな
いが，しかし解決されてもこなかった。

　アルチュセールやフーコーなどの著者たちにとっては，ディスコースの構成
的役割が注目の的となる。アルチュセールは，私たちは皆，広くゆきわたった
イデオロギーの要件をじっさいに生きているが，ただ私たちは自由に自分の生
き方を選んできたという錯覚の下にそれをしていると考えた。事実，アルチュ
セールによれば，イデオロギーとは，自分自身の行為の作者であるという経験
にほかならない。私たちは単に社会構造の担い手なのだが，しかし自分自身を
行為主体として経験する。フーコーにとってもまた，人間主体は，ディスコー
スがテクストや慣行の中に現われる，その現われ方の観点から描写されるもの
と思われる。つまり，ディスコースは，人びとを通じて自らを実現する。人間
を概念化するこのやり方は，結局のところ人間を，見えない構造によって操ら
れる操り人形とみなすことに等しく，「主体の死」と呼ばれてきたし，また特に，
そのような概念化が人間の行為主体性という考え方を認めることを事実上不可
能にする，という事実を示しているのである。このことは，クレイブ（Craib,
1984）によって，次のようにみごとに説明されている。

　　その代わりに人びとは，自らの思想の繰り人形であると考えられている。
　　そして，彼らの行為は選択や決断によって決められるのではなく，それら
　　は，根底に潜む思想構造の結果，すなわちその思想の論理の結果なのであ

る。たとえば，もしも私がクリスチャンであれば，私はキリスト教について語るのではなく，むしろキリスト教が私を通じて語る。構造主義者たちの中には，次のように極端なことを言う人たちもいる。すなわち，人びとは語るのでなく，むしろ彼らは（根底に潜む言語構造によって）語りかけられるのであり，彼らは本を読解するのでなく，本によって「読解され」るのだ，と。彼らは社会を生み出すのでなく，社会によって生み出されるのである。

(Craib, 1984: 109)

　これは，1つの極端な立場である。もしも人間と，彼らの知の対象を形成する物事が，ディスコースを通じて構築されているのであれば，その場合このことは，人びとよりもディスコースに，より多くの行為主体性を与えているように思われる。確かに，私たちが人間の経験や行動を，広くゆきわたったディスコースの現われにほかならないとみなすのであれば，人びとは自分自身の意図や行為によって自他の状況を変えられるのだと言ってみても，実は大して意味があるようには思えない。しかしながら，これはきわめて極端な見方であり，変化に関心のあるソーシャル・コンストラクショニズム論者たちによって，少なくとも暗黙のうちに否定されている見方である。さまざまな立場のうち「ディスコースの現われとしての人間」側の極にいるとたいてい見なされるフーコーでさえ，この点では歪めて伝えられてきたのかもしれない。ヒューマニズム，すなわち私たちは目標や目的や意図をもつものとして自分自身を経験するのだから，自分の行為の唯一の源であり自由な行為主体にほかならないとする考え方のことだが，これを彼が否定したのは間違いない。しかし，サヴィツキ(Sawicki, 1991) が指摘するように，これは必ずしも人間の行為主体性を締め出すことにはならないであろう。主体である人間は，ディスコースによって構成されているけれども，この主体は，まだ批判的な歴史的反省を行うことができるし，自分が使うために採用するディスコースや慣行に関して，いくらか選択権を行使することができるのである。

　この見方の内では，変化は可能なのであって，というのも人間の行為主体は，条件さえそろえば，彼らの生活を組み立てている諸ディスコースを批判的に分

第6章　巨視的ソーシャル・コンストラクショニズム　*177*

析し，そして彼らがもたらしたいと思う影響に従って，それらを主張したりそれらに抵抗したりすることができるからである。フーコーは，周縁的地位に追いやられ抑圧されているディスコースを白日の下に引き出して，それらを別のアイデンティティ形成が可能な，もう1つの選択肢として誰もが使えるようにすること，これを通じて変化は可能であると唱えた。これは一種の啓蒙であり，その目的は，同じくらい抑圧的かもしれないもう1つの別のアイデンティティを私たちに押しつけることではなくて，ただ自分自身を理解する平素のやり方から私たちを自由にすることにある。したがってこの見方は，人間を，ディスコースによって構築されると同時に，自分の目的のためにそれを使っているとみなすのである。

　ディスコース的ポジショニングの考え方を利用する場合，個人的変化への第一段階は，今の私たちの主体性を形成しているディスコースやポジションを認識することであろう。そのような認識は，問題を，精神内部の領域から社会的領域へと定位し直すことによって，それ自体が有益でありうる。たとえば，「抑うつ」とは，問題を個人の内面的な心理内に定位する語である。ある女は，人生をうまくやっていけないと感じて，抑うつを訴えるかもしれない。ことによると彼女は，自分の幼い子どもたちにしばしば腹を立てるので悪い母親だと感じているか，あるいは自分の年老いた母親の世話をするのに気が進まないからダメな娘と思えるのである。しかし，問題を個人のレベルよりむしろ社会的レベルで再構成すると，異なった分析が現れてくる。そのような分析は，その女が自分自身を，抑うつ的というよりむしろ抑圧されているとみなすように言うかもしれない。母性，女らしさ，家庭生活，等々のディスコースは，女たちに，必ずしも自分の心理的・社会的・経済的な利益にはならない活動に従事するようさかんに仕向けている。自分自身を抑うつ的というよりむしろ抑圧されていると考えることは，自分自身について，また自分の問題への取り組み方について，異なった見方を育むことになる。それは，それらの問題を解決はしないかもしれない。つまりその例の女は，自分の年老いた母親についてどうすべきか依然として決めなければならないことだろうが，しかし彼女はひどく葛藤に悩まされて，やましさを感じることはないのかもしれない。

　私たちに利用可能なディスコースやポジションの考察は，個人的に害の少な

いディスコース内のポジションを占めようとして私たちが努力するのに，役に立つ。悪い母親であることを恐れている女は，「良き母親」とは政治的影響をもっているディスコースにほかならないとみなすことによって，救われるかもしれない。子どもたちの幼い頃には一緒に時間を過ごして，子どもたちのために自分自身の要求を犠牲にする人という，良き母親のよく用いられている表現は，女たちをフルタイムの仕事から遠ざけ，男たちへの経済的依存を余儀なくさせる。しかし，母性に関する，しかも「良き母親」に関する，異なった競合するディスコースが存在する。したがって，ここでの課題は，個人的に有害な母性ディスコースに位置づけられることに抵抗する方法を見つけること，また有益なディスコースの中のポジションを要求するやり方を見つけることである。要するにこれは，あなたにとって納得のいく仕方で良き母性を「行なう」ことのできる方法を見つけることを意味している。たとえば私たちは，母性の必要不可欠な課題とは，「自分の子どもたちが自立するように援助すること」であると言うかもしれない。そのような表現は，母親は自分たちの子孫を養育し，教えみちびくべきであるという考え方を保持しつつも，一方で，母親が仕事に出かけることを可能にし，さらに「悪い」というよりむしろ「良き」母親のポジションを依然として要求可能にするのである。

　しかしながら，そのような変化が簡単に成し遂げられると言うつもりはない。広くゆきわたった支配的なディスコースが強く結合しているのは，たいてい，現体制を支えると同時に権力ある集団のポジションを維持する社会的な構造や慣行なのだから，したがってそのようなディスコースに異議を唱え，それが与えるポジションに抵抗する場合，私たちはまた暗黙のうちにそれらに関連する社会慣行や構造や権力関係に異議を唱えているのである。それゆえ，私たちの変化への努力に対しては，ある程度の抵抗が見られることであろう。たとえば，ある女は，もっとはっきりと自己主張するようになりたいかもしれないが，しかしはっきり自己主張するように振る舞うことは，女らしさや成人女性の支配的ディスコースとは一致しない。女らしさのパッケージに自己主張やその他の役に立つ諸性質が欠如しているために，女たちはそのような心理的レパートリーをすぐには資源として使えないのであって，そしてまたそのせいで，男たちは社会を容易に支配している，と言えるであろう。その結果女は，「もっとはっ

きり自己主張するようになる」場合，身近な社交範囲内の自分の社会的相互作用の特質を変化させる努力より以上のことを，暗黙のうちに引き受けているのである。しかしながら，このことを認識することは，それがじっさいに起こる場合，そのような抵抗を予期し，理解し，また阻止するのに，少なくとも役立つ可能性はある。

　対人的なレベルでは，自分たちに与えられているポジション，そして他者との相互作用において彼らに与えているポジション，これらに一層気づくようになることによって，私たちはまず変化に向けて努力することができる。次には，受け入れがたいポジションに抵抗し，別のディスコースの中のポジションを採用することはどうしたら可能か，その方策を考え出すことができる。ここには，会話のきっかけを作る特定の切り出しへの自分の反応をどのように変えるか，あるいはどんな時に黙ったままでいるか（沈黙は，私たちが受け入れたくないポジションに抵抗する，おそらく特に有効な方法だろう），これらを決めることが必ず含まれるであろう。

要　　約

　人間については，現在の時点でその人が占めているディスコースの中の主体ポジションの総計によって，その特徴を述べることができる。これらのポジションの中につかの間のものや流動的なものがあるという事実は，私たちのアイデンティティが決して固定せず，いつも変遷の最中で，絶えず変化の余地があることを意味している。私たちが占める主体ポジションは，権利・義務の構造をもたらす。つまり，それらは，「その種の人間」が当然に行なったり言ったりしてもいいことや，してはいけないことを，もたらすのである。しかし，私たちの主体ポジションは，私たちが行なうことを制限して形成するだけではなく，それらは，私たちの自我意識，私たちが考えるときの着想やメタファー，それに私たちが自分について語り考えるのに使う自己物語をも与えてくれるほどに，私たちの心理の一部として取り入れられる。したがって，私たちは主体ポジションに対し，単なる規則遵守を超える情動的コミットメントをもって，傾注して

いるのである。

主体ポジションを採用する場合の，私たちの個人的選択と行為主体性（エージェンシー）の度合いについては，議論の余地がある。個人や社会の変化の問題にディスコース理論を適用しようと考える著者たちは，人間は何らかの交渉力や行動の自由をもっているという見方に一般に入れ込んでいる。彼らは，提供されているポジションを採用したり抵抗したりできる方法の，人間にとっての選択肢を強調し，そしてこの限りにおいて人間は，自分自身のアイデンティティの交渉者と見られるのである。

対照的に，巨視的（マクロ）ソーシャル・コンストラクショニズムの見方は，突き詰めれば，人間主体を，その生活を構造化しているディスコースに従属的であって，その所産であるとみなす。そのような存在の「中身」については，想像するのがむずかしい。確かにここでは，そこにあるとされるどのような心理過程であれ，副産物の地位しかもてなくなる。つまり，人びとがどんな人か，またなぜ彼らはそのように振る舞うか，これらを理解する段になると，それらは大した説明的価値をもてないにちがいない。この見方に従えば，人間の社会生活を目下生み出している構造やディスコースをひとたび解明したとすると，そこには説明すべきことは何も残されていないのである。

この見方は，多くの理由で問題がある（行為主体性（エージェンシー）に関する議論の優れた説明については，Craib, 1984 を参照）が，それ自体の研究プログラムの適用に関して言えば，それはまた逆説的でもある。社会や社会生活を理解するためには，私たちは現在「裏で私たちを操っている」ディスコースを特定し，それを解明しなければならない。しかしながら，もしもこれが事実であるとすると，そのような作業はどうしたら可能なのか。

私たちを生み出しているまさにその構造の外に立って，それを注視することなど，どうしたらできるのか。ディスコース分析のまさにその研究計画自体が，問題をはらむものとなる。私たちは，ディスコースをさかんに生み出して操作するだけでなく，なおかつそれの所産でもあるのだという，これまでとは異なる新しい見方をするならば，自分がまた従属もしているディスコースを特定し，理解し，それに抵抗するという私たちの能力を通じて，個人的および社会的変化の可能性が与えられてくることになる。

第7章

微視的（マイクロ）ソーシャル・コンストラクショニズム
におけるアイデンティティと主体性

　前章では，人間がディスコースにおける主体ポジションを占めるとみなすことに起因する，人間存在への影響をいくつか検討した。主体ポジションの考え方は，巨視的（マクロ）と微視的（マイクロ），両方の種類のソーシャル・コンストラクショニズム内で研究する人たちによって利用されている。つまり，巨視的（マクロ）ソーシャル・コンストラクショニズムでは，特定のディスコースがもたらす主体ポジションの構成力に重点が置かれており，一方微視的（マイクロ）ソーシャル・コンストラクショニズムでは，主体ポジションを相互作用内で交渉して獲得するその人間の能力に重点が置かれているのである。本章では，ソーシャル・コンストラクショニズムにおける人間の特質のこの検討を続け，対話と社会的相互作用の重要性を強調するタイプのソーシャル・コンストラクショニズムの成行きについて注目してみたい。これには，ディスコース心理学に加えて，社会的相互作用の過程ばかりか社会関係をも重視するその他のアプローチがいくつか含まれている。

ディスコース心理学

　人びとは，自分の目的のための，言語やディスコースの使用者であり操作者であるという見方については，第3章において略述した。そこで，このアプローチの手短な概観から始めよう。ディスコース心理学者たちは，何よりもまず言語の状況的な使用に関心がある。つまり，人びとが相互作用の中で活発に説明

を構築する，そのありさまに関心がある。彼らは，言語の遂行的および行為指向的な特質を重視して，相互作用の中で特定の目的に合うように説明が作られる仕方を調べ，そして，人びとはこれらの目的のために解釈レパートリーなどの共有された文化資源のツールを利用すると言う。これらのレパートリーのおかげで，人びとは，諸事象の特定のバージョンを正当化し，自分自身の行動の言い訳や妥当性確認をし，批判をうまくかわすことが可能となるのであり，もしくはとにかく相互作用において信頼されるスタンスを維持することができるのである。人びとは，1つの事象のある特定の，望み通りの表現を生み出すためにほぼ誰でもが使える，そういう一群のメタファーや言語的装置を利用する。したがって，諸レパートリーは個々人の所有物ではないし，また性格や特性のように，人びとに「属するもの」と考えられるべきでもない。

心理状態か公共的パフォーマンスか

　私たちは共通の言語的スキルの蓄積（ストック）を共有しているので，当面の目的に合うように説明の構築に着手できる。たとえば，私たちは成長して，より洗練された言語の使い手になると，誰かをとがめたり，言い訳したり，あるいは正当化するなどの，修辞的スキルに熟達するようになる。私たちは，自分が怒ったり，嫉妬したり，傷心であると述べるタイミングが分かるようになり，またそのような表現を構築する方法を正確に知るようになる（情動に関するディスコース心理学の説明については，Edwards, 1997 を参照）。たとえば，私たちの文化では，つい無作法に話したり振る舞ったりしてしまうような強烈な気持ちに，私たちは時に圧倒されることがあると考えられており，そのことを私たちは知っている。そのため，私たちが自分の行動を正当化したり言い訳したりしたいのなら，おしゃべりの中で，この情動の表現を活用するかもしれない。おしゃべりに対するこのアプローチは，主流派心理学とは大きく異なった研究課題（リサーチ・クエスチョン）を生み出す。すなわち，このアプローチは次のような問いを導くのである。人間のおしゃべりは彼らにとってどのような機能をもっているか，相互作用では彼らにとって何が危うくなっているのか，彼らが達成しようとしている目的は何か，そしてまた，彼らは望み通りの結果を生み出すためにどんなディスコー

ス的装置を用いるのか。そこでこのアプローチは，たとえば正当化，否認，帰属，非難など，相互作用の中で用いられるディスコース的装置や修辞的スキルを研究すること，またそれらのもたらす効果を達成するために人びとが自分のおしゃべりを構築する，そのやり方を問うこと，これを私たちに促すのである。

　しかし，人びとの必要に応じた言語の遂行的役割へのこの関心はまた，重要な理論的影響をもたらす。言語は暗黙のうちに，1つの表現手段として，つまり私たちの内部にある思考や気持ちを他者に指示し伝達する1つの方法として，心理学では考えられてきた。しかしディスコース心理学は，記憶や態度や情動などのよく知られた存在に，大きな疑問符を付す。ディスコース心理学にとって，私たちが思い出し，考え，感じる物事についてのおしゃべりは，私たちの内部にある存在や状態のことを言っているのではない。それらの存在を，そのようなおしゃべりから推測することはできないのだ。もしも人びとが述べる物事が，社会的相互作用のその時々の必要によって支配される社会的行為であるとすれば，それらがまた内的状態の表現にすぎないことなど，あるはずもない。ディスコース内での構築以外の，これらの「実在」は不可知なのであり，したがってディスコース心理学者たちは，これらの物事の妥当な特質に関する難問はカッコに入れることを好み，その代わりに，私たちがおしゃべりの中でそれらを作り上げ活用する様子に注目するのである。

　確かに，情動や記憶などの心理的存在が社会という舞台に現われる仕方を私たちが調べ始めると，ディスコース心理学者たちの主張は説得力をもってくる。たとえば，スターンズ（Stearns, 1995）は，私たちの怒りの表現が，社会的文脈に強く依存していることを指摘している。すなわちそれは，私たちが怒る相手は配偶者なのか上司なのか，私たちがいる場所が公的か私的か，その不当な行為の規模や特質，これらに強く依存しているのである。したがって，ある意味では，自分がどれだけ怒るべきかについて私たちは判断を行なっている。怒りの表現の程度や様式における異文化間の差異は，私たちの言語表現が内的状態の純粋な所産ではないことをより一層示している。それゆえ，私たちの怒りの表現は，気持ちのほとばしりというより，むしろ，私たちの社会の権利・義務制度——その道徳律——にうまく対処してそれを実行する，文化的に規定された規範様式なのである。怒りの表現や，嫉妬（Stenner, 1993 を参照）と愛

などのその他の情動表現は，したがって，私たちが自分の行為を正当化し，他者を非難し，自分の思い通りにする等々のための，私たちのもつ資源の一部である。それらは，私たちに現実の結果をもたらす戦略的手段なのだ。

　しかし，私たちが情動とみなすものは，身体表現のほんの一部にすぎない。ハーレとジレット（Harré & Gillett, 1994）が指摘するように，のびやあくびは「疲労感」の表現ではあるが，情動の表現とはみなされない。情動は，判断を表現し社会的行為を果たす，そういう表出であることが多いと，彼らは論じる。

　　たとえば，人がねたみを感じたり表わしたりするとき，これは，自分の持ちたいと思う何かあるものを誰かが持っているという判断の表現である。悪意あるねたみの場合は，他者がその品物を持っていることによって，自分自身が卑しめられたり貶められたりしてきたと判断するのである。もう1つの例を挙げれば，怒りや苛立ちや不快感の表われは，別の人間の行為の道徳的性質についての1つの判断を表わしているために，そのような表われはまた，その不愉快な人間に向けられた抗議の行為でもあるのだ。

（Harré and Gillett, 1994: 146-7）

　しかしながら，1つの判断を表現することは，そのとき私たちが情動行動で表現する認知過程を必ずしも伴っていない。その表現が，その判断にほかならないのであって，つまりそれはその判断がとる形なのである。私的な気持ちや思考と，公的な表現との間を，認知的ないし情動的構造が媒介しているわけではない。

　　ディスコースの現象，たとえば想起行為は，隠された主体的・心理的現象の現われではない。それらの行為は，主観的対応物をもつこともあれば，もたないこともある。そこで内々に個人的な問題を片づける，ディスコースの裏の心的活動という影の世界は，必ずしも存在しないのである。

（Harré and Gillett, 1994: 27）

第7章　微視的ソーシャル・コンストラクショニズム　185

　同様のアプローチが，態度や記憶のような認知状態や認知機能に適用されて
きた。伝統的な態度観への今ではもう有名な批判が，ポッターとウェザレル
（Potter and Wetherell, 1987）によって，彼らの先駆的著作『ディスコースと
社会心理学──態度と行動を超えて──（Discourse and Social Psychology:
Beyond Attitudes and Behaviour)』の中で展開された。ポッターとウェザレ
ルの主要な関心事の1つは，伝統的な態度概念を，ソーシャル・コンストラク
ショニズムの分析にかけることによって，それに疑問符を付することだった。
社会科学者たちが，たとえば失業や移民や福祉などの問題について1人の人間
にインタビューする場合，彼らは一般に，自分の質問へのその人間の回答は何
らかの点で，その問題に対する態度や意見などその人間の頭の内部に存在する
何かあるものの表現であると想定している。その人間が使う言語，彼らがする
説明は，内部に存在する態度を疑いなく表現していると解される。ポッターと
ウェザレルは，この意味での態度は存在しないのであって，このことを確認す
るには，回答者の面接逐語記録の中に見出される変動の度合いを考察しさえす
ればよいと論じる。1つの態度とは，問題や対象に対する一貫して比較的安定
した　構　え　のことを指しており，したがって1人の人間がその態度について
問われた場合，彼らの言うことには高度の一貫性が存在することを，私たちは
期待して当然なのである。しかしながら普通，事実はそうでないことを，ポッ
ターとウェザレルは明らかにする。2つの面接研究，1つはニュージーランド
における人種関係に関する研究，もう1つは暴動への警察の対処に関する研究
だが，それらにおける彼ら自身の逐語記録を使って，説明内の変動は例外であ
るどころか，むしろ通例であることを彼らは指摘している。言い換えれば，も
しも同一の潜在的態度の現われと考えればお互いにまったく相容れないような
説明を，回答者は面接のさまざまな時点で，面接者がさしあたり問うている質
問に従って一般的に行なうことであろう（ボックス7.1を参照）。
　私たちは，人びとが話すことを，内的な状態もしくは潜在する過程の表現と
とるのではなく，人びとは自分のおしゃべりで何を行なっているのか，彼らの
説明が達成している目的は何なのか，これを考察すべきであろうと，ウェザレ
ルとポッターは言う。それに，面接のさまざまな時点で人間は，自分のおしゃ
べりによってさまざまな結果を生み出そうとしているのであろうから，私たち

《ボックス 7.1》

　面接における変動の好例が，ウェザレルとポッター（Wetherell and Potter, 1988）により，ニュージーランドでの人種関係についての面接から引用されている。彼らは，自分たちの面接逐語記録から次のように引用する。

　　私はちょうど今この聖書の講義をやっているけれど，でもそれほど宗教的ではなくて，ただ子どもたちは宗教について知っておいた方がいいと思うの……それで昨晩，私たちが戒律の１つ，あなたの隣人を愛しなさい，をちょうど話し合っていたら，「もしも隣に，莫大な人数のマオリ人が住んでいたらどうなるんだろう」と言った子どもがいたんで，私は彼に言ったんです，「それはまさに人種差別的な発言よ，私は好きじゃないわ」って。すると，その子は５秒ほど黙っていて，顔を真っ赤にしたの。その後，気がついたんですけど，その子がそんな風に考えるようになったのは，明らかにその子のまちがいじゃなくて，その両親から直接きていたことだったんです。

　　　　　　　　　　　　　　　　（Wetherell and Potter, 1988: 174）

　　おかしなことだけど，もしもあなたが本当にそれについて意地悪をしたいのなら，過去にさかのぼって，えーと，ヨーロッパ人たちは本当にニュージーランドを占領したわけよ。つまり，私が言いたいのは，それ以前はマオリ人たちがマオリ人たちを大量に殺してたこと，つまり最初は厳密には彼らの土地じゃなかったわけ，ちょっとおかしな話だけど。私が思うには，私たちは人のご機嫌をとるために，ちょっと無理をし過ぎているのよ。

　　　　　　　　　　　　　　　　（Wetherell and Potter, 1988: 175）

　引用は両方とも同一の面接から，たった１人の回答者からのもので，ウェザレルとポッターは，ここから，その人間のマオリ人に対する態度を特定

> するのは不可能だろうと論じる。この人間は，寛容な人，あるいは偏見を
> もった人，と言えるのか。多文化主義には，賛成なのか，それとも反対な
> のか。ここで表出されているその「態度」は，一貫してもいないし，安定
> してもいないのである。

　の行なうことに変動があっても一向におかしくないのである。したがってこの
見方は，私たちが「態度」と呼ぶことのできる内的構造が人間にはあるという
見方を問題視し，それに代わって，人びとの話すことを，彼ら自身にとってあ
る種の機能を果たす意図的で社会指向的な行動とみなすのである。
　エドワーズとポッター（Edwards and Potter, 1995），それにエドワーズ
（Edwards, 1997）は，記憶について，同様の再構成を行なっている。主流派
心理学が考えるところによれば，想起とは，「その報告がただ単に（しかも直
接に）その潜在的な過程の証拠の役を果たしながら，後続の経験により，また
内的な認知構造や認知過程のたくらみにより，上塗りされたり変えられたりし
た，一種の歪められた再経験のこと」（Edwards and Potter, 1995: 35）であると，
そう彼らは主張する。経験は私たちに，説明の正確さを比較評価できるような，
絶対的な真理のバージョンは見つけられそうにないことを教えてくれる。とは
いえ，人びとがある事象の正確な説明をするよう求められたときには，「本当
に起こったことの，受け入れられる，合意された，あるいは隠し立てのない，
そういうバージョン」（Edwards and Potter, 1995: 34）を築き上げようとして，
多くの「暗記」がなされるのである。
　ナイサー（Neisser, 1981）に続いて，エドワーズとポッター（Edwards and
Potter, 1995）はウォーターゲート事件の公聴会におけるジョン・ディーン証
言の逐語記録を研究した。ナイサーは，これらの逐語記録が，ディーンの記憶
の正確さを判定するために利用できると論じたのだった。しかしエドワーズと
ポッターは，諸事象を正確に思い出そうとする努力を語ったディーンの説明を，
自分にとって有望な立場をうまく手に入れるために用いられた，修辞的方略
のきわめて効果的な使用の一例と考えている。

ディーンの，自分自身は記憶力のよい，他者の手柄の横取りなど好まない，他者の権威に従っているだけの，真実を語る者である，というふるまいは，すべて，検察側証人としての自分の信頼性を高めるために，さまざまな事に関する自らの疑われているバージョンを強化するために，さらには反対尋問における自分の有責性を軽減するために，役立つのである。

(Edwards and Potter, 1995: 19-20)

ここでは，ディーンの説明の正確さという問題は，重要な問題とはみなされない。むしろ，研究者たちに関心があるのは，ディーンが自分の説明を構築し，それを効果的にした，その方法なのである。面接逐語記録(トランスクリプト)などの質的データに対する主流派心理学の見方は，それらのデータを，記憶のような心理＝内的な過程や状態の証拠(エビデンス)とみなしてきた。だからディスコース心理学は，心理学における言語の地位を再構成するだけではなくて，心理学の通常の主題，すなわち内的な状態や構造，これをやや的外れだとみなしてもいるのである。

ディスコース心理学における人間

このようにディスコース心理学は，人びとの言動の裏には認知や情動や態度やモチベーションなどがあると信じてそれらの内的状態に関心をもつ主流派北米心理学とは，根本的にちがっている。しかしながら，情動状態や記憶がそれらの言語表現の裏に原因として存在すると想定されている点を別にすれば，ディスコース心理学は，人びとがそれらを経験していること自体は否定しない。つまりディスコース心理学は，それらをカッコに入れ，私たちはそれらについて知ることができないと論じるのである。少なくとも，人びとの話すことを研究してみても，それらについて何も知ることはできない。

ディスコース心理学者たちは，態度や情動や記憶などの，私たちがふつう私的で心理的な事象や状態と考えている諸現象を取り上げて，それらを，公共的で社会的な領域へと移してきた。これを行なう彼らの論拠には説得力があるのだが，しかしディスコース心理学が前提としている人間のモデルはあいまいである。ここでの人間は，さまざまな目的のための説明構築に熱心にたずさわる，

第7章　微視的ソーシャル・コンストラクショニズム　*189*

社会生活の活発で熟練した当事者なのだが，しかし自己や信念やモチベーションなどの概念に頼らずには，なぜ説明が他でもないあるやり方で構築されたかという問いに答えるのはむずかしい。私たちは，「誰が」その構築を行なっているのか，またそれはなぜかについて，何の手がかりもないままに放置される。

　ハーレ（Harré, 1983, 1985, 1989, 1995a, 1995b, 1998, 1999）もまた，自分の理論的アプローチをディスコース心理学の内部に位置づけ，それを使って，情動，咳払い，記憶，実用的スキルなどのさまざまな心理的・生理的現象を，社会的で遂行的な現象として再構成してきた。彼はまた，心理現象における神経的・生理的機能の役割を理解する1つの方法をもたらし，したがって彼のアプローチは，多くのディスコースによる説明よりもずいぶんと包括的で統合的である。主流派心理学では，生物学の役割とは，たいてい還元主義のそれであった。つまり，思考や情動のような心理事象は，脳，内分泌システム等々の活動に還元され，それによって説明されてきたのである。ハーレのディスコース的アプローチは，神経機能をそれらの心理事象のための必要条件とみなすのだが，それらの機能がそれら心理事象を引き起こしたり構成したりするとは考えない。彼はこのことを説明するのに，あるスキルの例を使う。彼が言うには，たとえば石垣を積むことが，一連の生理事象によって完全にしかも適切に記述されうると信じるのは，確かに不合理ではあるまい。しかしながら，ピアノを弾くとか木を彫るなどのスキルを考察しはじめると，とたんに私たちは社会的・言語的領域に舞い戻るとハーレは指摘する。確かに，特定の生理的容量や神経機能は，私たちがある種の課題を遂行するために存在しなければならない。しかし，1つのスキルを実演して見せるということは，何らかの文化的・歴史的に独特の定義に則して遂行すること，また，スキル型言語で説明されるような試みを自分がすることを意味している。そこでは，単純なスキルでさえ，それを生理的事象の直接の現われと考えることはきわめて危ういと，分かってくる。そこから私たちはたちまち，何をスキルとみなすかを誰が決めるのか，遂行されたとどのようにしてみなすのか，そして，スキル遂行への要求がどんな事情で受け入れられたり拒否されたりするのか，これらについての問題に巻き込まれることになるのだ。

　しかし，ディスコース心理学における人間理解へのハーレの主要な貢献は，

1つの言語現象としての自己に関する彼の説明にあった。主流派心理学において，自己はかなり漠然とした概念であるが，しかしそれは一般に，何らかの点で行為の裏に在る，個人の心理的属性を指すと理解されている。つまり自己とは，人間の行為を動機づけ方向づけるものなのである。したがって，自己は，それの本質主義や，それの個人内部の位置のせいで，ソーシャル・コンストラクショニズムにおいても，とりわけディスコース心理学にとって，きわめて問題の多い概念なのだ。ハーレは，自己を言語の一機能として再構成する。彼は，1つの実在物，研究可能な一対象としての自己という想定は，言語のせいで私たちが犯している誤りであると論じる。私たちは周囲の対象を指すのに，たいてい言語を使う。つまり，私たちはある動物を指して「ライオンがいる」と言い，また「そのブラウン・ソースを回してください」などの要請をする。これらの場合，「ライオン」や「ブラウン・ソース」の語は，ハーレの言う指示的機能をもっている。つまりそれらは，現存する対象を指して示すのだ。語は，事物へのラベルである。しかしながら，その他の，「I」や「me」などもっと心理的な語が同じように指示的であると想定するならば，私たちは根本的な誤りを犯していると彼は言う。まるで意識もしないまま推論するかのように，「I」や「me」の語が存在するのだから，したがってそれらの語によって指示される特定の実在物もまた存在するに違いないとされる。つまり，ライオンやブラウン・ソースが存在するのと同じ意味で，「I」と「me」は存在するにちがいない，と。人称代名詞「I」をもつ私たちの言語（多くの言語は，「I」，「she」，「they」などの，動詞を伴う語を用いない）が，この基本的であるが誤った信念へと，私たちを欺きみちびいていると彼は信じている。私たちは自律的な個人であり，私たち1人1人は一貫して統一された自己によって表わされるのであり，さらにこの自己は，私たちの行為の原因であるメカニズムと過程，つまり心理学の主題だが，それを含んでいるという信念を私たちに抱かせているのは「I」という語の存在そのものなのである。

　ハーレによれば（Harré, 1995c, 1999），「I」という語がじっさいに行なっていることとは，話し手によって遂行される行為の場所を明示することである。

　　　ある人間であることとは，単独であること，まさに1人の人間であるこ

第7章　微視的ソーシャル・コンストラクショニズム　*191*

となのである。このことは，人間生活の研究者たちが発見した遍在する事
実というわけではない。それは，「人間」概念の文法の一部なのである
……個人であることは，それぞれの人間の身体性の単独性によって境界が
形成されているので，1つの身体につきただ1人の人間だけがそれである
ことを許されているのだ。

(Harré, 1999: 103)

　「I」は，身体的にも社会的にも独自の場所を占める1人の特定の話し手の身
体に注意を向けさせ，それはまたその個人に，自分の発話の結果に対する責任
を負わせる。たとえば，「明日その車を修理することを私は約束する」と言う
とき，この発話は，内的な思考や感情についての報告ではなく，1つの公約，
道徳行為であり，それは同時に話し手である私自身に関わっている。つまりそ
の約束をしたのは，他の誰でもない，この私なのだ。
　「I」と「me」の語を，それらが本当の実在物を表わしているかのように考え，
それに続けて，心理学者が伝統的にしてきたようにそれら実在物の特質につい
て問いただす代わりに，ハーレが論じるのは，私たちは，道徳的世界で行為を
遂行するために会話の中でそのような語を利用するということである。ディス
コース心理学では一般に，社会的アクターである人間は，自分の文化に特有の
道徳規則に照らして容認される仕方で自分を表現しようと，何よりもまず苦心
すると考えられている。

　　私たちの会話をなおいっそう念入りに調べてみれば分かることだが，I，
　それに他の言語における一人称変化形が，道徳行為，すなわちしかるべき
　道徳世界での発話の内容への約束の行為，これを遂行するために使われて
　いることは明らかである。……人間個人とは，とりわけ自律性を認める諸
　社会の中では，1つの道徳現象なのである。……「I」は，会話の中である
　役割をもつ語だが，ただその役割とは，指示的役割ではないし，またその
　会話で，描写的な事実記述を主として支配するわけでもない。それは，
　1つの生活形態なのであり，一人称の使用が前提としてきた1つの道徳的
　コミュニティなのであって，一種の隠された内的で認知的な原動力ではな

いのである。

(Harré, 1989: 26)

相互作用におけるポジショニング

第6章において概観された，主体ポジションというポスト構造主義的概念は，
人びとがディスコースに「影響を受けやすく」，うまくそそのかされて魅力的
な主体ポジションを採用し，それをじっさいに生きることを示している。この
見方は，もっと微視的なソーシャル・コンストラクショニズムのアプローチを
採る人たちによって批判されてきた。ウェザレル（Wetherell, 1998）は率直に
言う。

> ポスト構造主義の理論家たちはもっと包括的な見方をするので，相互作用
> 内でのおしゃべりの切迫した必要性をまじまじと見つめるようなことは
> めったにない。彼らの見方が，今現に起こっていることに，その場で，こ
> のまさに会話の中で，どのように適用しうるのか，それを説明するよう求
> められることは，彼らの場合めったにないのである。

(p.400)

　自分の研究データを引用しながら，彼女は，彼女の研究対象協力者たちがど
のような様子なのかを明らかにする。つまり，社会的相互作用の最中に「多重
的で潜在的に矛盾するいくつかの主体ポジションが影響を及ぼし」，そして「相
互作用の流れがそれらのポジションをさまざまにかき乱したり安定させたりす
る」（p.400）。
　「ポジショニング」概念のハーレの使用（第6章を参照）は，現実の相互作
用の転変する最中の主体性や人間性の構築を強調すると同時に，私たちの自我
意識を制約し形成する広くゆきわたったディスコースの力を認めている。しか
し彼とその他の研究者たちは，もっと最近では微視的レベルの社会的相互作用
にいっそう注目しながら，ポジショニングの概念を発展させてきた。ハーレら
（Harré *et al.*, 2009）は，ある点ではポジショニングをディスコース心理学と

整合させるのだが，他の点では，そこからの完全な決別を告げている。この決別は，「ポジショニング理論とは，社会的行為の認知心理学への貢献の1つである」（p.5）という言明から明らかである。ポジショニング理論内に認知が占める余地は，より一般的には，その理論をディスコース心理学から分かつのであって，なぜなら，後者のディスコース心理学は決して，精神的な状態や過程を指示したり，それらを取り入れたりすることがないからである。そこにはまた，人びとは活発で，行為主体的であるという明確な主張もある。すなわち，「心理現象は，意図や計画を達成するために知識の諸体系を利用する活発な行為主体（エージェント）によって作り出されている」（Harré and Dedaic, 2012: 45）。

　ハーレら（Harré *et al.*, 2009）は，私たちのすべての行為は，諸事象の中に私たちが知覚する意味から生じると述べる。したがって彼らは，先行する諸事象や諸刺激によって行動が生じるものと見る主流派心理学とは，対立している。それどころか，人間は，諸事象に関する自分の知覚に基づいて行動を起こすのである。社会的相互作用の進行中に私たちは，意識していないにもかかわらず，絶えず状況をチェックし，定義し，また定義し直しており，暗黙のうちに「提供されている」諸ポジションについて推断しているのである。私たちがいくつかの主体ポジションを採用したり，他者にそれらのポジションを与えたり，それらに抵抗したりするとき，それらのポジションは，特定の権利／義務，とりわけ発言権をもたらす。つまり，特定の主体ポジションを占めるということは，そのポジションに規範的に付随する一定の物事を行なうことや口で言うことが，その人に許されたり期待されたりするという意味である。このことは，ディスコース心理学の「フッティング（footing）」の概念になぞらえられる。つまり，相互作用における諸ポジションは，1人の人間が話す資格をもつ，その基準についての共通の前提をもたらすのである。

　したがって，相互作用の最中に私たちが利用可能な主体ポジションは，特定の発話行為を引き起こし，その発話行為が次には，私たちや一緒に相互作用し合う人たちによって協力して構築される物語（ナラティブ）を形成し方向づける。しかし重要なことには，これらのポジションはまた，認知構造としても存在している。つまり諸ポジションは，そこから人間が話をするただの社会的位置ではなくて，展開する相互作用の特質やその中での自分の役割の可能性について1人の人間

がもっている信念に，言い換えれば彼らにとってのその個人的意味に，またその本質がある。「ポジションとは，一連の個人的相互作用の間に権利／義務がどのように割り当てられているかについての信念群であり，それらの信念の大部分が具体的に実現される当たりまえの慣行のことなのである」（Harré *et al.*, 2009: 9）。

ハーレらは，ポジショニングが，個人間の相互作用に適用できるだけでなく，集団間，組織間，さらには国家間の相互作用にも適用できると論じ，彼らが「ポジショニング分析」と呼ぶものは，政治闘争や紛争解決の問題に有効に適用できると言う（Moghaddam, Harré and Lee, 2008）。ポジショニング理論はまた，臨床的に有効な適用ができるとも言われてきた。規則，ローカルな暗黙の規範パターン，それに権利や責務や義務，それらは彼らが巻き込まれている物語内のポジションから生まれてくるのだが，それらによって人びとの生活は制約されていると，ハーレとデダイッチ（Harré and Dedaić, 2012）は論じている。厄介なストーリーが家族や職場との関連で実際に生きられることがあるわけだが，ディスコース療法の役割とは，「不可避性の網の中に人びとを閉じ込めていると思われる規則の重荷から彼らを解放すること」にあるのだろう（p.46）。物語は構築であり，したがって，どんな事象や相互作用も必ず別の仕方で「読解」できるのである。セラピストの役割は，「当事者にとって手が届く限りでの，もっとも構築的で，しかも幸福な気持ちになれる読解に注目させる」（p.63）ことであり，そのようにして彼らには，改変された一群の権利／義務をもたらす別のストーリーの中で，新しいポジションが与えられるのである。

道徳的アクターとしての人間

上に略述したポジショニング理論は，人間を，1人の道徳的アクターとみなす，つまりその人の行為が，相互作用の中で現在占めているそのポジションに付随した権利／義務によって規制されているような人とみなすのである。しかしディスコース心理学は，言語のもつ活発な遂行的役割を強調する場合に，そのような遂行の目的とは，主に，道徳的な枠内で，言い換えれば自分のローカル文化に特有な行為規則の体系内で，自分の行為を説明することだと考えてい

る。この文脈で「ローカル」とは，たとえば，欧米の工業化社会や特定の国，あるいは一集団の下位文化を意味する場合があろう。それはただ，その人間がその内部で現在活動している，善悪や正しい行動についての一連の規則や慣習のことを指しているにすぎない。その人間は何よりもまず，ローカルな風紀の内に位置づけられ，その風紀の内で彼らは，自分に有望なポジションを交渉し獲得しなければならない。その人間にとって，自らの説明の機能とは，主として説明や言い訳を行ない，正当化をして，人に責任を負わせ，告発する，そういう機能である。したがって，その人間は，信頼されて名誉ある道徳的ポジションを自分のために交渉して獲得することに関心のある，道徳世界のアクターなのである。

　たとえば，ウェザレルとポッター（Wetherell and Potter, 1988）は，彼らのニュージーランドにおける人種差別研究で，インタビュー回答者たちによって使われた，「文化育成」，「実用的リアリズム」，「一体感」という３つのレパートリーを特定した。これらのレパートリーが使われている目的とは，行為に対する道徳的責任から回答者たち自身を解放し，現状を事実上正当化し妥当性を確認する，そういう説明を作り出すためなのだと，ウェザレルとポッターは言う。回答者たちは，自分の文化の道徳規則や期待に関して，受け入れられるよう自分を位置づけることに心を砕いていると見られる。したがって，その人間は，道徳的領域におけるアクターないし遂行者として，つまり，自分の説明を構築する最も重要な目的とは，自分自身とその行為を道徳的に正当なものとして構築することであるような１人の人間として，位置づけられるのである。

　ケネス・ガーゲンはディスコース心理学者を自称しないけれども，彼の見方は，少なくともいくつかの初期の著作において，ディスコース心理学と同一の多くの前提を共有している。相互作用し合う人たちによる巧妙な言語使用への注目に加えて，ガーゲン（Gergen, 1989）は，彼の説明に，力の差という考え方を組み入れるのだが，それは多くの場合ディスコース心理学には欠けているものである。ガーゲン（Gergen, 1989）は人間を，「話す権利」ないし「発言力」への願望，そして諸事象の自分の解釈が正しいものとして受け入れられることへの願望，これらによって動機づけられているとみなす。したがって，「発言を正当化する」ことができる人間とは，正当化する慣習に通暁した

練達の策士なのである。しかし，自分の諸行為を正当化し，それらに関する社会的に受け入れられる説明を文脈に応じて与えるためには，人格（selfhood）の実にさまざまな表現を利用することもまた必要である。たとえば，人格や人間性についてのバージョンには，「ユニークな特性群としての人間」，「原罪を負う者としての人間」，あるいは「肌の色こそ違え人びとは基本的にみな同じ」などが含まれる。人格についてのそのような説明は，たとえば競争を正当化するために，ある種の社会統制を擁護するために，あるいは異文化共存の新構想への支持を得るために，使うことができる。「発言力」を求めて個人的ないし集団的に闘うのには，それらバージョンを武器へと構築し仕立て上げることが必要だと，人びとが歴史を通じて分かってきたときに，これら人格のさまざまなバージョンは現われてきたと，そうガーゲンは示している。

　この見方は，社会的相互作用における最も重要なモチベーションとは，さまざまな実際的，社会的な影響をもたらすはずの発言力を獲得することである，と言う。発言を正当化することができる人たちは，社会の中でより大きな権力を享受する傾向があり，より大きな資源（金銭，仕事，教育など）が与えられるであろうし，また一般により高い社会的地位を享受することであろう。「発言力」を獲得しようとする個人のモチベーションこそが，現在利用可能な人格に関するさまざまな表現やディスコースの源なのである。

　諸事象のあるバージョンは，他のバージョンよりも発言を正当化する。つまりそれらは，より頻繁に聞かれるし，また真実や常識のレッテルを貼られやすい。このことの原因は，相対的に強力なポジションにある人たちが，諸事象についての自分のバージョンを「信じさせる」資源と権威の両方をもっているということなのかもしれない。たとえば，医師のような権威あるポジションにいる人たちは，診断を下すことにより1つの事象（その患者の症状）に関する自分のバージョンにお墨付きを与える能力をもつという意味で，発言を正当化するのだが，一方で患者は，自分の身体に起こっていることについて話す，それとは別のストーリーをもっているかもしれない。したがってここでは，諸事象の効果的な構築をうまくなし遂げるその能力が，医学的権威の力と結びついているのである。ガーゲンの言葉を使えば，相対的に強力なポジションにいる人たちは，他の人たちよりもずっと容易に発言を正当化する。

第7章　微視的ソーシャル・コンストラクショニズム　*197*

　しかし，とはいえふつうの日常生活では，私たちはみんな，友だちや家族や同僚たちとともにこの過程にたずさわっており，そこでは「発言力」は，自分の社会の正当化する慣習を使うのに，1人の人間がどれほど巧みなのかによって決定される。そのため，自分の諸行為を正当化すること，つまりそれらを合理的で妥当なものと見えるようにすることだが，その重要な部分は，当面の要求に応じて，さまざまな仕方で自分を呈示するスキルをもつことなのである。したがって，熟練した「ディスコースの使い手」の人間は，自分の望み通りのアイデンティティ構築をなし遂げ，また他の人から与えられるアイデンティティには抵抗する，そういう自分の意のままになる手段をもっている。そういう人間を「修辞巧者」ととらえるビリッグの見方には，似たような雰囲気があり，そこでは，人びとが特定の効果を得るために議論，正当化，批判などの能力を用いる，その用い方が注目されている（Billig, 1987）。

　このことは私たちに，なぜさまざまな人びとや集団が諸事象の別々の構築を使うのか，そしてなぜ同じ人びとがそれぞれの場合に同じ事象のさまざまな構築を用いるのかについて，洞察を与えてくれる。諸構築は，自分を解放するとか，自分を正当化するとか，あるいはその他の自分にポジティブな効果をもつ，そういう自分自身や世界についての表現をなし遂げる試みから生じている。ここには，権力あるポジションの人たちが，そのポジションを維持し正当化する構築やディスコースに，お墨付きを与えそれを推奨する傾向が含まれることであろう。

主体性

　私たちは，パーソナリティ，態度，モチベーションなどの持ち主として自分自身を経験する。それにもかかわらず，それらを，フィクションとみなすべきならば，あるいは少なくともおしゃべりの裏にあってそれを生み出す存在ではないと考えるべきならば，当然何らかの説明が必要になる。ディスコース心理学者たちは，この主体性に関する問いを，彼らの中心的な問題とは考えていない。それでも彼らは，その初期の研究では，私たちが主体性をどのように理解すべきかについて，ある程度の指摘をしてきている（「人間」や「自己」の概

念の詳細な検討については，Harré, 1998 も参照のこと）。

　私たちが自分自身について話すのに使える各種の方法は，人間としての自分自身についての経験を生み出すと，ポッターとウェザレル（Potter & Wetherell, 1987）は言う。このことを説明するために，彼らは，欧米の工業化された社会の見方とはまったく異なるマオリ文化の見方から，人格の特徴を述べる。ハーレ（Harré, 1983）やスミス（Smith, 1981）を参考にしながら，彼らは，マオリ人にとって人間性を構成すると思われるものを次のように述べる。人間は，ある特定の種類の力（「マナ」）を付与されており，その力は，その人間の家族の地位や出生状況に応じて，神々によって与えられている。マナは，戦いの場であれ日常生活の場であれ，その人間のもつ力を十二分に発揮させる。しかしながらこの力は，安定資源ではなく，その人間の日々の行為によって強められも弱められもする。たとえば，もしも彼らが儀礼的慣習の１つを忘れたり，何らかの不品行を犯したりすると，その力は弱められるかもしれない。１人の人間の社会的地位，彼らの成功や失敗は，彼らのパーソナリティやモチベーションのレベルなどの内的状態によって決まるのではなく，この外的な力によって決まるように思われる。そのような文化の中で生きて，そのような信念をもつ人間は，必然的に，私たちが慣れている仕方とはまったく異なる仕方で自分自身を経験しているだろうと，ポッターとウェザレルは言う。

　　個人を，さまざまで不安定な外力の働く場（そして，マナは，その個人に宿るこれら可能な諸力の１つに過ぎないのだが）とみなしながら，もしもこの種のやり方で世界を見るとすると，さまざまな種類の自己＝経験が可能となる。具体的には，自分の行為の中心および起源として自分自身のことを説明するのは，欧米の自己概念にとってきわめて重要と思われてきた考え方だが，それを個人は止められるのである。個々のマオリ人は，恐怖や怒りや愛や悲嘆などの情動のような経験をもっていないのであって，むしろそれらの経験は，ちょうど石や小石などの無生物が，それに触れるとその違反者は危険にさらされるような，触れてはならない魔力を付与される場合があるように，さまざまな力をもつ目に見えない世界によって左右される超自然的なものの現われなのである。

(Potter and Wetherell, 1987: 105)

　したがって，1人の人間であるというまさにその経験，人が経験できる精神
生活の種類，ことによると，私たちが感覚情報を経験する仕方さえ，私たちの
文化の中で使える人格の特定の表現，自分自身について説明する特定のやり方，
これによって決まってくると彼らは言う。ハーレはこの点を，次のようにみご
とに表現している。「自己であることとは，ある種の存在であることではなく，
ある種の理論を所有していることなのである」（Harré, 1985: 262）。

　ハーレにとって，私たちが実際に生きて経験している種類の主体性は，私た
ちの言語に組み込まれているのが分かる人間の特質に関する特定の理論や「ス
トーリー」によって決まってくるのである。彼は，私たちの心理が，それらの
事柄によって構造化されていると言い，私たちの自分自身とお互いに関する説
明に目を向けて，私たちが導入している「理論」への手がかりを見るよう勧め
ている。ここで記述されている人間主体は，社会的に許容される自分自身の説
明方法を習得し，それらの慣行に熟達することを学習して，自分の目的のため
にそれらを利用する，そういう存在である。したがってその人間主体は，言語
的慣行の訓練がもちろん可能であるが，しかしまたそれらの慣行のせいで，そ
の自己などの文法装置が存在論的地位をもっていると，つまりそれら装置が言
語やテクストの外部に何らかの形で存在すると，そう考えるように欺かれがち
なのである。私たちが言語を発達させるときに獲得する人格の経験は，私たち
の経験の構造化の好例である。この構造化は，私たちの使う言語のもつ特定の
内的論理，根底にあるカテゴリー，メタファーなどによってはじめて可能とな
る。したがって私たちはきっと，あらゆる文化や社会の人びとが自分の個人的
経験を「自己」と呼べる意味体系へ組織化すると思うのだろうが，しかしこの
人格は異文化間で類似していると考えられるべきではないのだ。

　ハーレら（Harré *et al.*, 2009）によって略述されたポジショニング理論は，
心理的主体に何らかの中身を与えている。諸ポジションは一面で，進行中の社
会的相互作用で働いている権利／義務についての人びとの信念から成り立って
いるのであって，しかもそれらの信念は，人びとが絶えず携わっているその意
味＝形成過程（meaning-making）から発生するのである。人びとは，自分の

社会的世界から意味を受け取り，それらの意味に従って行動するととらえるこの見方は，ポジショニング理論を，パーソナル・コンストラクト心理学（PCP）と一致させている（第1章および第9章を参照）。

対話における自己

ソーシャル・コンストラクショニズム論者たちの中には，行動や経験の生成・発展の場を，人びとの間の対人空間に，すなわち関係と相互作用の内部に，位置づけ直すことを提案してきた人たちもいる。

関係における自己

ショッター（Shotter, 1993a; 1993b; 1995a; 1995b）は，「共同行為」について語っている。この語は，シンボリック相互作用論者のハーバート・ブルーマーから借用したものだが，そこでは，参与者各人の行動は分離できるものではなく，お互いに原因であると言うことはできないのである。彼は，人びとの言動がパーソナリティなどの内的な心的構造から生じるという考え方から抜け出そうとしていた。人びとが相互作用するとき，それはむしろ，お互いのリズムや姿勢に微妙に反応しながら絶えず一緒に動き続けるダンスのようである。このダンスは，彼らの間で構築されているのであって，いずれか一方の人の先立つ意図の結果と考えることはできない。同様に，私たちが相互作用するとき，私たちのおしゃべりや行動は1つの共同作業ないし対話であって，内部状態や内力の所産ではないのである。

ケネス・ガーゲン（Gergen, 1997, 1999, 2000, 2001a, 2009b）もまた，心理事象を関係交流の内部に位置づけて，広大な社会的・歴史的関係網の内に心理的人間を組み込もうとしている。私たちは現在，1人の個人であることに価値を置いているが，彼はその価値を破壊的で危険なものとみなしている。そのことを彼は，以下の事柄の原因と考えているのだ。すなわち，個人間のコンフリクトばかりでなく国家間のコンフリクト，人びとの間の信頼や親密さの欠如，利

己主義的傾向，私たちにとって人間関係はいずれにせよ当然のことではないという考え方，そして人間同士の関係の目的はコミットメントやサポートでなく自己の欲求充足であるという見方，など。個人主義は，他者に対する，そして自然に対する，私たちの道具的・搾取的な態度の原因であると彼は論じる。そのことが私たちを「競争的構え」へとみちびき，そして社会問題に関して社会でなく個人を責めるよう促すのである。彼が言うには，国家間の関係にも個人主義のイデオロギーが認められるのであって，つまりそこでは私たちの利益は必然的に他国の利益と結びついているのだが，そのありさまがごく普通には分からないのである。その代わりに彼は，人間についての「関係的な」見方を要求する。ショッターのように彼は，人間を1つの分離可能な現象ではなく，他者との関係の関数と見る。そこでは，自己とは，私たちの過去と現在のあらゆる関係の錯綜した所産である。ロシアの言語学者・哲学者バフチンを引用しながら，ガーゲンは，自己は関係において交渉のすえ獲得され構築されるのであり，そして私たちの作るそれぞれの新しい関係はつぎつぎと，自分の形成してきた先行するその他の諸関係の影響を帯びているだろうと論じる。この見方では，私たちという人間は，他の人びとに対して単独で対立するのでなく，依存しているのである。彼は，私たちが，自分の言語使用についてよくよく考えることを要求して，もっと解放に役立つ物事の構築の仕方へとみちびく。彼が言うには，そのような熟考こそが，私たちが巻き込まれている「さまざまな意見」の渦巻く社会を正当に認識して和解させ，「人間社会のより大きな結束」を通じて争いがもっと少ない社会へとみちびく1つの方法なのである (Gergen, 1999: 63)。彼は，「関係的存在」へと向かう動きを，争いや不和を終息させる1つの道とみなすのでなく，対話を促すことによって私たちがより少ないダメージでそれをどうにか処理するのに役立ち，しかも自分たちのことを競合する利益をもつ諸個人や諸集団と考えるのを人びとにやめさせる，そういう道筋とみなしている。彼の推奨するのは，個性や責任や権利をこれまでのように重視せず，他者を正当と認めて私たちの間の距離を縮める，そういう会話慣行の利用である。世の中に存在する「諸発言」（種々のディスコース，意見，見方，ストーリー）の多様性に「耳を傾け」，それを促進する，そんな機会を作るべきだというこの懸念は，第5章で検討した彼の相対主義とも整合している。

物語における自己

　ソーシャル・コンストラクショニズムは，多重的で断片化され，矛盾した人間像を描き出す。私たちには数えきれないほどのさまざまな自己があり，それぞれの自己は，ディスコースや社会的相互作用過程に私たちが没頭することで，呼び起こされたり，引き出されたりする。しかし私たちの主体的経験は，たいていその逆である。つまり，私たちという人間には歴史的にも，また生活のさまざまな領域を越えても一貫性があり，それがこの自我意識をもたらしていると，私たちは依然として感じている。この点は，いささか説明を必要とする。1つの可能性は，時の中での一貫性と連続性についての気持ちが私たちの記憶によってもたらされているということだ。記憶のおかげで私たちは，自分の行動や経験を振り返り，何らかの物語の枠組み，すなわち文字通り人生のストーリーだが，それに「つじつまが合う」と思われるものを選び出し，さらに連続性と一貫性の印象をもたらすパターンや繰り返しなどを探し求めることができる。自己理解におけるナラティブ概念の適用は，ここ数十年，心理学者たちやその他の人たちから多くの注目を集めてきているし，またこの自己を社会領域に位置づけて，しかも本質主義的でない自己理論を素描する機会をそれが与えてくれるために，それに魅力を覚えるソーシャル・コンストラクショニズム論者たちもいる。確かに，ナラティブ心理学自体が，ソーシャル・コンストラクショニズムの思想によって影響を受けてきているのである。

　定評ある貢献の1つに，サービン（Sarbin, 1986）の論文がある。サービンは，人間は自分の経験に1つの構造を押しつけるのであり，その構造は，自分自身についての説明や他者との共有経験についての説明の中に含まれているだけでなく，私たちがそれらの物事を心に描く仕方の中にも含まれていると論じる。この構造は物語構造であり，つまり私たちは経験を，ストーリーによって組織化するのである。ちょうどハーレが，私たちの経験や自己理解の構造化を，私たちの言語の内的論理や文法によって与えられていると見るのと同様に，サービンは，この構造化が特定の形式，すなわち物語形式を取ること，そしてこのことは人間文化に遍在することだと言う。彼はそれを，人間であるという意味

には欠かせないものと考える。

　サービンは物語を，私たちの心理の組織化原理であり，日常生活の多くの面に存在するものとみなす。それは，私たちの夢や空想の中に，私たちの想起の中に，私たちの未来やこれからの計画の中に，そして私たちが他者に語る説明の中にある。私たちが夢を「思い出す」とき，私たちは，無関係の諸事象やイメージのリストを列挙するのでなく，それを見て，それを導入部と中間部と結末のある１つのストーリーとして物語るのである。時には，私たちは，それに物語感を付与するために，夢の材料を使ってたくさんのストーリー構築をしなければならないことを知っている。まったく抽象的で，一見したところ無意味な知覚的事象でさえ，人びとによって物語構造が付与される傾向があるのだ。ハイダーとジンメル（Heider and Simmel, 1944），それにミショット（Michotte, 1963）は双方とも，動く幾何学的図形の映画を見た後で，見た人が見たものを報告するよう求められる実験研究を発表している。彼らの報告は，典型的にはストーリー形式を取っていて，そこではその図形が何らかの試みにたずさわる人間のアクターの役を割り当てられているのだった。物語の理論と研究の発展への主要な貢献者の１人はリースマン（Riessman, 1993）であって，彼はサービンのように物語を，人びとが自分の世界を理解し，「ストーリー化された人生」を生み出す，その基本的な方法と考えている。リースマンにとって，私たちのアイデンティティは，私たちが巻き込まれる流動的で不安定なディスコースの流れを通じて，しばしの間だけ生み出されるわけではない。それどころか，それらアイデンティティにはもっと一貫して長続きする性格があるのだが，というのも，それらは私たちが特定の主体ポジションを繰り返し占めるところから発生するのであって，その結果，それらアイデンティティはまるで私たちという人間の一部のようになることがある。

　私たちが自分のこれまでの人生のストーリーを誰かに語るとき，現在までの自分の経験の内容全体を詳しく述べることはないし，それを思い出すことさえしない。私たちは，自分のストーリーに何を含めて何を捨てるかについてこだわりがあるのであって，それは単に，見知らぬ人は自分についてどの事実を知っていてどれを知らないか慎重に選択判断をしていることではない。私たちは，テーマにしたがって自分の物語を巧みに作り上げる。私たちの人生は冒険物語

だったか，喜劇だったか，それとも悲劇だったのか。ヒーローたちとアンチ・ヒーローたちは誰なのか。それはハッピー・エンドで終わるのか。私たちの物語[ナラティブ]が一貫性をもつには，人生ストーリーのテーマに合うように諸事象をよく「磨きあげ」，選び，形成することが必要である。もしもある人間の自己物語[ナラティブ]のテーマが，「人生はいつも私には不公平だった」というのなら，幸運か，さもなければ好ましいとみなされる諸事象は，そのテーマに合わせるためにうまく調整されるか，あるいはまるきり省かれてしまうかもしれない。この過程は，必ずしも意図的な活動とみなされるべきではない。もっとも，時にはそうなのだが。私たちは，自分の人生について構築してきた物語[ナラティブ]を，すぐに自分で明確化するポジションにはたぶんいないであろう。それでもこれらの物語を，私たちが公式ないし非公式に自分の人生について語る仕方だけでなく，私たちが自分の人生をじっさいに生きる仕方としてもみなすことは有用なのである。

　サービンは，人間の思考における物語[ナラティブ]構造の出現を，時間知覚を示すものであり，また時間知覚に依拠していると考える。物語[ナラティブ]の基本的で典型的な特徴は，それが導入部－中間部－結末の連鎖で諸事象をつなぐことであり，空間だけでなく時間の中にそれらの事象が配置されることである。したがって，時間と空間の概念は人間生活には欠かせないのであって，というのもさまざまな物語[ナラティブ]はそれらの概念なしには作れないからである。サットン＝スミス（Sutton-Smith, 1986）とマキューゾ（Mancuso, 1986）は，子どもたちが成長するにつれて，自分自身のストーリーを語ることの中でだんだんと伝統的プロットの諸構造を採用しはじめ，物語[ナラティブ]構造を使って自分自身や自分の行為を表現しはじめることを明らかにしている。

　ガーゲンとガーゲン（Gergen and Gergen, 1986）はさらに，次のような諸基準を含む物語[ナラティブ]構造の考え方を展開した。すなわち，ストーリーの定められたゴールないし大事な終末点があること，物語[ナラティブ]の諸事象の間には因果関係があると表現され，それらは終末点またはゴールに関連していること，そして時間を通じての動きがあること，である。私たちは「ロマンス」，「悲劇」，「喜劇」などの限られた数の基本的物語[ナラティブ]形式を用いており，それぞれが，ストーリーの展開につれた運命の浮沈について特徴的なプロット型をもっているとさえ彼らは言う。しかしながら，彼らは，個人の心理作用に関心があるだけではない。

彼らが主張するには，物語構造は，個人的な説明に当てはまるのと同じくらい，科学や社会科学の説明にも当てはまるのであって，さらに彼らは，人間機能についての強力な，あるいは説得力ある説明を定式化できるように理論家たちが物語の諸基準を使う，その使い方を理解するという課題に取り組むことを提唱している。彼らは，ポスト構造主義に根差した研究を明示的に利用することはしないのだが，彼らの著作のこの側面は，科学的知識の「事実性」に疑問を抱き，その政治的影響を解明しようと努める人たちに似ている。心理学と社会心理学は伝統的に，人間の行動や経験についての普遍的で時代を超越した法則を発見できるという前提でやってきた，そう彼らは論じる。そのような前提によって，その研究計画は失敗を運命づけられていると言うのだ。というのも，人間生活はつまるところ変化こそが特徴であるのだから。それに，もしも私たちが，自分たちの経験と，人間生活に関する自分たちの理論，この両者の歴史的・社会的・政治的文脈が分からないでいるのなら，自分自身や自分の窮状を理解することは望めない。その他のソーシャル・コンストラクショニズムの著者たちと同様に，彼らは，人間性に関する私たちの諸理論が正しいか間違っているかを問うのではなく，それらが「生成可能性」をもっているかどうかを問う。すなわち，それらのおかげで，私たちの文化の伝統的で確立した規則や道徳的価値に疑念を抱くことができ，また行為のための新しい選択肢が与えられるのか。人びとが自分たちの人生を変えるのに，心理学におけるどんな新しい物語が役立つのか（McNamee and Gergen, 1992 を参照）。

さらに，私たちが自分自身について構築する物語は，ただの私事ではない。クロスリー（Crossley, 2002）は，「私は，自分1人だけで自己であることはできないのであって，私の自己理解の言語にとってきわめて重大な特定の『対話者たち』との関係において，はじめて自己でありうる」（p.3）と述べる。これらの対話者たちは，物理的に存在する必要は必ずしもない。メアリー・ガーゲン（Gergen, M. M., 2001）は，「社会的ゴーストたち」について語る。つまり，私たちは，自分の経験について熟考したり，自分の物語を構築したりする場合に，不在の，ないし想像上の他者たちと，内密の対話を行なう。さらに，私たちは，自分のストーリーの構築において，共演者たちの自発的な気持ちに大きく依存している。つまり，私たちのストーリーは，自分自身についての説明の

中で重要な役割を演じる他の人びとのストーリーと，適合したものでなければならない。たとえば，ある人間は，父親が自分の野望をダメにする役割をもち，その結果キャリア確立に失敗した悲劇として，自分の生活史を構築しているかもしれない。しかし，もしもその父親の生活史が，見込みがないにもかかわらず懸命に努力し，ついには健全な家族を養って子どもたちを責任ある大人にするのに成功したと自分を表現している「進歩主義的な」生活史だとすると，その父親と息子は，お互いの自己物語で役割を果たして，それをサポートし合うのに大変苦労することだろう。私たちは，諸事象の自分のバージョンに関してサポートしてくれる他者の自発的な気持ちに，自分のアイデンティティを依存しているのだ。物語は，社会的制裁や交渉の影響を受けやすい。同様に，自分の行為の説明を与えたり正当化をしたりする場合も，私たちは同じ制約の影響を受けやすい。ある特定のやり方で自分のことを述べようとする試みの場合，自分のストーリーに一致した行為を他者たちにさせることになるが，そういう役割を描かせてくれる，その他者たちの自発的な気持ちに，私たちは依存しているのだ。彼らの行動に関する私たちのバージョンは，彼ら自身の自己物語と適合していなくてはならない。したがって，この物語構築の特徴は，アイデンティティに対し重要な影響をもっている。たとえば，公然と制裁を受けた自分自身についてのバージョンを私たちはどのようにして「救助」できるのか，そしてこれを行なう私たちの力に課せられている制約とは何か。

　クロスリー（Crossley, 2000, 2002）は，サービンとその他の人たちの初期の研究を足がかりにして，私たちのストーリーで語られる人生の見かけの一貫性の問題だけでなく，個人の物語と社会領域との間の関係の問題をも検討している。1つの文化の住民として，私たちは生まれたときから，テレビや映画で展開されるふつうの生活のさまざまなストーリーや神話やおとぎ話や物語に深く巻き込まれている。たとえば，ギリス（Gillis, 1997）は，私たちが「一緒に暮らす」家族と，私たちが「生活の指針とする」家族との間に，微妙な区別をつけている。つまり，家庭生活についての人びとの説明はたいてい，彼らが尊重する家族の神話や理想と，彼らの現実の家族の営みとの間の，相違を明らかにするのである。またマカダムス（McAdams, 2013）は，北米人のアイデンティティの鍵は，その社会の人びとが「生活の指針とする」諸ストーリーにあると

論じ，北米人の人生ストーリーはたいてい「贖罪的自己」，すなわち苦悩や危難に耐え忍ぶ自己はそれでも最終的には贖われるという物語が特徴になっていると言う。したがって，私たちは，物語的思考ばかりでなく，私たちの物語が具体化されるその形式や内容も伝授されているのだ。リブジー（Livesey, 2002）は，「話しがいのある」物語について語る。何が「聞きがいのある」ストーリーとみなされるかは，私たちの文化に流布しているその他の類似のストーリーの形式や内容によって決まる。たとえばリブジーは，幼少期の性的虐待について，被害者が自分の人間関係を「再び歩み始める」ことができず，それを克服するためには治療的介入を要するという物語へと，本人自身による説明が「引き寄せ」られていく様子を述べている。私たちの文化に流布し，アイデンティティを構築しているディスコースもまた，自分の経験について語れるストーリーの種類に制限を加えている。たとえば，セイモア＝スミス（Seymour-Smith, 2002）は，精巣ガンに罹った男たちについての彼女の研究で，その男たちが，自分の重大な病気のストーリーを，男らしさの有力な表現の枠内で提示するために，皮肉っぽいユーモアを使っていた様子を述べている。

　物語は，ただのストーリーないしフィクションではないことを，忘れないことが大切である。つまりそれらは，「生きられる」必要があるのだ。だから，自分自身についての私たちの説明は，分かりやすい「生きがいのある」生活を送る可能性を，私たちに与えるものでなければならない。特に，非規範的なセクシュアルおよびジェンダーの諸アイデンティティについての論述の中で，バトラー（Butler, 2004）は，「適当な認識カテゴリーが何も存在しない1つの生活とは，生きがいのある生活ではない」（p.8）と述べている。多くの著者たちを引用しながら，クロスリーも同様に，私たちは自分のストーリーを語るだけでなく，それらを生きてもいると論じる。私たちの人生には，物語に見られる「秩序に関する暗黙の契約」などないのであって，そのつじつまの合わない自己や人生を材料にして，物語は，一貫したよどみないストーリーを作り上げるのだという見方に対し，彼女はその妥当性を疑う（Crossley, 2002: 9）。私たちは，自分と自分の過去理解とを有意義に結びつける仕方で，現在に生き，将来を計画することによって，自分の生活を送っている。さらに，哲学者のキルケゴールや文学理論家のポール・リクールの考え方を引用しながら，クロスリー

は，私たちがじっさいに倫理的存在となり，自分の生活に責任を負うのは，自分の自己物語（ナラティブ）を選び出して語る，その過程を通じてのことだと言う。私たちの生活の来歴を物語る場合の真実（リアリティ）は，慢性の重大な病気などのトラウマを与える経験の場合に，最も劇的にしかも痛切に明らかにされると彼女は論じる。そのような状況では，私たちは典型的には，身体的のみならず心理的にも無力化される。世界についての，自分自身や自分の人生計画についての，私たちの最も基本的な諸前提が疑問とされ，したがって顕在化される。つまり，私たちの暗黙の人生ストーリーが狂わされてくるのである。したがって，ナラティブ心理学は，ソーシャル・コンストラクショニズムの脱中心化され一貫性の欠けた人間像に異議を唱えるのに利用されうる。それとは対照的に，ケネス・ガーゲン（Gergen, 1994）は，この一貫性の度合いに対し，また，私たちの生活のいずれかなりの部分は物語形式で送られるという考え方に対し，反論している。彼は，私たちの物語（ナラティブ）の使用を，自分についての多種多様なストーリーを語る1つのやり方とみなしており，また自己物語（ナラティブ）を主に，相互作用の最中に私たちの説明過程で使われる会話資源とみなしている。この点で，それらは解釈レパートリーに類似していると思われる。

　ナラティブ理論はこれまで，微視的（マイクロ）と巨視的（マクロ），双方のソーシャル・コンストラクショニズムには好意的なやり方で利用されてきている。ナラティブ研究者たちの中には，行為主体（エージェント）としての諸個人が自分自身のアイデンティティと自我意識を物語的（ナラティブ）に構築する，そのやり方に注目してきた人たちもいれば，自分個人の物語（ナラティブ）に形と内容を与える，1つの文化における物語形式（ナラティブ）やその構造に注目してきた人たちもいる。

　　これらの志向は一丸となって，伝統的な実証主義的社会科学研究では傍系に分類されてきたと思われるものを，再統合する機会をもたらしてきた。一方には，社会慣行の構築における行為主体（エージェント）としての主体の積極的役割があり，他方には，個人の選択のレベルでの考え方や感じ方や行ない方の構成要素としての，社会慣行の役割がある。

　　　　　　　　　　　　　　　　　　　　　　　（Bamberg, 2007: 3）

もっと最近のナラティブ理論や研究は，自伝的物語や「人生ストーリー」の研究から離れて，「スモール・ストーリー」と呼ばれているものへの注目に向かってきた（たとえば，Georgakopoulou, 2007, 2010）。このもっと最近の転回は，その時々の会話の変遷や展開の中で，しかも相互作用する人たちがお互いをポジショニングし合う状態の中で，物語的に構築されるようなアイデンティティへの注目を伴っている。したがって，ナラティブ分析は今では，ディスコース心理学と，そしてハーレら（Harré *et al.*, 2009）によって記述されるポジショニング分析の展開と，共通点が多いのだと思われる。しかしながら，ディスコース心理学者たちの中には，ディスコース心理学とナラティブ分析の間の類似よりも，むしろ何としてもちがいを強調したいと思っている人たちもある（たとえば，Stokoe and Edwards, 2007）。

行為主体性

　個人とは一般に，選択をすることができ，それに応じて行為することができるものと考えられている。つまり私たちは，自分の行動を，自分にはどうにもならない力の結果ではなく，意志作用の結果とみなしている。となると，人間に関するこうしたソーシャル・コンストラクショニズムの説明には，個人の行為主体性が，いったいどの程度まで見出されるものだろうか。

　この問いを，ディスコース心理学は一般に，はっきりと扱うことはしない。もっとも，この見方が少なくともいくつかの点で，つまりディスコースを操作して自分自身の目的のためにそれを使う人間の能力という点で，行為主体的な人間を必要としていることは明らかだと思われるけれども。

　もしも人びとが，実際的・道徳的な配慮によって動機づけられた目的のために説明を作り上げるものならば，人間はある程度まで，行動方針を選び意図を成し遂げることができる戦略家でなければならない。ハーレ（Harré, 1995a）は，自分自身の説明の中に，暗黙の行為主体が存在することを認めている。もっとも彼の主要目的は，行為主体としてのその自己が，自分の行為を弁護し釈明するために利用するようなおしゃべりの中で構築されると提唱することなのだが。

彼は，行為主体性を，私たちが自分の行為に与える説明の中で構成されるものであって，つまり私たちが自分の行動に対し責任あるものとして，あるいは責任なきものとして，自分自身を表現する，その表現方法とみなしているのだ。私たちの責任は，「一人称の文法」，すなわち「I」の語の使用を通じて示される。それにもかかわらず，彼は，これらすべての中にあるパラドックスを指摘する。

> その表現が，積極的であれ消極的であれ，たとえどんなものの背後に隠れているとしても，そこには活発なプレーヤーが，戦略家であるその人間が，いるに違いない。話すことと聞くこと，つまり会話することは，私たちが行なっていることである。それは，私たちの身に降りかかるようなことではない。1 人の患者として自分自身を表出している，まさにその最中に，人は自らの行為主体性をあらわにする！

(Harré, 1995a: 136)

　その人間についての物語的および関係的な見方は，個人の行為主体性と適合することが比較的容易だと思われる。私たち自身の物語は，ある程度まで，文化的な物語の形式や内容によって形成されるのかもしれないが，それにもかかわらず私たちは，自分自身のストーリーの作者なのである。自己や自己物語は共同的に産出されるとみなされる場合でさえ，私たちは少なくとも，共作者たちと同じくらいには，それらの産出において行為主体性を発揮しているにちがいない。

　しかしながら，ポジショニング分析もナラティブ分析も両方とも，物語構築における個人の行為主体性の存在を明確に認めることについて，ディスコース心理学よりはずっと自信があるように思える。加えてディヴィス（Davies, 2008）は，自分の内省力を通じて，嫌なあるいは抑圧的なアイデンティティを，私たちは粉砕することができると論じている。特定の仕方で自分が繰り返しポジショニングされる場合に関して，私たちが内省する力は，自分の状況への洞察の供給源でありうるし，変化の礎となりうるのだ。

要　約

　ディスコース心理学は，私たちがふつう人間の内容と考えているものの枠組みを作り直し，それを対人的相互作用という公的な社会領域へ位置づける。その心理学は，そうした物事を，特定の相互作用の目的のために，説明の中で構築されるものとみなしているのだ。人間は，道徳的世界における1人のアクターであり，自分の行為について信用され正当と認められる説明を築き上げようと動機づけられている。この場合，ディスコースを利用する人間の心理は，主要な関心対象ではない。もっとも，私たちは記号系の中に誕生してきて，その記号系が私たちの主体性の特質に多大な影響を及ぼすだろうとは指摘されているけれども。たとえば，人間の特質がもっと明確に取り扱われているハーレの研究のような場合には，私たちの自我意識は，一人称の文法などの文化の特定の言語的慣習の所産であり，それを中心に構造化されていると言われる。ナラティブ心理学もまた，経験が心理的に組織化されるその仕方に注目する。ここでは，人間は基本的に，自分と自分の生活を物語的観点から経験するストーリー・テラーである。人間を，関係的，対話的，あるいは物語的な観点から概念化する視点は，その人間を，相互作用やその他の記号的対話の最中に構築される共同的所産と見るのである。そして，これらすべての見方の内部で，個人の行為主体性は，それを，現実のものとみなすことも，あるいは言語の1つの影響であり言語で構成されるとみなすことも，可能なのである。

第8章

ソーシャル・コンストラクショニズム
の探究

　もしも私たちがソーシャル・コンストラクショニズムの主要信条を受け入れるとすると，社会研究の目的と慣行は根本的に変換される必要のあることが明らかになる。つまり私たちは，旧来の前提や慣行を使って心理的・社会的世界を研究することはもはやできない。なぜなら，旧来の，内的な精神構造や過程への注目は不適当だからである。そして，私たちの新たな研究慣行は，言語やその他の記号系にもっと関心をもたなければならない。というのも，それらの使用と影響は，ソーシャル・コンストラクショニズム論者たちにとってもっとも重要だからである。本章では，ソーシャル・コンストラクショニズムと関係するいくつかの種類の研究の特徴を述べて例示する前に，ソーシャル・コンストラクショニズムによる研究に対して提起された，いくつかの理論的，方法論的問題を概観したいと思う。

　ソーシャル・コンストラクショニズムの諸問題への関心は，新たな研究の発展と質的研究方法に対する選好をみちびいてきた。なぜなら，それらの方法は，言語的でテクスト的なデータを集めるのに最適であるし，また回答者の経験や報告を文脈から切り離してしまう可能性がより低いと見られているからでもある。次にはそのデータは，「ディスコース分析」（Potter, 1996b を参照。彼は，ディスコース分析を単に1つの「方法」と称する考え方に対し，異議を唱えている）と呼ばれるアプローチを使って，たいてい分析される。ソーシャル・コンストラクショニズムの理論的立場が意味しているのは，研究でディスコース分析のアプローチを使うべきだということでは必ずしもないし，あるいはディスコー

ス分析のアプローチを使う以上，その人はソーシャル・コンストラクショニズム論者でなければならない訳でもない。ゆるやかな理論的パースペクティブの集合体としてのソーシャル・コンストラクショニズムと，社会研究を行なう1つのアプローチとしてのディスコース分析は，お互いに1対1対応で一致しているわけではないのだ。ソーシャル・コンストラクショニズム論者たちは，自分の研究で，別の質的方法や，量的方法でさえ，妥当なやり方で使うかもしれない。ガーゲン（Gergen, 1999, 2001a）は，ソーシャル・コンストラクショニズムと相容れないものとは，実験のような実証的方法ではなく，通例それらの方法に付随する普遍的な真理要求であると論じる。また，バーマンとパーカー（Burman and Parker, 1993）が指摘するように，ソーシャル・コンストラクショニズム論者ではない研究者たちは，ディスコース分析と名乗らずにそれを行なってきていたことに気づくかもしれない。とは言うものの，ディスコース分析は，多くのソーシャル・コンストラクショニズム論者たちによって熱心に採用されてきたのが実情であると思われる。さまざまなディスコース分析のアプローチやその起源についての簡潔な概観については，ポッターら（Potter *et al.*, 1990）と，それにウェザレルら（Wetherell *et al.*, 2001a, 2001b）を参照するとよい。

理論的・方法論的諸問題

　それらさまざまな種類の研究を検討する前に，ソーシャル・コンストラクショニズムが社会科学のゲーム規則を根本的に変える様子をまず明らかにすることによって，その背景を説明することが重要である。したがって，関連するいくつかの理論的前提と，ソーシャル・コンストラクショニズムの研究が提起するいくつかの主要な方法論的問題について，概略を述べようと思う。それら理論的前提は，必ずしもソーシャル・コンストラクショニズムに限られないことには注意が必要である。特に，研究へのフェミニズム的アプローチをとる人たち（たとえば，Harding, 1991 や Wilkinson, 1996）はまた，客観性や価値自由，それに心理学研究の対象者である人びとのポジションなどの諸問題にも，関心

第8章 ソーシャル・コンストラクショニズムの探究　*215*

を示してきた。

客観性と価値自由

　伝統的な科学研究のパラダイム内部では，研究者は，科学的方法の仮定上の客観性に頼ることによって，自ら得た知見の真実性を要求できる。実験者は，自分自身の人間性から距離をおいて考えることができ，そして研究している現象の客観的性質を，バイアスなしに，また自分の個人的関与からの「漏洩」で結果が汚染されることなしに，明らかにすることができる。しかしながら，ソーシャル・コンストラクショニズムの枠内では，科学者たちの「客観性＝議論」は，人間生活のある特定のビジョンを構築する科学のディスコースの，ほんの一部にすぎない。ギルバートとマルケイ（Gilbert and Mulkay, 1984）は，科学者たちが自分の研究を擁護し，他者の研究を批判する，その様子を検討した。そこで彼らは，2つの対照的な解釈レパートリー，すなわち経験主義的レパートリーと偶然的レパートリーを特定した。経験主義的レパートリーには，彼らの研究の客観的で没人格的でデータ主導的な特質への指示が含まれていた。一方，偶然的レパートリーは，研究者たちの可能的動機やバイアス，それにその他の「悪しき科学」とみなされうる研究の側面に言及していた。研究者自身の研究が，別の人から，「偶然的」レパートリーの利用による異議申し立てを受けた場合，彼らはときどき，ギルバートとマルケイが「真実はいつか明らかになるものだ」と呼ぶ修辞的装置に助けを求めた。この点で，科学者たちは，自分自身のポジションが結局のところ真実であるとみなされるだろうと暗示していた。

　さらに，ソーシャル・コンストラクショニズムは，客観性を不可能なこととみなしている。というのは，私たち各人は必然的に，どこかのパースペクティブから（すなわち，私たちがいる場所から）世界を経験しなければならず，そして，その世界について私たちが問うことになる問いや，私たちの理論や仮説もまた必然的に，私たちのパースペクティブに組み込まれている諸前提から生じざるをえないからである。人間は誰も，自分の人間性の外に出たり，客観性の理念が示すようにどんな立場も取ることなく世界を眺めたりすることはでき

ないのだ。そして，これはほかのみんなと同じくらい，科学者にも当てはまることである。したがって，研究者の課題とは，研究過程への自分自身の本質的な関与を認めて，これが知見の中で果たしている役割をよく考えることになる。研究者はその研究を，自分自身と研究対象者の人びととの間の共同制作とみなさなければならない。たとえば，インタビューの中で，どんな質問が問われるかに関し，研究者自身の前提がいかに影響を与えざるを得ないか，また人間としての面接者は，人間的相互作用によって汚染されずに被面接者の反応を記録する生命のない機械とはみなしえないこと，これらは容易に分かることである。

　さらに，諸事実それ自体は，決して中立的ではあり得ない。それらは必ず，特定の問いを提起する誰かの所産であり，そして問いは必ず，たいてい潜在的な，世界についての前提に由来する。たとえば，性差に関する厖大な研究文献（Maccoby and Jacklin, 1974 を参照）は，女たちと男たちが異なった種類の人びとであるはずだという心理学者たちの前提について語るほどには，じっさいの両性間の心理的差異については語っていないのであって，その差異は結局比較的少ないことが分かるのである。けれども同時に，心理学研究を支えているその諸価値については，きわめて明白であることだろう。戦時中のモラールや一般市民の態度，それに労働者の生産性などに関し，それらを操ることへの社会心理学の応用を特徴づけていた諸価値は明白である（心理学における諸価値の検討については，Howitt, 1991 を参照）。ソーシャル・コンストラクショニズム論者たちが論じるところでは，人びとについての何らかの客観的に明確な真実は決してありえないのだから，そのような真実を発見したというあらゆる主張は，政治的活動とみなされなければならない。それらは，世界についてのある表現を妥当と認め，その他を無効にしようとする試み，したがってある種の人間生活を妥当と認め，他を無効にしようとする試みなのである。それゆえに，心理学という学問に対する批判は，それが政治的だということではない。というのも，私たちのあらゆる知識主張は必然的にそうあらざるをえないのだから。そうではなくて，その批判は，それが価値から自由で，したがって政治とは無関係だという主張を通じて，その政治的影響をまさにもたらした点に向けられているのだ。このことはまた，社会の中で相対的に権力ある集団の関心事に対処するために心理学研究が使われてきて，また依然として使われ続けて

いる，その様子をも覆い隠している。心理学は「ある問題」への対処のために使われているかもしれないが，しかしさまざまな問題は，事実と同様に，客観的に存在することはないのだ。それらは，必ず誰かにとっての問題である。そして，広く知られたことわざを転用すれば，ある人間の問題は，別の人間の解決なのである。たとえば，家族崩壊は1つの現代的問題であると，私たちはしばしば耳にする。確かに，離婚率やその結果としての単親家族数の増加は，政府にとって財政問題や雇用問題や住宅問題をもたらす。しかし，この「家族からの逃走」は，多くの女たちにとって，抑圧的結婚生活や暴力的伴侶の問題に対する解決と見ることもできる。また，ウィリグ（Willig, 1999b）が指摘することだが，健康教育の分野の場合には，個人の行動を理解してそれに影響を及ぼすために心理学的知識を使うことによって，罹患率や死亡率における貧困や失業などの要因の重要性を覆い隠すことができるのである。

研究者と研究対象者

ソーシャル・コンストラクショニズムの枠内では，科学事業としての主流派心理学は，強力な真理要求を行なっているとみなされる。科学のディスコースやレトリックは，心理学的研究の知見を「知識」や「真理」として構築し，その研究者である心理学者を，「被験者」である研究対象の人びとに対して，相対的に権力あるポジションに立たせるのである。科学のディスコースを採用してきた限りでは，心理学は，その研究の被験者たち（一般人）よりも，研究者たちや学者たちに，真理要求のより大きな権利を与えるのであって，そこでは「科学者」と「一般人」の語が，科学のディスコース内でたやすく手に入る主体ポジションを表現しているのだ。諸事象についての研究者のバージョンは，被験者のそれよりも卓越した十分な根拠をもっており，より大きな「発言力」が与えられている。それに，被験者の経験は，その研究者によって解釈され，時にはまったく異なる意味が付与される。その研究者は，理論を検証し，結果を解釈する人であり，知識の保有者なのである。一方，その被験者は，ただ実験条件に対して受動的に反応するだけであり，研究レポートには，彼らの発言力はない。ホウィット（Howitt, 1991）が指摘しているように，「被験者」

という語の使用は，研究者と被験者の間の権力格差を示しているのだ。

> 「被験者たち」という語の使用には，2種類の重要な影響があって，それらはおそらく，単なる1つの単語以上に，心理学について多くのことを明らかにする。第一に，人びとは，何かがなされるただの対象となり，それによって，行為を選択したり，受け身ではなく積極的であったりすることを含む，人間性の多くの特徴が失われてしまう。第二に，心理学は，心理学者たちの領分であって，その被験者たちの領分ではない。そのため，心理学とは，研究対象として協力する人びとが，その研究を実施している他の人びとに与えるものというより，むしろ心理学は，人びとから分離されており，この種の心理学を人びとにもたらす人たちの手中にあるのだ。きわめて明白なことだが，これは，社会的知識産出のための権力関係なのである。
>
> (Howitt, 1991: 51-2. 傍点は原著による)

　自然科学をお手本にする心理学のお気に入りの方法は実験であり，ここでは，実験者と被験者が非民主的な関係に巻き込まれるようになるだけでなく，報告された被験者の経験は，文脈から切り離される。その実験の関心事とはたぶん関係のない諸変数を統制するために，被験者の行動から，それに意味や理由を与えている文脈を事実上はぎ取ってしまい，これを実験者自身の解釈に置き換えるのである。これは，社会心理学における「危機」を助長した問題の1つである（第1章を参照）。

　したがって，ソーシャル・コンストラクショニズム論者たちは，その研究関係の民主化を求める。もしも1つの現象についての研究者による「事実」報告が，科学の正当化する発言力（ボイス）の結果とみなされるならば，その場合私たちは，他の報告，特に研究対象協力者たち自身の報告が，原則として等しく妥当なはずであると認めざるをえない。研究者の報告や「読解」が，他の人のそれよりも特別扱いをされるだけの理由はもはや存在しないように思われ，このことが，研究者と研究対象者とをお互いに新しい関係に置くことになる。被験者自身の経験報告は，自分の読解こそ真実だと言い出すその研究者によって，別の解釈

がなされることはもはやありえない。新しい研究慣行の発展の中では，研究対象協力者の報告の妥当性が認められねばならない（これは，後述する「再帰性」と呼ばれるものの一部である）。ガーゲン（Gergen, 1999, 2001a）は，研究過程がその研究対象協力者のニーズや目的によって影響される「共同研究」を提唱する。オーフォード（Orford, 1992）は，問題を特定しその解決を見出すのにサービス利用者たちを参加させることによって，その彼らへのエンパワーメントをめざす「コミュニティ心理学」を推奨する。これらのアプローチには，「アクション・リサーチ」を含めて考えることができるのだが，そこでの研究目的は，単に何らかの現状を研究するのでなく，それらを改善することにあり，またしたがってその研究を動機づけている諸価値や政治問題がはっきりと認められるのである。そのような研究は，それゆえ，エンパワーメントともなっている可能性がある。

　権力問題に関心があるその他の研究者たちは，コンストラクショニズムの研究を社会批判として用いることを好み，「言語が多重的に作用して，不平等な権力関係を正当化し固定化する，そのありさまを明らかにする」（Willig, 1999b: 10）。たとえば，メーハン（Mehan, 1996/2001）は，学習障害を抱えているとみなされた子どもについての，専門家たちと一般人たちとの間の相互作用を分析した。彼は，ある話し方，とりわけ専門家たちによって用いられる専門用語が，もっと日常的な言葉で記述する親たちの表現と比べて，その問題の彼らの表現に大きな重みと権威とを付与する，その様子に注目したのである。

　しかしながら，あらゆるソーシャル・コンストラクショニズムの研究にとって政治問題がもっとも重要であると言えば，それは正確ではあるまい。ソーシャル・コンストラクショニズム論者たちの中には，言語の作用や自分自身のための説明の構築を研究することにもっと関心のある人たちもいる。しかし，明確に政治問題を抱えた人たちは，ディスコースに組み込まれている権力問題を否定したり，あるいは少なくとも無視したりしているように見える研究には不快を感じることだろう。批判的ディスコース分析，脱構築もしくはフーコー派ディスコース分析，それに解釈レパートリーを扱う人たちなら，誰でもある程度は権力やイデオロギーの問題に関心があると言っても，おそらく差し支えない。一方で，ディスコース心理学や会話分析（CA）の分野で研究している人たちは，

自分の研究の中で，それらの問題にはっきりと関心をもつ可能性が低いのである。

再帰性 リフレクシビティ

再帰性は，ソーシャル・コンストラクショニズムの著作の中で広く使われている語であって，いくつかの異なることを意味する場合がある。その語は，回答者たちの役割や彼らの研究者との関係，それに彼らの報告の地位などをその理論が再構成する，その方法を指しているだけでなく，また少なくとも2つの違った仕方でも用いられる。第一に，それは，次の事実に注意を引くために使われる。すなわち，誰かがある事象について報告する場合，その報告は，おしゃべりの構成的な特質のおかげで，その事象の描写であると同時に，その事象の一部でもあるという事実である。1人の研究者として自分の記述の社会的構築をこうして公然と認めることは，唯一の可能的真実の存在への潜在的な請求権を徐々にむしばんでいき，そのために，権力や権威についての公開討論の機会がもたらされる場合がある。たとえば，ある研究者の研究がいかに善意によるものであったとしても，研究者にはそもそも他の諸集団について，あるいは他の諸集団のために，発言する資格があるのだろうか。パーカーとバーマン（Parker and Burman, 1993）は，分析の中に研究対象協力者たちをもっと完全に加えようとする試みによって，最終的に，研究者と研究対象者の間の権力関係の問題を免れることができるわけでないと懸念している。いくら再帰性に力を尽くしてみたところで，やはり研究者自身の「読解」の方が影響力をもつように思われたことを自分自身の研究で見出したマークス（Marks, 1993）に，彼らも賛成するのである。したがって，再帰性は，研究関係の民主化という錯覚をもたらすにすぎないのかもしれず，努力してそれに取り替えるとなれば，それはおそらく改悪になるのである。

再帰性は，ディスコース分析内での，研究者と回答者それぞれによって述べられる報告の対等な地位はもちろん，両者自身の対等な地位をも示している。このことは，研究対象協力者たちが自分の記述や研究者たちの記述についてコメントする，その機会を研究の中に組み込む方法をディスコース分析家たちが

見つけたいと思っているという意味である。ところが，ディスコース分析家たちは，その研究の中でこのことを必ずしも行なっていないとシェラード（Sherrard, 1991）は批判する。パーカーとバーマン（Parker and Burman, 1993）もまた，研究者が，別の読解に対してそのテクストを「閉ざし」たくなることに気づいており，この見方はミルズ（Mills, 2004）によっても支持されている。一例として，白人のニュージーランド人たちの人種差別のディスコースを分析したウェザレルとポッター（Wetherell and Potter, 1992）の研究を使いながら，彼女は次のことを特定する。

　　話し手のポジションと分析者のそれとの，問題をはらむ一体化……したがって，人種差別に関するこの検討において，白人のニュージーランド人たちの発話は，意味が明快だと考えられる。マオリ人たちやポリネシア人の移住者たちの意見は求められもせず，それらの発話についての彼らの解釈もまた考慮されない。

（Mills, 2004: 130）

　第二に，再帰性（リフレクシビティ）は，ソーシャル・コンストラクショニズムそれ自体も，自らが他の理論に向けている批判的スタンスを免れないという事実を指している。したがって，ソーシャル・コンストラクショニズムは，自らを，他の諸理論と同じくらい1つの社会的構築であると認めなければならない。自分自身の著作の分析に関心がある著者たちもいて，自分の報告が構築されてきた次第を，再帰的に検討している（たとえば，Ashmore, 1989; Mulkay, 1985）。しかしながら，シェラード（Sherrard, 1991）は，ディスコース分析家たちが一般に，1人のインタビュアーとしてその相互作用に参加している場合，そのディスコースでの自分の発言が果たす役割について検討できないでいると主張する。彼女の指摘するところでは，インタビューは会話のように両当事者によって構築されているのだが，ディスコース分析家たちは概して，自分が分析しているディスコースの生成における自らの役割をはっきりと検討できないでいる。さらにフィゲロアとロペス（Figueroa and Lopez, 1991）は，ディスコース分析家たちが，自分の分析の中に，報告／テクストそれ自体の生成，その文脈，来歴，対象と

する読者などをも含めるべきであると論じる。

　第三に，再帰性は，研究に影響を与えている個人的で政治的な諸価値やパースペクティブを明確に認識するという問題を表わしている。その目的は，たとえば，その研究を特定の政治問題の内部に位置づけることなのかもしれない。あるいは，研究者自身の生育歴や経歴がその研究を形成しているだろう，その様子を分析することが目的なのかもしれない。その研究対象協力者たちの経験や社会的位置は，もちろん彼らの説明にある特定の文脈を与えるであろうし，このこともまた認識される必要がある。

　再帰性の必要性に対する，ソーシャル・コンストラクショニズムの研究者たちの反応はきわめて多様である。自分の研究デザインや分析の中心に再帰性を置く研究者たちもいるが，一方で，自分の背景や諸価値について，ただいくらかの解説を加えるだけの研究者たちもある。

信頼性と妥当性

　これらの語は，実証主義的，経験主義的パラダイムでは合理的な研究の基礎であり，またそのパラダイム内部で仕事をする社会科学者たちにとってはおなじみの語である。信頼性とは，その研究知見が再現可能であり，したがって単に一過性の局在的な事象の結果ではないという必要条件である。また，妥当性とは，その科学者の世界記述が，「実際そこに」あるものと合致しているという必要条件である。しかし，ソーシャル・コンストラクショニズムの研究とは，客観的事実を特定したり，真理要求をしたりすることではない。世界の究極的な記述は存在しえないのであり，「実在」は近づきがたく，あるいはそれについての私たちのディスコースから切り離せないのであろう。あらゆる知識は，暫定的で疑義の余地があり，また記述は，ローカルで歴史的／文化的に特殊である。したがって，ふつうに理解されている信頼性と妥当性の概念は，ソーシャル・コンストラクショニズムの研究の質を判定するには適切ではないのである。

　ソーシャル・コンストラクショニズムの研究者たちは，自分たちの分析をいかに正当化するかという問題と格闘してきて，そこでさまざまな基準や慣行が提案されてきた。大方の研究者たちは，自分たちの分析を何らかの方法で正当

化する必要があると認識していると思われる。テイラー（Taylor, 2001）は，全体的な研究の整合性や厳密さを向上させる１つの方法，すなわち分析は体系的に行われ，その解釈は手堅く論じられていることを示すということだが，そういう１つの方法として提案されてきているいくつかの基準について概説している。ディスコース分析の技法の中には，たとえばテクスト材料のコーディングにおける研究者間の一致度を指標として算出するような，確実性を生み出す量的方法と相性のよいものもある。その分析手続きの手順についての詳細な情報を提供することで，読者はその妥当性について判断を下すことが可能となり，また研究者が研究対象協力者からのフィードバックを求めるような「メンバー間のチェック」も利用できる。「有用性」や「有益性」は，どんな研究にも当てはまる一般的な基準であり，理論的発展や斬新な説明を生み出して，これまでの研究知見に新たな光を当てる，そういう分析力を指している。ウッドとクルーガー（Wood and Kroger, 2000）は，全般的な分析の「信頼性」や「妥当性」に寄与する，いくつかの基準について論じている。テイラー（Taylor, 2001）が特定したいくつかの基準に加えて，彼らは，読者が原テクストから最終分析に至る分析過程をたどれるだけの裏付け 資 料（ドキュメンテーション）を研究者が提供するような，そういう監査証跡（オーディットトレイル）を利用しようと提案する。妥当性もまた，提示される主張の論理を明確に示し，それが分析の諸段階からどのように生じてきたかを説明し，さらにそれが修正の余地や排除をも含んでいる点に気をつけることによって，明示することができる。ウッドとクルーガーはまた，研究者の立場は回答者の立場と同じだという前提について，上述のミルズ（Mills, 2004）によって提起された問題をも扱っている。彼らが提案するところによると，研究対象協力者の 構 え（オリエンテーション）が分析に確実に反映されるようにする方法とは，相互作用の中でその協力者にとって重要なカテゴリーやアイデンティティや相互作用上の問題と思われるものに注目しながら，その協力者の言語使用に細心の注意を払うことなのである。

ディスコース分析への批判

　ディスコース分析研究に対してはいくつかの批判が向けられてきたが，しか

し特定されてきた諸問題は，微視的な種類のコンストラクショニズムと巨視的な種類のコンストラクショニズムとで異なっている。

　ディスコース心理学に向けられた主要な批判は，分析をテクストだけ（インタビュー，会話など）に限定するその慣行に起因している。ディスコース心理学者たちは，意味は相互作用それ自体の内で，相互作用しあう人たちによって産出されるのであり，したがってその意味を研究するために必要なのは，そのテクストだけであると主張する。つまり，私たちは，起こっていることを理解するために，テクストを越えて，たとえば，その相互作用しあう人たちの間の状況や権力関係に，あるいは彼らが使用している語や概念のより広範な社会的意味に，目を向ける必要はない（もっとも，クレスウェル（Cresswell, 2012）は，エスノメソドロジーに基づく会話分析（CA）なら，ディスコース心理学の注目点を，その場でのおしゃべりを越えて拡張することができると主張するのだが）。問題は，私たちのおしゃべりがたいてい，社会的・世俗的な権力構造からその有効性を引き出しており，また，そうした構造の維持を促進する場合があることである。フーコー派の伝統内部で研究する人たちが論じるには，1つの会話の意味は，もしも私たちがそれを，このもっと広い社会的・世俗的文脈の内に位置づけないとすると，十分に把握することができないのである。フーコー派のディスコース分析家たちは，ディスコース心理学が説明を理解する場合に，もっと広い社会的ディスコースを考慮に入れられないでいる点を批判する（たとえば，Demuth, 2012）。

　その逆の批判が，フーコー派のディスコース分析に対してなされている。ディスコースを，それを使う人びとやそれが使われる文脈から独立して存在する対象へと変えてしまうことによって，このアプローチは，話し手がそのおしゃべりで行なっていることを，まずまちがいなく無視するのである。話し手がたずさわっている構築的な過程，それにもちろんそのおしゃべりそれ自体は，それが行なわれる社会的文脈に応じて変化することであろう。話されたり書かれたりしたテクストを，あたかもただのディスコースの現われにすぎないかのように扱うのは，たぶん誤りなのである。

　しかしながら，ディスコース心理学とフーコー派の分析を，2つの相容れないアプローチとみなすことはおそらく非生産的であろう。ウェザレル

（Wetherell, 1998）は，それらが原理的に相容れないものではなく，私たちは，状況的な言語使用と，それが生み出される周囲のもっと広い社会的文脈，その両方を扱うことが可能であり，またそうすべきであると主張する。

批判的ディスコース分析（CDA）とフーコー派の分析の最終的な目的は，抑圧的な権力関係の維持に寄与するディスコースによって可能となる真理要求に対し政治的スタンスを取ること，そして周縁的地位に追いやられたディスコースの発言力を増大させることである。しかしながら，もしも客観的な真理がありえないのならば，つまりもしもあらゆる読解が等しく妥当であるのならば，ある人びとが（実は／真に）抑圧されていると主張するのは，どんな意味で正当なのか？　あるディスコースを別のディスコースよりも重視することを，どのように正当化できるのか？　これは，政治志向のディスコース分析にとって，1つのきわめてむずかしい問題である（たとえば，Burman and Parker, 1993; Burman, 1990; Burman, 1991 を参照）。エイブラムスとホッグ（Abrams and Hogg, 1990）もまた，ディスコース分析が，周縁的地位に追いやられた集団を特定し援助するのに特に適任であるという暗黙の前提を，疑っている。彼らの指摘によれば，このことはたぶん，私たちが，英国国民党〔＝英国の極右小政党〕などの集団に発言力を与えようと試みるべきであり，またどの集団に力が与えられねばならないか決定を下す大学研究者たちの権利には疑問を抱くべきであるということを，意味するのであろう。

フーコー派ディスコース分析（と，ある程度まで解釈レパートリー）のさらなる問題は，ディスコースの特定が，日々の常識的な諸事象のカテゴリーを「ディスコース」とラベリングするにすぎないことになってしまう傾向がある点である（Parker, 1990）。たとえば，家族というもの，科学，医療，個人というものなどの，既に現存する観念，対象，制度，等々のそれぞれが，それに伴うディスコースを生む。したがって，私たちが使うあらゆる常識的カテゴリーに対してディスコースを「発見する」危険がある。もしも研究者たちが，文化的に利用可能な常識的カテゴリーを疑いたいと思うのならば，このことは彼らを，弱い立場に立たせるのであって，と言うのも，それらのカテゴリーは最初から，研究したいと望むディスコースを特定して記述することの正当な一要素であると暗黙のうちに解されているからである。常識の外側にあるガイドライ

ンなしでは，1つの辞書に載っている言葉の数までディスコースが激増してしまうのを，どうしたら防げるのか，私たちは見当もつかないことになる。

各種の研究アプローチ

　本章の残りの部分では，ソーシャル・コンストラクショニズム論者たちによって用いられる6つの異なる種類の研究アプローチ，すなわち会話分析，ディスコース心理学，解釈レパートリー，フーコー派ディスコース分析，批判的ディスコース分析，ナラティブ分析の説明に役立つ実例を挙げていこうと思う。会話分析（CA）は，理論的特色という点では，ことによると最低限のソーシャル・コンストラクショニズムの特徴しかないのだが，ディスコース心理学内部ではそれが頻繁に使用されているので，会話分析をここに含めることにする。ソーシャル・コンストラクショニズムの研究で現在使われている分析の種類は，これら6つのアプローチで尽きているわけではないし，その研究と潜在的に適合するあらゆる研究方法を，それら6つが表現しているわけでもない。

　これらのアプローチ間の差異がどこにあるかといえば，データ収集や分析がじっさいにとる様態というよりも，むしろそれらのアプローチが答えようとしている問いの種類や，これらの問いの基礎となっている理論的前提に，より多く存在することを理解することが重要である。この理由から，「研究方法」よりも「研究アプローチ」について語ることを，むしろ私は選んできた。私は，それらの分析がどのように遂行されるかについて，手続きの詳細を述べなかったが，それは本書の責任範囲を越えている。いずれにしても，その分野で生まれてきたような手続き的決まり事はたいてい，レシピタイプの指示をもたらすのでなく，所詮は1つの主観的・解釈的分析にほかならないものを案内しようとする，ガイドラインとして存在しているのだ。

会話分析

　会話分析（CA）は，これらのアプローチの中で最も「微視的」だと言える

第8章　ソーシャル・コンストラクショニズムの探究　*227*

だろう。それは自ら，小規模の自然発生的な相互作用の研究に限定しており，挨拶や話者交替や会話修復などの，言語使用における規則性やパターンや順序を特定しようと努めている。会話分析は特に，ソーシャル・コンストラクショニズムの理論によって影響を受けていたり，あるいはそれを重視していたり，するわけではない。それは社会学において，1960年代のハーヴェイ・サックスの研究から発展した。サックスは，抽象的な一般理論を展開する社会学の傾向を憂慮して，現実の人間の行為の具体例を体系的に研究する1つの社会学を発展させたいと思っていた。彼は，対人的な相互作用を，人びとがじっさいに社会生活を送っている様子についての潜在的に豊かな情報源と考えた。彼の最初の観察の1つは，人びとが，相互作用においてある種の効果をもたらすために会話のきっかけを作る切り出しの言葉をたくさん用いることであった。たとえば，自殺防止電話相談への通話の研究において，電話をかけた人が自分の名前を告げるのを避けようとして，通話相手である電話を受けたスタッフの声の，聞こえ方の問題についてのやり取りへとその相互作用を切り替えた，その様子に彼は注目した。したがって，会話分析は，相互作用における人間の積極的な役割を強調する。会話分析の研究は，相互作用分析のためのいくつかの重要な概念ツールの開発をみちびいてきた。たとえば「隣接ペア（adjacency pair）」がそれであって，そこでは，一方の話し手による発話が，質問と応答，招待と受諾または拒否など，特定の仕方での反応を他方の話し手に期待するのである。「成員カテゴリー化装置（membership categorization devices）」とは，話し手が自分自身やもう一方の話し手を，特定の期待や前提をもたらすある人間のカテゴリー，たとえば「友人」や「被害者」へと，明確にまたはそれとなく分類する諸方法である。会話分析はまた，洗練された詳細な逐語記録（トランスクリプション）のシステムを発展させてきた。その結果，研究者は，ポーズや強調などの話し言葉のさまざまなニュアンスを，すべてできるだけ正確に記録することが可能になった。ボックス8.1に掲げられた簡単な例は，シルバーマン（Silverman, 2001）からの引用である。

　会話分析と，さらに言えばその他の種類のソーシャル・コンストラクショニズムの研究も，人びとの説明の事実的な正確さに関しては，何のスタンスも取っていないのであって，そのことをはっきり知っていることが大切である。会話

228

《ボックス 8.1》

　シルバーマンは，HIV カウンセラーと患者の間のインタビューを録音した。彼の興味を引いたこれらのインタビューの特徴の1つは，HIV 検査を受けることに決めた理由について問われたときの，患者たちの応答の仕方であった。そのようなインタビューの1つからの抜粋を，彼は引用する。

（C：カウンセラー，P：患者）
 1 C　あのう，どうしてあなたはそのとき［いっそう優しく］検査を受けると
 2　　決めたんですか？
 3　　（1.0）
 4 P　えーと，まあ私は（1.2）実際そうすることを
 5　　しばらく考えていたので，えーと（0.5）私は（ . ）私は
 6　　だいたい，うーんと6ヵ月か8ヵ月前には特別な関係で
 7　　（0.7）それは続いていて（1.0），まあ，それは6ヵ月か8ヵ月前に終わったけど，
 8　　3年ぐらいは続いたんです，それで，えーと
 9　　（1.0）まあ，私たちがしてたのは危険なセックスの
 10　　行為で，それで，あのう，後になって分かったのは，そのう，私のパートナーが
 11　　ずっとしていたんです（ . ）別の人たちとセックスを。

　シルバーマンは，その患者が，危険なセックスをしていたという情報をすぐには提供しないことに注目する。彼は，ためらいがちに「えーと，まあ私は」と切り出し，それからポーズが続くが，しかしそれからこのおぼつかない滑り出しを，かなり長い間それについて考えていたことを語ることで「修復し」，自分の危険な性行為の告白を事実上，先送りしている。このことは，その患者が「信頼できる人間」というカテゴリーを得られる

ようにすることによって，好意的な観点から彼を見るようにさせていると，シルバーマンは述べる。その後で，その患者は，「いい知らせ／悪い知らせ」の連鎖を準備する。既に「信頼できる人間」とみなされているけれども，彼はそのことを，自分の危険な性行為という「悪い知らせ」を伝える前に，パートナーとの長期にわたる関係を引き合いに出すことでさらに強固なものにしている。自分の危険な行為や，パートナーのそうした行為の後日の発覚に関する，彼の説明の中に見られるためらいやポーズはさらに，これらの諸事象を好ましからざるものとして「聞こえる」ように促している。つまり，それらは望ましくないものとして規範的に理解されているのだ。

　分析の関心はもっぱら，人びとが説明を組み立てて相互作用に対処するのに使う 戦 略 にある。たとえば，シルバーマンは，その患者が検査を受けたがる理由について真実を語っているか否かには関心がなく，彼の関心は，その相互作用はどのように対処されて，そのことが相互作用する人たちに，どんな影響や機会や制約をもたらしたかにあるのだ。

　会話分析は，人びとがどのように自分の話によって影響をもたらすかに関心があるのだけれども，その相互作用に関係しているかもしれない権力関係について解釈することからは，手を引いている。その相互作用に基づいて言えば，その相互作用が何をしているかの手掛かりを与えてくれるかもしれない可能的な権力関係や不平等について，研究者は臆断する立場にはないのだと，会話分析家たちは主張する。これは，研究者を特権的で専門的な知識をもつとみなす主流派の見方へのまさに回帰であろうし，またことによると研究者に，自らの予想と合わない現象を見えなくさせることでもあろう。会話分析家たちにとっては，その相互作用をする人たち自身だけが，その相互作用が何をしているか知りうるのであって，なぜなら，彼ら自身がそれを刻一刻と築き上げているからなのである。したがって，会話分析は，「テクストを超えて進む」いかなる試みも信用せず，相互作用の多かれ少なかれ客観的に存在する諸特徴を特定することに努力を集中するのである。この点で会話分析は，伝統的な社会科学のパラダイムにより類似していて，客観性や信頼性や妥当性のことを心配する。

それはまた，その同じ理由で，再帰性の問題についてはほとんど関心がない
ことであろう。会話分析は政治問題をもたらすことはないけれども，しかしこ
のことは，より政治的志向をもつ研究者たちが権力関係を分析するために，そ
れを使うことができないという意味ではない。たとえば，キッツィンガーとフ
リス（Kitzinger and Frith, 1999）は，フェミニズムの観点からレイプの研究
をして，セックスに「ただノーと言う」のに必要な女たちの苦労を研究するの
に会話分析を使った。

ディスコース心理学

ディスコース心理学は，相互作用におけるおしゃべりの分析に重点を置いて
いる。これには，特別に計画された研究インタビューはもちろん，商談やケー
ス会議や日常会話などの自然に生じる相互作用も含まれる。それが目的とする
のは，その当事者たちによって使われる議論の種類や修辞的装置を特定するこ
とである。たとえば，ジル（Gill, 1993）は，ラジオの男性アナウンサーたちが，
ラジオには女性リポーターたちがいないことを正当化する説明を作り上げてい
る様子を調べたし，またオーバーンら（Auburn *et al.*, 1999）は，犯罪捜査に
おける警察の事情聴取のインタビューを研究して，被疑者の説明に対する疑念
が，警察のインタビュアーによって構築され，しかも説得力をもって利用され
る様子を明らかにした。

ディスコース心理学の主要な関心は，人びとが正当と認められるアイデン
ティティをどのように確立するか，人びとが自分自身や諸事象の「バージョン」
を「事実に基づく」ものとしてどのように構築し提示するか，また人びとが自
分の行為をどのように正当化するか，これらにある。会話分析のように，ディ
スコース心理学は，これらの問いに答えるために，相互作用の微視的過程に注
目する。それにまた会話分析のように，分析を促進するための，いくつかの重
要な概念ツールを開発してきた。たとえば，「カテゴリー賦与（category
entitlement）」とは，「患者」や「ふられた恋人」などの，話し手が自分自身
を分類するカテゴリーのおかげで，自分の感じ方や振る舞い方を正当化できる，
その方法のことを指している。「利害関係（stake）」および「利権（interest）」

とは，説明のおかげで得たり失なったりするものがある人びとによって示される諸事象の勝手な解釈に対し，話し手たちが自分の立場を見きわめる方法を指している。ディスコース心理学がディスコースを理解する仕方のもう1つの重要な特徴は，その修辞的な方法である。すなわち，説明は，その他の潜在的な選択肢を妨害するように構築され，つまり，提起されるかもしれない反対意見に対する暗黙の防衛として構築されるのである。ディスコース心理学者たちは，会話分析のアプローチをますます採用しつつあって，データとして現実の相互作用の記録のみを用いている。しかし，1つの相互作用の特質を「説明」や「議論」などのもっと大きな意味単位のレベルで把握するためには，ディスコース分析は，会話分析に代表されるタイプの微視的な会話構造に限定せず，現実の場面におけるデータよりむしろ，インタビューを利用してもよいのであろう。

ディスコース分析は，労働や組織について研究している研究者たちによって次第に採用されるようになってきている。ディック（Dick, 2013）はディスコース心理学者を名乗っていないのだが，彼女が乗り出したのは，職場での性差別に関する英国の女性警察官たちとのインタビューのディスコース分析であった（ボックス8.2を参照）。

会話分析と同様に，ディスコース心理学は，その主要目的が明確に政治的ではないけれども，分析家たちはときどき，関連するイデオロギーや権力関係の文脈の中に自分の研究をしっかり位置づけて，そうすることで，より微視的なレベルのその分析自体と社会の巨視的構造とを関係づけている。それをディック（Dick, 2013）は，結論部で次のように行なっている。「研究対象協力者たちが，明確な事実ないし明確な主体の経験として『性差別』というカテゴリーを比較的容易に構築することができる場合には，このことは，そのような説明構築がなされている周囲の権力関係の特質について，私たちに何事かを教えてくれるのかもしれない」（p.665）。ウェザレル（Wetherell, 1996）もまた，権力とイデオロギーの問題を扱っている。彼女は，キャッシュモア（Cashmore, 1987）の報告したインタビューからの抜粋を使っており，その一部を以下に再掲する。その話し手は中産階級の白人男性で，彼は移民政策について語っている。

《ボックス 8.2》

　「ソフィー」は，犯罪捜査課のオフィスの壁に貼られた，過激なビキニ姿の女たちが写っている何枚かの絵はがきに対する自分の反応を，次のように説明している。

1S：でも次のように思ったのを覚えています，「ここはプロが働くオフィスよ！
2　　プロが働く職場では，みだらな絵はがきなんてみたことないわ」。
3　　それで振り返ってみればまったくばかだったけど，言ったの「あらまあ！
4　　どうして壁にそんなものが貼ってあるの。それはちょっとありえないんじゃないかしら。
5　　犯罪捜査課のオフィスに，そんな写真を貼るの。」
6　　だってねぇ，ありえないわよ，弁護士事務所に入って行って
7　　それを見るとか，たいていの場所では。つまり，
8　　カレンダー・モデルみたいなものと同じと思ったの
9　　ガレージに貼ってある，あれよ！
10Me：まったくその通りよ！　それこそ，私だってそう思ったでしょうに！

　ディックが指摘するには，ソフィーは，性差別が客観的に実在することを聞き手に納得させる説明をうまく成し遂げるために，懸命に努力しなければならない。彼女の絵はがきへの反応は，「潔癖すぎ」たり過敏すぎたりするせいであり，したがって性差別を告発する傾向があるという，そういった考えうるどんな意見の機先をも彼女は制するのである。つまり，彼女は，その絵はがきが犯罪捜査課のオフィスにあることだけが問題だとみなすことによって，説明を始めている（1～2行目）。3～4行目では，彼女は，自分の反応を，「利害関係予防対策」の典型として，素朴なものと表現する。この表現法は，見たものによって単に困惑したふつうの人間と

して自分を構築することによって，彼女は過敏すぎるだろうという主張から彼女自身をいっそう保護できるようにする。ソフィーはさらに，5～9行目で，公的なオフィスでのそのような掲出はプロ意識の欠如を示しているという考え方を持ち出すことで，自分の説明の信頼性を築き上げる。彼女はまた，それは滅多にあることではないから，そのような掲出は重大なのだと言うために，極端な事例定式化_{ケース・フォーミュレーション}（7行目の「たいていの場所では」）を使う。そして，8～9行目では，彼女は，専門職のいる場所（犯罪捜査課のオフィスのような）を，そういう掲出が見られる場所のガレージと比較することで，最初の論点を拡張している。

私は，教育能力を示す人びと，つまり，医者や公務員などになるのを望む人びとが入ってくるのは構いません。彼らに3年から5年の訓練を施して，それから送り返してやるんです。結果論だとは分かってますが，でも昔のあのころにもう，私たちはロータリークラブで言ってたんです，「こういう人びとが入ってくるのを止めなきゃいけない」って，それなのにみんなそれを無視したんです。はるばるここにやってきた人びとは，サトウキビ畑から直行したんですよ。

「私たちの植民地メンバーなら誰だって，自由にこの国に入ってくる」って，私たちはいつも言ってました。まちがいなく，失業手当をもらうためだけにやって来る人がたくさんいるんです。個人的に思うのは，6ヵ月間仕事を続けるまで，国家扶助を受けられないとしたら，私たちの暮らし向きはずっとよくなるはずです。黒人や黄色人種やその他の有色人種でも，彼らはここに来て，1ヵ月も経たないのにもう国に頼って暮らしてる。そりゃあ，まちがっていると思う。私には，インド人の友人が2人います。1人は医者で，もう1人は仕事仲間だけど，彼らはいつも，そこら辺にいるインド人たちや西インド諸島の人たちの数に驚いてました。彼らはいったいどこからやって来るんだろう。彼らは何も持たずにやって来るのに，今や彼らは職業的成功の階段を登り始めている，だからもしも私たちがそれを見張っていないとすれば，たちまち私たちを追い越していってしまうで

しょう。

(Cashmore, 1987: 166-7. Wetherell, 1996: 220 に掲載)

　ディスコース心理学のアプローチに沿ってウェザレルは，この話を，態度表明ではなく，人間の諸カテゴリーをさかんに構築して，人種差別の慣行を正当化したり弁解したりするようにそれらを動員しているものと見ている。話し手は，「サトウキビ畑から直行した」人びとのイメージを構築し，それを「学歴ある人びと」と対比する。またあるときには，彼は，「私たち」と「彼ら」というもっと一般的な対比的カテゴリーを構築する。その話し手はまた，自分の説明を，考えうる反対論や自分が人種差別主義者だという非難に対して向けている。インド人の友人について話す中で，彼は，自分は人種差別主義者ではないと言いながらも，その一方で，免責条項を，つまり人種差別の見方と言われかねないことも言い出せるような修辞的装置を用いている。時には，免責条項は，「私は人種主義者ではありません，でも……」などのように，きわめてはっきりしている。ウェザレルはそのような説明を，本質的にイデオロギー的とみなしている。それらの説明は，人間たちを問題の多いものとして構築し，それからそのような構築が，1つの社会の文化の中で共有されて行きわたるようになり，社会的不平等を正当化する方法として採用されるようになる。ビリッグ（Billig, 1997b）は，言語を，必然的にイデオロギー的なものとみなしている。もしも私たちが，イデオロギーを，1つの社会の「常識」，すなわち人びとにとって明らかに疑問の余地のない信念や前提とみなすならば，このイデオロギーは言語を通じ，つまり人びとの相互の話し合いを通じ，分け与えられて再生されなければならず，そして，おしゃべりの中でそれらを自ら使うことによってそれが私たちの心理の一部になるにちがいないのは明らかである。したがって，ディスコース心理学は，イデオロギー研究にきわめて適していると彼は考えている。

解釈レパートリー

　解釈レパートリーは当初，後にディスコース心理学として知られるように

なったものの中の，1つの分析アプローチとして登場した。それが目指すのは，相互作用の中で話し手が講じた特定の修辞的な手段よりも，むしろ話し手が自分の説明を作り上げるときに使う文化的に利用可能な言語資源，これを特定することである。イデオロギーや権力の問題への関心を維持したいと望む研究者たちは，解釈レパートリーを1つの分析ツールとして使うかもしれない。その他の研究者たちは，話し手が相互作用において時々刻々説明を構築し自分の立場にうまく対処するときに見せる，修辞的装置の巧妙な使い方を分析することにもっと関心がある。

　解釈レパートリーとは，話し手が自分の説明の構築において利用可能な言語資源または「道具一式」である。それらは，バレエダンサーの動きのレパートリーに似ている。つまりそれは，その数が限られており，いろいろな異なる場面に合うさまざまなダンスの趣向のために，バレエダンサーなら誰でも利用できるのだ。もしもあなたが何度も足しげくバレエ公演に通えば，結局はそのダンサーが使える自分の動きのレパートリーを認識し始めることだろう。したがって，レパートリーという考え方にはまた，使用のフレキシビリティという考え方が必ず含まれている。つまり，その各種の動きは，その場に応じてさまざまな仕方で組み合わされうる。研究者たちは，人びとが自分の説明を構築するのに使うメタファー，文法構成，比喩表現などを探し求める。1つのトピックについてのさまざまな人びとの話を検討することによって，何らかの比喩表現やメタファーなどが繰り返される仕方の中にパターンを認めることができる。さまざまな話し手におけるこれらの発生を比較対照することによって，研究者はそれらをある特定のレパートリーに属するものと特定するのである。したがって，易変性と反復の両者が，分析者が資料の中に探している特徴にほかならない。易変性は，単一のインタビュー内で予想されるのであって，と言うのも，回答者たちは自分の当座の目的に合うように，さまざまなレパートリーを利用するのだろうからである。反復は，さまざまなインタビュー間で予想されるのであり，なぜなら，同一のレパートリーがさまざまな人びとによって使われるだろうからである。解釈レパートリーとは，ある事象の特定の望み通りの表現をなし遂げるために，事実上誰によっても利用されうるメタファーや言語的装置の集合体なのである。たいていの場合は，そこではインタビューや自然

な会話の逐語記録（トランスクリプト）が使われている。もっとも，新聞記事やテレビ番組などのその他の種類の材料も，ときどき分析されるけれども。

　ポッターとライヒァー（Potter & Reicher, 1987）は，1980 年のセント・ポール暴動についてのさまざまな説明の中で「コミュニティ」と「地域内集団間関係（コミュニティ・リレーションズ）」という語が使われた，その使われ方を分析した（ボックス 8.3 を参照）。セント・ポール暴動とは，英国ブリストルのセント・ポール地区で警察と若者たちとの間で衝突が起こった数時間の過程である。ポッターとライヒァーはその後，その事件に巻き込まれた何人かの人びとへのインタビューの逐語記録（トランスクリプト）はもちろん，地方紙や全国紙，テレビ・レポートや議会議事録から得られた，多くの説明を分析した。

　解釈レパートリーの概念は，いくつかの点で，フーコー派のディスコースの概念に類似している。それは，世界についての私たちの話し方が，それの理解の仕方と切り離せない，その様子を指摘している。私たちは母国語の話し手として熟達するにつれて，必然的に，私たちの社会のものの見方に文化化されることになる。これが，言語とはイデオロギー的であると言うときにビリッグの言おうとしていることである。しかし，解釈レパートリーとディスコースとのちがいは，規模（スケール）のちがいと個人の行為主体性（エージェンシー）のちがいにある。解釈レパートリーは，より小規模に存在するものとして概念化され，また，話し手たちにある種の主体性を押しつける仕組みと言うよりむしろ，彼らにとっての資源なのである。

　ギブソン（Gibson, 2009）は，その福祉改革や失業の分析において，解釈レパートリーのイデオロギー的な側面を強調している。この研究はいささか変わっていて，研究データとして，インタビューの代わりに，英国の福祉システムの将来に関する BBC の討論会に続くウェブサイトへの多くの意見投稿を使っている。したがって，それは，ディスコース・アプローチが，研究目的のために特に生み出されたデータには必ずしも限定されない，あるいは話し言葉の相互作用にさえ必ずしも限定されない，このことを例証している。183 の投稿の分析によって，「努力を要したこと（effortfulness）」という 1 つのレパートリーが特定された。これは，自分で有給の職を見つけるために個々人がするであろう（もしくは，しないであろう）努力を指すのに使われる広範囲の語を含んでおり，

第8章　ソーシャル・コンストラクショニズムの探究　*237*

《ボックス 8.3》

　研究者たちは最初，それらの説明から，「コミュニティ」という語およびその類義語の使用例をすべて抽出した。それからこれらの例は，それぞれの事例において「コミュニティ」の特徴を述べる語を考察することによって分析された。ポッターとライヒァーは，さまざまな説明の中で，繰り返し使われている記述があることに気づいた。そこで彼らは，これらをさらに4つのカテゴリーに分類した。その例は次のようである。

　　親しい
　　温かい
　　幸せな
　　協調的な
　　団結した
　　差別のない
　　密接な
　　成長する
　　進化する
　　成熟する
　　行動する
　　感じる
　　知る

　これらの語群は，社会関係のある特定の凝集的様式を具体的に表現するものとして（たとえば，「協調的な」），有機的な特質をもち（それは「成長する」上に「進化する」），また行為主体性をもつものとして（それは「行動する」上に「知る」），コミュニティを表現している。さらに，コミュニティの語は，肯定的な意味や価値をもつものとしてどこでも使われてきた。すなわち，「コミュニティ」は，良いこととみなされてきたのである
　このコミュニティというレパートリーを使っていたのは，さまざまな人

びとだったが，彼らは，その暴動についてそれぞれまったく異なる説明を
与えていて，そのためこのレパートリーの使用によってまったく異なる説
明目的を達成していた。たとえば，いくつかの事例では，その暴動が
「地域内集団間関係」の問題としてとらえられていた。それらの説明の中
では，警察が，対人関係や信頼の問題に苦しめられているより広域のコ
ミュニティの一部を形成するものと表現されていた。それとは対照的に，
別の説明では，一方の「黒人コミュニティ」と他方の「警察」との間のあ
からさまな衝突としてその事象をとらえるために，コミュニティというレ
パートリーが使われた。これらの対照的なやり方でそのレパートリーを使
うことによって，説明をする人たちは事象のそれぞれのバージョンを形成
し主張することができたし，その問題への解決策が提出されるばかりでな
く，当事者たちにはモチベーションがあると想定できるし，責任の所在を
明らかにすることもできるのだ。ポッターとコリー（Potter and Collie,
1989）は，コミュニティというレパートリーがまったく異なる文脈で，す
なわち精神障害者に対する「コミュニティ・ケア」という文脈で使われ始
めていることを示している。この文脈におけるコミュニティというレパー
トリーの利用は，精神病院の閉鎖を，財政問題に対する何やら温かみある
親切な解決策と表現するために利用されている可能性がある，そう彼らは
述べる。

それには「怠惰な」や「仕事嫌いの」や「他人にたかる人」や「何もしないで
ぶらぶら過ごす」といった語が含まれていた。ギブソンは，投稿者たちが自分
の説明の中で，自分自身の努力を要したことに注意を向ける（彼らが批判した
「怠惰で」，「仕事嫌いの」人たちと比較して），その様子を明らかにする。これ
は，ディスコース心理学における説明責任や「利害関係」という重要な分析概
念を，例解している。たとえば，「私みたいに勤勉で，誠実で，税金を払って
いる人びとが，こういう怠惰な人びと全員に絶えず補助金を払うなんて！　そ
んなのは，もううんざりだ！」こうして投稿は，「努力を要したこと」のレパー
トリーを使って，福祉利用者たちの姿を，国への自分たちの財政的依存や失業

率一般に対し，個人として説明責任があるものとして構築していたのである。

これらの投稿が行なわれたのは，世間のディスコースが社会的責任よりも個々人の権利を強調し，このアンバランスが是正されるべきだと要求しているのを英国政府が批判していた，その時であった。ここでは，よくあるディスコースを繰り返しているのは，むしろ政府の方であるとギブソンは結論を下している。その分析が，この同一言語コミュニティ内の「常識的な」思考とみなされる諸事例を明らかにした，その限りでは，これらの思考は，ビリッグら（Billig *et al.*, 1988）が「生きられるイデオロギー」と呼ぶものに等しいのである。

フーコー派ディスコース分析

フーコー派ディスコース分析は，権力関係に言語が関与している様子に関心があり，大ざっぱに言えば，たとえばポジショニングを通じてディスコースが主体性を作り出す，そのやり方が扱われる（第6章および第7章を参照）。フーコー派ディスコース分析は，話されたテクストや書かれたテクスト，あるいは映画や写真，衣服や建物などさえも，記号的意味をもつ資料ならどんなものであれ利用することができる。フーコー派の観点からすれば，ディスコースとは世界についての話し方であり，さもなければ世界を表現する仕方であって，それが実際には人間としての私たちを構成するのである。私たちは，さまざまなディスコースの主体であり，私たちの主体性，私たちの個性とは，私たちに利用可能なこれらのディスコースの中のポジションの観点から理解される。ディスコース心理学のように，フーコー派ディスコース分析も言語使用の事例に関心があるけれども，その先の2つの問いにも関心がある。その2つの問いとは，特定のディスコースに関係する慣行についてと，これらの文脈を形成する物質的条件と社会構造についてである。だから，たとえば家族の広くゆきわたったディスコースに含まれる表現やおしゃべりは，理想的には両親を，自分の子どもたちを愛して守ろうとし，彼らの福祉に対して責任があるものとして構築する。これらの表現は，衣食住の日常の必要に気を配り，彼らの登下校に付き添うなどの慣行と，密接な関係にある。これらのディスコースはまた，物質的な環境や構造の特定のパターン，たとえば4人以上の人びとが住むために建てら

れた家，食料品の「ファミリーサイズ」パック，自分の子どもたちの健康や学
校の出席について両親に責任を課す法律や，家族福祉手当の支給などとも関係
がある。諸ディスコースは，1人の人間に何ができるか，他者のために何をし
たらよいのか，あるいは他者のために何をすることが期待されているかについ
て，さまざまな可能性をもたらす。したがって，ディスコースは権力関係をも
たらすのである。たとえば家族や幼児期や成人期のディスコースのおかげで，
両親は，自分の子どもたちがあることをしたりある場所に行ったりするのを禁
じて，彼らの自由を制限できる。フーコー派ディスコース分析は，生活の特定
領域で働いている諸ディスコースを特定して，それらがもつ，主体性や慣行や
権力関係への影響を検討することをめざしているのである。

　フーコー派ディスコース分析で利用される可能性のある資料の種類は，ほと
んど無限である。つまり，意味をもつテクストや人工物ならどんなものでも分
析されうる。したがって，家族写真，室内装飾の選択，ヘアスタイル，道路標
識や薬の瓶に書かれている使用説明書などのような物事が，人びとの「読解」
できる意味をもつ限りにおいて，分析されうるのである。他の種類のディスコー
ス分析の場合と同様に，フーコー派ディスコース分析の手続きは，主観的で解
釈的である。ディスコース心理学や会話分析にあるような分析をみちびく概念
ツール（ターン，連鎖，利害関係などのような）は，そこには存在しない。し
かしながらパーカー（Parker, 1992）は，探求すべきものについて，理論的に
基礎づけられた役に立ついくつかのヒントを述べている。ウィリグ（Willig,
2008）もまた，分析のための6段階からなるガイドラインを示している。すな
わち，①ディスコース的構築を特定すること（1つのテクスト内でその対象が
指示されている種々の方法をすべて探求すること），②諸ディスコースの範囲
を定めること（種々のディスコース的構築によって描かれているのは，その対
象のどんな「像」なのかを決定すること），③行為の志向性（これらの構築によっ
て何がなされたり達成されたりしているか，話し手たちや読者たちにとってそ
れらはどんな影響をもっているのか），④ポジショニング（そのディスコース
によって利用可能となる主体ポジションを特定すること），⑤慣行（主体ポジ
ションによって手に入るようになる行為可能性を特定すること），それに⑥主
体性（これらの主体ポジションがどんな経験や思考や感情をもたらすのか）で

ある。ここではそのアプローチを，ウィリグの性教育に関するディスコース分析（Willig, 1999b）を例に挙げて，説明してみよう（ボックス 8.4 を参照）。

そのデータは，異性愛の男たちと女たちに対する，HIV ／エイズという背景下での性行為についてのインタビューから成り立っていた。ウィリグが論じるには，男たちと女たちが性欲や性行為の諸ディスコースの中でポジショニングされている様子を理解することによって，彼らがどんな慣行を採用することが可能なのか，これを私たちはもっとよく理解することができる。ウィリグは，性的安全対策やコンドーム使用や信頼を含む，いくつかのディスコース的構築を特定した。さらに，これらは，より広い「結婚」ディスコースの枠内ですべて理解が可能なのであって，つまりそこでは，結婚しているということは，自分のパートナーを信頼するということだけでなく，自分の性慣行によってその信頼を伝え合い，示すことでもあるのだった。

ウィリグは，これらの構築とその内部で利用可能な諸ポジションは，より安全なセックスを行なうことに関して，人びとを無力にすると論じる。結婚ディスコースは，配偶者を機械的に安全とポジショニングしておいて，この安全を疑問視することには問題が多いとする。「誘惑としてのセックス」の構築は，人びとをある程度，予測できない性的欲望に翻弄される存在とポジショニングし，「ロマンスとしてのセックス」は快適な人生行路を物にするために危険な性行動を要求するし，また「男の領分としてのセックス」は，性的な事柄における女たちの受動性と行為主体性_{エージェンシー}の欠如という観念を支持している。

これらのディスコース的構築が慣行に影響する様子を指摘するのに加えて，ウィリグは，物質的構造がこれらのディスコースやポジションを支持するために働いている，その様子についてもコメントしている。結婚や家庭生活についての私たちの社会の理解は，より大きなコミュニティよりむしろ単一家族用に設計され建築された諸種の住居を生み出してきたのであって，それがセックスについて開放的で集団的な討議をする機会を作るのをむずかしくしているばかりでなく，秘密としての性欲の観念を強化してもいる。ウィリグは，行動を制約するディスコース的構築の力を正当に評価するような，性教育改革のためのいくつかの提言を行うことで，締めくくっている。たとえば，コンドームは，子宮頸がん予防におけるその役割を強調することによって，自主的な衛生管理

《ボックス 8.4》

　ウィリグ（Willig,1999b）の回答者の 1 人は言う。「それは信頼の問題なので，だからもしも私がコンドームをつけ始めたら，それは私が彼女を信頼していないしるしになるし，彼女の感情をとっても傷つけることだと思うんです」（p.116）。信頼のディスコース的構築の問題に加えて，ウィリグは，研究対象協力者たちによって性行為が構築された 3 つの仕方，すなわち誘惑としてのセックス，ロマンスとしてのセックス，そして男の領分としてのセックス，を記述する。たとえば，潜在的な危険をはらむ「誘惑としてのセックス」は，次のように語る研究対象協力者の言葉の中に見られる。「誰もが何らかの形で誘惑の余地があって，1 つまちがいさえあれば，実際うまくいくんじゃないかな」（p.116）。この構築の中では，個々人は自分の性行動をじっさいには制御していない。つまり，もしも彼らが一瞬でも油断すれば，彼らは「まちがい」をして誘惑に負けるであろう。「ロマンスとしてのセックス」は，セックスを，へまなことを言ったりやったりすることで簡単に台無しになることのある，かなり壊れやすい不安定な過程として構築する。性的安全対策の話を始めるのは，まったく「ロマンチック」ではない。「ある人に近づいて，たとえば，ごめん，君は HIV ポジティブかいって聞かなきゃならないのは，ロマンスの最中にはちょっと気まずいよね。雰囲気がちょっとぶち壊しになる」（p.116）。

　「男の領分としてのセックス」は，不特定多数の相手と関係する性的に経験豊かな男たちに対して，女たちを，決まった 1 人とだけ関係する性的にうぶな存在として構築する。この構築の中では，女たちは，男たちの乱れた性関係の潜在的な受動的犠牲者としてポジショニングされていた。

　　おそらくこれについて最も悲劇的なことの 1 つは，罪もない人びとがひどく傷つく場合があるということ，つまり，もしも罪もないかわいい妻が，一見誠実な夫と X 年間親しく過ごし，何らかの理由で彼が感染した場合である。なぜなら彼は確かに，妻が気づいていない婚外の性関係をもっているのだから。

（Willig,1999b: 117）

アイテムとして構築され販売されることが可能であろうし，また女たちに自慰の慣行を奨励することで，自らの性欲における個人的な行為主体性の感覚を強められるであろう。

　フーコー派ディスコース分析が，質的インタビューの伝統的アプローチの分析にきわめて類似していると見えることは，注目に値する。研究報告はたいてい，特定されたそれぞれのディスコースの簡潔な要約を提示して，それに続けて，その分析を例証し支持するいくつかのテクストの例を挙げる形をとっている。その決定的なちがいは，分析を駆動している理論的前提にある。ウィリグの例から分かるように，彼女の研究対象協力者たちが言いたかったこととは，自分の個人的な意見や信念のただの報告には決してとどまらないことなのだと考えられる。

批判的ディスコース分析

　批判的ディスコース分析（CDA）の最大の関心事は，言語と権力との関係にあり，権力の不平等とイデオロギーを目に見えるようにすることにある。批判的ディスコース分析の最も著名な代表者たちの中には，チューン・ファン・ディーク（Teun Van Dijk）とノーマン・フェアクラフ（Norman Fairclough）の2人がいる。フーコーの著作を丁寧に引用しながらフェアクロー（Fairclough, 1992; 1995; 2003）は，ディスコースが，社会構造や社会関係の影響を帯びているとともに，またそれらを構築し構成するのに役立ってもいると考える。フェアクラフの研究には，話されたテクストと書かれたテクストの両方の分析が含まれている。彼は，相互作用する人たちが一般に利用可能なディスコースや物語を使う，その使用を分析するのはもちろん，テクスト自体の構造を，時には，たとえば個々の発話や話者交替などの，むしろ典型的には会話分析に見られるような微視的レベルで分析している。その分析がいかなるレベルにおいて行なわれているにせよ，フェアクラフの目標は，ディスコースの中に埋め込ま

れておりディスコースを通じて再生されつつある，イデオロギーと権力関係を特定することにある。彼はまた，ディスコースが相互作用の中で戦いを挑まれ，抵抗されている様子を明らかにしたいと強く望んでいる。したがって，批判的ディスコース分析の目標は，あらゆる種類のテクストを介して伝えられる強力なイデオロギーを，目に見えるようにすることにほかならない。フェアクラフは，これらのイデオロギーを，日々のディスコースの背景を形成する共有の意味，共通の前提を通じて広まったものとみなしている。これら「当たりまえの諸前提」こそが，1つの集団のメンバー間のコミュニケーションを可能にしているのである。

コンラディ（Conradie, 2011）は，男性生活誌『フォー・ヒム・マガジン（FHM）』の分析において，そのような諸前提を検討するのに批判的ディスコース分析を使った。彼は，ジェンダー化された期待を世の中に広めて永続させるのに，そのような出版物がもつであろう役割とは何かを問うている。コンラディは，6年間にわたる10号分のその雑誌から記事を集め，そのうちの2つについての分析を発表したが，そこでは特にこれらのテクストの根底にあると思われる前提と価値が探求され，そしてまたそれらの中で対応する「社会的アクターたち」（女たちと男たち）が表現されている様子が探求されている。その雑誌からの抜粋はボックス 8.5 に示されている。

まず，その記事の注目点は，男たちの性的遂行能力であった。セックスは，男たちがマスターすべきスキルと表現されていたのである。そして，その上首尾のセックスは，正しい知識を手に入れ，一定のルールに従うことで達成できる（たとえば，抜粋 56）。コンラディは次のように論じる。

> すべての男たちになじみあると思われる例（「ステレオの配線をする」）を取り上げることによって，この陳述は，それに続く記事が，上首尾のセックスのために必要とされる男らしいスキルについての「取扱説明書」に等しいことを示している。それだけでもう，セックスは男らしさをうまく表現する機会になるというイデオロギーを強化しているのである。
>
> （Conradie, 2011: 172）

第 8 章　ソーシャル・コンストラクショニズムの探究　*245*

《ボックス 8.5》

抜粋 56：ステレオの配線をする場合のように，彼女を性的に喜ばせるには，
　　　　取扱説明書を読む必要がある。
抜粋 57：彼女の身体の性的興奮を物語る，肉体的証拠を読み取るのを学べ。
抜粋 58：ほんの数分さすってマッサージすれば，彼女はあなたの意のま
　　　　まになるだろう。
抜粋 59：安っぽく思えるかもしれないが，しかし，照明を薄暗くして，
　　　　気分をリラックスさせる BGM をかけ，そして 1，2 本のロウソ
　　　　クに火をともせば，あなたの彼女はさすってマッサージされる
　　　　準備が整うことだろう。
抜粋 60：よいマッサージは，充実したセックスへとまっすぐみちびいて
　　　　くれる。保証付きだ。
抜粋 61：ここで大切なのはテクニックよりも嫌がらずにする自発性なの
　　　　だが，それは報われるだろう。

　コンラディは，その記事が，セックスの情動的ないし関係的な文脈について
は何もふれていないことに注目する。その代わりに，記事は，多くの女たちと
セックスすることが規範として受け入れられている快楽主義的な（男の）ライ
フスタイルを支持しており，それはたとえば，読者は「そのレディたちをあっ
けにとられたままにさせるタイプの男」になりなさいというフォー・ヒム・マ
ガジンの主張の中に示されている。女たちはまた，画一的な 1 つの集団として，
正しく取り扱われれば予想通りに反応する機械として表現される（抜粋 56 ～
61）。彼女たちは，その読者（「あなた」）によって遂行される行為の受け手と
して構築される。フォー・ヒム・マガジンは，女たちとの関係を，男たちの優
れた性的能力を誇示する機会として構築しつつ，男たちの性的遂行能力を向上
させ，快楽主義的なライフスタイルを奨励することをめざしていると，コンラ
ディは結論する。
　批判的ディスコース分析の中心は主に，公的ないし制度的な場でのディス

コースの分析と批判であったし，一般的には，その研究データ源として，ニュース報道や政治演説などのテクスト資料を使ってきた。話された相互作用の諸例に注目することは，時にはあったけれども，めったにあることではなかった。批判的ディスコース分析やフーコー派ディスコース分析は，現実の相互作用の「現場で」ディスコースの作用している様子を扱うことができないという批判に対して，バクスター（Baxter, 2003）ははっきりと応えている。彼女の方法論的アプローチ，つまりフェミニズム的ポスト構造主義的ディスコース分析（FPDA）（第 1 章を参照）は，特定の相互作用の中で働いているディスコース内部で，話し手がポジショニングされ，また自分自身をポジショニングする，その様子を特定するために使われ，さらにそのことが話し手に対してどんな権力的影響をもつのかを特定するために使われているのだ。フェミニズム的ポスト構造主義的ディスコース分析の目標とは，

> 話し手が，任意の単一の文脈内で，競合する諸ディスコースによって，あるときは相対的に有力な人として，またあるときは相対的に無力な人として，さまざまにポジショニングされる，その様子を明らかにすることである。

（Baxter, 2003: 47）

　彼女は，批判的ディスコース分析だけでなく会話分析の要素をも利用しているが，方法論的には，彼女のアプローチはこれらの域を超えている。彼女は自然な相互作用の逐語記録（トランスクリプト）を使うが，そればかりか，その相互作用中に記録した観察フィールドノートを集め，その相互作用自体について研究対象協力者にインタビューもする。したがって彼女は，会話それ自体の流れに注意するだけでなく，解釈を行なう場合に，もっと広い文脈の中にそれを位置づけるのである。

　たとえば彼女は，言語スキルのアセスメントの一環として行なわれた教室内での十代の少年少女たちの間の相互作用を分析した。彼女は，その相互作用の最中に働いている，「是認」，「ジェンダー分化」，「協力的話し合い」という 3 つのディスコースを特定したが，それらは，さまざまな生徒たちに「話す権利」が割り当てられている様子にとりわけ関係があるように思われた。「是認」とは，

仲間たちとその先生の双方からの人気や是認次第で，話す権利が定まってくると思われる様子のことである。自信に満ち，成熟し，多くの人に好かれる人として生徒たちを構築することは，彼らに相互作用のパワーをもたらすように思われた。つまり，彼らは「発言権」を取ったり与えられたりする可能性が高くなり，かなり長い時間話すことができる傾向があり，さらに彼らの発言は他の人たちによって認められる傾向があった。しかしながら，このディスコースだけが，話し手の発言に影響を及ぼしていたわけではなかった。つまり，「協力的話し合い」のディスコースと「ジェンダー分化」のディスコースもまた，同時に影響していた。少女たちは，教室での討論のルール（意見を言いたいときは手を挙げて，自分の番を待つ）に従う傾向が強く，一方少年たちは，話をさえぎり「口をはさんで」，時には事実上少女たちの番なのに，その話を中断させる傾向が強かったことにバクスターは注目する。少女たちとのインタビューが示唆していたことだが，彼女たちには，

> 体制順応や品行方正などの潜在的には人を無力化する構築は，十代の女のアイデンティティとうまく適合するものと考えられており，一方，体制不服従や不品行という構築は，十代の男のアイデンティティとうまく適合するものと考えられている，その様子についての暗黙の理解があるのだった。
> (Baxter, 2003: 120-1)

　女性らしい行動とは「支持的」であるという構築からも分かることだが，その少女たちは，男の話し手の意見に賛成したり，その発言を認めたりして，彼らに対する相互作用的支援を頻繁に行なったものの，一方でその逆のことはめったに起こらなかった。しかしながら，支持的な話し方と積極的傾聴を強調する「協力的話し合い」のディスコース，それはそういう特定の学習環境では大いに推奨される1つのディスコースだが，そこでは，その少女たちが有力な形でポジショニングされうるのであった。このことは，彼女らを多義的で流動的なディスコース的環境に置くことになるのであって，そこでは，彼女たちの支持的で出しゃばらない相互作用スタイルは，女らしいが無力なもの（彼女たちにわずかな力しか与えない）としても，優れた言語スキルを証明するもの（よ

248

り強力なポジション）としても，構築されうるのだった。

ナラティブ分析

　ナラティブ・インタビューとナラティブ分析の両者には，いくつかの種類が存在する（簡潔な概観については，King and Horrocks（2010）を参照）。ある研究（たとえば，McAdams, 1985）は，身の上話に注目し，それから過去・現在・未来を自伝的物語にまとめ上げることによって自ら構築する一貫したアイデンティティの記述に注目している。ここで想定されている人間とは，行為主体であり，語られるストーリーの活発な創作者である。その身の上話は，間違いなく１つの構築である。つまり，それは，注意深く選択された諸事象を含んでおり，それらを１つの時間軸上に織り交えてまとめ上げ，そこでその人間が，特定の種類のアクターやキャラクターとして役を割り当てられるのである。それにもかかわらず，主体の経験と個人的物語との間には，１つの関係があるという前提がある。人びとが口に出して言うことと「頭の中の生活経験」との間の関係を推測するのを拒むディスコース心理学とちがって，ナラティブ分析は，私たちのストーリーが少なくともある程度まで私たちの経験の表現であることを前提とする。

　したがって，ナラティブ分析は，潜在的にはコンストラクショニズム的であり，その上コンストラクティビズム的でもあると見られるだろう（第１章を参照）。ナラティブ分析家がこの点について自分自身をいかにポジショニングするか，これはさまざまである。クロスリー（Crossley, 2002）などの研究者たちは，１人の人間の経験と，その人の物語の中で理解するそれの意味とは，言語で直接に表現されるという「実在論的」ポジションを取っている。ホルウェイとジェファーソン（Hollway and Jefferson, 2000）のような研究者たちは，物語の批判的実在論的バージョンにもっと向かう傾向がある。つまり，人びとの自分の経験の表現は多義的であって，それらはまじめに取り上げられるべきではあるが，額面通りに受け取られるべきではない。ここでは，分析家の課題は，「行間を読み取る」ことである。つまり，ある人間の物語の解釈には，その人間自身も気づいてさえいないような「隠れた」意味を特定することが当然

必要であろう。

ホルウェイとジェファーソンは，彼らが「自由連想ナラティブ・インタビュー法」と呼ぶ分析方法を通じて，これらの「隠れた」意味を引き出す場合に，精神分析の諸概念の使用に賛成を唱えるのだが，しかしこの方法を，多くのナラティブ分析家たちは受け入れがたいと感じる。ナラティブ理論の中核的な諸前提は，基本的に現象学的である。現象学は，主体の経験の研究であり，人間の目を通じて見られる世界の探究である。分析家は，その人間の説明に丹念に注意を向けることによって，その人間の経験と，彼らの理解するその意味に近づきたいと考える。

それにもかかわらず，その他の研究者たちは，ナラティブ分析に批判的ないし政治的な鋭さをもたらすことに価値を認めているのであって，少なくとも一部の研究テーマの場合には，おそらくそれが欠かせないのである。ランドリッジ（Langdridge, 2007）は，物語（ナラティブ）の現象学的な核心を損なわずにこれを行なおうとして，批判的ナラティブ分析を開発した。哲学者ポール・リクールの研究を引用しつつ，彼は，社会的世界，すなわち私たちの住むいろいろなストーリーの世界だが，それが「私たちの可能的な存在様式と構築可能なアイデンティティを，与えるだけでなく限定する」（p.131）という認識を，ナラティブ分析にもたらそうとしている。これは，ポジショニング理論において取られるスタンスにかなり似ているのであって，そこでは次のような主張がされている。すなわち，私たちは，確かに相互作用の最中に自他をポジショニングするだろうが，それにもかかわらず，私たちはまた，権力の充満した諸ディスコースの中の主体ポジションに強く引きつけられ，さらにこれらの主体ポジションは必然的に私たちの物語（ナラティブ）に影響を及ぼすのである。ランドリッジは，物語（ナラティブ）の分析のための詳細な手順を提唱しているのだが，そこには，ジェンダーや階級やエスニシティやセクシュアリティなどの，1つまたはそれ以上の「解釈学」（解釈の仕方）のレンズを通して，データを読むことが含まれている。この方法を通じて，1人の人間の物語（ナラティブ）は，広くゆきわたったディスコースと権力関係の内部の，その人のポジションの文脈内で補足的に解釈されることであろう。しかも，「隠れた意味」に頼らず，分析に批判的鋭さをもたらしつつ，解釈されることであろう。

したがって，私がここに含めることを決めたナラティブ分析の実例は，ナラティブ分析全体を代表していると理解されるべきではないのであって，というのも，それは上に略述したようにかなり多様だからである。バンバーグ（Bamberg, 2004）は，ナラティブ分析を使って，5人のティーンエイジャーの少年たち（成人の司会者1人も一緒だが）によって採用されたディスコース内でのポジションを探究している。みだらな行動をしたと彼らが言う，その1人の女性のクラスメートについて，彼らは話していたのである。ボックス 8.6 に，報告されている相互作用の一部を転載したが，そこには2人の少年，テッド（T）とフレッド（F）が関わっている。

　ここで私は，彼の分析のいくつかを選んで，要約してみた。バンバーグはこの資料を，3つの段階に分けて分析している。

1　登場人物たちのポジショニング

　そのストーリーの主役は，その少女である。彼女は，自分自身の行為を制御している行為主体（エージェント）として登場し（彼女は「男子たちとたくさんのセックスをしたんだ」），そしてそのストーリーのその他の登場人物たち（「男子たち」）は漠然とした状態におかれている。テッドは，極端な事例定式化（「たくさんのセックス」）と複数形の「男子たち」を使って，その少女の行為についての彼の評価を示し，また不特定多数を相手にした性行為のイメージを喚起している。注目を求める彼女のモチベーションは，彼自身のより成熟した行動と，潜在的には対照的なものと描写され，かなり未熟なものと受け止められるように意図されている。フレッドの「セックスだけじゃなくてあらゆること」は，もう1つの極端な事例定式化であり，それは，その少女が「手に入れた」評判（彼女はそのことに対して責任がある）通り，彼女の本性は「あばずれ」なのだと，彼が評価するのを促進している。少年たちは，望んでいた注目を手に入れた彼女を幸せだとみなしたので，テッドは彼女が「ひどくて」「卑劣だ」と言う羽目になる。後ほどの相互作用の中では，フレッドは「たいていの女子はそんな風じゃない」と言って，「良い」女子と「悪い」女子の間に区別を設ける。

2　話し手が自分自身をポジショニングするありさま

　その少女は，注目を求めており，道徳的に疑わしく，非難に値するとみなさ

第8章　ソーシャル・コンストラクショニズムの探究　*251*

《ボックス 8.6》

4（T）	実は，ある女子，クラスのある女子だけど……去年彼女はまるで
5	彼女はいつもちょっとまともじゃなかったんだ
6	彼女はいつもとっても注目されたがってた
7	けど注目されなかった
8	彼女は欲しかった注目が手に入らなかった
9	それで今年，
10	彼女は男子たちとたくさんのセックスをしたんだ
11	あのう，周りの他の人たちの注目を得るために // 自分の周りの。
12（F）	// それにセックスだけじゃなくてあらゆることを
13	彼女は評判になったんだ //
14（司会者）	// 君たちは 15 歳，だろ。
15（F）	そうさ。彼女は評判だったよ……あばずれだって
16	みんなそう思ってるよ。
17（司会者）	で，彼女は……彼女はどう感じているんだい。//
18（T）	// 彼女はそれが好きさ。
19（F）	彼女はそれが好きだと思うよ。
20（T）	彼女には注目が必要なんだよ
21	彼女は注目されるのが好きなんだ
22	彼女は注目されるのがとっても楽しいんだと思う，だから彼女は卑劣だと思うよ……彼女はひどいよ。

れている。テッドとフレッドは，彼女の行動を拒絶し認めない。後ほどの相互作用の中で，フレッドは，彼女の行動について耳にしたことがいかに「ショッキング」だったかを説明する——あまりにもショッキングなので，「テッドはそれを信じなかったし，それくらいそれはショッキングだった」。彼女が自分

の状況にどう対応したかを説明するその先のやり取り（他の人たちが読むように手紙を書いて，「それについてみんなに伝えている」）は，彼女の子どもっぽい未熟なポジションを強固にしている。そんな行動を拒絶し認めないことで，テッドとフレッドは，自分たち自身は道徳的に高い基盤にいることを主張し，その少女の子どもじみたキャラクターと比べると，むしろ合理的で分別ある大人のように自分自身をポジショニングしている。

3　規範的ディスコースにおけるポジションと「自己」

　少年たちは，男性であることの意味という観点から，自分たちのアイデンティティを達成した。彼らは，自分自身とお互いを，伝統的に男性的と一般にみなされている合理性のディスコースの内部にポジショニングしていた。したがって，「成熟して」「合理的」なので，彼らは，男らしいアイデンティティを達成することができた。彼らの「あばずれバッシング」話は，少女たちを「他者」として構築し，また少女たちの性行動の「取り締まり」を通じて，少女たちのセクシュアリティを，男性の支配下にある舞台として構築した。そのような相互作用を通じて，彼らは，男性を基準で「標準」とし，女性を不合理で「他者」とする，伝統的なジェンダー・ディスコースを利用するとともに，それらを再確認し，強固にするのを促進している。

　ナラティブ分析はとりわけ，家族システム療法の分野で用いられてきている。「家族システム」（たとえば，Dallos, 1991）は，家族成員間の諸問題を，個々人の機能不全的特性の観点からではなく，家族成員間の相互関係網全体の観点から理解する1つのアプローチである。ナラティブ・セラピーまたはナラティブ・カウンセリング（たとえば，White and Epston, 1990）は，より有用な家族物語の創造によって，自分たち自身を再解釈するよう家族を手助けする1つの方法として，急発展してきた。

#　　要　　　約

　ソーシャル・コンストラクショニズムの理論は，社会科学研究を行なうことの意味についての再定式化をもたらす。客観性や価値自由や信頼性や妥当性な

どの，主流派心理学の土台である諸概念は，新しい意味を帯びるか，あるいは
根本的に問い直され，また研究対象協力者に対する研究者のポジションが浮き
彫りにされる。ソーシャル・コンストラクショニズムの中には，研究へのいろ
いろなアプローチが存在し，これらさまざまな問題に種々の仕方で，また種々
の強調点を伴い関わっている。それらはまた，通例分析する材料の種類におい
て，また自らの分析を遂行するために用いる概念ツールにおいて，さまざまで
ある。微視的／巨視的の分裂の両陣営に関する批判へと至ることになる重要な
1つの差異は，それらが，分析下にあるテクストの範囲を超えた言語の作用に
どれくらい関心をもっているかの程度なのである。そうした差異にもかかわら
ず，それらが共有しているのは，遂行的で構築的という言語理解であり，この
点こそが，彼らを主流派心理学から分かつ点にほかならない。

第9章

ソーシャル・コンストラクショニズム
における問題と論争

　本書の主要目的は，読者がもっと難解な原典に取り組めるだけの，ソーシャル・コンストラクショニズムについての理解を提供することだったし，そして私は，その視点に対して基本的に好意的なスタンスを維持しつつも，まずまず公平な，私心のない仕方でそれを試みてきた。しかし，私の目標を達成するためには，ソーシャル・コンストラクショニズムにとって解決困難な領域の理解をも含めなければならず，そしてこの点では，中立を守るのはむずかしいだろう。そこで，これらの問題を詳細に説明することに加え，私は，私自身の見方をも提示することにしたい。その私自身の見方の一部は，すでにほかの箇所でも述べてきた（Burr, 1998, 1999, 2002; Burr and Butt, 2000）。

　ソーシャル・コンストラクショニズムは主流派心理学というプロジェクト全体を問題化し，そのため私たちには，心理学の別のやり方が必要になる。第8章で略述した研究アプローチは，ソーシャル・コンストラクショニズム論者たちがこの難題に立ち向かったいくつかの方法にほかならない。しかしソーシャル・コンストラクショニズムは，人間の経験と主体性の学としての心理学の，その必要性を消滅させてしまうおそれがあり，そしてこれはソーシャル・コンストラクショニズム論者たち自身によって，ますます認識されつつある問題なのである。巨視的ソーシャル・コンストラクショニズムは，「主体の死」へと向かう傾向があり，そこでは，私たちにはおなじみの人間存在のあらゆる特徴が広くゆきわたったディスコースの構成力によって生み出されることになる。ここには心理学は要らないのであって，というのも個人のレベルで作用する諸

過程には，何の説明力もないのだから。つまり，私たちがひとたび社会のレベルでのディスコースの働きを理解するならば，自分自身についての理解をそれ以上探し求める必要はないのである。ホルウェイ（Hollway, 2006b）は，ポスト構造主義の理論のおかげで，いかに自分のストレスがたまったかを説明する。というのも，そこでは，人びとの「自己」を形成するに至る様子が理解できないからである。またフリーマン（Freeman, 1993）は，なぜ人びとが，ディスコースのつかの間の影響よりも，もっと堅固で永続的なものだという自分自身についての意識をもつかについて，ポスト構造主義の理論は説明できないと言う。ディスコースは，採用すべき諸ポジションを私たちに提供するのだが，ある人間がなぜいくつかの主体ポジションには情動的に「傾注する」のか，なぜこれらの主体ポジションは私たちにとって重要と感じられるのか，これははっきりしない（Frosh, Phoenix and Pattman, 2003; Willig, 2008）。巨視的コンストラクショニズムのアプローチもまた，諸アイデンティティの流動性や柔軟性を強調しすぎているのかもしれない。つまり私たちは確かに，別の種類の人間になることをあっさり決心できるとは，必ずしも思っていないのだ。

　微視的ソーシャル・コンストラクショニズムは，別の面で人間を見失っている。ディスコース心理学は，ディスコース的装置の利用者である人間をカッコに入れて，むしろそれら装置やそれらによって構築される説明だけを研究するのを好んでいる。そこでは，人間は必然的に中味が欠けざるをえないとまで主張するつもりはないが，しかしこの中味の妥当な特質について問われることはないのである。主体性の心理学の支持論に対するディスコース心理学の反応は，そのような心理学は必要がないか，あるいはディスコース心理学によってそれはすでに余地が確保されていると，主として論じられてきた。カポシ（Kaposi, 2013）は，説明における話し手の「傾注」は，ディスコース心理学の特徴である修辞的操作の通例の綿密な読解によって見分けることができると論じている。微視的コンストラクショニズム論者たちの中には，人間のより関係的ないし対話的バージョンを提唱した人たちもいるけれども（たとえば，Gergen, 1994, 2009a, 2009b; Shotter, 1993a, 1995a, 1995b），それらはおそらく１つの心理学の体を成す域にはとうてい達しない。

　ソーシャル・コンストラクショニズムの説明に心理学が欠けていることへの

私の懸念は，いくつかの答の出ていない問いに起因しており，しかもそれらは，まちがいなく心理学的問いであると私には思われる。ウィリグ（Willig, 2008）は，私自身のいくつかの懸念と同じことを言っている。フーコー派ディスコース分析とポジショニング理論について言えば，人びとが特定のディスコース的ポジションに行なう情動的傾注をどのように説明できるのか，人びとが習慣的に採用する主体ポジションにおける個人差をどのように説明できるのか，さらに人びとが時に自分に不利なやり方で自分自身をポジショニングするのはなぜなのか，そう彼女は問うのである。特定の個人たちが懸命に，自分の説明の中の一定の原因帰属を主張する，あるいはそれに抵抗するのはなぜなのか，自分には有利に働かないディスコース的装置を人びとがときどき用いるように見えるのはなぜか，また彼らが時に，戦略的にはとても効果的なはずなのに「あなたを愛してます」や「すみません」などと言うことはできないと思うのはなぜか，そう彼女は尋ねるのである。

　大まかに言うと，これら答の出ていない問いが存在するのは，ソーシャル・コンストラクショニズムの心理学に「自己」が欠如しているせいで残った，大きな空白のためなのである。「自己」というヒューマニスティックな概念は，主流派心理学に，人格特性や態度やモチベーションなどの言葉で人間の中身を提供しただけでなく，行動においてこれらを現実化する個人の行為主体性をも提供したのだった。ソーシャル・コンストラクショニズム論者たちは，このヒューマニスティックな自己がソーシャル・コンストラクショニズムとはとても整合しえないという点で，意見が一致すると思われる。ソーシャル・コンストラクショニズムにおける自己とは，ディスコースや相互作用のあちこちに断片化されて分散した，言語の１つの作用になっている。しかし，そのヒューマニスティックな自己はこれまで，説明機能を果たす何か別のものに取り替えられることはなかった。パーカー（Parker, 1999）が警告するように，私たちは，行為主体性と主体性を，何の問題もなく個人から生じたり，あるいは個人内に備わっていたりするものとみなすのでなく，それらを私たちの諸理論の中に組み入れ直す必要があるのだ。自己の概念を，ソーシャル・コンストラクショニズムの理論的前提を損なうことなく取り戻すことは，可能であると私は信じている。

ソーシャル・コンストラクショニズムの説明が遭遇するさらなる問題は，1人の人間の願望や欲求や希望や空想，それに人間が人生で選択をする場合のそれらの役割，これらをいかに説明するかである。人びとはポジションの交渉人（ネゴシエーター）であるとか，あるいは人びとの主体性はディスコースによって形成されるとか，言うのでは不十分である。つまり，そのような願望や欲求などの，結局は私たちにきわめて現実的（リアル）な経験である諸現象は，ディスコースの一種の副作用に格下げされるようになる。しかし，もっとも重要なことだが，自分のアイデンティティへのディスコースの影響やそれにより自分が埋め込まれている権力関係についての認識があるのに，それでも私たちが別の生き方を自由に選べると感じていないのはなぜか，これをそれは説明できないのである。たとえば，ある女は，母性のディスコースが女たちを制約し支配していると，あるいは男たちとの性的関係が女たちの抑圧の中心にあると，そう信じているかもしれない。けれども彼女は，まだ必死になって子どもを欲しがっているかもしれないし，あるいはある男との性的関係への欲望を抑えられないかもしれないのだ。これらの問題に取り組むために，ソーシャル・コンストラクショニズムの著者たちの中には，主体性に関する自分の説明の中に精神分析的諸概念を組み込んできた著者もあり，これらの展開については，本章の後の方でさらに触れることにしたい。精神分析の考え方が，ソーシャル・コンストラクショニズムと合理的に結合できるかどうかは疑わしい。精神分析は伝統的に，その個人内に先在する動機や目的や要求の語を扱っているのだから，それは本質主義への後退を推進しがちで，したがってソーシャル・コンストラクショニズムとはまったく相容れないものと，論理的には考えられるからである。しかしながら，精神分析の利用は，ソーシャル・コンストラクショニズムが大部分未解決のままにしているいくつかの重要な問題の理解に着手する試みの，確かに一例ではあるのだ。

　いろいろな方向から，とりわけフェミニズムの著者たちから，ソーシャル・コンストラクショニズムに向けられてきた1つの批判は，それが身体性（embodiment）への注意を欠いていることであった。〈テクストとしての人間〉というモデルが意味しているのは，次のことである。すなわち人体への内在のもたらす可能的な心理的・社会的影響が検討されるのは，その身体が，ディスコースの作用として読解できるもう1つの別のテクストになる限りにおいてなので

ある。最近まで，ハーレだけが，人間であることの意味を理解する上で，身体性に重要な役目を与えていた(第6章を参照)。しかし，身体性は，最近では，ソーシャル・コンストラクショニズムの内部でも関心をもたれるようになってきていて，これらの展開についても，本章で考察してみよう。

したがって，ソーシャル・コンストラクショニズムにとって厄介なこれらの問題——すなわち，社会領域と私たちの心理との関係，行為主体性と選択，自己と主体性，身体性と感情経験，それにソーシャル・コンストラクショニズムの心理学の展開可能性——に注目することにしよう。やがて明らかになるように，これらの問題の多くは，西洋思想に特有のいくつかの二元論の所産とみなされるように次第になりつつある。それはすなわち，個人 対 社会，精神 対 身体，自己 対 他者の二元論であり，そして，ソーシャル・コンストラクショニズムにおける最近の理論的研究は，これらの二元論を乗り越えようと努力してきた。これらの諸問題に対する可能な解決策を考察しながら，ごく最近の動向や展開はもちろん，それ以前の理論的貢献についても概説することにしたい。

行為主体性と個人／社会の関係

微視的と巨視的という2種類のソーシャル・コンストラクショニズムが，いずれも問題に遭遇するのは，それらが個人と社会との間の関係を十分に理論化してこなかったせいである。人間は，社会領域で構築されるものとして再構成されているのだが，しかしこのことが個人的変化や社会変動に及ぼす影響は，はっきりしない。自分自身を再構築し，新しいアイデンティティを確立し，自分の人生物語を変更する，そういう力をその個人はもっているのか。彼らには，自分の住む社会を変えるだけの能力があるのか。あるいは，これらの可能性は錯覚なのか。私たちの人生は，私たちの手に負えない社会構造によって決定されているのか。そのような変化にまつわる問いに関して，個人／社会の二元論は，社会学内部ではおなじみの行為主体性／構造論争の問題となる。

個人と社会の間の関係をどのように理解するかという問題は，影響の方向の点をめぐって展開してきた。つまり，個人が社会を左右するのか（ボトムアップ），それとも社会が個人を左右するのか（トップダウン）。もしも個人が必然

的に社会に先在し，もしも社会がその個人の特質から生じて，それに基づいているものであるならば，その場合は人間の行為主体性という観念は保持される。社会は，人びとが行なってきたあらゆる個別的な選択や決定の所産となる。私たちが「社会」と呼ぶものは，結局のところそこに住むすべての個人の総計にほかならないのであり，これは，「方法論的個人主義」と言われている。しかしその場合，人間の特質が彼らの住む社会の種類に応じて変化するように見えるのはなぜかを説明するのはむずかしいし，また社会の整然たる秩序の理由を説明するのもむずかしい。たくさんの個人が自主的に，家を同じように飾ったり，あるいは同じような種類の服を着たりすると決心するのは，いったいなぜか。もしも社会が個人を左右するものとみなされるなら，この問いは答えられるけれども，その過程で私たちは人間の行為主体性を見失ってしまう。つまりそれは，せいぜい錯覚か誤解にすぎないことになる。個人は，自分が生まれた社会の所産になり，だから彼らの選択や決定は，社会の規範や価値によって説明がつくのである。

　実際，個人と社会の間の関係についてのトップダウンとボトムアップの理解は両方とも，ソーシャル・コンストラクショニズムにとって問題をはらんでいる。トップダウンの見方は，ディスコースを社会構造の副作用のままにしておき，それゆえディスコースは，社会変動の中心ではありえない。方法論的個人主義は，ソーシャル・コンストラクショニズム論者たちによって激しく反論されてきた諸特性を全部もっている。つまりそれは，人間存在が，本質的特質や一貫した統一的自己，それに自発的な選択や決定を行なう能力をもつことを主張するのだから，ヒューマニスティックで本質主義的なのである。

　巨視的ソーシャル・コンストラクショニズムは結局，社会決定論（その論争の「構造」側）になり，人間をディスコース的構造の繰り人形にする。一方，微視的ソーシャル・コンストラクショニズムは，言語の構築力を明らかにすると同時に，ディスコース利用者として人間の行為主体性に特権を与えている。もしも人間がディスコースの所産として理解されるなら，個人も自己も，錯覚とみなされるか，あるいはせいぜい，私たちがほとんど制御できない構築とみなされる（もっとも，たとえばディヴィスとハーレ（Davies and Harré, 1990）やハーレ（Harré, 1998）などの何人かの研究者たちは，人間が，構築される

のと同じくらい構築していると、主張しようとしてきたが)。巨視的ソーシャル・コンストラクショニズムの人間への諸アプローチで言語に与えられる力を考え合わせれば、そこには必然的に、それらの定式化が私たちを取り巻くディスコースの形成力を強調する傾向が存在するのである。したがって、それらは、主流派社会心理学の土台であるまさにその個人 対 社会の二元論を再び生み出し、しかも今度は、その対立の個人の側よりも社会の側に特権を与えてそうする危険があるのだ。さらに悪いことに、その最も極端な形においては、世界を再構築する力が私たちにはない以上、私たちの論争や討論、すなわち自分の意見を理解させて、別の種類の行為や社会制度の利点をも考慮するようにお互いを説得しようとする私たちの努力を、それは無意味にしてしまう。また、クレイブ(Craib, 1997) が正しくも指摘しているように、ソーシャル・コンストラクショニズムには、ディスコースの外部に立ち、ディスコースにただ従っている一般の人びとのためにその解説をすることができる、そういう何らかの行為主体的な主体──学者──を前提せざるをえないという暗黙の偽善が存在している。もしも私たちが、この袋小路へとみちびく理論化を許すべきでないのなら、ソーシャル・コンストラクショニズムの枠内で、人間の行為主体性がどのように具体化しうるかについて注意深く考える必要があるのだ。

　それとは対照的にディスコース心理学は、諸事象の活発な構築者である個々の人間に特権を与えるように思われる。しかしながらこの心理学は、ディスコース的装置と解釈レパートリーの利用者としての人間の特質を扱ってこなかった。それは、人間の精神生活を考慮に入れないでおこうとするのである。社会的に信頼され正当とみなされる説明を形成するよう、人間が動機づけられているとディスコース心理学は暗黙のうちに捉えているが、このことの心理状態については明確には検討していない。ディスコース心理学は、モチベーションや信念や態度などの構造の存在可能性を否定しないが、行動主義が数十年前に行なったのと同様に、それらは私たちに観察可能ではないと主張する。ディスコース利用者であることの意味を理解するために、心理学はいったいどんな種類の「人間」を作り出す必要があるのかは、依然として私たちには謎のままである。人間についてのディスコース心理学の一部の説明には矛盾している気配があり(Morawski, 1998)、「ディスコース心理学は、自らが理論化できないモチベー

ションや願望の概念を考慮の外に置きながら，それでもそれを当てにしている」
(p.107) というウィリグ (Willig, 2008) の意見に，私は賛成する。ディスコー
ス利用者としての人間という見方は，個人の行為主体性の可能性を与えるけれ
ども，しかしそれは，私たちすべてがレパートリーやディスコース的装置を等
しく利用できるわけではないという事実に，十分注意を払っていないと思われ
る。私たちの階級，年齢，ジェンダー，人種など，あらゆることが，私たちが
それであると自ら主張することのできる人間の種類に制限を加えるのであり，
これは確かに，ディスコース的スキルにおける個人差として理解するのが最適
というわけではない。私たちのディスコース利用が，もっと広範な社会的およ
び物質的環境によって，どれだけ制約されたり影響を受けたりしているかとい
う問いは，じっさいには検討されていない。それでもそれは，言語の遂行的側
面に，すなわち行為を行なう，つまり世界に結果をもたらすために言語が使わ
れるその仕方のことだが，それに関心を向けている。ここには，実用的な利点
があって，なぜならそれは，自他の特定の表現の正当化を主張するためには，
1人の人間がじっさいに何をしたらいいかについて，ある種の潜在的な助言を
提供しているのだからである。

　微視的と巨視的という2種類のソーシャル・コンストラクショニズムは現在
のところ，私たちが個人的または集合的に，どれだけ自分自身とその社会を再
構築できるかについて，いずれも語ることができない。したがってソーシャル・
コンストラクショニズムは，個人と社会の間の関係を概念化し直す必要があり，
これを行なおうとする試みがいくつもなされてきた。その問題は，個人と社会
が二分法の2つの構成要素とみなされる，その仕方にあるように思われる。つ
まり，じっさいには，私たちは「個人」から切り離された「社会」を本当に経
験することは決してない。したがって，その個人／社会問題への1つの解決策
は，これが誤った二分法，人間精神による知的分析の所産の区別であり，別々
の現象を表わす区別ではないと提唱することである。それゆえ，この個人／社
会の二分法は，1つの構築，世界についての1つの考え方にすぎないと思われる。
社会学者ギデンズ (Giddens, 1984) は，彼の「構造化 (structuration)」概念
において，この二分法に代わるものをもたらしたのだが，そこで彼は個人と社
会のメタファーを，同じ事柄の2つの側面のように使っている。さらにもっと

最近では，フロッシュとバライツァー（Frosh and Baraitser, 2008）が，それを，表面と裏面との区別がつかないメビウスの帯ととらえた。これらは役に立つメタファーではあるが，しかしそれ自体が，この複合的な個人／社会現象の特質について１つの理論を構成することはないのである。

弁証法的関係：実在の社会的構築

　個人と社会の間の関係をいかに概念化するかという問題の１つの解決策は，バーガーとルックマン（Berger and Luckmann, 1966）の古典的研究から得られる。バット（Butt, 2003）が指摘したように，シンボリック相互作用論の初期の研究は，現代のソーシャル・コンストラクショニズムの心理学の基礎をなすものとしてしばしば引き合いに出されるけれども，しかしこの初期の研究は，その個人／社会の二分法をとてもうまく避けていた。社会学者のバーガーとルックマン（Berger and Luckmann, 1966: 69）は，一見客観的に見える社会的世界は，人間の行為や相互作用によって構築されていると主張した。加えて，人間とは，徹底的に社会的動物である。つまり，「人の特有の人間性と社会性は，密接にからみ合っている。ホモ・サピエンス〔知恵ある人〕は必ず，しかもまさにそれと同じ程度に，ホモ・ソシウス〔仲間ある人〕なのである。」

　バーガーとルックマンは，個人と社会の間の関係を，両方向に作用するとみなした。つまり，人間は絶えず社会的世界を構築し，その社会的世界が次には彼らの反応すべき実在となる。その結果，人間は社会的世界を構築するけれども，彼らは，自分が好きなようにそれを構築できるわけではない。生まれたときに，人間は，先人たちによってすでに構築された１つの世界に入るのであり，この世界は，彼らやその後の世代にとって１つの客観的な実在の地位を担っているのである。

　バーガーとルックマンは，この循環過程の３つの相，つまり外在化と客体化と内在化を特定した。このサイクルで最も重要なのは，「今この場」を超えて意味のもてるもの，すなわち記号を生み出す人間の能力である。彼らは，攻撃的行為を記号化するのに使える１本のナイフを例に挙げる。ナイフという記号は，じっさいのナイフがじっさいの暴力行為のために使われる事態からかけ離

れた時と場合に，暴力を表わすことができる。さらに，言語とは，私たちが諸
事象を表わすことを可能にする記号系である。言語を通じて，私たちは自分の
個人的経験を，他の人びとにも役立つように，あるいは手の届くように（外在
化）することができる。

　外在化が可能なのは，私たちが対象には意味があるものと考え，それらを記
号へと変えるからである。そのナイフ（1つの対象）は，攻撃を対象化したも
のになり，それゆえ他者によって，別の場合にも暴力の「記号」として使われ
るようになる。客体化されたものはしたがって，今この場から，すなわちそれ
らの元になった最初の人間の主体性に関する表現から，分離できるのである。
しかし，語やジェスチャーも客体化されたものであって，なぜならそれらは同
じように意味を表現して外在化しており，さまざまな場所で時を異にしても使
えるからである。結局のところ，この記号系の私たちの共通の利用こそが，巨
大な社会的諸構造を構築するのである。その社会的諸構造は，私たち自身の人
間活動の外部に実在し，またその外部に起源もあると思われるのだが，それで
もなお人間の構築物であるにちがいない。

> 　言語は今や，別の世界から来た巨大な存在のように，日常生活の現実の上
> に高くそびえる記号表現のとてつもない体系を構築している。宗教と哲学
> と芸術と科学は，この種の歴史的にもっとも重要な記号系である。
>
> 　　　　　　　　　　　　　　　　　　　　（Berger and Luckman, 1966: 55）

　内在化が，そのサイクルを完成させる。子どもたちは言語を獲得し，自分の
文化の考え方や行動様式へと社会化されるので，意味が未来の世代へと受け継
がれる。社会化に必ず含まれているのは，客体化された諸事象や人工物や語や
記号を，自分の社会があらかじめそれらに与えた意味の観点から理解するよう
になることである。そしてその結果，私たちは，他の人びととの有意義な相互
作用に参加することができるようになるのだ。

　この考え方は，個人と社会との間の関係を，2つの既存の実体の間の対立で
はなく，1つの弁証法的過程として考えるわけだが，この考え方のおかげで私
たちは，人間を，社会的世界を絶えず活発に構築するのだから行為主体的であ

ると同時に，先立つ世代によって伝えられた意味の制度や枠組みの内部で生活を送らざるをえないという点では社会によって拘束された，そういう存在として考えられるのである。

１つの生態系としての個人／社会

　個人と社会の間の関係を理解するためのもう１つの使えそうなモデルは，サンプソン（Sampson, 1989）に見られる。ベイトソン（Bateson, 1972）を引用しながら，彼の論じるには，妥当な分析単位は個人でも社会でもない。実際のところ，そのような単位は存在しえないのであって，存在するのは，ベイトソンが「生態系」と呼ぶ１つのシステム，有機体とその環境の両方，個人とその社会の両方，それら両方から構成されるシステムだけなのである。動物の研究，１つの種が別の種に及ぼす影響や環境が種に及ぼす影響などの研究にとっては，それぞれの種をその他の種から分離したものとして概念化することや，またその環境を種に影響を及ぼす何らかの外的な一連の要因として概念化することは，あまり役に立ってこなかった。つまり，そのような考え方は，さまざまな種の存在が，互いに，またその生息環境と，密接に関連している様子を何も理解せずに，病害虫や病気をコントロールするための化学物質の農業での利用を促進してきたのである。それぞれの種は，巧妙な行為や彼らの行動の相互作用によって生息環境を生み出しつつ，他の種にとっての環境の一部を形成している。したがって，「環境」と「種」を区別することはほとんど意味がない。つまり，それらは，単一システムとみなされねばならない。サンプソンは，私たちが個人と社会を，そのような１つの生態系とみなすべきだと勧める。このシステムは，その成分に分けられるものではないのだから，個人と社会の間の関係の問いは的外れになることだろう。というのも，「関係」という概念は，１つの分離した実体が別のそれに影響する様子を説明するためだけに，必要とされているのだからである。

　私たちの思考において確立されており，また人間に関するソーシャル・コンストラクショニズムの整合的モデルの妨げになっている，その二分法を乗り越えようとするそうした試みは，歓迎されねばならないと私は思う。もしも私た

ちが，個人と社会は，別個ではあるが関係した実体として存在するのでなく，それは単一のシステムにほかならないという提言を採用するならば，その場合は人間の行為主体性の問題とディスコースの状況は，いくぶん改善される。個人，彼らがたずさわる社会慣行，彼らがその中で暮らす社会構造，そして彼らの思考や経験を形成するディスコースは，単一の現象の諸側面となる。このことはディスコースが，社会構造か個人かの，単にどちらかの所産というのではなくて，両者の所産であることを意味している。そのような概念化のおかげで，私たちは個人の行為主体性の何らかの概念を保持し，ディスコースを社会変動と個人的変化の妥当な注目点とみなすことが可能になるのである。

ポジショニングにおける行為主体性

もしも私たちが個人の行為主体性を何らかの形で思い描けるとしたら，それはどんなものだろうか。ディスコース心理学は，リベラル・ヒューマニズムの言う精神内部の自己を忌み嫌っているが，それにもかかわらず，似たような種類の行為主体性をその人間に与えているように思われる。ディスコース的装置や解釈レパートリーを使用する人間の行為主体性とは，世界の中で自分の意図や計画を遂行するためにハンマーやのみなどの道具の使用を私たちに可能にしてくれるものと，まったくちがわないと思われる。ハーレ（Harré, 1995a）は，自分の行為を防衛し弁解する場合の会話の中で行為主体としての自己が構築されると主張しながら，少なくとも，彼自身の記述の中に暗黙の行為主体がいることのその逆説を認めている（第7章を参照）。

「ポジショニング」の概念（第6章および第7章を参照）は，この点で将来性のある概念であって，というのも巨視的と微視的の両方のソーシャル・コンストラクショニズム論者たちによって使われているからである。それは，自分の目的のためにポジションを採用する人間の能力だけでなく，社会的レベルにおけるディスコースの構築力をも認める，そういう行為主体性の概念を私たちに与えてくれる。ディヴィスとハーレ（Davies and Harré, 1990）は，ポジショニングのこの二元性を主張する。私たちがある特定のディスコース内で，自分のために行なったり主張したりできることとできないことについて，ディス

コースは可能性と制約をもたらす。私たちは，特定のディスコースを利用することによって，自らあるポジションを採用するかもしれないし，あるいは私たちは他の話し手に，説明の中で与える役割を通じてポジションを割り当てるかもしれない。ドルーリー（Drewery, 2001, 2005）は，このポジショニングの見方がもたらす行為主体性（エージェンシー）の概念を検討している。彼女が扱うのは，私たちのおしゃべりの中で他者に発せられる「ポジション要請（position calls）」，すなわちある主体ポジションを他者が採用することへの暗黙の誘いだが，それの重大な結果である。彼女は，「次に起こることは，必ずしもその誘いを行なう人間の思い通りではない」（Drewery, 2001）ことを指摘する。つまり誘いは，応じてもらえるかもしれないが，断られるかもしれない。しかしながら，彼女は特に，その他者が，正規の会話参加者としては応答できないようにするポジション要請，これに関心がある。彼女は，これを「排除のポジション要請」と呼び，彼女自身の経験から次のような例を挙げる。

> この種の排除は，日常会話で頻繁に起こっている。たとえば，「男の子たちは，食洗機が終わったら，食器をしまってくれない？　私の傍のここで，誰かがそうしてくれると本当に助かるんだけど。」息子たちがこのポジション要請に，私の望むようなやり方でめったに応答してくれないのも，もはや当然に思われる。なぜならば，これは息子たちにとって，食器の後片付けを誰がするかに関する会話への，参加の誘いではないからである。実際のところ，それはかなり明確に，彼らを話ができるポジションから排除している。私の方は，犠牲者のポジションを採用しており，そこから救い出してくれるよう彼らに要求していると言える。それは，家庭内の強力な母親のポジションからくるわけだから，私自身の犠牲の表明であると同時に一種の命令として，いくぶんアンビバレントに機能する。したがって，これらのポジションはいずれも，自尊心のある男の子がたやすく受け入れられるような誘いではないだろうと，私は思う。
>
> (Drewery, 2001)

他者によって与えられた観点から話すことを人びとに要求するそのような排

除のポジション要請は，一種の植民地化であり，さらに大人たちと子どもたち
との間にはよくあるその不平等な権力関係の関数であるのかもしれない，と彼
女は言う。その問題点とは，次のようである。

> 話に引き入れる誘いがなされるその有様の一面は，次のようである。すな
> わち，その他者は自分自身の言い方で話すように誘われているのか，それ
> ともその尋問者がその会話／物語の言い方を支配しているのか，……その
> 種の発話は，一方の会話当事者が会話に関して非＝行為主体的ポジション
> に呼び込まれるような関係を再生産することによって，不平等な権力関係
> を再生産するのである。
>
> (Drewery, 2001)

　ポジションはまた内在化され，私たちの心理の一部になるというディヴィス
とハーレ（Davies and Harré, 1990）の主張を彼女は取り上げ，そしてこれを
ニュージーランドの重要問題，すなわちマオリ人の子どもたちが，低い自尊心，
乏しいモチベーション，自発性の欠如，それに自分の状況は一見変えられない
ことなどに苦しんでいるという問題に適用する。もしも，人びとが，排除のポ
ジション要請を受けるおかげで，くり返し植民地化されるのならば，
行為主体的でない自分自身についての話し方を，したがってそういう自分自身
についての考え方を，習慣的に採用するようになるかもしれないと彼女は論じ
る。ただ彼女の述べるには，この「欠如」は，公的生活で受動的参加者として
くり返しディスコース的にポジショニングされた結果と理解する方が，もっと
よく理解されるかもしれないのであって，だからそれは，パヘカ（Paheka）〔訳
注：マオリ語でニュージーランドのマオリ人以外，主に白人を指す〕とマオリ人たちの
両者に発言力があるような，両者間の「共同会話」を必要としているのである。
ドルーリーの指摘するところでは，このように概念化された行為主体性は，リ
ベラル・ヒューマニズムの行為主体性ではないのであって，というのも人間は，
1 人だけで行為主体的ではありえないからである。行為主体性は，他者との関
係においてのみ可能なのだ。
　私はとりわけ，ドルーリーによるポジショニングの使い方が気に入っていて，

なぜならそれは，行為主体性（エージェンシー）の概念を保持しながら，その一方で，ソーシャル・コンストラクショニズムと両立しうるやり方で──すなわち，個人内部ではなく，人びとの間の関係の中に存在する何かあるものとして──それを再定式化しているからである。けれども彼女は，おしゃべりが重要な権力関係を明示することも再生産することもありうる，その様子を自分の説明の中に組み入れるように気をつけながら，その一方でまた，どのようにしてさまざまなポジションが私たちの心理の一部となりうるかについての理解を，さらに踏み込んで検討している。それというのも，日々の出会いの中でのいろいろなポジション要請やそれらに応答する仕方が，私たちの主体性を変化させるのだからである。

自　　己

理論的に整合したソーシャル・コンストラクショニズムは，主流派社会科学に浸透しているいくつかの二元論を乗り越えなければならず，そして主流派心理学の中心には，個人 対 社会および行為主体性（エージェンシー）対 構造に加えて，自己 対 他者というさらなる二元論がある。

関係的自己

自己は，他者との関係によってのみ存在するのだから「関係的」であると言われて，その二元論は異議を唱えられてきた。すでに論じたポジショニングは，相互作用する人の一方が支配するのでない対人的相互作用の内部で少なくとも一部は形成される，そういう人間のモデルをもたらしている。「共同行為（ジョイント・アクション）」の概念（Shotter, 1995a）もまた，1人の人間を，他者の相互作用行動に単に反応しているものとはみなさない，そういう相互作用の捉え方を与えてくれる。ナラティブ心理学は，私たち各人を，自分がその中で役割を果たさねばならない他者たちの人生物語（ライフ・ストーリー）によってある程度制約される自らの人生物語（ライフ・ストーリー）を，交渉して取り決める者とみなしており，またガーゲンの研究では，私たちの他者との関係が中心的役割を果たしている。以下，これらの人たちの言い分について

コメントし，その後に，ソーシャル・コンストラクショニズム論者たちはシンボリック相互作用論にもっと注目する必要があると私が考えている，その理由の説明に移ることにしたい。

　ガーゲンは，彼の「関係的自己」の概念を，対人的領域を超えて，世界政治へと持ち込んでいる。この点において，彼は，サンプソン（Sampson, 1990）と似たような路線をとっているように思われる。サンプソンは，近代の社会的世界のますます増大するグローバル化に注目して，個人を社会関係に「埋め込まれて」いると見る個人観を私たちが採用するならば，人類の将来の福祉はもっと有望なものになると論じた。

> 自らの人脈や相互的人脈のおかげで1人の個人であるということ，これが人間についての構成的な見方を導入する。そして，この見方は，現行の自己充足的な定式化が可能にするよりも，もっと十分に人間福祉の可能性を含むことができると，私は信じている。埋め込まれたあるいは構成要素を成すタイプの個人性とは，自他を隔てている縄張りをマーキングする堅固な境界線を基礎にしているわけではないし，もともとその人間を構成する人脈性から身を引いているわけでもない。
>
> （Sampson, 1990: 124）

　ガーゲンは，個人「崇拝」を厳しく批判しており，個人的と世界的の両方のレベルにおいて人びとの相互依存性をそれと認識して正当に評価する，そういう新しい考え方を要求している。私たちがひとたび，自己が関係的であることに気づき，コミュニティの中の私たちを形成する多くの意見に本当に耳を傾けられるとすれば，私たちは，利己主義的であったり他者を手段のように扱ったりする必要のないことが分かるだろう，というのが彼の（いくぶん理想主義的な）主張である。

　「構築された世界における心の位置」と題された論文（Gergen, 1997）の中で，ガーゲンは，心理事象を社会的領域に存在するとみなしている。つまり彼は，心は「人びとの間に」あると述べ，情動のような心理事象を関係交流の中に位置づける。そのような空間的メタファーは役に立つ出発点なのだが，しかし彼

は，ソーシャル・コンストラクショニズム心理学の展開からは手を引いて，反対さえしているかのように思われる。彼は，彼が言うところの「人間行為の脱＝心理学的説明」に賛成を唱える。その彼の見方は，「心理」が，行動を引き起こす精神状態を意味することへの恐れから生まれているように思われる。私が思うには，この想定はまったく必要ない。つまり，心理的欲求は，本質主義的な精神状態と等しいとは考えられないし，また決して因果的には考えられない。それにまた，心理学および社会心理学の固有な領域として個人的で私的で心理的な空間を取り戻すことは，決して自動的に私たちを，本質主義や決定論や欲深い個人主義へ連れ戻すことではない（Sampson, 1993）。むしろ私は，心的事象や経験や行動が社会的領域から現出する，その諸過程の研究として心理学を考える方を好む。ドッズら（Dodds *et al.*, 1997）の言葉を借りれば，「社会的と個人的，いずれの領域においてもその活動や発言を否定せずに，社会的なものが個人的なものになるその次第を記述することが重要になる」。

　関係の中へと行為を再配置することは，精神状態が行動を引き起こすという考え方を回避しながら，さりとて，その問題を裏返しにして還元主義的な社会決定論を作り出すのでもなく，行為の社会的埋め込み（social embeddedness）を強調している。しかしながら，社会心理学の古くからの研究は，以下に略述するように，この関係的自己のもっと詳細な理解をソーシャル・コンストラクショニズムにもたらすことができるのである。

自己の相互作用論的概念

　シンボリック相互作用論の語は，ジョージ・ミード（Mead, 1934）の初期の研究を基礎にして，それを展開したブルーマー（Blumer, 1962）によって導入された。ミードの貢献は，自己／他者の二元論を乗り越え，徹底的に社会的である個人の説明をもたらすところにある。心や意識や，これらと社会との関係に関する彼の理解は，自他の相互依存性に基づいていた。さらに，ミードにとって，言語と社会的相互作用は，心や意識や自己の発達に欠かせないものであった。ミードにとっては，自己は，社会に先在するのでなく，社会から現出するのである。

個々の人間は意識があり心をもち，他の諸個人と相互作用するようになり，彼らに影響を与えるとともに影響を受け，それで社会と呼ばれている何かを作り出す，そういう主流派心理学のモデルについて，ミードは逆の見方をする。それに代わって彼は，意識と心，すなわち自他の行為を注意深く顧みる私たちの能力を，社会的相互作用の結果とみなす。ミードの言う個人は，社会から独立して存在せず，それどころか，人びとの間の社会的相互作用によって可能となるのである。しかも，心の発達にとっての重要な鍵とは，明らかに人間的な何かあるもの——すなわち，物事や諸事象を表現するために記号を使う私たちの能力，とりわけ私たちの言語使用——である。私たちが，社会的相互作用を内面化し，それを心に描き，そしてそれについて考え，さらに注意深く顧みる，これらのことを可能にするのは，言語なのである。

　シンボリック相互作用論によれば，社会も個人も，いずれも人びとの間の相互作用とコミュニケーションから発生する。意識，自分の経験を注意深く顧みる能力，それにその自己は，これらの相互作用から現出するものと考えられる。したがって，人間であることの基本的な特徴は，社会依存的，すなわちその発達を社会的相互作用に依存していることとみなされる。心とは，つまり自分の経験を注意深く顧みる能力のことだが，それは，諸事象を思い描くのに言語を使えるまで可能ではないのだ。それに言語習得は，社会的相互作用に依存している。赤ちゃんたちは，すぐに発話交替や模倣のゲームに参加するのだから，初期段階の相互作用能力があるにちがいない。この「会話」における赤ちゃんの側は，他者の反応を通じて意味を獲得する。人びとは，赤ちゃんの行為がすでに意味をもつかのように反応し，それで，赤ちゃんも他者たちも双方とも，赤ちゃんの行動の「合意した」意味に達するのだ。ミード（Mead, 1934）はこれを，「身ぶり会話（conversation of gestures）」と呼んだ。その認知能力がもっと洗練されたときに，その子は身ぶりを言葉に置き換えることができ，そして引き続きの社会的相互作用を通じて，その子は結局，その社会のもつ共通の記号とその意味の体系，すなわち言語に参加することができる。したがって，言語は，記号の使用を通じて密かに遂行される一種の身ぶり会話とみなすことができる。その子は今や，自分自身の行為や世界に関する自分の経験を注意深く顧みることができるし，これらの物事を自他に表現することもできる。その子

は，心も自意識も，両方を獲得したのである。

　社会関係と人間の相互作用とコミュニケーションとは，シンボリック相互作用論者たちにとって，人間発達の重要な鍵である。しかし，成功する相互作用はまた，自分の行動が他者に何を意味しているかについて，かなり理解していることを必要とする。私たちは，自分の行為が他者に及ぼしそうな影響を想像することができるし，そしてそれに応じて行動することができるのであって，これは，私たちの共通の意味体系のおかげである。私たちが，身ぶり会話を通じ，後には言語を通じて，相互作用する場合，身ぶりや言葉が，自分にもつのと同じ意味を他者に対してもっているのが分かっている。これによって，私たちは他者の心へ接近できる。つまり，私たちの行為が他者に対してもつ意味を想像することができるのは，それらの行為が自分に対してもつ意味のおかげなのである。そして，このことにより，私たちは選択ができる。もしあるやり方で行動したら何が起こるか，私たちは想像することができ，それゆえに，別の行動を考えることができるのであって，それが行為主体性（エージェンシー）を記述するやり方なのである。ミードは，この能力が，人間の意味ある相互作用を，他の動物の意味ある相互作用から区別するものであると考えた。

　そういうわけで，人間とは，徹底的に社会的で，しかも社会依存的な現象なのである。ハーレはかつて，人間を，社会的領域である大草原地帯の１つの「柵に囲まれた」区域と呼んでいた。「私」とみなすものが，私という存在の物理的境界を優に超えていく，そのありさまについて彼は熟考していたのである。この点については，私は彼と意見が一致するが，しかし人間は，これだけではない。主流派心理学におけるほど明確に区別されるのでないとしても，公私の間には相違があり，また，心的過程を行動の原因とみなさないとしても，これらの過程が果たす役割はあり得るのだ。内省と記憶とは，私たちの将来の行為に影響を与え，選択を可能にする過程であり，自己という考え方が役に立ちうると私が思うのも，まさにこの点なのである。

　自己という考え方は，その概念に，何も特定の中味を押しつけていない。私たち欧米の自己の概念が，パーソナリティや個性や行為主体性（エージェンシー）などのものを含んでいるという事実は，ソーシャル・コンストラクショニズムの観点から言えば，広くゆきわたったディスコースによって説明されうる。しかし，そもそも

私たちが自己の概念をもっているという事実については，たぶん状況が異なる。私たちの自己という特定の概念は，あらゆる文化に共通のものではないが，その一方で私は，すべての人間は個性のあることに気づくものだし，このことは社会的相互作用に依存していると思っている。ヒトは，社交的出会いに参加するようになるとき人間となり，そしてこのことが，ある種の個性を可能にし，また必然にさえするのだ。私の自己概念は，内省から生じ，あらゆる社会的相互作用を通じて存在し，そして事実上，相互作用する本当の人と同じ影響力を私の行為に及ぼす第3の「他者」を構成するのである。したがって，その自己は道徳的選択と行為主体性_{エージェンシー}に基礎を与えているのだから，私たちは自己を，明らかな強みとみなすことができる。それは，社交的出会いの間ずっと自分自身を監視することを通じて，進行中の相互作用を査定し，起こりうる将来の行為をチェックする，そのための拠点を私に与えてくれる。それがあるからこそ，あらゆる社会的アクターには互換性があるなどと考えなくても済むのである。私たちは確かに，道徳的なジレンマや選択と格闘する人びとの経験は錯覚であるなどと主張したいわけではない。また，私たちの道徳的行動は，既存の心理過程によって，私たちが内面化した社会規則によって，あるいは社会構造の力によって，単純に決定されると主張したいわけでもない。もっともそう主張するのでは，ソーシャル・コンストラクショニズムが逃れようとしているいくつかの二元論や決定論へ後退することになるのだろうが。そういうわけで，私たちがそのような選択を経験するのはなぜなのか，また私たちが良いものについてのある種の集合的概念，すなわち共通価値をもつことができるのはなぜなのか，これらについて私たちは説明しなければならない。そして，これらへと至る道は，ミードの「一般化された他者」の概念を通じて見出すことができる。つまり，他者はほとんど私の個性の一部なので，私の経験は他者の経験から分化していないのである。それは，もしも私が他者をある特定の仕方で扱ったら，彼らはどのように感じるか，単に想像してみることをはるかに超えている。つまり，私たちは直感的に，他者への自分の行為の結果について感じるのであって，なぜなら，私たちは他者から分化していないからである。これは，ガーゲンの説明する「ケア」であり，彼はそれを望むのだが，しかし彼はそれを，私たちの相互にもつ依存性によって表現する。つまり，それは，ことによると最

終的には，あまりに実用本位であって道徳的便法に帰着するのである。

主体性・身体性・感情

　近年，ソーシャル・コンストラクショニズム論者たちの中には，このアプローチ内部における主体の経験の地位に，次第に不満を募らせてきた人たちがいる。多くのコンストラクショニズムの説明は，人間の欠けた心理学を前提とするか（Billig, 1998），あるいは自律的な人間のアクターや人間の経験や意図の存在をはっきりと拒否しながら，同時に暗黙のうちにそれらに頼っている（Morawski, 1998; Willig, 2008）。クロンビー（Cromby, 2004）は，主体性のこの軽視は「社会的なものを現実的なものとして扱い」，また「はっきりすぐに分かるほどの著しく人間的なものをほとんど欠いた」（p.799）心理学を作り出すと主張する。これらの不満のせいで，ソーシャル・コンストラクショニズムの理論に，とりわけ身体性と情動に関し，ふさわしく手直しされた主体性の概念を導入しようとするさまざまな試みがなされてきた。ソーシャル・コンストラクショニズム論者たちにとって，この動向の課題は無視できない。コンストラクショニズムが推進してきた人間のモデルは主に，私たちが「心理的」と考える個性の諸側面，とりわけ経験，主体性，情動的・身体的生活に注意を向けてこなかった。確かにこれらはたいてい，近づきにくい無関係なものとみなされるか，あるいはディスコースの結果とみなされてきたのである。

心理的主体の再導入：心理社会的研究

　ソーシャル・コンストラクショニズム内部で心理的主体を概念化しようとする注目すべき最近の試みは，心理社会的研究の運動に見られる（Frosh, 2003を参照）。このアプローチの中心にある心理社会的主体は，ディスコース（日常語の談話という意味とフーコー派の言説という意味，その両方）における主体であると同時に，経験と行為主体性の中核でもある。「心理社会的」の語は，個人／社会の二元論に関連した諸問題を避けながら，その心理的・社会的領域

を1つの統合された全体として概念化しようとする，その意図を示しているのである。

　心理社会的研究は，ディスコースにおけるポジションへの傾注の問題に取り組んでいる。この傾注を十分理解するためには，フロシュら（Frosh *et al.,* 2003）の主張によると，ディスコースにおける一定の主体ポジションに伴う要求や楽しみの検討に向けて，ディスコースを「超えて」あるいはその「裏側に」注目しなければならない。したがって，心理社会的アプローチを採用するそれらの人たちはたいてい，無意識や抑圧などの精神分析的概念を利用してきた。ホルウェイとジェファーソン（Hollway and Jefferson, 2005）は，「ヴィンス」とのインタビュー（「自由連想ナラティブ面接」法を使った）の分析を報告している。ヴィンスという男は，彼の憎んでいる（が，必要でもある）仕事にとどまるか，それともその代わりに生活保護を受ける生活を送るか，その間のジレンマを解決しようとしていた。その後ヴィンスは，病気が重くて働けなくなった。もっとも，彼の症状の身体的原因は発見できなかったのだが。ホルウェイとジェファーソンは，そのインタビューの逐語記録（トランスクリプト）から，彼の物語（ナラティブ）の諸要素間の情動的に意味ある関係を読解することによって，ヴィンスの状況を理解することができたと主張する。つまり，彼の病気は，自分の苦境に対する自分自身の（無意識の）答えなのであって，そのおかげで彼は，責められることなしに，仕事から離れたままでいられたのである。ヴィンスの身体は，意識的には気づいていない一連の行動をとっていて，彼らは，これを，個人の行為主体性（エージェンシー）の証拠とみなしている。ホルウェイ（Hollway, 2006b）は，投影などの，人びとに由来し，人びととの間で作用する，そういう心理過程に注目するがゆえに，フロイト派の理論よりむしろクライン派の対象関係論を利用する。彼女は，これが，関係的で間主観的な人間像に寄与しており，したがって，主流派心理学の自己充足的な個人から離脱する動向を促進していると主張する。

　かなり最近の展開ではあるが，心理社会的研究にはすでに，フロシュによって採用されたラカン派の理論とは対照をなしているホルウェイとジェファーソンが採用した対象関係論の妥当性について，意見の相違があり，その内部的な不一致に悩まされている（Frosh and Baraitser, 2008; Jefferson, 2008 を参照）。ラカン派「陣営」は，対象関係の利用が，心理社会的事態の「内的」心理的側

面の方を優先させているとみなしている（Frosh, 2010）のだが，一方，対象
関係の観点の方では，ラカン派の理論を，社会的なものを好んで，この「内的」
心理的側面を周縁的地位に追いやっているとみなしている。

　しかしながら，ソーシャル・コンストラクショニズムにおける主体性の不足
を「埋め合わせる」ための精神分析の利用は，非常に疑問があるとみなしてい
る人たちがいるし，私も同じ意見である。特にエドリー（Edley, 2006）は，ディ
スコース心理学と精神分析は統合されえないのであって，なぜなら「それらは
ディスコースをまったく異なったやり方で理論化する」のだから，と懸念を表
明する（また，同じ議論は，巨視的ソーシャル・コンストラクショニズムに関
してもなされうる）。精神分析は，言語を心への経路とみなしていて，それだ
から「精神分析は，ディスコース理論が弱体化させてきた，まさにその言語モ
デルに基づいているのだ」（p.605）。この内的心理的空間を理論化したために，
ホルウェイとジェファーソンのアプローチ（Hollway and Jefferson, 2005）は，
個人的なものと社会的なものとを統合できないだけでなく，ソーシャル・コン
ストラクショニズムが途絶させようと努力している個人／社会の二元論を復活
させてもいる，とウェザレル（Wetherell, 2005）は主張する。

　精神分析に対するエドリーの立場は，それを，単に別のディスコースとみな
すことである。つまり，精神分析的な考え方は，私たちの文化に浸透してきて
いて，実際，私たちの自己の構築の一部を形成しているかもしれないが，しか
しこれは，そのような概念が現実の心的事象を指していると主張することとは
まったく別のことである。加えて彼は，ディスコース心理学が主体性の理論を
欠いていることを否定する。人間についてのビリッグ（Billig, 1987）の対話的
説明とロシアの心理学者ヴィゴツキーの研究を引用しながら，彼は，私たちの
心の中味とは「内向した会話」，多くの過去の社会的相互作用の内面化なので
あると主張する。したがって，無意識は，私たちのそういった部分として，あ
るいは多くの場合沈黙させられた発言として，組み立て直すことが可能である。
つまり，それは単に，残っているものは語られず，気づかれていないというこ
とである。ウェザレル（Wetherell, 2012）もまた（ビリッグ（Billig, 1999）に
続き），力動的無意識という考え方の妥当性を疑い，それを拒絶して，無意識
的なものを単に，私たちが精査したり説明したりしたくないと思う，自分の経

験の側面とみなしている。

身体化された主体性

　皮肉なことに，ソーシャル・コンストラクショニズムは，身体を理論化するときに，これまで主流派心理学と似たような問題点に悩まされてきた。主流派心理学は一般的に，身体的経験を，心から影響を受けるものとみなしていた（たとえば，痛みに対する態度は私たちがどれほどの痛みを経験するかに影響を及ぼす）が，一方ソーシャル・コンストラクショニズムはおそらく，その経験をディスコース内の私たちの主体ポジションの影響に還元する（Cromby, 2004）か，あるいは，それをまさにディスコースにおけるもう１つの「トピック」として扱うか，どちらかであった。コンストラクショニズム論者たちは今日，心を備えた身体でも身体の中の心でもない，人間のより全体論的なモデル（たとえば，Sheets-Johnstone, 2011）を採用しようとして，「身体」よりもたぶん「身体性」について語るであろう。というより，むしろ人間とは「身体化された」存在なのである。身体化された経験を取り上げるという課題は，以下略述するように，巨視的と微視的のソーシャル・コンストラクショニズムでいくぶん異なっている。

巨視的ソーシャル・コンストラクショニズムにおける身体

　巨視的ソーシャル・コンストラクショニズムにとって，問題は，身体的経験がディスコースを「逃れ」，その力に抵抗することは，どうしたら可能かということである。巨視的ソーシャル・コンストラクショニズムは，「言語的カテゴリーが身体性についての私たちの経験を決定する」と主張し，身体を，「社会的意味の，発生源というよりむしろ受け手」（Shilling, 2003: 62）とみなしている。規律的権力の概念（第４章を参照）を通じて，フーコーは，私たちに深く関わるそれらの身体的過程，特に性的な種類のそれが，もっと広範な社会統制過程に関係している様子を明らかにした。フーコーの考え方は，セクシュアリティやジェンダーのような，身体がきわめて顕著な領域における権力関係を理解することに関心をもってきた人たちによって熱心に取り上げられてきたし，

したがってフェミニズムの著者たちにはとりわけ関心があるのだった。たとえば，ガベイ（Gavey, 1997）は，性行為強要に関する女の経験が，支配的な異性愛ディスコースを通じてもたらされたと考えられる，その次第を明らかにした。

しかしながら私が別の箇所（Burr, 1999）で論じたように，そのようなディスコースの影響に抵抗する可能性を明らかにしようと望んできた人たち（たとえば，Sawicki, 1991）もいるけれども，フーコー派のアプローチをとる多くの著者たちは，身体的経験を生み出し，それに意味を付与するディスコースの力に特権を与えてきた。たとえば，ノーマン（Norman, 2011）は十代の少年たちに，スポーツや異性愛行動などの特定の身体的慣行をはじめることへのプレッシャーについてインタビューを行ない，そこから，若い男たちはそのようなディスコース内の主体ポジションを採用することによって，身体化された，男らしい主体性を構築するのだと結論を下した。たとえ研究の明確な意図が，「肉体的身体」を再び取り戻して，自らの身体化された経験を話す人びとの報告の妥当性を確認することだと思える場合（たとえば，Ussher, 1997）であってさえ，身体的経験が広くゆきわたったディスコースに依存しているという結論は免れがたいのである。ウィリグ（Willig, 2008）が論じるように，そうしたアプローチは，個人がそのようなディスコースとつき合う場合のさまざまなやり方について，手がかりを与えてはくれないのだ。さらに，グロース（Grosz, 1994）が指摘するには，「女性または男性，いずれかの身体の表面に描かれたまったく同じメッセージは，必ずしも，あるいは通例，同じことを意味しないか，または同じテクストに帰着しない」（p.156）。

ウィリアム・ジェームズの見解を引用しながら，ショッター（Shotter, 2012）は，私たちの直接的で身体化され生きられた経験の優越性を支持する議論を唱えている。ショッターは，私たちの行動が，絶えまなく巻き込まれている相互作用と生きられる経験との流れから，自然に生じると主張する。つまり，私たちがある特定のやり方で諸事象を理解し，関連づけ，そして定義しはじめるのは，それら諸事象について注意深く顧みるだけの理由がある場合に限られるのだ。私たちはある点では，身体を通じて世の中を「知っている」のだが，その点は，主流派心理学からもソーシャル・コンストラクショニズムからもな

いがしろにされているとショッター（Shotter, 2007）は主張する。さまざまな人間の経験には，非認知的・非写実的なやり方で世界を知ること，また美術やダンスや音楽のように身体を通してその知識を表現すること，これらが含まれている。加えて，知ったり表現したりする身体の能力は，私たちの性的経験の中心に位置している。つまり，1つの身体が別の身体を「知る」仕方は，言語によっては捉えられない。この理由から，そのような種類の経験や表現は，ことによると言語やディスコースの外の領域に存在する「ディスコース外的（extradiscursive）」なものとみなすべきであると，私（Burr, 1999）は主張してきた。

　ラドリー（Radley, 1995）が，身体は，「その肉体的物性それ自体のせいではなくて，その重要な意味がディスコースには十分に含まれない点のあるせいで，ディスコースをすり抜けてしまう」(p.12)と論じているように，身体とそれが生み出せる芸術様式の表現力もまた，ディスコースの力に抵抗する可能性を切り開く。身体は，経験について「語る」ことができるし，これらの表現はディスコースによって沈黙させられたり，再構成されたりすることはありえない。したがって，身体の表現力は，反体制的でありうるのだ。

　ラドリーは，ディスコースと身体の関係についての早くからの論者であって，身体の有意味性が，ディスコースを通じたその社会的構築には限定されないことを論じていた。ラドリーは，心的事象に訴えるのでなく，また身体をディスコースにただ従属させるのでもなく，身体が意味を表現しうるそのありさまを理解する方法をもたらすために現象学を引用している。現象学は，身体的経験を含めて，経験こそを基礎的と考える。つまり，それは，意味がそこから構築される素材なのであって，さらに，巨視的ソーシャル・コンストラクショニズムはこれが必然的に伴うと思われる身体を「喪失」しているせいで，現象学によって不十分とみなされている（Langdridge, 2007）。ラドリーは，もしも私たちが，経験の報告を，唯一の妥当なコミュニケーションの種類とみなすことを止めれば，自分自身とはかけ離れた生活を送る他者の経験を，本当に正しく理解せざるをえないと論じている。別の人の経験を忠実に把握するためには，文字通り，他人の立場に身を置いて経験しなければならないのかもしれない。ラドリーの身体の表現力およびコミュニケーション力への思い入れは，彼の初

期の研究では多くの場合はっきり認められないが，本節の後の方で説明するように，もっと最近の著作には響きわたっている。

微視的ソーシャル・コンストラクショニズムにおける身体

微視的ソーシャル・コンストラクショニズムは，ハーレを除いて（第7章を参照），多くの場合，身体化された経験に関心を示してこなかった。ディスコース心理学は，身体性を，私たちが話をする何か他のことと同じように，1つのトピックとして扱っている（Hepburn and Wiggins, 2005）。つまり，身体とその経験の地位とは，相互作用の最中に修辞法を用いて作り上げられる構築物のそれにほかならず（Potter, 2005），また経験とは，私たちのディスコース的説明のための資源にほかならない（Buttny, 2012）。しかし，ディスコース心理学は，人びとがしばしば自分の説明にひどく傾注するのはどうしてか，これを明らかにできないと批判されてきた（たとえば，Cromby, 2004）。ディスコース心理学の目的は，心理事象を，「注意を向けられ，うまく対処され，定式化されるできごと」（Potter, 2012: 583）として研究することであるが，しかしクレスウェルとスミス（Cresswell and Smith, 2012）は次のように問う。

> しかし，何の説明もなしに取り残されているのは，そのような利害や関心への注意と対処と定式化を引き起こしている当のものである。これらは，いったいどこから来るのか。それらは，存在論的に存在するものであって，しかも［文字に起こされた語り］の解釈には欠かせないものとして，当たり前のことと考えられている。
>
> （Cresswell and Smith, 2012: 621）

ディスコース心理学にとって，その問題は，私たちの説明に先在する経験的実在を認める場合に，私たちのおしゃべりの背後に潜む本質主義的な自己という主流派の見方への後退を引き起こすかもしれないということなのである。クレスウェル（Cresswell, 2012）は，言語と身体化された経験の統合に賛成を唱えることによって，ディスコース心理学内部に主体の経験の場所を確保しようとしている。哲学者ミハイル・バフチンの研究を引用しながら，クレスウェ

ルは，経験は「社会＝言語的」であると主張する。つまり，広くゆきわたった
ディスコースを特徴づけている「当たり前の諸前提」は，ただの語り方ではな
い——それらは，考え方や感じ方でもあるのだ。けれども，その社会的・言語
的領域が私たちの経験をもたらし，あるいは少なくとも組み立てながら，それ
でもなおこの提案は，身体よりも社会的なものに特権を付与するのをじっさい
にうまく避けられているのかどうか，これははっきりしない。批評家たちへの
返答の中で，クレスウェルとスミス（Cresswell and Smith, 2012）は，言語の
身体化された特質とは，養育者たちと幼い赤ちゃんたちの間の初期の相互作用
に由来していると言う。この考え方は，いくつかの点で，シンボリック相互作
用論の「身ぶり会話」に似ているように思われる。

　近年の展開に関する上述の簡潔な説明は，最終的に身体にも社会にも特権を
与えない，そういうディスコースと身体化された経験の真の統合を行なうこと
のむずかしさについて，何か大切なことを伝えている。私たちの言語は，長い
間西洋思想に深く埋め込まれてきた二分法をもたらし，そのおかげでこれらの
試みがそれを越えて先に進むことは，ことのほか困難になっているのである。

感情

　ソーシャル・コンストラクショニズムにおいて明らかな近年の「感情（affect）
への転回」は，上述のような，身体的経験がその「色あせた言語的形跡」へと
還元されるようになるという，その同じ一連の問題から起こっている（Cromby,
2007）。コンストラクショニズムの説明への不満の中心には，人間生活の重要
な「感じられた」側面が説明されずに残っているという，強まる確信がある
（Hemmings, 2005）。ウェザレル（Wetherell, 2012）は，私たちが言語と感情
を別々の領域だとみなし続ける場合に，研究者が直面している問題を，次のよ
うに簡潔に表現する。「研究者たちは，語りえぬものを研究しようと努力する
ままに放っておかれる」（p.76）。つまり，感情は依然として，言語と文化を超え，
近づきがたい，研究不可能なもののままなのである。

　ソーシャル・コンストラクショニズムの，特に情動についての研究は大部分，
ディスコース心理学内部から行なわれてきており，そしてこれは一般的には情

動を，わき上がる気持ちとしてよりもむしろ，社会的ルールに支配された社会的達成として扱っている。たとえば，ウェーバー（Weber, 2004）は，社会的に共有されたスクリプトないしはスキーマの演技として情動を捉えるエイヴリル（Averill, 1982）のソーシャル・コンストラクショニズム的モデルを検討する中で，研究対象協力者たちに，怒りがふさわしい場合やふさわしくない場合のシナリオを説明するように求めた。そこでウェーバーは，研究対象協力者たちの反応を左右する3つの「ルール」，すなわち，非難されるべきことかどうか，与えられた害の深刻さ，それに怒りの潜在的利益，というルールを見出した。情動にまつわるおしゃべりもまた，特定の「風紀」，すなわち一定の集団やサブカルチャーの人びとがどのように振る舞うことを期待されているかという規範と規則の体系のことだが，これを構築して維持するのに役立っている。フレウィンとスティーヴンスとタフィン（Frewin, Stephens and Tuffin, 2006）は，ニュージーランドの警察官とのインタビューの逐語記録^(トランスクリプト)を分析し，恐怖について話さないようにしたり，自分の経験を脱人格化したりすることによって，専門家らしいふるまいや規範の遵守などの警察文化の重要な側面が維持されていることを見出した。

　いわゆる基本的情動という主流派心理学の注目点は，より広範で（より漠然とした）「感情（affect）」の概念に置き換えられながら，ソーシャル・コンストラクショニズムとしては人間の情動経験に本格的な注意を払う必要があると認識された結果，てんやわんやの理論的な騒ぎが起こった。「感情」の語の使用は，単なる情動以上のものを含んでいる経験への思い入れを示しているのであって，というのも，私たちが「感じる」ものは，私たちが情動とみなすものの域を超えており，失望，孤独，倦怠などのような経験をも含んでいるからである（Blackman and Cromby, 2007）。この感情のより広い枠組みの形成は，主体の諸経験の間に心理学が設けてきた人為的な概念的境界線の，脱構築の試みに等しい。それ以外の区別，すなわち個人的なものと社会的なもの，言語と感情，身体と生物などの間の，おそらく役に立たない区別もまた，ここで略述された力強い理論的展開の中で，妥当性を疑われてきた。

　感情と言語を統合しようとする1つの試みが，ショッターによってなされている（Shotter, 1993a, 2007）。彼は，「第3種の知（knowing of the third kind)」について書いているが，それが指しているのは，私たちが他者についてもっている，彼らとの身体化された関係を通じて伝わる知なのである。私たちの他者との相互作用は，私たちの言葉と同じくらい伝達的な，さまざまの「気持ち（feelings）」が宿っている。「第3種の知」は，私たちがもう1人の人についてもっている身体化された気づきとみなされるかもしれないし，それが，その人との相互作用に，親しみある協調的な感触を与えてくれる。ショッターは，言語と気持ちを不可分の領域とみなしている。つまり，私たちの話し合いは，方向感，心づもり，期待感，好奇心等々で満たされており，それは必然的に聞き手に伝達され，また聞き手の中にも喚起される。ここでの「感情」の語の使用は，明らかにとても広いものであって，すぐにそれと分かる明確な情動の爆発から，私たちのそのときどきに感じられる意向や期待における，かろうじて分かるほとんど表に現われない起伏に至るまで，多岐にわたる。

　主流派心理学における情動の概念化が基本的に生理学的だったために，ソーシャル・コンストラクショニズムにとっての課題は，生物学的メカニズムと言語の両者の重要性を，これらのいずれか一方を優越させることなしに認識して，感情生活を理論化することなのである（Cromby, 2012a, 2012b）。この課題の規模は，明らかに途方もなく大きい。この点でクロンビー（Cromby, 2004, 2011, 2012b）は，神経科学研究を利用することによって，生物学的メカニズムを吸収同化することが可能だと確信している。

　彼は，生物学的であると同時に心理的かつ社会的でもある説明をしようと試みる中で，神経科学とショッターの「第3種の知」の概念とを結びつけている（Cromby, 2004）。第3種の知は，たくさんの相互作用を通じて，時間をかけて現われてくるものであって，そこでは，それらの相互作用で感じられた経験，すなわちその情動の激しさと個人的な意味だが，その経験がたびたび繰り返されて沈殿していく，と彼は主張する。クロンビーは，このことの神経学的レベルでの理解をもたらすものとして，身体標識（ソマティック・マーカー）を特定している。身体標識（ソマティック・マーカー）は，私たちの最もささいな，あるいはつかの間の相互作用的な選択や決定にさえ，肯定的ないし否定的な「感触」を付与する神経メカニズムであると考えられていて，この肯定的ないし否定的な感触は，そのような意思決定の積み重ねを通じた結合によって徐々に強められる。クロンビーは，第3種の知とは，

身体標識のこの働きの心理社会的・経験的側面なのかもしれないと論じる。しかし，私たちの気持ちはまた，徹底的に社会的で言語に基礎づけられている。つまり，たとえば，怒っているというのがどんな感じなのかは，そのような情動の表出に関するローカルな社会的ルールによって決まる部分がある。したがってショッターのように，クロンビーは，一方が他方に還元されうるような，気持ちと言語との間の，身体と社会的なものとの間の，いかなる二元論をも避けようとしているのだ。さらに神経科学から得られた証拠を引用しながら，私たちの社会的経験は脳の構造や機能に影響を及ぼしている（その逆だけでなくて）と彼は主張して，生物学的なものと社会的なものとの相互依存を指摘している。同じような趣旨で，ウェザレル（Wetherell, 2012）は，脳の可塑性を強調している。つまり，（社会文化的な）経験が，脳と経験との間の関係を双方向的にすることによって，脳の構造と機能はすっかり変えられるのである。

　クロンビー（Cromby, 2012b）はさらに，大いに注目を集めると同時に論争をも生んできた，いわゆる「ミラー・ニューロン」という形で神経科学を引用している。ミラー・ニューロンとは，1人の人間がある行為を遂行するときと，別の人間がそれを遂行するのを見るときと，両方でそれが神経インパルスを発するように見えるので，その名がある。その結果は，これらのニューロンによって，1人の人間が別の人間の経験に手が届き，あるいは少なくとも理解することが可能になる――それは，私たちが「共感」の語によって一般に意味しているものにほかならない。したがってミラー・ニューロンは，ショッターとクロンビーの両者が支持して論じる「身体化された知」に関係している。しかしながらクロンビーは，そのような神経科学的概念が，私たちの感情の理解の中にどのように位置づけられるべきかについては，正確には説明していない。つまり，もしも私たちが，還元主義（たとえば，ミラー・ニューロンが神経インパルスを発して私たちの共感の経験を引き起こす）に陥ることを回避すべきならば，神経的なものと心理的なものと社会的なものとの間のその提案された関係の性質を明確化することが重要であり，そしてクロンビー自身は，このむずかしさがよく分かっているように思われる。

　ウェザレル（Wetherell, 2012）もバーキット（Burkitt, 2014）も，情動に関する主流派の諸概念の妥当性を疑うことに熱心で，これらを同時的に生物学的・

心理的・社会的なものとして，しかもそのいずれにも特権を与えることなしに，組み立て直している。バーキット（Burkitt, 2014）はまた，デューイやミードやクーリーなどのアメリカのプラグマティストたちの研究を引用しながら，情動は，身体的，社会的，ディスコース的の，いずれの領域にも還元されえず，これらすべての領域に同時的に存在するので，それを，精神内の実体としてよりも，むしろ関係内部に存在するものとして組み立て直す重要性を強調している。

　ウェザレルは，私秘的状態としての感情とは対照的な，流動的で関係的で言語的な感情の概念化を伝えるために，「感情的＝ディスコース的実践（affective-discursive practice）」の語を用いている。実際に彼女は，内臓的，自律神経的，認知的，神経学的，行動的，言語的なものを含む，すべての身体化された心理過程の複合物としての感情のモデルについて，支持を論じているのだ。

　ウェザレル（Wetherell, 2012）は，ショッターの「第3種の知」については言及していないけれども，感情を，私たちの内的な心理生活の特性というよりもむしろ，一種の「ノウハウ」あるいは実践意識とみなしている。私たちの感情の経験や表現は，私たちが住んでいる社会や文化の感情に関わる規範やディスコースやポジションによって影響を受けている。つまり，「『各種の出会い』や社会関係は，既に下絵が描かれたアクターの感情的立場とともに現われる」（p.125）。私たちの感じた経験や身体的動揺の感覚（急に赤面するなど）は，進行中の一連の言語的明確化（ひょっとすると私たちは，恥ずかしいのか，人目を気にしているのか，あるいは単に「ホットフラッシュ」を経験しているのか）の中で，その有用な意味を理解したと感じられるまで私たちに解釈され，再解釈されることが必要なのである。しかし，私たちの経験はまた，その特異的で親密で累積的（Butt, 1998 を参照）で個人的な特徴が，自分の社会関係や相互作用に関する特定の個人的履歴によって与えられてもいるのだ。

研究への影響

　もしも感情が関係的であるとすれば，というより私たちの「私的」思考でさえ，無数の過去の他者との相互作用や言語的交流から派生するものであるのな

らば，人びとの間の「対話的」活動は，私たちの研究において重要性を与えられる必要がある。ウェザレルは，このことが，方法論的な創意と既存の概念や方法の革新的利用とを必要とするだろうと主張する。つまり，たとえば主体ポジションや解釈レパートリーなどの概念や，会話分析やディスコース分析などの研究方法は，感情的実践の分析に適用できる，と彼女は言う。しかしながら，ディスコース心理学は，彼女の考える感情的実践を十分に把握できる範囲について，自ら2つの大きな制約を課していると彼女は主張する。これらの制約は，今ではおなじみで，過去の批判者たちによって相当繰り返し言われてきたことである。すなわち第1に，ディスコース心理学は，現在の相互作用に影響を及ぼすかもしれない何らかのもっと広範な権力関係だけでなく，その相互作用に必然的に影響を与えている感情的実践の経歴をも無視している。そして第2に，ディスコース心理学は，その人間のおしゃべりの「裏」にある何らかの心理状態を，認めるのを拒んでいる。

　ディスコース心理学が言語使用の分析だけに注力していることは，ブラックマンとクロンビー（Blackman and Cromby, 2007）によっても批判されてきた。彼らは，それ以外の身体化された記号系が無視されてきたと主張するのである。研究は，簡単に言葉には言い表せない，むずかしい経験領域に接近することが必要である，そう彼らは論じる。つまり，言語に基づくデータの分析には限定されない革新的な方法が開発される必要があり，また原則として，研究データは，触覚，味覚，嗅覚を含めた何らかの人間の感覚から生まれてくるのである（Cromby, 2011）。たとえば，クロウ（Clough, 2010）は，幼少期の罰に関わる感情経験を（描写するよりもむしろ）喚起するため，詩や写真を利用した。クロンビー（Cromby, 2011, 2012a）は，写真や絵などの視覚的材料の使用は，質的研究の内部ではすでにおなじみのものであり，それらが適当であるのは，それらが経験の「気持ちの再現」を促すからであることに注目する。これらと，血圧や皮膚電気反応（GSR）のような生理学的測定など，その他の身体化された経験への接近法とは，もっと伝統的な質的諸方法と一緒に，効果的に使用することができると彼は言う。

神経科学：好機か脅威か

　これまで略述してきた，ソーシャル・コンストラクショニズムの人間観の内部に神経科学的知見の場所を確保しようとする試みを評価するのは，おそらく時期尚早であろう。ソーシャル・コンストラクショニズムは，神経科学を必要としているのか，あるいはむしろ，神経科学が生物学的還元主義により人間の心理社会的モデルを植民地化してそれに取って代わる可能性を，単に縮小させる必要があるのか，これについては何とも言えない。クロンビー（Cromby, 2012b）が述べるように，もしも神経科学的な情報が私たちの心理社会的な理解をかなり拡大するというのでなければ，それはただの「ニューロバブル，つまりもっともらしい神経科学用語の羅列」にすぎない。パプリアスとカラード（Papoulias and Callard, 2011）は，この神経科学の利用が，戦略的でむしろ怪しいものだとほのめかす。文化理論の観点から記している彼らは，感情的身体の理論モデルを守るために，神経科学的な研究知見の利用に対する注意の必要性を表明する。彼らが論じるには，「言語への転回」は，政治的関心をもつ社会科学者たちにとって重要だったのだが，それというのもそれが非本質主義的に人間を理論化する機会を提供したからなのである。つまり，言語の変移性は，同様に変移的で未決のアイデンティティを必然的にもたらすように思われた。もしも「感情への転回」が，ディスコース的な人間観のいくつかの欠点に対処するものであったのなら，しかも特に人間を，ディスコースによって全面的に決定されるわけではないと再解釈するものであったのなら，それは確かにそうすべきであるし，しかも，言語への転回において獲得された個性の変移性と未決性は失われないように思われるのだ。そのような見方を支持している神経科学的な理論と研究の特徴について，感情理論家たちは，たとえば脳の可塑性にもっぱら注目するなど「えり好み」して，それを歪めてきたとパプリアスとカラードは論じている。

ソーシャル・コンストラクショニズムの心理学

　ソーシャル・コンストラクショニズムの枠内で自己と主体性を概念化するのに役立つ心理学の必要性は，今では多くの著者たちによって認識されており，そして私はこれを歓迎すべき進展と考えている。しかし，その課題はきわめて大きい。主流派心理学の本質主義や還元主義や二元論を回避するためには，自己であることや人間であることが何を意味するかの私たちの理解が，根本的に変わらなければならない。本章で略述したもっと最近の研究の中には，見慣れない言語で表現され，つまり新しく見慣れない概念化を使いながら前進への道を探っている，そういう試みもある。しかし，そのような展開は，まだ進行中の研究にほかならない。つまり，それらはまだ，主流派の考え方に取って代わることのできる整合的な心理学をなしていない。

　私自身は，この自己と主体性をめぐる新しい立論が，これまで主流派心理学にどういうわけか無視されてきたいくつかの旧来の理論的アプローチを利用することによって，かなり展開されうると考えている。すでに私は，シンボリック相互作用論の主要ないくつかの考え方が，ソーシャル・コンストラクショニズムの思考における「不足を埋め合わせる」のにいかに役立つか，検討してきた。その起源が社会学の分野にあるので，シンボリック相互作用論はこれまで心理学からほとんど注目されなかったが，私はそれが，かなり以前に登場しているにもかかわらず今でも，ソーシャル・コンストラクショニズムに与えるたくさんのものをもっていると信じている。主流派心理学者たちとソーシャル・コンストラクショニズム論者たち双方に等しく，一般に看過されてきたと私が信じているもう1つの旧来の理論体系は，パーソナル・コンストラクト心理学（PCP）（Kelly, 1955）である。これについて私は第1章で簡潔に言及したが，しかし私は，ソーシャル・コンストラクショニズムの心理学の出発点として，それはきわめて大きな可能性をもっていると信じている。

　PCPはいつも，主流派心理学の辺縁部に存在してきたが，それというのもまさに，ソーシャル・コンストラクショニズム同様，主流派の思考に対し批判的であり，その本質主義と還元主義を常に拒絶してきたからである。主体性の

理論化における現在の流行の基礎になっていると思われる全体論的な人間観は，PCP では明確であり，そこでは主流派の，認知的，感情的，行動的の諸要素という心理生活の区分は拒絶される。PCP はまた，人格特性の形であろうと，一次情動の形であろうと，無意識的願望の形であろうと，人間に予め与えられたどんな内容も拒否しており，その代わりに，主に意味＝製作者としての人間についての，高度に社会的なモデルを特に重視している。つまり，人間の他者との相互作用から，特異な意味次元のネットワーク（諸コンストラクト）が生じ，それは，ディスコースの考え方の場合と同様に，やはり同じ文化や社会に属する諸個人に共有されている特徴をもっている。ハーレら（Harré *et al.*, 2009）のもっと最近の提案と一致して，PCP は人間の行為を，諸事象が人びとに対してもつ個人的および社会的意味に基づくものとみなしている。さらに，ビリッグら（Billig *et al.*, 1988）によって提示された思考のジレンマ的な特質は，両極的という，諸コンストラクトの特質に類似している。つまり，私たちにとっての諸事象の意味は必ず，あるものとは何であるのか，そして何でないのか，という問題なのである。ショッター（Shotter, 2012）は PCP について明確には言及していないけれども，彼の説明にはそれとの多くの類似点があり，また PCP は，ジェームズやデューイなどのアメリカのプラグマティストたちの見方と，重要な諸前提をほぼまちがいなく共有している（McWilliams, 2009）。特に，ショッターは，「予期（anticipation）」の重要性を強調している。予期は，PCP の主要な理論的概念であり，私たちが絶えず，しかし深く考えもせずに，ごく近い将来へと身を投じている，その様子のとらえ方にとって重要なのである。

　私は多くの人たちと同様に，精神分析がソーシャル・コンストラクショニズムと理論的に両立しうるかどうか疑っている。エドリー（Edley, 2006）やウェザレル（Wetherell, 2012）と同様に PCP は，私たちが経験のある面には注意を向けないと決めることが時に最善の選択肢と思われるという見方を支持し，抑圧の概念や力動的無意識を拒絶するのである。じっさいは，「沈黙させられた発言（silenced voices）」という考え方は，PCP の内部では「自己共同体（community of self）」という概念の中に定着している（Mair, 1977; Butt, 2005）。同時に，精神分析のように，PCP には強力な臨床的基盤があり，それは 1 人 1 人の主体性の対人的起源の豊かな実例の源なのである。それにまた，

ハーレとデダイッチ（Harré and Dedaić, 2012）が説明するディスコース療法の考え方には，PCP 療法の目的である「再解釈（reconstrual）」とかなりの類似点がある。PCP は，たとえば，個人がディスコース内の種々の，あるいは矛盾するポジションを採用するのはなぜなのかを理論化できるし，またソーシャル・コンストラクショニズムの理論における断片化され分散した諸アイデンティティと，自分の自我意識における個人的な連続性と一貫性の経験とを，両立させることができるのだ。

PCP は一貫した理論体系であり，そこには，ソーシャル・コンストラクショニズムの思想家たちによって現在議論されている主体性をめぐる主要ないくつかの考え方のきめ細かい理解がある。さらに，多くの出版物がすでに，PCP とソーシャル・コンストラクショニズムとの間の理論的な相乗効果について論じてきた（たとえば，Botella, 1995; Burr and Butt, 2000; Pavlovic, 2011; Raskin, 2002）。したがって私は，ソーシャル・コンストラクショニズムが自己と主体性の有望なモデルを発展させるのを手伝える心理学として，PCP は有力な１つの候補であると信じている。

結　論

心理学者たちと社会心理学者たちの抱える諸問題から起こってきた比較的新しい一群の批判的な理論および慣行として，ソーシャル・コンストラクショニズムは，心理学の自己満足をひどく動揺させてきた。１つの学問分野としての心理学がどうあるべきかだけでなく，社会科学を行なうことが何を意味し，さらにどんなリサーチ・クエスチョンが問われうるのか，また問われるべきか，これの根本的な再検討を，ソーシャル・コンストラクショニズムは強く求めてきた。

しかし，私がソーシャル・コンストラクショニズムに関心があるのは，それが批判者としての機能以上のことを行なう点である。そこでは，前世紀を通じて習慣的に守られてきた心理学という学問分野の基礎的な諸前提が根本的に問われてきたのかもしれないが，しかし私は，これが心理学の終わりを告げてい

るとは思わない。ソーシャル・コンストラクショニズム的転回を経ることによって，行動諸科学が排除されるのではなく，それら諸科学の目的と構造に根本的な変化が生じることを予見するライアン（Ryan, 1999）に，私は賛成である。心理学は，新しい概念と新しい問いを見出す必要があるだろう。私は，ソーシャル・コンストラクショニズムの心理学をぜひ見てみたいと思うが，それも私が言おうとしているのは，本質主義に後退することなく，また昔からの厄介な二元論を再び持ち出すのでもなく，1人の人間であるという経験について何らかの足がかりを私たちに与えてくれる，一群の理論と研究のことなのである。内的な個人差，それに願望や選択や身体性や自我意識や個人的変容などの主体の経験，これらに取り組むことのできないソーシャル・コンストラクショニズムは，私にとっては，心理学として不適格である。

　これはむずかしい注文ではあるが，しかし私は，ソーシャル・コンストラクショニズムの心理学者にとって潜在的に豊かな資源である多くの実りある新旧の考え方が存在すると信じている。主流派心理学に内在してきた二元論を乗り越えようと試みる，さまざまな定式化を私は歓迎する。シンボリック相互作用論の過去の研究は，それが社会依存的な自己の出現と持続を理解する可能性をもつために，私には非常に価値があると思われる。さらに，言語とディスコースについて言えば，個人的経験と社会構造との間のギャップを埋めることができるいくつかの理論的構築（コンストラクト）は，同様に魅力的である。この点でナラティブ心理学は，ストーリーが神話のレベルと個人的生活史（ライフヒストリー）のレベルの両方において作用しているのだから，有望である。ポジショニングの概念もまた，個人の行為主体性（エージェンシー）の理解の足がかりを与えてくれるのだから，潜在的にきわめて実り多いものである。身体化された経験を理論化しない心理学，あるいは決定論的ないし還元主義的にそれを行なう心理学は，また不適格である。本章において議論してきた，主体性や身体性や感情の研究は，まだ緒に就いたばかりである。つまり，主流派の思考に取って代わる概念化へと手を伸ばしつつあるものの，しかしそれは明らかに進行中の研究である。現象学は，本質主義の拒否をソーシャル・コンストラクショニズムと共有している一方で，身体化された経験を本格的に受けとめており，この点で適当な資源をもたらすかもしれない。主流派心理学の諸前提を拒否し，その臨床的な来歴からみちびかれた豊かな洞察を

含む構成主義理論のパーソナル・コンストラクト心理学は，私の見方では，ソーシャル・コンストラクショニズムの心理学を発展させるのに，最も有望な資源の１つである。

ソーシャル・コンストラクショニズムは，心理学研究にことによると最も著しい影響をもたらしてきた。私が1990年代初めに『社会的構築主義への招待』を書き始めたとき，ディスコース分析はまだ珍しく，その仕事は，漠然として特定されない手続きに包まれていた。今日では，ディスコース分析研究についての数多くの詳細な説明や，その理論的・方法論的特徴について説明したいくつかのよい出版物がある。しかし，私が望むソーシャル・コンストラクショニズムの心理学は，ディスコースの分析では扱われないような問いに注意を向ける必要があるのだろう。「人びとが，自分自身やお互いを共同構築するのは，どんな過程によってなのか」，また「この構築過程の中で，私たちの自己概念はどんな役割を果たすのか」などの問いは，研究へのアプローチにおいて，なお一層の創造性を要するのかもしれない。

これらの問いに答えることを目的とする研究プログラムは，私たちの再帰的自己意識の能力を利用することだろう。別のところ（Butt *et al.,* 1997）では，私たちの自我意識が関係のあちこちに断片化され，しかもなおそれらに依存しているありさまを調べるために，またミードによって記述された相互作用の最中のセルフモニタリングの過程に私たちの信頼感が依存しているありさまを調べるために，パーソナル・コンストラクト法が使われてきている。そのようなアプローチは，ほぼ現象学の枠内にあって，さらに私は，現象学的な研究方法とは，会話からテニスの試合をすることまであらゆる種類の共同活動の最中に生じる心理過程について，もしかすると私たちに教えてくれる可能性があるものと考えている。

ソーシャル・コンストラクショニズムは，依然として変化し，拡大しつつある研究分野である。本書は，ソーシャル・コンストラクショニズムの世界が私には，今のところどんなふうに見えているかのスナップショットであり，あらゆるスナップショットのように，それは，それ自体を唯一の真の姿と偽のことのない，あくまでそれと分かる似寄りなのである。それが，読者の方々のお役に立てばよいのだが，と思っている。

用　語　集

明るいソーシャル・コンストラクショニズム（light social constructionism）
　人びとによって作り出される構築の多様性に注目して，それを称揚するタイプの
ソーシャル・コンストラクショニズムを指すのに，ダンジガー（Danziger, 1997）によっ
て用いられた用語。暗いソーシャル・コンストラクショニズムも参照のこと。

エスノメソドロジー（ethnomethodology）
　微視的社会学から生まれてきた研究方法論。ふつうの人びとが日々の営みによって
社会的世界を構築する，その日々の営みを観察し記述することに関心を向ける。人び
とが，自分の作り出す説明を通じて自分の行動に意味を与える，そのやり方に注目す
る。

外在化（externalisation）
　外在化，客体化，内在化は，バーガーとルックマン（Berger and Luckmann,
1966）によって提起された実在の社会的構築のサイクルにおける３つの局面である。
世界についての，潜在的に共通の思考法（「知識」）は，社会慣行または人工的な所産
の形をとる場合に，外在化される。それから，これらは１つの社会集団にとって「客
体」となり（客体化），前提的な与件の感触を帯びる。次にそれらは，その社会集団
の個々の成員の思考の一部となり（内在化），またその社会集団に生まれてくる新た
な成員の思考の一部ともなる。

解釈レパートリー（interpretative repertoire）
　人びとが説明を構築するのに使える文化的に利用可能な言語的装置のストックを指
すのに，ポッターとウェザレル（Potter and Wetherell, 1987）によって導入された
用語。

会話分析（conversation analysis）
　ディスコース心理学者らによって用いられる，（通常は現実場面の）相互作用の分
析方法。そこでは，多くの場合とても小さな発話の単位が特定され，説明の中でのそ
の機能と効果が分析される。

還元主義（reductionism）
　１つの複雑な現象を，より単純な，またはより基本的な諸要素によって記述する慣
行，とりわけそれが，その現象の十分な説明を与えていると言われる場合のこと。

感情（affect）

　情動あるいは主観的に経験される気持ち。

観念論（idealism）

　こころとその観念のみが存在すると主張する１つの存在論的理論。物質的な対象は，知覚の対象としてのみ存在する。これは実在論（リアリズム）と対立する。

客体化（objectivation）

　外在化を参照のこと。

共同行為（joint action）

　相互作用とその結果は，相互作用し合う人たちによって共同的に作りだされるものであり，未決のものであるとする概念。これは，相互作用はそれぞれの人が相手の行動に代わる代わる反応することから成り立っており，相互作用の成果は相互作用し合う人たちのプランの結果であるという概念と，対照をなしている。

巨視的（マクロ）ソーシャル・コンストラクショニズム（macro social constructionism）

　文化的に利用可能なディスコースの構築力やそうしたディスコースに埋め込まれた権力関係に注目するタイプのソーシャル・コンストラクショニズムを指すのに，本書で用いられる用語。

暗いソーシャル・コンストラクショニズム（dark social constructionism）

　ディスコースを通じた権力関係の作用を強調するタイプのソーシャル・コンストラクショニズムを指すのに，ダンジガー（Danziger, 1997）によって用いられた用語。明るいソーシャル・コンストラクショニズムも参照のこと。

経験主義（empiricism）

　唯一妥当な知識は，観察や実験からみちびき出されたものであるという見方。

系譜学（genealogy）

　概念や観念の歴史をたどる，ニーチェの方法に基づいた自分の方法を指すのにフーコーが用いた用語。過去が必然的にどのようにして現在へと至るかを示すのでなく，フーコーの関心の所在は，歴史における異常なものや不連続を示すこと，手なずけられた知識を明らかにすること，またこれらの矛盾を取り除く「大きな物語（grand narrative）」を作り出そうとする歴史家の性向を絶つことにあった。

決定論（determinism）

　人間行動を，個人によるコントロールを越えていて，しばしば気づくことさえできない諸要因によって引き起こされるものと見る理論的立場。そのような要因は，社会規範などの社会的なものかもしれないし，あるいはパーソナリティ特性などの心理的なものかもしれない。

行為主体性（agency）

選択をし，それを実行する能力のこと。多くの場合，決定論とは対照をなす。

構造主義（structuralism）

たとえば，社会および人間の思考や行動の，「表面的」現象を引き起こすと考えられている，説明的な構造への信念およびそれの探究。

行動主義（behaviourism）

人間理解に必要なことは，はっきりと見える行動の観察や記述だけであると考える心理学理論の学派。

コンストラクティビズム（constructivism）

人間を，その経験の創造において積極的役割を果たすものと見るタイプの心理学。すなわち，それぞれの人は世界を異なって知覚し，諸事象から自分自身の意味を創造するものと見る。

再帰性（reflexivity）

ある理論を，その理論自体やそれの実践に対し，反省的に適用することを指す場合に，ソーシャル・コンストラクショニズム論者たちによって用いられる用語。とりわけ，研究者が研究過程における自分自身のポジションを考察する研究文脈で用いられる。

実在論（realism）

外部の世界は，思考されたり知覚されたりすることから独立して存在する，と主張する存在論的理論。これは観念論と対立する。批判的実在論とは，私たちは世界内の物質的対象を直接知ることはできないが，それにもかかわらず，私たちの知覚は対象に関するある種の知識を与えてくれるという見方のことである。

実証主義（positivism）

私たちは，直接に感知することができるもののみを知ることができる，という信念。存在するものとは，私たちがその存在を知覚するものであるということ。

主体性（subjectivity）

人間性や人格の状態を指すのにソーシャル・コンストラクショニズム論者たちによって用いられる用語。「パーソナリティ」や「個人」といった，主流派心理学の用語に代わって用いられる。

主体ポジション（subject position）

1人の人間によって占められるもしくは取られる，特定のディスコース内部に潜在するポジションのことであり，それがアイデンティティや経験の土台を与えてくれる。

シンボリック相互作用論（symbolic interactionism）

ジョージ・ミード（George Mead）の研究に始まり，その後ハーバート・ブルーマー

(Herbert Blumer) によって展開された一連の理論と研究。シンボリック相互作用論は，コミュニケーション内のシンボル，そのうち最も重要なものは言語だが，それの人間による使用を通じた社会的世界と意味の構築を強調する。

相対主義（relativism）

究極的真理は存在しえないから，あらゆる視点は等しく妥当であるという見方。

存在論（ontology）

在ることや存在に関する研究。存在するものの基礎的カテゴリーを見出そうとする試み。

脱構築（deconstruction）

テクスト内部ではたらく，対立するディスコースやシステムを明らかにしようとする，1つのテクストの分析。

ディスコース（discourse）

この用語は，主に次の2つの意味において使われる。(1)特定の仕方で1つの対象を構築する，組織的で一貫した一群のイメージ，メタファーなどを指す意味で。(2)人びととの間でじっさいに話されるやり取りを指す意味で。

ディスコース心理学（discursive psychology）

状況的な言語使用に焦点をあてた研究や理論へのアプローチ。これは，行為指向的であり，話し手が自分のために特定のアイデンティティを構築し正当化するだけでなく，相互作用の中で特定の効果をもたらす説明をうまく作り出す，その次第を問う。

ディスコース分析（discourse analysis）

テクスト内部ではたらくディスコースを明らかにするためか，あるいは，テクスト構築で使われている言語的および修辞的装置を明らかにするためか，どちらかのための，1つのテクストの分析

テクスト（text）

意味を「読解」し得るあらゆるもの。書かれた資料ばかりでなく，これには，画像，衣服，建築物，食べ物，消費財等々が潜在的には含まれる。

内在化（internalisation）

外在化を参照のこと。

ナラティブ心理学（narrative psychology）

人間の経験および人間の説明の，ストーリー化された特質に関する研究。

認識論（epistemology）

知識の哲学。知識の特質，およびそれを手に入れる方法に関する研究。

認知主義（cognitivism）

行動主義に関連して，思考，知覚，推論といった心理過程は，個人の行動や対人行

動に表出されるという前提のこと。

パースペクティビズム（perspectivism）

相対主義を参照のこと。

発話行為論（speech act theory）

オースティン（Austin, 1962）によって展開された発話行為論は，発話がどのように して「発語内行為力（illocutionary force）」を持てるのかに注目する。すなわち発話は，世界を単に描写するのではなく，状況次第では，話し手や聞き手に対し重大な結果をもたらすのである。

微視的ソーシャル・コンストラクショニズム（micro social constructionism）

対人的な相互作用内での，説明および個人的アイデンティティの構築に注目するタイプのソーシャル・コンストラクショニズムを指すのに，本書で用いられる用語。

批判心理学（critical psychology）

人びとが，社会内での自らのポジションによって，たとえば自分のジェンダーや民族性によって，また権力関係によって，いかに影響されているかを考察する。さらに，心理学自体がいかに不平等に寄与しているかを考察する。

ヒューマニズム（humanism）

その狭い意味で，すなわち人間を自分の思考や行為の創作者である個々の行為主体とみなす考え方を指すのに，多くの場合は用いられる。

フーコー派ディスコース分析（Foucauldian discourse analysis）

脱構築も参照のこと。テクストの内部で作用しているディスコースを明らかにするための，あらゆる種類のテクストの分析。これはたいてい，潜在的な主体ポジションや権力関係への注目を伴う。

プラグマティズム（pragmatism）

北米で有力な哲学の学派。プラグマティストは，知識は相対的であると信じている。すなわち，知識は，私たちの現時点のニーズや目的に役立つ限りにおいて「真実」なのである。

ポジショニング（positioning）

相互作用の最中に，自分のおしゃべりを通じて，自他を特定の種類の人びととして位置づける慣行。

ポスト構造主義（poststructuralism）

社会現象の裏にある説明に役立つ構造の構造主義的探究の拒否。言語学では，それに加えて記号（たとえば語）の意味は固定的なものではなく，変化し争われるものであるという見方。

ポストモダニズム（postmodernism）

　理論における「大きな物語（grand narrative）」の拒否，および多くの（同等に妥当な）パースペクティブの称揚が，真理の探究にとって代わること。

本質主義（essentialism）

　諸対象（人びとを含む）は，本質的で固有の特質をもっており，しかもそれを見出すことはできるという見方。

さらに深く知りたい読者のための推奨文献

（＊印は邦訳のあるもの。本文献の後に記載）

Butler, J. (2004) *Undoing Gender*, New York: Routledge.

Butt, T.W. and Burr, V. (2004) *Invitation to Personal Construct Psychology*, second edn, London: Whurr.

Davies, B. and Harré, R. (1990) 'Positioning: The discursive production of selves', *Journal for the Theory of Social Behaviour*, 20 (1): 43–63.

Edwards, D. and Potter, J. (1992) *Discursive Psychology*, London: Sage.

Edwards, D., Ashmore, M. and Potter, J. (1995) 'Death and furniture: The rhetoric, politics and theology of bottom line arguments against relativism', *History of the Human Sciences*, 8: 25–49.

＊Fairclough, N. (2003) *Analysing Discourse: Textual analysis for social research*, London: Routledge.

Gergen, M. and Gergen, K.J. (2003) *Social Construction: A reader*, London: Sage.

Gergen, K.J. (1973) 'Social psychology as history', *Journal of Personality and Social Psychology*, 26: 309–20.

Gergen, K.J. (1985) 'The social constructionist movement in modern psychology', *American Psychologist*, 40: 266–75.

Gough, B., McFadden, M. and M. McDonald (2013) *Critical Social Psychology: An introduction*, second edn, Basingstoke: Palgrave Macmillan.

Henriques, J., Hollway, W., Urwin, C., Venn, C. and Walkerdine, W. (1984/1998) *Changing the Subject: Psychology, social regulation and subjectivity*, second edn, London: Methuen.

Lock, A. and Strong, T. (2010) *Social Constructionism: Sources and stirrings in theory and practice*, Cambridge: Cambridge University Press.

Mills, S. (2004) *Discourse*, second edn, London: Routledge.

Palmer, D.D. (1998) *Structuralism and Poststructuralism for Beginners*, New York: Writers & Readers.

Parker, I. and the Bolton Discourse Network (1999) *Critical Textwork: An introduction to varieties of discourse and analysis*, Buckingham: Open

University Press.

Potter, J. and Wetherell, M. (1987) *Discourse and Social Psychology: Beyond attitudes and behaviour*, London: Sage.

*Rose, N. (1999) *Governing the Soul: The Shaping of the private self*, second edn, London and New York: Routledge.

Tuffin, K. (2005) *Understanding Critical Social Psychology*, London: Sage.

Weedon, C. (1997) *Feminist Practice and Poststructuralist Theory*, second edn, Oxford: Blackwell.

Wetherell, M.,Taylor, S. and Yates, S.J. (eds) (2001) *Discourse as Data: A guide for analysis*, London: Sage in association with Oxford University Press.

Wetherell, M., Taylor, S. and Yates, S.J. (eds) (2001) *Discourse Theory and Practice: A reader*, London: Sage in association with Oxford University Press.

Willig, C. (ed.) (1999) *Applied Discourse Analysis: Social and psychological interventions*, Buckingham: Open University Press.

*Willig, C. (2008) *Introducing Qualitative Research in Psychology: Adventures in theory and method*, second edn, Maidenhead: Open University Press.

Wood, L.A. and Kroger, R.O. (2000) *Doing Discourse Analysis: Methods for studying action in talk and text*, London: Sage.

◇

＊邦訳文献のあるもの

フェアクラフ／日本メディア英語学会談話分析研究分科会訳『ディスコースを分析する―社会研究のためのテクスト分析』（くろしお出版，2012）

ローズ／堀内進之介・神代健彦訳『魂を統治する―私的な自己の形成』（以文社，2016）

ウィリッグ／上淵寿・小松孝至・大家まゆみ訳『心理学のための質的研究法入門―創造的な探究に向けて』（培風館，2003）〔なお，上記の文献欄には第2版が掲載されているが，邦訳は第1版の訳である〕

参 考 文 献

(＊印は邦訳のあるもの。本文献の後に記載)

Abrams, D. and Hogg, M.A. (1990) 'The context of discourse: Let's not throw the baby out with the bathwater', *Philosophical Psychology*, 3 (2): 219–25.

＊Adorno, T.W., Frenkel-Brunswik, E., Levinson, D.J. Sanford, R.N. (1950) *The Authoritarian Personality*, New York: Norton.

Allport, F.H. (1924) *Social Psychology*. Boston, MA: Houghton Mifflin.

Allport, G.W. (1935) 'Attitudes', in C. Murchison (ed.) *Handbook of Social Psychology*, Worcester, MA: Clark University Press, pp. 798–844.

Anastasiou, D. and Kauffman, J.M. (2013) 'The social model of disability: Dichotomy between impairment and disability', *Journal of Medicine and Philosophy*, 38: 441–59.

Andrews, M. (2014) *Narrative Imagination in Everyday Life. Explorations in narrative psychology*, Oxford: Oxford University Press.

Antaki, C. (2006) 'Producing a "cognition"', *Discourse Studies*, 8:9–15.

＊Aries, P. (1962) *Centuries of Childhood: A social history of family life*, New York: Vintage.

Armistead, N. (1974) *Reconstructing Social Psychology*, Harmondsworth: Penguin.

Ashmore, M. (1989) *The Reflexive Thesis*, Chicago, IL: Chicago University Press.

Auburn, T., Lea, S. and Drake, S. (1999) '"It's your opportunity to be truthful": Disbelief, mundane reasoning and the investigation of crime', in C. Willig (ed.), *Applied Discourse Analysis: Social and psychological interventions*, Buckingham: Open University Press, pp. 44–65.

＊Austin, J.L. (1962) *How to Do Things with Words*, London: Oxford University Press.

Averill, J. (1982) *Anger and Aggression: An essay on emotion*, New York: Springer.

Averill, J. (1985) 'The social construction of emotion: With special reference to love', in K.J. Gergen and K.E. Davis (eds), *The Social Construction of the Person*, New York: Springer, pp. 89–109.

Bamberg, M.G.W. (2004) '"I know it may sound mean to say this, but we couldn't really care less about her anyway": Form and functions of "slut bashing" in male identity constructions in 15-year-olds', *Human Development*, 47: 331–53.

Bamberg, M.G.W. (ed.) (2007) *Narrative: State of the art*, Amsterdam, NLD: John Benjamins.

Barker, M. and Langdridge, D. (2008) 'Bisexuality: Working with a silenced sexuality', *Feminism and Psychology*, 183): 389–94.

*Bateson, G. (1972) *Steps to an Ecology of Mind*, New York: Chandler.

Baxter, J. (2003) *Positioning Gender in Discourse: A feminist methodology*, Basingstoke: Palgrave Macmillan.

Beall, A.E., and Sternberg, R.J. (1995) 'The social construction of love', *Journal of Social and Personal Relationships*, 12 (3): 417–38.

Benhabib, S., Butler, J., Cornell, D. and Fraser, N. (1995) *Feminist Contentions: A philosophical exchange*, London: Routledge.

Bennett, M.R. and Hacker, P.M.S. (2003) *Philosophical Foundations of Neuroscience*, Oxford: Blackwell.

*Berger, P. and Luckmann, T. (1966) *The Social Construction of Reality: A treatise in the sociology of knowledge*, New York: Doubleday.

Billig, M. (1987) *Arguing and Thinking: A rhetorical approach to social psychology*, Cambridge: Cambridge University Press.

Billig, M. (1990) 'Rhetoric of social psychology', in I. Parker and J. Shotter (eds), *Deconstructing Social Psychology*, London: Routledge, pp. 47–60.

Billig, M. (1995) *Banal Nationalism*, London: Sage.

Billig, M. (1997a) 'Rhetorical and discursive analysis: How families talk about the royal family', in N. Hayes (ed.) *Doing Qualitative Analysis in Psychology*, Hove: Psychology Press, pp. 39–54.

Billig, M. (1997b) 'Discursive, rhetorical and ideological messages', in C. McGarty and A. Haslam (eds) *The Message of Social Psychology*, Oxford: Blackwell, pp. 36–53.

Billig, M. (1999) *Freudian Repression: Conversation creating the unconscious*, Cambridge: Cambridge University Press.

Billig, M. (2012) 'Undisciplined beginnings, academic success, and discursive psychology', *British Journal of Social Psychology*, 51: 413–24.

Billig, M., Condor, S., Edwards, D., Gane, M., Middleton, D. and Radley, A. (1988) *Ideological Dilemmas: A social psychology of everyday thinking*, London: Sage.

Blackman, L. and Cromby, C. (2007) 'Affect and feeling', *International Journal of Critical Psychology*, 21: 5–22.

Blaxter, M. and Paterson, E. (1982) *Mothers and Daughters: A three generational study of health attitudes and behaviour*, London: Heinemann.

*Blumer, H. (1962) 'Society as a symbolic interaction', in A.M. Rose (ed.) *Human Behaviour and Social Processes: An interactionist approach*, London: Routledge, pp. 179–92.

Blumer, H. (1969) *Symbolic Interactionism: Perspective and method*, New Jersey, NJ: Prentice-Hall.

Botella, L. (1995) 'Personal construct psychology, constructivism, and postmodern thought', in R.A. Neimeyer and G.J. Neimeyer (eds) *Advances in Personal Construct Psychology* (Vol. 3), Greenwich, CT: JAI Press, pp. 3–36.

Brown, P. (1973) *Radical Psychology*, London: Tavistock.

Bruner, J.S. and Goodman, C.C. (1947) 'Value and need as organizing factors in perception', *Journal of Abnormal and Social Psychology*, 42, 33–44.

Burkitt, I. (1999) 'Between the dark and the light: Power and the material contexts of social relations', in D.J. Nightingale and J. Cromby (eds) *Social Constructionist Psychology: A critical analysis of theory and practice*, Buckingham: Open University Press, pp. 69–82.

Burkitt, I. (2014) *Emotions and Social Relations*, London: Sage.

Burman, E. (1990) 'Differing with deconstruction: A feminist critique', in I. Parker and J. Shotter (eds) *Deconstructing Social Psychology*, London: Routledge, pp. 208–20.

Burman, E. (1991) 'What discourse is not', *Philosophical Psychology*, 4 (3): 325–42.

Burman, E. (1999) 'Whose constructionism? Points from a feminist perspective', in D.J. Nightingale and J. Cromby (eds) *Social Constructionist Psychology: A critical analysis of theory and practice*, Buckingham: Open University Press, pp. 159–75.

Burman, E. and Parker, I. (eds) (1993) *Discourse Analytic Research: Repertoires and readings of texts in action*, London: Routledge.

Burr, V. (1998) 'Realism, relativism, social constructionism and discourse', in I. Parker (ed.) *Social Constructionism, Discourse and Realism*, London: Sage, pp. 13–25.

Burr, V. (1999) 'The extradiscursive in social constructionism', in D.J. Nightingale and J. Cromby (eds) *Social Constructionist Psychology: A critical analysis of theory and practice*, Buckingham: Open University Press, pp. 113–26.

Burr, V. (2002) *The Person in Social Psychology*, Hove: Psychology Press.

Burr, V. (2012) 'Bystander intervention', in D. Landridge, S. Taylor and K. Mahendran (eds) *Critical Readings in Social Psychology*, second edn, Milton Keynes: Open University, pp. 182–208.

Burr, V. and Butt, T.W. (2000) 'Psychological distress and postmodern thought', in D. Fee (ed.) *Pathology and the Postmodern*, London: Sage, pp. 186–206.

Bury, M.R. (1986) 'Social constructionism and the development of medical sociology', *Sociology of Health and Illness*, 8 (2): 137–69.

* Butler, J. (1990; 2nd edn 2006) *Gender Trouble: Feminism and the subversion of identity*, New York: Routledge.

Butler, J. (2004) *Undoing Gender*, New York: Routledge.

Butt, T.W. (1998) 'Sedimentation and elaborative choice', *Journal of Constructivist Psychology*, 11 (4): 265–81.

Butt, T.W. (2003) *Understanding People*, Basingstoke: Palgrave.

Butt, T.W. (2005) 'Personal construct theory, phenomenology and pragmatism', *History and Philosophy of Psychology*, 7 (1): 23–5.

Butt, T.W., Burr, V. and Bell, R. (1997) 'Fragmentation and the sense of self', *Constructivism in the Human Sciences*, 2: 12–29.

Buttny, R. (2012) 'Protean experience in discursive analysis', *Discourse and Society*, 23 (5): 602–8.

Cashmore, E. (1987) *The Logic of Racism*, London: Allen & Unwin.

Cherry, F. (1995) *The Stubborn Particulars of Social Psychology: Essays on the research process*, London: Routledge.

Clegg, S.R. (1989) *Frameworks of Power*, London: Sage.

Clough, P.T. (2010) 'Praying and playing to the beat of a child's metronome', *Subjectivity*, 3 (4): 349–65.

Collier, A. (1998) 'Language, practice and realism', in I. Parker (ed.) *Social Constructionism, Discourse and Realism*, London: Sage, pp. 47–58.

Conrad, P. and Barker, K.K. (2010) 'The social construction of illness: Key insights and policy implications', *Journal of Health and Social Behavior*, 51 (1): S67–S79.

Conradie, M. (2011) 'Masculine sexuality: A critical discourse analysis of FHM', *Southern African Linguistics and Applied Language Studies*, 29 (2): 167–85.

Coontz, S. (2005) *Marriage, A History: From obedience to intimacy or how love conquered marriage*, London: Viking Penguin.

Craib, I. (1984) *Modern Social Theory: From Parsons to Habermas*, Brighton: Harvester Press.

Craib, I. (1997) 'Social constructionism as a social psychosis', *Sociology*, 31 (1): 1–15.

Cresswell, J. (2012) 'Including social discourses and experience in research on refugees, race, and ethnicity', *Discourse and Society*, 23 (5): 553–75.

Cresswell, J. and Smith, L. (2012) 'Embodying discourse: Lessons learned about epistemic and ontological psychologies', *Discourse and Society*, 23 (5): 619–25.

Cromby, J. (2004) 'Between constructionism and neuroscience: The societal co-construction of embodied subjectivity', *Theory and Psychology*, 14 (6): 797–821.

Cromby, J. (2007) 'Toward a psychology of feeling', *International Journal of Critical Psychology*, 21: 91–118.

Cromby, J. (2011) 'Affecting qualitative health psychology', *Health Psychology Review*, 5 (1): 79–96.

Cromby, J. (2012a) 'Feeling the way: Qualitative clinical research and the affective turn', *Qualitative Research in Psychology*, 9: 88–98.

Cromby, J. (2012b) 'Narrative, discourse, psychotherapy – neuroscience?', in A. Lock and T. Strong (eds) *Discursive Perspectives in Therapeutic Practice*, Oxford: Oxford University Press, pp. 288–307.

Cromby, J. and Nightingale, D.J. (1999) 'Reconstructing social constructionism', in D.J. Nightingale and J. Cromby (eds) *Social Constructionist Psychology: A critical analysis of theory and practice*, Buckingham: Open University Press, pp. 207–24.

Cromby, J., Newton, T. and Williams, S.J. (2011) 'Neuroscience and subjectivity', *Subjectivity*, 4 (3): 215–26.

*Crossley, M.L. (2000) *Introducing Narrative Psychology: Self, trauma and the construction of meaning*, Buckingham: Open University Press.

Crossley, M.L. (2002) 'Introducing narrative psychology', in C. Horrocks, K. Milnes, B. Roberts and D. Robinson (eds) *Narrative, Memory and Life Transitions*, Huddersfield: University of Huddersfield Press, pp. 1–14.

Dallos, R. (1991) *Family Belief Systems, Therapy and Change*, Milton Keynes: Open University Press.

Danziger, K. (1997) 'The varieties of social construction,' *Theory and Psychology*, 7 (3): 399–416.

Davies, B. (1998) 'Psychology's subject: A commentary on the realism/relativism debate', in I. Parker (ed.) *Social Constructionism, Discourse and Realism*, London: Sage, pp. 133–46.

Davies, B. (2008) 'Re-thinking "behaviour" in terms of positioning and the ethics of responsibility', in A.M. Phelan and J. Sumsion (eds) *Critical Readings in Teacher Education: Provoking absences*, Netherlands: Sense, pp. 173–86.

Davies, B. and Harré, R. (1990) 'Positioning: The discursive production of selves', *Journal for the Theory of Social Behaviour*, 20 (1): 43–63; reproduced in M. Wetherell, S. Taylor and S.J. Yates (eds) (2001) *Discourse Theory and Practice: A reader*, London: Sage, pp. 261–71.

Davies, B. and Harré, R. (1999) 'Positioning and personhood', in R. Harré and L. Van Langenhove (eds) *Positioning Theory*, Oxford: Blackwell, pp. 32–52.

Davis, F. (1961) 'Deviance disavowal: The management of strained interaction by the visibly handicapped', *Social Problems*, 9: 120–32.

Deacon, B.J. (2013) 'The biomedical model of mental disorder: A critical analysis of its validity, utility, and effects on psychotherapy research', *Clinical Psychology Review*, 33 (7): 846–61.

Demuth, C. (2012) 'On living social discourse, embodiment and culture: The potential of a broadened conception of discursive psychology', *Discourse and Society*, 23 (5): 589–95.

Denzin, N. (1995) 'Symbolic interactionism', in J.A. Smith, R. Harré and L. Van Langenhove (eds) *Rethinking Psychology*, London: Sage, pp. 43–58.

*Derrida, J. (1976) *On Grammatology*, Baltimore, MD: Johns Hopkins

University Press.

Dick. P. (2013) 'The politics of experience: A discursive psychology approach to understanding different accounts of workplace sexism', *Human Relations*, 66 (5): 645–69.

Dodds, A., Lawrence, J.A. and Valsiner, J. (1997) 'The personal and the social: Mead's theory of the "Generalised Other"', *Theory and Psychology*, 7 (4): 483–503.

Drewery, W. (2001) 'Everyday speech and the production of colonised selves', unpublished paper, University of Waikato, New Zealand.

Drewery, W. (2005) 'Why we should watch what we say: Position calls, everyday speech and the production of relational subjectivity', *Theory and Psychology*, 15: 305–24.

Edley, N. (2001) 'Unravelling social constructionism', *Theory and Psychology*, 11 (3): 433–41.

Edley, N. (2006) 'Never the twain shall meet: A critical appraisal of the combination of discourse and psychoanalytic theory in studies of men and masculinity', *Sex Roles*, 55 (9–10): 601–8.

Edley, N. and Wetherell, M. (1995) *Men in Perspective*, Hemel Hempstead: Harvester Wheatsheaf.

Edwards, D. (1997) *Discourse and Cognition*, London: Sage.

Edwards, D. and Potter, J. (1992) *Discursive Psychology*, London: Sage.

Edwards, D. and Potter, J. (1993) 'Language and causation: A discursive action model of description and attribution', *Psychological Review*, 100 (1): 23–41.

Edwards, D. and Potter, J. (1995) 'Remembering', in R. Harré and P. Stearns (eds) *Discursive Psychology in Practice*, London: Sage, pp. 9–36.

Edwards, D. and Potter, J. (2005) 'Discursive psychology, mental states and descriptions', in H. Molder and J. Potter (eds) *Conversation and Cognition*, Cambridge: Cambridge University Press, pp. 241–59.

Edwards, D., Ashmore, M. and Potter, J. (1995) 'Death and furniture: The rhetoric, politics and theology of bottom line arguments against relativism', *History of the Human Sciences*, 8: 25–49.

Ehrlich, S. (1998) 'The discursive reconstruction of sexual consent', *Discourse and Society*, 9 (2): 149–71.

Elder-Vass, D. (2012) *The Reality of Social Construction*, Cambridge:

Cambridge University Press.

Fairclough, N. (1992) *Discourse and Social Change*, Cambridge: Polity Press.

Fairclough, N. (1995) *Critical Discourse Analysis: The critical study of language*, London: Longman.

*Fairclough, N. (2003) *Analysing Discourse: Textual analysis for social research*, London: Routledge.

Farr, R.M. (1994) *Attitudes, social representations and social attitudes*, available at: http://.psych.lse.ac.uk/psr/psr1994/3_1994farr.pdf (accessed 25 April 2014).

Farr, R.M. (1996) *The Roots of Modern Social Psychology 1872–1954*, Oxford: Blackwell.

Farrelly, C., O'Brien, M. and Prain, V. (2007) 'Sex Education: Sexuality, society and learning. The discourses of sexuality in curriculum documents on sexuality education: An Australian case study', *Sex Education*, 7 (1): 63–80.

Figlio, K. (1982) 'How does illness mediate social relations? Workmen's compensation and medicolegal practices 1890–1940', in P. Wright and A. Teacher (eds) *The Problem of Medical Knowledge*, Edinburgh: Edinburgh University Press, pp. 174–223.

Figueroa, H. and Lopez, M. (1991) 'Commentary on discourse analysis workshop/conference', paper presented at Second Discourse Analysis Workshop/ Conference, Manchester Polytechnic, July .

*Foucault, M. (1972) *The Archaeology of Knowledge*, London: Tavistock.

Foucault, M. (1973) *The Birth of the Clinic: An archaeology of medical perception*, London: Tavistock.

*Foucault, M. (1976) *The History of Sexuality: An introduction*, Harmondsworth: Penguin.

*Foucault, M. (1979) *Discipline and Punish*, Harmondsworth: Penguin.

Fox, D., Prilleltensky, I. and Austin, S. (eds) (2009) *Critical Psychology: An introduction*, second edn, London: Sage.

Fraser, C. (1994) 'Attitudes, social representations and widespread beliefs', available at: http://psych.lse.ac.uk/psr/PSR1994/3_1994Fraser.pdf (accessed 25 April 2014).

Freeman, M. (1993) *Rewriting the Self: History, memory, narrative*, London: Routledge.

Frewin, K., Stephens, C. and Tuffin, K. (2006) 'Re-arranging fear: Police officers' discursive constructions of emotion', *Policing and Society*, 16 (3): 243–60.

*Friedman, M. and Rosenman, R.H. (1974) *Type A Behaviour and Your Heart*, London: Wildwood House.

*Fromm, E. (1942/1960) *The Fear of Freedom*, London: Routledge & Kegan Paul.

*Fromm, E. (1955) *The Sane Society*, New York: Rinehart.

Frosh, S. (2003) 'Psychosocial studies and psychology: Is a critical approach emerging?', *Human Relations*, 56 (12): 1545–67.

Frosh, S. (2010) *Psychoanalysis Outside the Clinic: Interventions in psychosocial studies*, London: Palgrave Macmillan.

Frosh, S. and Baraitser, L. (2008) 'Psychoanalysis and psychosocial studies' *Psychoanalysis, Culture and Society*, 13: 346–65.

Frosh, S., Phoenix, A. and Pattman, R. (2003) 'Taking a stand: Using psychoanalysis to explore the positioning of subjects in discourse', *British Journal of Social Psychology*, 42: 39–53.

Gavey, N. (1997) 'Feminist poststructuralism and discourse analysis', in M.M. Gergen and S.N. Davis (eds) *Toward a New Psychology of Gender: A reader*, London: Routledge, pp. 49–64.

Georgakopoulou, A. (2007) 'Thinking big with small stories in narrative and identity analysis', in M.G.W. Bamberg (ed.) *Narrative: State of the art*, Amsterdam, NLD: John Benjamins, pp. 146–54.

Georgakopoulou, A. (2010) *Small Stories, Interaction and Identities*, Amsterdam, NLD: John Benjamins.

Gergen, K.J. (1973) 'Social psychology as history', *Journal of Personality and Social Psychology*, 26: 309–20.

Gergen, K.J. (1985) 'The social constructionist movement in modern psychology', *American Psychologist*, 40: 266–75.

Gergen, K.J. (1989) 'Warranting voice and the elaboration of the self', in J. Shotter and K.J. Gergen (eds) *Texts of Identity*, London: Sage, pp. 70–81.

*Gergen, K.J. (1994) *Realities and Relationships: Soundings in social construction*, Cambridge, MA: Harvard University Press.

Gergen, K.J. (1997) 'The place of the psyche in a constructed world', *Theory and Psychology*, 7 (6): 723–46.

Gergen, K.J. (1998) 'Constructionism and realism: How are we to go on?', in I. Parker (ed.) *Social Constructionism, Discourse and Realism*, London: Sage, pp. 147–55.

*Gergen, K.J. (1999) *An Invitation to Social Construction*, London: Sage.

Gergen, K.J. (2000) 'The self: Transfguration by technology', in D. Fee (ed.) *Pathology and the Postmodern*, London: Sage, pp. 100–15.

Gergen, K.J. (2001a) *Social Construction in Context*, London: Sage.

Gergen, K.J. (2001b) 'Construction in contention: Toward consequential resolutions', *Theory and Psychology*, 11 (3): 433–41.

Gergen, K.J. (2008) 'On the very idea of social psychology', *Social Psychology Quarterly*, 71 (4): 331–37.

Gergen, K.J. (2009a) *Relational Being: Beyond self and community*, New York: Oxford University Press.

Gergen, K.J. (2009b) *An Invitation to Social Construction*, second edn, London: Sage.

Gergen, K.J. (2010) 'The acculturated brain', *Theory and Psychology*, 20 (6): 795–816.

Gergen, K.J. and Gergen, M.M. (1984) 'The social construction of narrative accounts', in K.J. Gergen and M.M. Gergen (eds) *Historical Social Psychology*, Hillsdale, NJ: Lawrence Erlbaum Associates, pp. 173–89.

Gergen, K.J. and Gergen, M.M. (1986) 'Narrative form and the construction of psychological science', in T.R. Sarbin (ed.) *Narrative Psychology: The storied nature of human conduct*, New York: Praeger, pp. 22–44.

Gergen, M.M. (2001) *Feminist Reconstructions in Psychology: Narrative, gender and performance*, London: Sage.

Gergen, M.M. and Gergen, K.J. (2012) *Playing with Purpose: Adventures in performative social science*, Walnut Creek, CA: Left Coast Press.

*Giddens, A. (1984) *The Constitution of Society: An outline of the theory of structuralism*, Cambridge: Polity Press.

Gibson, S. (2009) 'The effortful citizen: Discursive social psychology and welfare reform', *Journal of Community and Applied Social Psychology*, 19: 393–410.

*Gilbert, G.N. and Mulkay, M. (1984) *Opening Pandora's Box: A sociological analysis of scientists' discourse*, Cambridge: Cambridge University Press.

Gill, R. (1993) 'Justifying injustice: Broadcasters' accounts of inequality in radio', in E. Burman and I. Parker (eds) *Discourse Analytic Research: Repertoires and readings of texts in action*, London: Routledge, pp. 75–93.

Gillies, V. (1999) 'An analysis of the discursive positions of women smokers: Implications for practical interventions', in C. Willig (ed.) *Applied Discourse Analysis: Social and psychological interventions*, Buckingham: Open University Press, pp. 66–86.

Gillis, J.R. (1997) *A World of Their Own Making: Myth, ritual and the quest for family values*, Cambridge, MA: Harvard University Press.

Gough, B., McFadden, M. and M. McDonald (2013) *Critical Social Psychology: An introduction*, second edn, Basingstoke: Palgrave Macmillan.

*Gregory, R. (1970) *The Intelligent Eye*, London: Weidenfeld & Nicolson.

Grosz, E. (1994) *Volatile Bodies: Toward a corporeal feminism*, Bloomington and Indianapolis, IN: Indiana University Press.

Hall, S. (2001) 'Foucault: Power, knowledge and discourse', in M. Wetherell, S. Taylor and S.J. Yates (eds) *Discourse Theory and Practice: A reader*, London: Sage, pp. 72–81.

Hardey, M. (1998) *The Social Context of Health*, Buckingham: Open University Press.

Harding, S. (1991) *Whose Science? Whose Knowledge? Thinking from women's lives*, Buckingham: Open University Press.

Harré, R. (1983) *Personal Being: A theory for individual psychology*, Oxford: Basil Blackwell.

Harré, R. (1985) 'The language game of self ascription: A note', in K.J. Gergen and K.E. Davis (eds) *The Social Construction of the Person*, New York: Springer, pp. 259–65.

Harré, R. (1989) 'Language games and the texts of identity', in J. Shotter and K.J. Gergen (eds) *Texts of Identity*, London: Sage, pp. 20–35.

Harré, R. (1993) *Social Being*, second edn, Oxford: Blackwell.

Harré, R. (1995a) 'Agentive discourse', in P. Harré and P. Stearns (eds) *Discursive Psychology in Practice*, London: Sage, pp. 120–36.

Harré, R. (1995b) 'Discursive psychology', in J.A. Smith, R. Harré and L. Van Langenhove (eds) *Rethinking Psychology*, London: Sage, pp. 143–59.

Harré, R. (1995c) 'The necessity of personhood as embodied being', *Theory and Psychology*, 5(3): 369–73.

Harré, R. (1998) *The Singular Self: An introduction to the psychology of personhood*, London: Sage.

Harré, R. (1999) 'Discourse and the embodied person', in D.J. Nightingale and J. Cromby (eds) *Social Constructionist Psychology: A critical analysis of theory and practice*, Buckingham: Open University Press, pp. 97–112.

Harré, R. (2002) *Cognitive Science: A philosophical introduction*, London: Sage.

Harré, R. and Secord, P.F. (1972) *The Explanation of Social Behaviour*, Oxford: Basil Blackwell.

Harré, R. and Gillett, G. (1994) *The Discursive Mind*, London: Sage.

Harré, R. and Stearns, P. (eds) (1995) *Discursive Psychology in Practice*, London: Sage.

Harré, R. and Van Langenhove, L. (eds) (1999) *Positioning Theory*, Oxford: Blackwell.

Harré, R., and Moghaddam, F. (eds) (2003) *The Self and Others: Positioning individuals and groups in personal, political, and cultural contexts*, Westport, CT: Praeger.

Harré, R. and Dedaić, M. (2012) 'Positioning theory, narratology, and pronoun analysis as discursive therapies', in A. Lock and T. Strong (eds) *Discursive Perspectives in Therapeutic Practice*, Oxford: Oxford University Press, pp. 45–64.

Harré, R., Moghaddam, F.M., Pilkerton Cairnie, P., Rothbart, D. and Sabat, S.R. (2009) 'Recent advances in positioning theory', *Theory and Psychology*, 19 (1): 5–31.

Heider, F. and Simmel, E. (1944) 'A study of apparent behavior', *American Journal of Psychology*, 57: 243–59.

Hemmings, C. (2005) 'Invoking affect: Cultural theory and the ontological turn', *Cultural Studies*, 19 (5): 548–67.

Henriques, J., Hollway, W., Urwin, C., Venn, C. and Walkerdine, V. (eds) (1984) *Changing the Subject: Psychology, social regulation and subjectivity*, London: Methuen.

Hepburn, A. (2003a) *An Introduction to Critical Social Psychology*, London: Sage.

Hepburn, A. (2003b) 'Relativism and feminist psychology', in M. Gergen and K.J. Gergen (eds) *Social Construction: A reader*. London: Sage, pp. 237–47.

Hepburn, A. (2004) 'Crying: Notes on description, transcription and interaction', *Research on Language and Social Interaction*, 37: 251–90.

Hepburn, A. and Brown, S.J. (2001) 'Teacher stress and the management of accountability', *Human Relations*, 54: 531–55.

Hepburn, A. and Wiggins, S. (2005) 'Size matters: Constructing accountable bodies in NSPCC helpline interaction', *Discourse and Society*, 16(5): 625–45.

Hollinger, R. (1994) *Postmodernism and the Social Sciences: A thematic approach*, Thousand Oaks, CA: Sage.

Hollway, W. (1981) '"I just wanted to kill a woman." Why? The Ripper and male sexuality', *Feminist Review*, 9: 33–40.

Hollway, W. (1989) *Subjectivity and Method in Psychology: Gender, meaning and science*, London: Sage.

Hollway, W. (1998) 'Gender difference and the production of subjectivity', in J. Henriques, W. Hollway, C. Urwin, C. Venn and V. Walkerdine (eds) *Changing the Subject: Psychology, social regulation and subjectivity*, second edn, London: Methuen, pp. 227–63.

Hollway, W. (2006a) 'Family figures in 20th-century British "Psy" discourses', *Theory and Psychology*, 16 (4): 443–64.

Hollway, W. (2006b) 'Paradox in the pursuit of a critical theorization of the development of self in family relationships', *Theory and Psychology*, 16 (4): 465–82.

Hollway, W. and Jefferson, T. (2000) *Doing Qualitative Research Differently: Free association, narrative and the interview method*, London: Sage.

Hollway, W. and Jefferson, T. (2005) 'Panic and perjury: A psychosocial exploration of agency', *British Journal of Social Psychology*, 44: 147–63.

Hook, D. (ed.) (2004) *Introduction to Critical Psychology*, South Africa: University of Cape Town Press.

Hook, D. (2012) *A Critical Psychology of the Postcolonial*, London: Psychology Press.

Howitt, D. (1991) *Concerning Psychology*, Buckingham: Open University Press.

Hruby, G.G. (2001) 'Sociological, postmodern and new realism perspectives in social constructionism: Implications for literacy research', *Reading Research Quarterly*, 36 (1): 48–62.

Hughes, B. and Paterson, K. (1997) 'The social model of disability and the disappearing body: Towards a sociology of impairment', *Disability and*

Society, 12 (3): 325–40.

Ibáñez, T. and Iñiguez, L. (eds) (1997) *Critical Social Psychology*, London: Sage.

Ingleby, D. (1985) 'Professionals as socialisers: The psycomplex', *Research in Law, Deviance and Social Control*, 7: 79–109.

Jackson, J.M. (1998) *Social Psychology: An integrative orientation*, Hillsdale, NJ: Erlbaum.

Jefferson, T. (2008) 'What is "The psychosocial"? A response to Frosh and Baraitser', *Psychoanalysis, Culture and Society*, 13: 366–71.

Juhila, K. (2009) 'From care to fellowship and back: Interpretative repertoires used by the social welfare workers when describing their relationship with homeless women', *British Journal of Social Work*, 39 (1): 128–43.

Kaposi, D. (2013) 'The crooked timber of identity: Integrating discursive, critical, and psychosocial analysis', *British Journal of Social Psychology*, 52 (2): 310–28.

* Kelly, G. (1955) *The Psychology of Personal Constructs*, New York and London: W.W. Norton.

King, N. and Horrocks, C. (2010) *Interviews in Qualitative Research*, London: Sage.

Kingsley, D. (2008) 'Viewpoint: Keeping a close watch – the rise of self-surveillance and the threat of digital exposure', *The Sociological Review*, 56 (3): 347–57.

Kitzinger, C. (1987) *The Social Construction of Lesbianism*, London: Sage.

Kitzinger, C. (1989) 'The regulation of lesbian identities: Liberal humanism as an ideology of social control', in J. Shotter and K.J. Gergen (eds) *Texts of Identity*, London: Sage, pp. 82–98.

Kitzinger, C. (1990) 'The rhetoric of pseudoscience', in I. Parker and J. Shotter (eds) *Deconstructing Social Psychology*, London and New York: Routledge, pp. 61–75.

Kitzinger, C. and Frith, H. (1999) 'Just say no? The use of conversation analysis in developing a feminist perspective on sexual refusal', *Discourse and Society*, 10: 293–317.

Laclau, E. (1983) 'The impossibility of society', *Canadian Journal of Political and Social Theory*, 7: 21–4.

* Laclau, E. and Mouffe, C. (1985) *Hegemony and Socialist Strategy: Towards a radical democratic politics*, London: Verso.

* Langdridge, D. (2007) *Phenomenological Psychology: Theory, research and method*, Harlow: Pearson Education.

László, J. (2008) *The Science of Stories: An Introduction to Narrative Psychology*, Hove: Routledge.

Liebrucks, A. (2001) 'The concept of social construction', *Theory and Psychology*, 11 (3): 363–91.

Livesey, L. (2002) 'Telling it like it is: Understanding adult women's life-long disclosures of childhood sexual abuse', in C. Horrocks, K. Milnes, B. Roberts and D. Robinson (eds) *Narrative Memory and Life Transitions*, Huddersfield: University of Huddersfield Press, pp. 53–64.

Lutz, C. (1982) 'The domain of emotion words on Ifaluk', *American Ethnologist*, 9: 113–28.

Lutz, C. (1990) 'Morality, domination and understanding of "justifiable anger" among the Ifaluk', in G.R. Semin and K.J. Gergen (eds) *Everyday Understanding*, London: Sage, pp. 204–21.

McAdams, D.P. (1985) *Power, Intimacy and the Life Story*, New York: Guildford.

McAdams, D.P. (2013) *The Redemptive Self: Stories Americans live by*, New York: Oxford University Press.

Maccoby, E.E. and Jacklin, C.N. (1974) *The Psychology of Sex Differences*, Stanford, CA: Stanford University Press.

McNamee, S. and Gergen, K.J. (eds) (1992) *Therapy as Social Construction*, London: Sage.

McWilliams, S. (2009) 'William James' pragmatism and PCP', *Personal Construct Theory and Practice*, 6: 109–19.

Mair, J.M.M. (1977) 'The community of self', in Bannister, D. (ed.) *New Perspectives in Personal Construct Theory*, London: Academic Press, pp. 125–49.

Makin, T. (1995) 'The social model of disability', *Counselling*, 6 (4): 274.

Mancuso, J.C. (1986) 'The acquisition and use of narrative grammar structure', in T.R. Sarbin (ed.) *Narrative Psychology: The storied nature of human conduct*, New York: Praeger, pp. 91–110.

Marks, D. (1993) 'Case conference analysis and action research', in

E. Burman and I. Parker (eds) *Discourse Analytic Research: Repertoires and readings of texts in action*, London: Routledge.

*Mead, G.H. (1934) *Mind, Self and Society*, Chicago, IL: University of Chicago Press.

Mehan, H. (1996) 'The construction of an LD student: A case study in the politics of representation', in M. Silverstein and G. Urban (eds) *Natural Histories of Discourses*, Chicago, IL: University of Chicago Press; reproduced in M. Wetherell, S. Taylor and S.J. Yates (eds) (2001) *Discourse Theory and Practice: A reader*, London: Sage, pp. 253–76.

Michael, M. (1999) 'A paradigm shift? Connections with other critiques of social constructionism', in D.J. Nightingale and J. Cromby (eds) *Social Constructionist Psychology: A critical analysis of theory and practice*, Buckingham: Open University Press, pp. 52–66.

Michotte, A.E. (1963) *The Perception of Causality*, London: Methuen.

Mills, S. (2004) *Discourse*, second edn, London: Routledge.

Moghaddam, F.M., Harré, R., and Lee, N. (eds) (2008) *Global conflict resolution through positioning analysis*, New York: Springer.

Morawski, J. (1998) 'The return of phantom subjects', in B.M. Bayer and J. Shotter (eds) *Reconstructing the Psychological Subject: Bodies, practices and technologies*, London: Sage, pp. 214–28.

Mulkay, M. (1985) *The Word and the World: Explorations in the form of sociological analysis*, London: Allen & Unwin.

*Neisser, U. (1981) 'John Dean's memory: A case study', *Cognition*, 9: 1–22.

Nikander, P. (2007) 'Emotions in meeting talk', in A. Hepburn and S. Wiggins (eds) *Discursive Research In Practice: New approaches to psychology and interaction*, Cambridge: Cambridge University Press, pp. 50–69.

Nightingale, D.J. (1999) 'Bodies: Reading the body', in I. Parker and the Bolton Discourse Network *Critical Textwork: An introduction to varieties of discourse and analysis*, Buckingham: Open University Press, pp. 167–77.

Nightingale, D.J. and Cromby, J. (2002) 'Social constructionism as ontology: Exposition and example', *Theory and Psychology*, 12 (5): 701–13.

Norman, M.E. (2011) 'Embodying the double-bind of masculinity: Young men and discourses of normalcy, health, heterosexuality, and individualism', *Men and Masculinities*, 14 (4): 430–49.

Oliver, M. (1990) *The Politics of Disablement*, Basingstoke, UK: MacMillan.

*Orford, J. (1992) *Community Psychology: Theory and practice*, Chichester: Wiley.

Ostendorp, A. and Steyaert, C. (2009) 'How different can differences be(come)?: Interpretative repertoires of diversity concepts in Swiss-based organizations', *Scandinavian Journal of Management*, 25 (4): 374–84.

Papoulias, C. and Callard, F. (2010) 'Biology's gift: Interrogating the turn to affect', *Body and Society*, 16 (1): 29–56.

Parker, I. (1990) 'Discourse: Definitions and contradictions', *Philosophical Psychology*, 3 (2): 189–204.

Parker, I. (1992) *Discourse Dynamics: Critical analysis for social and individual psychology*, London: Routledge.

Parker, I. (1998a) 'Realism, relativism and critique in psychology', in I. Parker (ed.) *Social Constructionism, Discourse and Realism*, London: Sage, pp. 1–9.

Parker, I. (1998b) 'Constructing and deconstructing psychotherapeutic discourse', *European Journal of Psychotherapy, Counselling and Health*, 1(1) April: 65–78.

Parker, I. (1999) 'Critical reflexive humanism and critical constructionist psychology', in D.J. Nightingale and J. Cromby (eds) *Social Constructionist Psychology: A critical analysis of theory and practice*, Buckingham: Open University Press, pp. 23–36.

Parker, I. (2002) *Critical Discursive Psychology*, Basingstoke: Palgrave Macmillan.

Parker, I. (2011) *Lacanian Psychoanalysis: Revolutions in subjectivity*, New York: Routledge.

Parker, I. and Burman, E. (1993) 'Against discursive imperialism, empiricism and construction: Thirty-two problems with discourse analysis', in E. Burman and I. Parker (eds) *Discourse Analytic Research: Repertoires and readings of texts in action*, London: Routledge, pp. 155–72.

Parker, I. and the Bolton Discourse Network (1999) *Critical Textwork: An introduction to varieties of discourse and analysis*. Buckingham: Open

University Press.

Parker, I., Georgaca, E., Harper, D., McLaughlin, T. and Stowell Smith, M. (1995) *Deconstructing Psychopathology*, London: Sage.

Pavlovic, J. (2011) 'Personal construct psychology and social constructionism are not incompatible: Implications of a reframing', *Theory and Psychology* 21 (3): 396–411.

Pickersgill, M., Cunningham-Burley, S. and Martin, P. (2011) 'Constituting neurologic subjects: Neuroscience, subjectivity and the mundane significance of the brain', *Subjectivity*, 4 (3): 346–65.

*Plummer, K. (1995) *Telling Sexual Stories*, London: Routledge.

Potter, J. (1996a) *Representing Reality: Discourse, rhetoric and social construction*, London: Sage.

Potter, J. (1996b) 'Discourse analysis and constructionist approaches: Theoretical background', in J.T.E. Richardson (ed.) *Handbook of Qualitative Research Methods for Psychology and the Social Sciences*, Leicester: BPS Books, pp. 125–40.

Potter, J. (1998) 'Fragments in the realization of relativism', in I. Parker (ed.) *Social Constructionism, Discourse and Realism*, London: Sage, pp. 27–46.

Potter, J. (2005) 'Making psychology relevant', *Discourse and Society*, 16 (5): 739–47.

Potter, J. (2012) 'Re-reading *Discourse and Social Psychology*: Transforming social psychology', *British Journal of Social Psychology*, 51: 436–55.

Potter, J. and Reicher, S. (1987) 'Discourses of community and conflict: The organisation of social categories in accounts of a "riot"', *British Journal of Social Psychology*, 26: 25–40.

Potter, J. and Wetherell, M. (1987) *Discourse and Social Psychology: Beyond attitudes and behaviour*, London: Sage.

Potter, J. and Collie, F. (1989) '"Community care" as persuasive rhetoric: A study of discourse', *Disability, Handicap and Society*, 4 (1): 57–64.

Potter, J. and Wetherell, M. (1995) 'Discourse analysis', in J.A. Smith, R. Harré and L. Van Langenhove (eds) *Rethinking Methods in Psychology*, London: Sage, pp. 80–92.

Potter, J. and Edwards, D. (2001) 'Discursive social psychology', in W.P. Robinson and H. Giles. (eds) *The New Handbook of Language and*

Social Psychology, London: John Wiley, pp. 103–18.

Potter, J., Wetherell, M., Gill, R. and Edwards, D. (1990) 'Discourse: Noun, verb or social practice?', *Philosophical Psychology*, 3 (2): 205–17.

Puchta, C. and Potter, J. (2004) *Focus Group Practice*, London: Sage.

Pyysiäinen, J. (2010) 'Co-constructing a virtuous ingroup attitude? Evaluation of new business activities in a group interview of farmers', *Text and Talk*, 30 (6): 701–21.

Rabinow, P. (1984) *A Foucault Reader*, New York: Pantheon.

Radley, A. (1994) *Making Sense of Illness*, London: Sage.

Radley, A. (1995) 'The elusory body and social constructionist theory', *Body and Society*, 1 (2): 3–23.

Raskin, J.D. (2002) 'Constructivism in psychology: Personal construct psychology, radical constructivism, and social constructionism', in J.D. Raskin and S.K. Bridges (eds) *Studies in Meaning: Exploring constructivist psychology*, New York: Pace University Press, pp. 1–25.

Raskin, J.D. (ed.) (2006) *Constructivist Theories*, Hoboken, NJ: John Wiley & Sons.

Reissman, C.K. (1993) *Narrative Analysis*, Qualitative Research Methods Series, no. 30, Newbury Park, CA: Sage.

Reynolds, J., Wetherell, M. and Taylor, S. (2007) 'Choice and chance: Negotiating agency in narratives of singleness', *The Sociological Review*, 55 (2): 331–51.

Rose, H. (1993) 'Rhetoric, feminism and scientific knowledge: Or from either/or to both/and', in R.H. Roberts and J.M.M. Good (eds) *The Recovery of Rhetoric*, Charlottesville, VA: University Press of Virginia, pp. 203–23.

Rose, N. (1985) *The Psychological Complex: Psychology, politics and society in England 1869–1939*, London: Routledge.

Rose, N. (1990) 'Psychology as a "social" science', in I. Parker and J. Shotter (eds) *Deconstructing Social Psychology*, London and New York: Routledge, pp. 103–16.

*Rose, N. (1999) *Governing the Soul: The shaping of the private self*, second edn, London and New York: Routledge.

Rose, N. (2005) Becoming neurochemical selves, available at: http://lse.ac.uk/sociology/pdf/rose-becomingneurochemicalselves.pdf (accessed 28 May 2014).

Russell, J.A. (1991) 'Culture and the categorization of emotions', *Psychological Bulletin*, 110 (3): 426–50.

Ryan, B.A. (1999) 'Does postmodernism mean the end of science in the behavioural sciences, and does it matter anyway?', *Theory and Psychology*, 9 (4): 483–502.

Rypi, A. (2012) 'Not afraid at all? Dominant and alternative interpretative repertoires in discourses of the elderly on fear of crime', *Journal of Scandinavian Studies in Criminology and Crime Prevention*, 13 (2): 166–80.

Salih, S. (2007) 'On Judith Butler and performativity', in K. Lovaas, and M.M. Jenkins (eds) *Sexualities and Communication in Everyday Life: A reader*, London: Sage, pp. 55–68.

Sampson, E.E. (1989) 'The deconstruction of the self', in J. Shotter and K.J. Gergen (eds) *Texts of Identity*, London: Sage, pp. 1–19.

Sampson, E.E. (1990) 'Social psychology and social control', in I. Parker and J. Shotter (eds) *Deconstructing Social Psychology*, London: Routledge, pp. 117–26.

Sampson, E.E. (1993) *Celebrating the Other*, Hemel Hempstead: Harvester Wheatsheaf.

* Sarbin, T.R. (1986) 'The narrative as root metaphor for psychology', in T.R. Sarbin (ed.) *Narrative Psychology: The storied nature of human conduct*, New York: Praeger, pp. 3–21.

Sarup, M. (1993) *An Introductory Guide to Poststructuralism and Post-modernism*, Hemel Hempstead: Harvester Wheatsheaf.

* Saussure, F. de (1974) *Course in General Linguistics*, London: Fontana.

Sawicki, J. (1991) *Disciplining Foucault: Feminism, power and the body*, London: Routledge.

Searle, J. (1995) *The Construction of Social Reality*, London: Penguin.

Sedgwick, E.K. (1990) *Epistemology of the Closet*, Berkeley, CA: University of California Press.

Seymour Smith, S. (2002) 'Illness as an occasion for story telling: Social influences in narrating the masculine self to an unseen audience', in C. Horrocks, K. Milnes, B. Roberts and D. Robinson (eds) *Narrative, Memory and Life Transitions*, Huddersfield: University of Huddersfield Press, pp. 137–44.

Sheets-Johnstone, M. (2011) 'Embodied minds or mindful bodies? A question of fundamental, inherently inter-related aspects of animation', *Subjectivity*, 4 (4): 451–66.

Sherrard, C. (1991) 'Developing discourse analysis', *Journal of General Psychology*, 118 (2): 171–9.

Shilling, C. (2003) *The Body and Social Theory*, second edn, London: Sage.

Shotter, J. (1990) 'The social construction of remembering and forgetting', in D. Middleton and D. Edwards (eds) *Collective Remembering*, Thousand Oaks, CA: Sage, pp. 120–38.

Shotter, J. (1995a) 'In conversation: Joint action, shared intentionality and ethics', *Theory and Psychology*, 5 (1): 49–73.

Shotter, J. (1995b) 'Dialogical psychology', in J.A. Smith, R. Harré and L. Van Langenhove (eds) *Rethinking Psychology*, London: Sage, pp. 160–78.

Shotter, J. (2007) 'Wittgenstein and our talk of *feelings* in inquiries into the dynamics of language use', *International Journal of Critical Psychology*, 21: 119–43.

Shotter, J. (2012) 'Ontological social constructionism in the context of a social ecology: The importance of our living bodies', in A. Lock and T. Strong (eds) *Discursive Perspectives in Therapeutic Practice*, Oxford: Oxford University Press, pp. 83–105.

Silverman, D. (2001) 'The construction of "delicate" objects in counselling', in M. Wetherell, S. Taylor and S.J. Yates (eds) *Discourse Theory and Practice: A reader*, London: Sage; reproduced from Silverman, D. (1997) *Discourses of Counselling: HIV counselling as social interaction*, London: Sage, pp. 119–37.

Sims-Schouten, W., Riley, S.C.E. and Willig, C. (2007) 'Critical realism in discourse analysis: A presentation of a systematic method of analysis using women's talk of motherhood, childcare and female employment as an example', *Theory and Psychology*, 17 (1): 101–24.

Sloan, T. (ed.) (2000) *Critical Psychology: Voices for change*, New York: St Martin's Press.

Smith, C. (2010) *What is a Person?: Rethinking humanity, social life, and the moral good from the person up*, Chicago, IL: University of Chicago Press.

Smith, J. (1981) 'Self and experience in Maori culture', in P. Heelas and A. Lock (eds) *Indigenous Psychologies*, London: Academic Press, pp. 79–103.

Sneijder, P. and Molder, H. (2005) 'Moral logic and logical morality: Attributions of responsibility and blame in online conversations on veganism', *Discourse and Society* 16: 675–96.

Stainton Rogers, W. and Stainton Rogers, R. (2001) *The Psychology of Gender and Sexuality*, Buckingham: Open University Press.

Stainton Rogers, R., Stenner, P., Gleeson, K. and Stainton Rogers, W. (1995) *Social Psychology: A critical agenda*, Cambridge: Polity.

Stearns, P. (1995) 'Emotion', in R. Harré and P. Stearns (eds) *Discursive Psychology in Practice*, London: Sage, pp. 37–54.

Stenner, P. (1993) 'Discoursing jealousy', in E. Burman and I. Parker (eds) *Discourse Analytic Research: Repertoires and readings of texts in action*, London: Routledge, pp. 94–132.

Stokoe, E. and Edwards, D. (2007) 'Story formulations in talk-in-interaction. Thinking big with small stories in narrative and identity analysis', in M.G.W. Bamberg (ed.) *Narrative: State of the art*, Amsterdam, NLD: John Benjamins, pp. 69–79.

Sutton-Smith, B. (1986) 'Children's fiction making', in T.R. Sarbin (ed.) *Narrative Psychology: The storied nature of human conduct*, New York: Praeger, pp. 67–90.

Swain, J. and French, S. (2000) 'Towards an affirmative model of disability', *Disability and Society*,15 (4): 569–82.

Tajfel, H. and Turner, J.C. (1986) 'The social identity theory of intergroup behaviour', in S. Worchel and W.G. Austin (eds) *The Psychology of Intergroup Relations*, Chicago, IL: Nelson-Hall, pp. 7–24.

Taylor, S. (2001) 'Evaluating and applying discourse analytic research', in M. Wetherell, S. Taylor and S.J. Yates (eds) *Discourse as Data: A guide for analysis*, London: Sage, pp. 311–30.

*Thomas, W.I., and Znaniecki, F. (1918–20) *The Polish Peasant in Europe and America*, 5 vols, Boston, MA: Badger.

Thompson, J.B. (1990) *Ideology and Modern Culture*, Cambridge: Polity Press.

Tileagă, C. (2005) 'Accounting for extreme prejudice and legitimating blame in talk about the Romanies', *Discourse and Society*, 16 (5): 603–24.

Tuffin, K. (2005) *Understanding Critical Social Psychology*, London: Sage.

Ussher, J. (ed.) (1997) *Body Talk: The material and discursive regulation of sexuality, madness and reproduction*, London: Routledge.

Ussher, J. (2000) 'Women's madness: A material-discursive-intrapsychic approach', in D. Fee (ed.) *Pathology and the Postmodern*, London: Sage, pp. 207–30.

Van Langenhove, L. and Harré, R. (1994) 'Cultural stereotypes and positioning theory', *Journal for the Theory of Social Behaviour*, 24 (4): 358–72.

von Glasersfeld, E. (1981) 'An introduction to radical constructivism', originally published in P. Watzlawick (ed.) (1981) *Die Erfundene Wirklichkeit*. Munich: Piper. Author's translation in P. Watzlawick (ed.) (1984) *The Invented Reality*, New York: Norton, pp. 17–40.

Wade, D.T. and Halligan, P.W. (2004) 'Do biomedical models of illness make for good healthcare systems?', *British Medical Journal*, 329 (7479): 1398–401.

Walkerdine, V. (1981) 'Sex, power and pedagogy', *Screen Education*, 38: 14–23, reprinted in M. Arnot and G. Weiner (eds) (1987) *Gender and the Politics of Schooling*, London: Hutchinson.

Wall, G. (2001) 'Moral constructions of motherhood in breastfeeding discourse', *Gender and Society*, 15 (4): 592–610.

Weber, H. (2004) 'Explorations in the social construction of anger', *Motivation and Emotion*, 28 (2): 197–219.

Weedon, C. (1997) *Feminist Practice and Poststructuralist Theory*, second edn, Oxford: Blackwell.

Wetherell, M. (1996) 'Group conflict and the social psychology of racism', in M. Wetherell (ed.) *Identities, Groups and Social Issues*, London: Sage, pp. 175–238.

Wetherell, M. (1998) 'Positioning and interpretative repertoires: Conversation analysis and poststructuralism in dialogue', *Discourse and Society*, 9 (3): 387–413.

Wetherell, M. (2012) *Affect and Emotion: A new social science understanding*, London: Sage.

Wetherell, M. and Potter, J. (1988) 'Discourse analysis and the identification of interpretative repertoires' in C. Antaki (ed.) *Analysing Everyday Explanation: A casebook of methods*, London: Sage, pp. 168–83.

Wetherell, M. and Potter, J. (1992) *Mapping the Language of Racism: Discourse and the legitimation of exploitation*, Hemel Hempstead: Harvester Wheatsheaf.

Wetherell, M. and Still, A. (1998) 'Realism and relativism', in R. Sapsford, A. Still, M. Wetherell, D. Miell and R. Stevens (eds) *Theory and Social Psychology*, London: Sage in association with the Open University, pp. 99–114.

Wetherell, M. and Edley, N. (1999) 'Negotiating hegemonic masculinity: Imaginary positions and psychodiscursive practices', *Feminism and Psychology*, 9: 335–56.

Wetherell, M., Taylor, S. and Yates, S.J. (eds) (2001a) *Discourse as Data: A guide for analysis*, London: Sage.

Wetherell, M., Taylor, S. and Yates, S.J. (eds) (2001b) *Discourse Theory and Practice: A reader*, London: Sage.

*White, M. and Epston, D. (1990) *Narrative means to therapeutic ends*, New York: W.W. Norton.

*Whorf, B. (1941/1956) 'The relation of habitual thought and behaviour to language', in J.B. Caroll (ed.) *Language, Thought and Reality*, Cambridge, MA: Technology Press of Massachusetts Institute of Technology, pp. 134–59.

Wilkinson, S. (ed.) (1996) *Feminist Social Psychologies: International perspectives*, Milton Keynes: Open University Press.

Williams, R. (1989) *The Trusting Heart*, New York: The Free Press.

Willig, C. (1997) 'Social constructionism and revolutionary socialism: A contradiction in terms?', in I. Parker (ed.) *Social Constructionism, Discourse and Realism*, London: Sage, pp. 91–104.

Willig, C. (1999a) 'Beyond appearances: A critical realist approach to social constructionist work', in D.J. Nightingale and J. Cromby (eds) *Social Constructionist Psychology: A critical analysis of theory and practice*, Buckingham: Open University Press, pp. 37–51.

Willig, C. (1999b) 'Discourse analysis and sex education', in C. Willig (ed.) *Applied Discourse Analysis: Social and psychological interventions*, Buckingham: Open University Press, pp. 110–24.

Willig, C. (2001) *Introducing Qualitative Research in Psychology: Adventures in theory and method*, Buckingham: Open University Press.

Willig, C. (2008) *Introducing Qualitative Research in Psychology: Adventures in theory and method*, second edn, Maidenhead: Open University

Press.
*Wilson, E.O. (1978) *On Human Nature*, Cambridge, MA: Harvard University Press.
*Wittgenstein, L. (1953) *Philosophical Investigations*, trans. G.E.M. Anscombe, Oxford: Blackwell.
Wodak, R. (1996) *Disorders of Discourse*, Harlow: Addison Wesley Longman.
Wood, L.A. and Kroger, R.O. (2000) *Doing Discourse Analysis: Methods for studying action in talk and text*, London: Sage.
Young, A. (1976) 'Internalising and externalising medical belief systems: An Ethiopian example', *Social Science and Medicine*, 10: 147–56.

＊邦訳文献のあるもの
アドルノ他／田中義久・矢沢修次郎・小林修一訳『権威主義パーソナリティ』青木書店, 1980年
アリエス／杉山光信・杉山恵美子訳）『〈子供〉の誕生』みすず書房, 1980年
オースティン／坂本百大訳『言語と行為』大修館書店, 1978年
ベイトソン／佐藤良明訳）『精神の生態学』思索社, 1990年
バーガー, ルックマン／山口節郎訳『現実の社会的構成―知識社会学論考』新曜社, 1977年／2003年
ブルーマー／後藤将之訳『シンボリック相互作用論―パースペクティブと方法』勁草書房, 1991年
バトラー／竹村和子訳『ジェンダー・トラブル―フェミニズムとアイデンティティの攪乱』青土社, 1999年
クロスリー／角山富雄・田中勝博訳『ナラティブ心理学セミナー―自己・トラウマ・意味の構築』金剛出版, 2009年
デリダ／足立和浩訳『グラマトロジーについて』現代思想社, 1984年
フェアクラフ／日本メディア英語学会談話分析研究分科会訳『ディスコースを分析する―社会研究のためのテクスト分析』くろしお出版, 2012年
フーコー／中村雄二郎訳『知の考古学』河出書房新社, 1970年
フーコー／渡辺守章・田村俶訳『性の歴史』（Ⅰ－Ⅲ）新潮社, 1986-1987年
フーコー／田村俶訳『監獄の誕生』新潮社, 1977年
フリードマン＆ローゼンマン／新里里春訳『タイプA性格と心臓病』創元社, 1993年
フロム／日高六郎訳『自由からの逃走』東京創元新社, 1951年
フロム／加藤正明・佐瀬隆夫訳『正気の社会』社会思想社, 1958年
ガーゲン／永田素彦・深尾誠訳『社会構成主義の理論と実践―関係性が現実を作る』ナカニシヤ出版, 2004年
ガーゲン／東村知子訳『あなたへの社会構成主義』ナカニシヤ出版, 2004年
ギデンズ／門田健一訳『社会の構成』勁草書房, 2015年

ギルバート，マルケイ／柴田幸雄・岩坪紹夫訳『科学理論の現象学』紀伊國屋書店，1990年

グレゴリー／金子隆芳訳『インテリジェント・アイ（みすず科学ライブラリー)』みすず書房，1972年

ケリー／辻平治郎訳『パーソナル・コンストラクトの心理学［第1巻］―理論とパーソナリティ』北大路書房，2016年

ラクラウ・ムフ／西永亮・千葉眞子訳『民主主義の革命―ヘゲモニーとポスト・マルクス主義（ちくま学芸文庫)』筑摩書房，2012年

ラングドリッジ／田中彰吾・渡辺恒夫・植田嘉好子訳『現象学的心理学への招待―理論から具体的技法まで』新曜社，2016年

ミード／稲葉三千男・滝沢正樹・中野収訳『精神・自我・社会』青木書店，1973年

ミード／河村望訳／『精神・自我・社会』人間の科学社，1995年

ナイサー／富田達彦訳「ジョン・ディーンの記憶事例研究」ナイサー編／富田達彦訳『観察された記憶―自然文脈での想起〈上〉』誠信書房，1988年

オーフォード／山本和郎監訳『コミュニティ心理学―理論と実践』ミネルヴァ書房，1997年

プラマー／桜井厚・小林多寿子・好井裕明訳『セクシュアル・ストーリーの時代―語りのポリティクス』新曜社，1998年

ローズ／堀内進之介・神代健彦訳『魂を統治する―私的な自己の形成』以文社，2016年

サービン／長田久雄訳「心理学の根本的メタファーとしての語り」田中一彦編『現代のエスプリ 286 メタファーの心理』至文堂，1991年

ソシュール／小林英夫訳『一般言語学講義』岩波書店，1972年

トーマス，ズナニエツキ／桜井厚訳『生活史の社会学―ヨーロッパとアメリカにおけるポーランド農民』御茶の水書房，1983年

ホワイト，エプストン／小森康永訳『物語としての家族』金剛出版，1992年／2017年

ウォーフ／池上義彦訳「習慣的な思考および行動と言語との関係」ウォーフ著／池上義彦訳『言語・思考・現実（講談社学術文庫)』講談社，1993年

ウィルソン／岸由二訳『人間の本性について』思索社，1980年

ウィトゲンシュタイン／藤本隆志訳『ウィトゲンシュタイン全集8　哲学探究』大修館書店，1976年

ヴィトゲンシュタイン／丘沢静也訳『哲学探究』岩波書店，2013年

人 名 索 引

〔ア 行〕

アシュモア（Ashmore, M.） 30
アルチュセール（Althusser, L.） 122,
162, 175
アンタキ（Antaki, C.） 30
ウィードン（Weedon, C.） 31
ヴィゴツキー（Vygotsky, L. S.） 277
ウィトゲンシュタイン（Wittgenstein, L.）
68, 69, 76
ウィリグ（Willig, C.） 86, 108, 140, 144, 145,
162, 217, 240, 241, 242, 243, 257, 262, 279
ウェザレル（Wetherell, M.） 31, 32, 84,
85, 185, 192, 195, 198, 214, 221, 224, 231, 234, 277,
282, 285, 286, 287, 290
ウェーバー（Weber, H.） 283
ウォーカーダイン（Walkerdine, V.）
169, 172
ウォダック（Wodak, R.） 25
ウォーフ（Whorf, B.） 12
ウッド（Wood, R.） 223
エイヴリル（Averill, J.） 283
エイブラムス（Abrams, D.） 225
エドリー（Edley, N.） 129, 277, 290
エドワーズ（Edwards, D.） 30, 80, 129,
130, 132, 187
エルダー＝バス（Elder-Vass, D.） 135,
136, 137, 138

オースティン（Austin, J.） 83
オーバーン（Auburn, T.） 230
オーフォード（Orford, J.） 219
オルポート（Allport, F. H.） 7, 96
オルポート（Allport, G. W.） 96

〔カ 行〕

ガーゲン（Gergen, K.） 10, 18, 19, 27, 28,
30, 44, 71, 131, 133, 143, 147, 195, 196, 200, 201,
204, 208, 214, 219, 269, 270
ガーゲン（Gergen, M.） 204, 205
ガベイ（Gavey, N.） 279
カポシ（Kaposi, D.） 256
カラード（Callard, F.） 288
カント（Kant, I.） 15, 17, 25
キッツィンガー（Kitzinger, C.） 32, 158,
159, 230
ギデンス（Giddens, A.） 262
ギブソン（Gibson, S.） 236, 238, 239
キャッシュモア（Cashmore, E.） 231
ギリス（Gillis, J. R.） 206
ギリース（Gillies, V.） 163
キルケゴール（Kierkegaard, S. A.） 207
ギルバート（Gilbert, G. N.） 215
クーリー（Cooley, C. H.） 286
クルーガー（Kroger, R. O.） 223
クレイブ（Craib, I.） 2, 175, 261
グレゴリー（Gregory, R.） 25

クレスウェル（Cresswell, J.）　224, 281, 282

クレッグ（Clegg, S. R.）　120

クロウ（Clough, P. T.）　287

グロース（Grosz, E.）　279

クロスリー（Crossley, M. L.）　205, 206, 207, 208, 248

クロンビー（Cromby, J.）　42, 43, 145, 275, 284, 285, 287, 288,

ケリー（Kelly, G.）　26

コリー（Collie, F.）　238

コリア（Collier, A.）　142, 143

コンラディ（Conradie, M.）　244, 245

〔サ 行〕

サヴィツキ（Sawicki, J.）　100, 176

サックス（Sacks, H.）　227

サットン＝スミス（Sutton-Smith, B.）　204

サービン（Sarbin, T. R.）　202, 203, 204, 206

サール（Searle, J.）　83, 139

サループ（Sarup, M.）　103

サンプソン（Sampson, E. E.）　265, 270

ジェームズ（James, W.）　279, 290

ジェファーソン（Jefferson, T.）　248, 249, 276, 277

シェラード（Sherrard, C.）　221

ショッター（Shotter, J.）　30, 200, 201, 279, 280, 283, 284, 285, 286, 290

ジル（Gill, R.）　230

シルバーマン（Silverman, D.）　227, 228, 229

ジレット（Gillett, G.）　184

ジンメル（Simmel, E.）　203

スターンズ（Stearns, P.）　183

スティーヴンス（Stephens, C.）　283

ステイントン＝ロジャーズ（Stainton-Rogers, R.）　60

ステイントン＝ロジャーズ（Stainton-Rogers, W.）　60

ズナニエツキ（Znaniecki, F.）　96

スミス（Smith, C.）　137, 139, 198,

スミス（Smith, L.）　281, 282

セイモア＝スミス（Seymore-Smith, S.）　207

セコード（Secord, P.F.）　19

ソシュール（Saussure, F. de）　72, 73, 75, 78

〔タ 行〕

タフィン（Taffin, K.）　83, 283

ダンジガー（Danzinger, K.）　20, 27, 29, 31

チェリー（Cherry, F.）　28

ディヴィス（Davies, B.）　133, 166, 167, 174, 210, 260, 266, 268

ディケンズ（Dickens, C.）　4

ディック（Dick, P.）　231

ディビス（Davis, F.）　167

テイラー（Taylor, S.）　223

ティリーガ（Tileagă, C.）　83

デカルト（Descartes, R.）　70

デダイッチ（Dedaić, M.）　194, 291

デューイ（Dewey, J.）　286, 290

デリダ（Derrida, J.）　19, 23, 125

ドッズ（Dodds, A.） 271
トマス（Thomas, W. J.） 96
ドルーリー（Drewery, W.） 267, 268

〔ナ　行〕

ナイサー（Neisser, U.） 187
ナイチンゲール（Nightingale, D. J.）
145
ニーチェ（Nietzsche, F.） 16, 17
ノーマン（Norman, N. E.） 279

〔ハ　行〕

バー（Burr, V.） 56, 133
ハイダー（Heider, F.） 203
バーカー（Barker, K. K.） 60
バーガー（Berger, P.） 17, 18, 135, 263
パーカー（Parker, I.） 25, 104, 140, 141,
162, 163, 214, 220, 221, 240, 257
バーキット（Burkitt, I.） 143, 144, 146,
285, 286
バクスター（Baxter, J.） 31, 246, 247
バスカー（Bhaskar, R.） 135
パターソン（Paterson, E.） 53
ハッカー（Hacker, P. M .S.） 43
バット（Butt, T.） 133, 263
バトラー（Butler, J.） 134, 137, 138, 160,
161, 207
バフチン（Bakhtin, M. M.） 201, 281
パプリアス（Papoulias, C.） 288
バーマン（Burman, E.） 214, 220, 221
バライツァー（Baraitser, L.） 263
バリー（Bury, M. R.） 56, 121

ハーレ（Harré, R.） 19, 166, 167, 174, 184,
189, 190, 192, 193, 194, 198, 199, 202, 209, 211,
260, 266, 268, 273, 290, 291
バンバーグ（Bamberg, M. G. W.） 250
ピアジェ（Piaget, J.） 12, 15, 25
ビリッグ（Billig, M.） 20, 30, 123, 197,
234, 236, 239, 277, 290
ファー（Farr, R. M.） 96
ファン・ディーク（Van Dijk, T.） 243
フィグリオ（Figlio, K.） 56
フィゲロア（Figueroa, H.） 221
フェアクラフ（Fairclough, N.） 31, 243,
244
フーコー（Foucault, M.） 19, 23, 24, 30,
33, 35, 56, 91, 92, 98, 99, 100, 101, 102, 103, 105,
107, 111, 112, 113, 120, 121, 126, 127, 159, 175,
278
フック（Hook, D.） 82, 83
ブット（Butt, T.） 56
ブラクスター（Blaxter, M.） 53
ブラックマン（Blackman, L.） 287
フリス（Frith, H.） 32, 230
フリードマン（Friedman, M.） 51
フリーマン（Freeman, M.） 256
ブルーナー（Bruner, J.） 25
フルービー（Hruby, G. G.） 131
ブルーマー（Blumer, H.） 17, 30, 200, 271
フレウィン（Frewin, K.） 283
フレーザー（Fraser, C.） 96
フロイト（Freud, S.） 15
フロッシュ（Frosh, S.） 263, 276
フロム（Fromm, E.） 48
ベイトソン（Bateson, G.） 265
ベネット（Bennett, M. R.） 43

ヘプバーン（Hepburn, A.）　30, 133, 134
ベンサム（Bentham, J.）　103
ベンハビブ（Benhabib, S.）　161
ホウィット（Howitt, D.）　217
ホッグ（Hogg, M. A.）　225
ポッター（Potter, J.）　22, 30, 80, 84, 85,
　133, 185, 187, 195, 198, 214, 221, 236, 237, 238
ホルウェイ（Hollway, W.）　110, 163, 164,
　248, 249, 256, 276, 277

〔マ　行〕

マイケル（Michael, M.）　148
マカダムス（McAdams, D. P.）　206
マークス（M arks, D.）　220
マキューゾ（Mancuso, J. C.）　204
マルクス（Marx, K.）　15, 16, 17
マルケイ（Mulkay, M.）　215
ミショット（Michotte, A. E.）　203
ミード（Mead, G. H.）　17, 271, 272, 273,
　286
ミルズ（Mills, S.）　126, 127, 129, 221, 223
ムフ（Mouffe, C.）　126
メーハン（Mehan, H.）　219

〔ヤ　行〕

ヤング（Young, A.）　55

〔ラ　行〕

ライアン（Ryan, B. A.）　292
ライヒァー（Reicher, S.）　236, 237
ラクラウ（Laclau, E.）　120, 126
ラッセル（Russell, J. A.）　47
ラドリー（Radley, A.）　52, 55, 280
ランドリッジ（Langdridge, D.）　60, 249
リクール（Ricouer, P.）　207, 249
リースマン（Riessman, C. K.）　203
リブジー（Livesey, L.）　207
リーブルックス（Liebrucks, A.）　136,
　137, 145
ルックマン（Luckmann, T.）　17, 18, 135,
　263
ローズ（Rose, N.）　10, 31, 104, 148
ローゼンマン（Rosenman, R. H.）　51
ロペス（Lopez, M.）　221

333

訳者あとがき

(1) 本書について

本書は，Vivien Burr 著 *Social Constructionism 3rd ed.*, London, UK: Routledge, 2015 の全訳である。第 1 版は，*An Introduction to Social Constructionism* の書名で 1995 年に出版されており，わが国では，今回の訳者の 1 人である田中により『社会的構築主義への招待』(1997 年，川島書店) のタイトルで邦訳された。また第 2 版は 2003 年に，今回と同じ *Social Constructionism* の書名で出版されている。イギリスにおいてもわが国においても，このように版を重ねながら 20 年以上にわたって読まれてきた本書であるが，長い間親しまれてきているその理由は，類書が少ないという背景事情もさることながら，本書がソーシャル・コンストラクショニズムに関する比較的分かりやすい，良心的な案内書であることによるのであろう。

ソーシャル・コンストラクショニズムのスタンスとアプローチについては，現代思想にすでになじみがある人にとって，とりわけ難解とは言えないであろうが，そうした思想になじみが薄い人たちにとっては，日常の常識的なものごとの理解と異なる点の多いことから，理解しにくいところがあるかもしれない。また，ソーシャル・コンストラクショニズムと言っても，その中にはいくつかの異なる立場や考え方，研究方法があり，学問的にもやや錯綜しているので，独学でいろいろな本や論文を読んでみても概念や用語が定まらずに混乱をきたし，理解が進まない場合もあることだろう。たとえば，本書に頻繁に登場するディスコースという用語 1 つをとってみても，ディスコース心理学におけるディスコースもあれば，フーコー派ディスコース分析のディスコース概念，批判的ディスコース分析のそれがあり，それぞれの用法には共通点と同時に，相違点があるし，また日本語では，そもそもコンストラクショニズムの語自体が構築主義とも構成主義とも訳されて，統一されていない事態があるからである。もちろん，本書でそれを，やや長くなるのを承知の上であえて片仮名表記し，

「ソーシャル・コンストラクショニズム」としたのもこのような事情による。

　こうした現状に対し，著者は，第1章の「ソーシャル・コンストラクショニズムとは何か」に始まる本書の前半部分において分かりやすく説明をしており，上述のディスコース概念についても，第4章の「ディスコースとは何か」を中心にていねいな説明がなされている。また，この第3版では，さまざまなソーシャル・コンストラクショニズムの整理のために，それを巨視的ソーシャル・コンストラクショニズムと微視的ソーシャル・コンストラクショニズムに大別して述べることにより，ソーシャル・コンストラクショニズムやディスコース概念に関する無用な混乱を避け，その上で第8章では特に，細分化された個別的立場のそれぞれの具体的な研究方法が，簡潔に紹介されている。

　このように，本書はソーシャル・コンストラクショニズムの優れた案内書として高く評価できようが，今回の第3版ではそれに加えて，ソーシャル・コンストラクショニズムの今後の課題や方向性についてもその展望が具体的に示されている点に，新たな特徴があると言えよう（特に，第9章）。著者はそれをソーシャル・コンストラクショニズムの心理学と呼んでいるが，この点で本書は，単にこれまでの動向をまとめた単なるレビューを超えて，新たな可能性を胚胎しているとも言うことができる。すなわちここには，ソーシャル・コンストラクショニズムの展開を踏まえた上で，現代思想におけるポストモダンの閉塞を打開する，心理学の新たな方向性が垣間見えるのかもしれない。

(2) ソーシャル・コンストラクショニズム心理学の可能性

　今述べたように第9章において著者であるバーは，ソーシャル・コンストラクショニズムの心理学の可能性について言及している。この新たな心理学は，主流派心理学であるモダンな心理学が陥った本質主義を避けながら，ポストモダンの心理学が描くテクストとしての人間というモデルを乗り越えることを目指すことになる。言い換えれば，個人的経験と社会構造の対立，精神と身体の対立，自己対他者との対立といった心理学におけるさまざまな対立を止揚する道を探っていくのである。

　これは，ソーシャル・コンストラクショニズムに欠落していた主体，身体，経験といった概念を復権させる試みとも言える。バーは，ジョージ・ケリーが

訳者あとがき　*335*

提唱したパーソナル・コンストラクト心理学にその可能性を求めているのだが，同時に，上述の対立を超えていく方法には他にもさまざまな方法があるはずであり，それを追究していくことがこれからの心理学に必要であるとも説いている。そこでここでは，もう1人の訳者である大橋が行なってきた記憶・想起研究を例に，パーソナル・コンストラクト心理学とは異なる方法の可能性について簡潔に言及してみたい。本書の流れに沿い，主流派心理学の記憶研究，ソーシャル・コンストラクショニズムにおける想起研究，そして，新たな記憶・想起研究について見ていくこととする。

　主流派心理学における記憶研究は，脳内の情報処理モデルに基づき，記憶を「一種の歪められた再経験」（本書 p.187），すなわち，脳内に刻まれる経験の痕跡として捉えてきた。これは記憶という現象の背後に実体としての記憶痕跡を想定した仮説であり，認識論上大きな問題を抱えた考え方である。これに対し，アーリック・ナイサーは，生態学的な記憶研究，すなわち，自然文脈での想起研究を提唱した。そうした研究の1つに，ウォーターゲート事件におけるニクソン大統領の元補佐官であるジョン・ディーンの証言研究がある。この事例研究では，ディーンの公聴会での証言内容と実際に録音されていた記録の内容とが比較検討され，個々のエピソードには間違いが認められたが，自分自身の役割の重要性があやうくなった場合を除いて，彼がホワイトハウスで実際に生じていたことをおおよそ正確に語っていたことが明らかとなった。

　ディスコース心理学者のエドワーズとポッターは，ナイサーが分析したこのディーン証言の逐語記録を，微視的ソーシャル・コンストラクショニズムの立場から再分析した。そこでは，記憶の正確さの判定ではなく，ディーンが自分を有利な立場に導くためにいかに過去の出来事を語っていたか，その説明の仕方が着目されたのである（本書 pp.187-188）。こうした立場をとることにより，エドワーズらの想起研究は，記憶痕跡仮説が抱える認識論上の問題を避ける，もしくは，棚上げすることができることとなった。しかしながら，その一方で，こうした想起研究は，生身の1人の人間が実際に自身の経験した過去の出来事を想起するという現象がもつ重要な特徴，すなわち，自身の経験を思い出すという現象がもつ主体性・身体性・経験性といった特徴には接近することができなかった。

この問題に対して，大橋ら（2002）はスキーマ・アプローチという新たな提案を行なっている。微視的ソーシャル・コンストラクショニズムの想起研究が，共同体における想起語りの語り方の特性を明らかにしようとしてきたのに対し，スキーマ・アプローチでは，そうした共同体のなかにあってもなお個性的な運動をみせる，想起者の動的な個別性に着目してきた。たとえば，実際には経験していない出来事について語る冤罪事件の被疑者や目撃者の語りは，経験性を欠いた個性的な語りとなっていた。したがって，供述の分析では，実際の過去の経験を伴わない語り手同士が互いに相手に対して特定の姿勢（動的な個別性）を維持し続けることによって，経験に基づかない，もしくは，経験へと接近していかない供述が作られていく様子をとらえようとした（大橋，2017）。

こうした個別性を重視したアプローチは，ソーシャル・コンストラクショニズムがとるアプローチと決して対立するものではなく，むしろ，ソーシャル・コンストラクショニズムが描き出す共同体のなかで暮らす個々人の特性を，個体内にあるパーソナリティとしてではなく他者との語りのなかに描き出す方法と言える。したがって，スキーマ・アプローチも，パーソナル・コンストラクト心理学と同様に，主流派心理学に戻ることなく，ソーシャル・コンストラクショニズムの知見を踏まえ，且つ，個々人の主体性・身体性・経験性をキーワードに，個々の人間の行為を他者との関係性のなかでとらえる心理学の１つと位置づけることができるかもしれない。これは，ポストモダン後の21世紀の心理学が進むべき１つの道を示していると言えよう。　　　　　　（大橋靖史）

(3) 科学と哲学

「科学はいまだ哲学的となっていない」というのは，哲学者の故山本信氏がその講義で語ったとされる言葉である（持田，2012）。もちろん，そこで言われている哲学とは，いわゆる先哲の研究に代表されるような専門的な哲学研究を指しているのではなくて，さまざまな事柄についての哲学的考察の意味なのであろう。

たしかに昨今の，諸科学のそこここに露呈するさまざまなほころびや不備，不足のその淵源を辿ってみるとき，これまであたかも自明であるかのように諸科学が無邪気にも依拠してきた基礎的なその諸前提に関する，哲学的な再吟味・

再検討の必要に行き当たることが多いと思われる。言うまでもなく諸科学も，その初期にはさまざまな哲学的考察を土台として出発しており，それは現在では古典とされる当時の諸著作を見てみればよく分かることなのだが，しかしその後一定の捉え方や手続きが広く認められるようになると，知的省力化のためにそのような哲学的考察は前面からすっかり影を潜めてしまい，まるで科学はすでに進化して哲学から独立し，今ではもうそのような考察にかかずらう必要がないかのような思いにとらわれることもあったのかもしれない。近年しきりに喧伝され，また本書にも登場するSTEM教育重視の政策や，また通奏低音のように響きつづける今更ながらのプラグマティズム回帰の思想動向も，おそらくそのような事態と無縁ではないことであろう。

　本書に興味をもたれるほどの読者であれば，すでにお分かりのように，諸科学があたかもその進化により単独で自己完結的に自立しうるかのように考えるのは，明らかに錯覚にほかならない。あるいは，諸科学とは，それを支えているわれわれの哲学と不可分の営みであると思い知るべきなのであろう。となれば，もしかすると私たちには，大学教育はもとより，すでに初等・中等教育の段階から，これまでとは異なるスタンスが求められてくるのかもしれない。

　もちろん本書では，主に心理学におけるソーシャル・コンストラクショニズムについて語られているのだが，そのような諸科学やその教育の今後の展望に関しても，ここには汲むべきものが見られるように思われるのだ。

（田中一彦）

　本書の第1版の翻訳がすでに刊行から20年余りを経過している一方で，心理学においてはさまざまな質的研究がかつてなかったほどに溢れてきているにもかかわらず，ややもするとその技法にばかり目が奪われて，それを支える哲学的考察がおろそかにされがちな現状を省みるとき，今後の新しい世代のためにもこの第3版の翻訳は強く求められていると思われたのであった。心理学に限らず，ここから今後私たちにとってどのような道が開けていくのか，それは定かではないとしても，その思いきり多様な可能性に挑むこれからの新しい世代の追究に，この翻訳が少しでも資するところのあることを願っている。

　刊行については，今回もまた川島書店の，特に杉秀明氏のお世話になりまし

た。心より，感謝申し上げます。

〔文献〕

大橋靖史・森直久・高木光太郎・松島恵介（2003）『心理学者，裁判と出会う―供述心理学のフィールド』北大路書房

大橋靖史（2017）「コミュニケーション分析―やり取りに現われる体験性／非体験性」（浜田寿美男編『シリーズ刑事司法を考える 第1巻 供述をめぐる問題』岩波書店，pp.231-249）

持田辰郎（2012）「一冊のノート」（佐藤徹郎・雨宮民雄・佐々木能章・黒崎政男・森一郎編『形而上学の可能性を求めて―山本信の哲学』工作舎, pp.408-410）

著者紹介

Vivien Burr（ヴィヴィアン・バー）

ポーツマス・ポリテクニーク（Portsmouth Polytechnic：現ポーツマス大学）で心理学の学位を取得。1990年よりハッダースフィールド大学（University of Huddersfield）に所属し，現在，批判心理学の教授。

主要著書　*Gender and Social Psychology*, Routledge.（ジェンダーと社会心理学）

　　　　　The Person in Social Psychology, Psychology Press.（堀田美保訳『社会心理学が描く人間の姿』ブレーン出版）

　　　　　Invitation to Personal Construct Psychology（with Trevor Butt）, Whurr/Wiley.（パーソナル・コンストラクト心理学への招待）

訳者紹介

田中一彦（たなか・かずひこ）

1970年　立教大学文学部心理学科卒業

1976年　立教大学大学院社会学研究科博士課程単位取得満期退学

現　在　淑徳大学総合福祉学部教授

主要著訳書　『方法論からの心理学』勁草書房

　　　　　　『主体と関係性の文化心理学序説』学文社

　　　　　　ブルーナー『心を探して』みすず書房

　　　　　　バー『社会的構築主義への招待』川島書店

大橋靖史（おおはし・やすし）

1984年　早稲田大学第一文学部心理学専修卒業

1991年　早稲田大学大学院文学研究科博士後期課程単位取得満期退学

現　在　淑徳大学総合福祉学部教授　博士（文学）

主要著訳書　『行為としての時間』新曜社

　　　　　　『心理学者，裁判と出会う』（共著）北大路書房

　　　　　　『ディスコースの心理学』（共編著）ミネルヴァ書房

　　　　　　ウーフィット『人は不思議な体験をどう語るか』（共訳）大修館書店

ソーシャル・コンストラクショニズム

2018 年 3 月 21 日　第 1 刷発行

著　者　ヴィヴィアン・バー

訳　者　田　中　一　彦

　　　　大　橋　靖　史

発行者　中　村　裕　二

発行所　㈲川　島　書　店

〒165-0026
東京都中野区新井 2-16-7
電話 03-3388-5065
（営業・編集）電話 048-286-9001
FAX 048-287-6070

ⓒ2018
Printed in Japan　印刷 製本・モリモト印刷株式会社

落丁・乱丁本はお取替いたします　　　振替・00170-5-34102

＊定価はカバーに表示してあります

ISBN978-4-7610-0927-4　C3011

自閉症児に対する日常の文脈を用いた言語指導

関戸英紀 著

自閉症児者に対する言語・コミュニケーション指導とその般化について，日常の文脈を用いた指導法である「機会利用型指導法」，「共同行為ルーティンを用いた指導法」に基づく 6 つの実践研究を紹介し，その支援の有効性を検討，般化の重要性を指摘する。　★A5・152 頁 本体 2,800 円
ISBN 978-4-7610-0911-3

よくわかる臨床心理学・第二版

山口創 著

「幼児虐待」「いじめ」「DV」「ストーカー」「アダルトチルドレン」など今日話題なっている心の問題に起因する多くの事例・トピックスをとりあげ，その研究成果を提供する。科学的な臨床心理学の必要性を提起する新しい臨床心理学のテキスト・入門書。　★A5・212 頁 本体 2,200 円
ISBN 978-4-7610-0914-4

新版 身体心理学

春木豊・山口創 編著

心の形成やメカニズムの理解，心の育成の方法を考えるための新しい研究領域を提起する本書は，心理学のみならず，生理学，教育学，哲学，体育学など多岐にまたがる分野において，身体に視座を据えた，人間理解への新たな方法を提供する研究書。　★A5・306 頁 本体 3,500 円
ISBN 978-4-7610-0912-0

脱マニュアルのすすめ

伊藤進 著

マニュアルの弊害を極力抑え，誰もが創造力を発揮できるようにするにはどうしたらよいか？　本書では今日のマニュアル時代の文脈に位置づけて創造力の重要性をとらえ直し，それを発揮するにはどうしたらいいか，その逆説的方法を説く。　★四六・228 頁 本体 1,800 円
ISBN 978-4-7610-0908-3

はじめての ナラティブ/社会構成主義キャリア・カウンセリング

渡部昌平 著

本カウンセリングは，これまでの過去・現在に対する意味づけから未来を想像するというスタイルを脱構築し，クライエントのナラティブを引き出して，望ましい未来から現在・過去を再構築する，未来志向の新しいカウンセリング論。　★A5・116 頁 本体 1,600 円
ISBN 978-4-7610-0910-6

川 島 書 店

http://kawashima-pb.kazekusa.co.jp/ （価格は税別 2017 年 12 月現在）